古本屋ツアー・イン・ジャパン

それから

——全国古書店めぐり
珍奇で愉快な一五五のお店

小山力也

原書房

古本屋ツアー・イン・ジャパン　それから——全国古書店めぐり　珍奇で愉快な一五五のお店

特別編

古本屋ツアー・イン・お宅

第一部

北海道・東北、関東、中部、近畿、中国・四国、九州・沖縄

【中部】

特別編

古本屋ツアー・イン・旧江戸川乱歩邸&土蔵 222

第二部

東京 241

▼凡例——

◉本書の掲載内容は、著者が古書店を訪れた時点のものです。その後、店内の様子が変化したり、場合によっては閉店、移転、名称変更、あるいはインターネット書店や目録販売等に移行したお店もありますので、ご留意ください。

◉二〇〇八年五月一〇日から二〇一五年五月三一日までのツアーリスト、および前巻『古本屋ツアー・イン・ジャパン』の「[特別編]古本屋ツアー・イン・那覇」で訪れたお店のうち再訪問分などを除いた一八三〇軒あまりをエリア順に並べ替え、付録としました。二〇一五年九月三〇日現在の情報を掲載しています。

特別編

古本屋ツアー・イン・お宅

夢の古本プールに浸かる

岡崎武志堂・本店◉東京・国立——二〇一二年一〇月一九日

始まりはやはり七月に行われた、国立のギャラリー「ビブリオ」での「岡崎武志一人古本市」であろうか。ただ人の書庫を見に行くだけでは古本屋ツアーは成立しないが、これだけの量の古本を売りに出すということは、もはやその書庫は古本屋の倉庫に匹敵し得るのではなかろうか？

　そう勝手に思いつき、事務所店をツアーする心持ちで、岡崎武志氏に勇気を持ってオファーしてみた。すると、

「う〜ん、そういうこと、やろうかなとも考えてるのよ。もう来てもらって、買ってもらうのもいいかなと思ってて。とにかく、本を減らしたいのよ。本棚が見えないのは、アカンのよ」

　と、書庫の現状を激しく嘆きながら、たやすくオーケーしてくれた。やった！　もう、この時点でどひゃっほう！　一〇月二〇・二一日に開かれる「二人古本市＠ビブリオ」の搬入を少々お手伝いしながら、書庫を見せていただくことに決定する。

　時は移り、ツアー当日。昼下がりの岡崎邸で、挨拶もそこそこに、地下への階段を一回りして下る。地下室にたどりついたと思ったら、そこには衝撃の光景が広がっていた。これは、古本屋さんではないか。しかも、お店が倉庫も兼ねてしまっている、魔窟迷宮的店舗！

　あぁ、ついに異次元に迷い込んでしまったのか……。ちょっとクラクラする。それにしても素晴らしい眺めだ。笑いつつ、少しおそろしくもなる。規模は遥かに違うが、これは別の見方をすれば、自分の未来でもあるのだ。ハードな古本好きが行きつく世界。見ないようにしている、本に脅かされる未来。大量の古本たちに目を奪われながらも、一瞬そんな想いがニュルッと頭をよぎってゆく。

だが、私は所詮古本修羅。目の前には古本！　しかもちょっと見ただけで、筋のよい流れが目に次々と飛び込んでくる。私はその魔力に抗えなくなり、たちまちいつもの古本修羅モードにチェンジ。しかし、足の踏み場がない。

「まぁ少し整理してもらいながら、ゆっくり見てください。何も遠慮しなくていいから」

と、岡崎氏はしばし外出。よし、始めるぞっ！　通路を整理して進みながら、まずは全体像の把握と、棚の精査をおこなう。倒れた本のタワーを復元し、床に散らばった本、紙物、資料、カード類、カセット・ビデオケース・ティッシュ空き箱（本の整理収納に使用した残骸）などを手早くかき集め、床が見えるようにする。

　私は昼日中の他人様の家の地下室で、いったい何をしているのか……。その地下スペースは上から見るとおおよそ「凸」の形をしており、階段を中心として、上辺・右辺・左辺に分かれている。聞けば広さは二一畳あり、左辺は主に仕事部屋として使用しているとのこと。上辺の部屋は壁際に本棚、真ん中に背中合わせの棚が一本置かれ、奥壁にピタッとつけられている。

　右辺の部屋は壁際はぐるりと本棚で、まんなかには二本の背中合わせの棚が置かれ、両方共奥壁につけられている。棚の上には、本職の古本屋でよく見かけるように板が渡され、そこも棚としてしっかり機能している。まずは階段を下りた所、左側に雑誌とビデオの高いタワーがあり、右には本棚。この本棚は、古本市のために持ち出すことがあり、今は「とりあえず」な本が詰められている。まずは右辺の部屋へ進む。

　三本の通路を正面にした形で棚を見ていくと、背後には中公文庫、岩波文庫、ちくま文庫の高い壁がそそり立つ。明らかに個人で所蔵する量ではない。右端通路の右側は、まずは岩波・新潮・角川・春陽のカバーなし時代の文庫棚、出版関連で一棚、植草甚一・晶文社で一棚。そして奥壁には驚きの各社文庫目録。九段にびっしり詰まって、完全に新刊書店のレジ後棚を凌駕する冊数である。

　左側は昭和、風俗、海外文学文庫。まんなか通路は、右側に『ユリイカ』、『現代詩手帖』、詩集、詩評論。奥には野呂邦暢エッセイ、山田稔、杉山平一、サンリオSF文庫。左側が漫画評論、作歌別文庫、幻想文学・探偵小説文庫、女流作家文庫、日本近代文学文庫。左端通路は、右に音楽・映画、作家別日本文学文庫（うぉっ！　小林信彦の『冬の神話』『虚栄の市』『監禁』が揃ってる！）。

　左壁棚はすべて文庫がズラッと並び、音楽・放送、スポーツ、旅、山、文芸評論、美術、食物とキレイにジャンル分けされて並ぶ。うー、よい本が目白押しで並びが美しい。しかしやっぱり、古本屋さんで棚に血眼になっているのとは違う感じ。欲しい本は、それこそ星の数ほどあるのだが、抜き出して「これを売ってください！」と言う勇気はない……。よし、ダブってる本を売ってもらうことにしよう。心の中で小さな葛藤を巻き起こしながら、「凸」の上辺の部屋へ。


　こちらは右側通路が、完全に本の山で塞がれている。ということで通路の入口から目の届く所をチェックしてみる。右には古本・本・文庫関連が羨ましい並びを見せ、奥は左側の一面全部と共に、文学評論・研究、評伝、文学散歩で埋められている。左側通路は、右にテレビ、放送、芸能、タレント（タモリ本たち

にヨダレが……)、東京、大阪、関西、上方。

　左に著作棚、そしてこんなにもあるのかと思うほどの大量の落語関連、さらに古い記者もの、古い随筆類、古いビジネス本、闘病記と続く。いや、もう見たことのない本がたくさんあり、本棚に気持ちよく埋まっている。それにしても、書庫をどうにか機能させるために、古本屋への大量売却、〈一人古本市〉、そして今回の〈二人古本市〉で本を運び出してこの状態とは……。

　あぁ、私はもう一時間も天井以外の三方を古本に囲まれた「古本プール」に浸かっているのだ。古本神の書庫、誠におそるべし！　そんなふうにいろいろ思いながら、古本や通路を阻む物と格闘していると、岡崎氏が戻って来た。そこでダブり本の販売をお願いすると「ええよ」とのことなので、『吉田拓郎詩集ＢＡＮＫＡＲＡ』(角川文庫)、中野実『この恋百万ドル』(春陽文庫)をそれぞれ一〇〇円で売っていただく。ありがとうございます！

　この後は本や本棚を運び出し、古本市の会場「ビブリオ」へ向かう。少し本の詰まった箱の中を覗いてみると、書庫の続きで、欲しい本・よい本が安値で詰まっている。一瞬こちらも売ってもらおうかと邪な思いにとらわれるが、やはりフェアじゃないので止めにする。これは、〈二人古本市〉に足を運んだ、早い者勝ちの栄誉なのである。

　搬入を無事に終えてからは、二人で軽く国立古本屋ツアーを敢行！　これはなんと、贅沢な時間！　しかし最初に入った〈ブックオフ〉で、氏が早速五冊の本を手にしているのを見て、笑いを噛み殺すのに苦労する。いや、それでこそ古本神です！

　こちらも一〇五均で、杉浦日向子『ＹＡＳＵＪＩ東京』(ちくま文庫)、津原泰水『蘆屋家の崩壊』(集英社文庫。いったい何冊目だろう)を購入。

　続いて〈谷川書店〉に向かい、氏がさりげなく八〇円で大物を掘り出したのと、店主をうまくいなす手腕に感心する。私だけだったら、確実にキャプチャーされ、長時間の拘束を余儀なくされたであろう……。こちらは荒俣宏『別世界通信』(ちくま文庫)、稲垣足穂『天体嗜好症』(河出文庫)をそれぞれ二五〇円で購入する。最後に〈みちくさ書店〉に足を延ばし、店頭のレコードとＣＤに驚きつつ、ここで氏とお別れ。すでに秋なのに、サンダル履きにＴシャツ姿の後姿を感謝して見送る。本日は大切な書庫を公開していただき、誠にありがとうございました。しかし〈岡崎武志堂・本店〉には、まだ左辺のナゾが残っているので、いつの日か再び「古本プール」にダイブを！　その時はがんばって、ダブりではない本を取り出し「これを売ってもらえませんか！」と叫ぶ所存である。

眼福、眼福、もうお腹いっぱいです

池谷伊佐夫氏邸書斎◉東京・某所——二〇一四年二月五日

正午前、約束の時間に遅れてはならぬと、慌てて家を飛び出し、駅までの道を駆け抜ける。決して遅れてはならぬのだ……なぜなら、今日はひとりの古本神と対決しなければならぬからだ。電車を乗り換えるごとに緊張の度合いを深め、慌てたおかげでどうにか約束の午後一時に、古本神のお宅に到着する。

チャイムを鳴らし直立不動。しばらくすると玄関扉が開き、池谷伊佐夫氏が現れた。数多の古本屋さんを、精緻な内部図解イラストで描き上げた『東京古書店グラフィティ』の著者である。うぅぅと感動し、恐縮し、邸内へと招き入れられる。なぜこのような僥倖にあずかれたかというと、氏が編集するミニコミ誌『かんだ』で、単行本や神保町についての取材をと申し入れがあったのである。

さらには、大山の未踏の古本屋さん〈大正堂〉が、実は夕方から営業していることが多いので、取材後に確かめに行こうと約したのである。断る理由はゼロなので、ノコノコと、緊張しながら喜色満面駆けつけた次第。取材場所は応接間などではなく、

氏の書斎だったのだが、入った瞬間にこう思ってしまった。

「ツアーしたいっ！」

そうなると取材を受けながらも、本棚が気になる。そして古本！　チラチラと落ち着きなく視線を四方に走らせ、目の隅にレア本を捉える度に、落ち着きをなくしていく。それでも取材というよりは、あちらこちらに話題（もちろん古本と古本屋限定）が飛び交う対話は楽しく愉快で、時間はグングン過ぎ去る。特に畏れ多くはあるが、共に古本屋を観察し、氏はイラスト、こちらは文章にて詳細に綴る観点には大いに共鳴した。

やはり氏も初期のゲリラ取材では、棚を覚えて描いていたので、時間差で何度も同じお店にアタックしていたとのこと…！…くぅ、わかる。

そんないつ果てるとも知れぬ古本屋トークの合間に、ついに我慢し切れなくなり、意を決して書斎のツアーを願い出てみた。するとあっさり、

「いいですよ」

と、ニッコリ快諾される。やった！　と即座に立ち上がり、

取材そっちのけで棚にへばりついてしまう（ちなみに書斎の本は、あくまで蔵書の一部である）。フローリング六畳の四壁面に、大なり小なり本棚が設置されているが、右壁は日本各地で購入したお面が飾られた下に本棚があり、下部にAV設備とマップケースを備えている。

手前壁と左壁は二重のスライド棚に覆われ、奥の窓際は机とその上に飾り棚や本棚が置かれている。棚には古本が隙間なくピッチリ収まり、背だけでも美しい装幀の本が多く並んでいる。

扉のある手前右角隅には、美術作品集や美術図録が集まる。右壁には革装の古い洋書が並び、植物、昆虫画譜、挿絵本など。奥にはおぉ、第一書房の『月下の一群』、『萩原朔太郎詩集』、『西条八十詩集』!! それに翻訳本や、下には自著と共にポケミスも並んでいる。

手前壁には『世界推理小説全集』の揃いと共に、海野十三、小栗虫太郎、黒岩涙香、江戸川乱歩、甲賀三郎、横溝正史、香山滋などの探偵小説レア本や仙花紙本がしれっと! そして裏の棚には、児童探偵・冒険小説類がドッサリと! 角部分には、本、出版（『春陽堂物語』がある!）、古本、書痴、特装本と共に、江戸風俗や落語も顔を出している。左壁にはまたもや第一書房が並び、アルスの『槐多の歌へる』、内田百閒、夏目漱石、日本近代文学、文学仙花紙本、自装本（氏の本の修復の話が面白い）、小村雪岱と橋口五葉の装幀本……。もちろん一冊も買えないのだが、歯嚙みするほどうらやましいコレクションである。

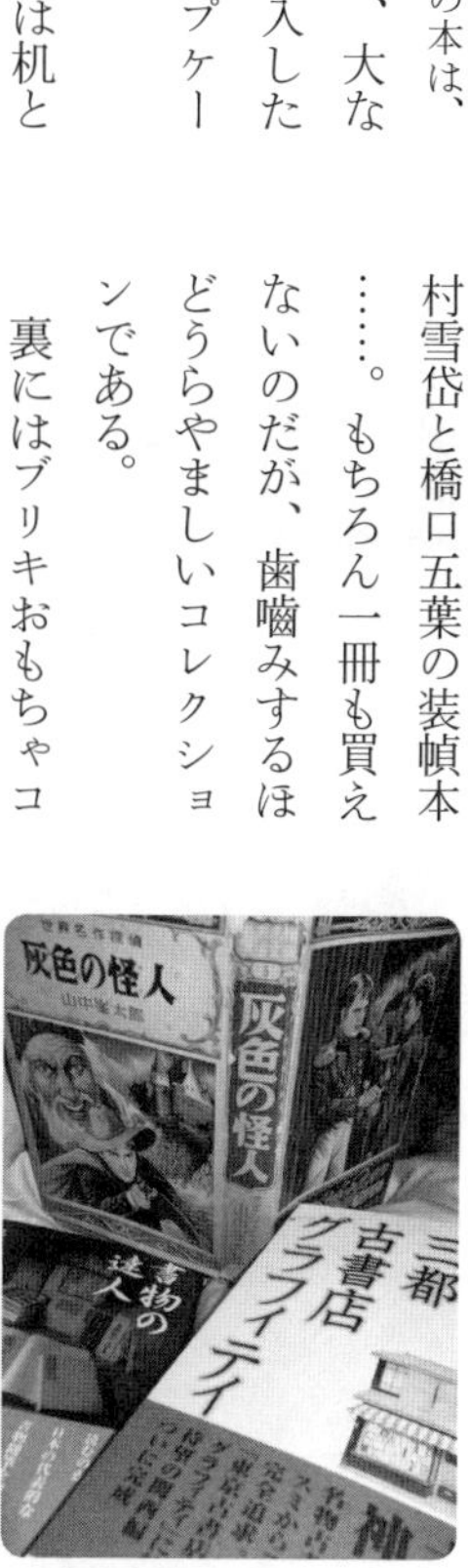

裏にはブリキおもちゃコレクションと共に、和本（鳥類図譜）、それに図譜系コレクションの欲望の元である荒俣宏を多く並べている。机回りには手塚治虫、山本夏彦、夏目伸六、日本語、辞書類など。いや、もう本当に眼福で、パンパンにお腹がいっぱいになるコレクション。もう、食べられません!

そしてコレクションを買うことはできないので、自著『三都古書店グラフィティ』、『書物の達人』、それにポプラ社『灰色の怪人』のカバーカラーコピー（破れも再現された精巧なもの。氏は私の裸本所持を憐れみ、わざわざ作って待ち構えていた模様）をいただき、恐縮する。

取材自体は三時間以上に及び、もうどんな誌面になるのかまったく想像ができぬままに終了する。大丈夫なのだろうか? 大変おつかれさまでした。その後、冷たい街中を氏と共に移動し、大山〈大正堂〉の確認に向かうが、あぁ、開いてない!

書斎を勢いでツアーしておいて、本当によかった……。

無事、埋もれていたエアコンのリモコンを発見！

南陀楼綾繁氏の仕事場◉東京・西日暮里——二〇一四年一二月八日

　山手線西日暮里駅にほど近い、あるマンションの一室に、古本神のひとりである方の仕事場がある。駅からトボトボ歩いてたどりついた薄暗いマンションの廊下から招き入れられると、早速玄関の右側には文庫を中心とする棚が組み上げられ、左の壁際にはマッチラベルのコレクションが飾られている。

　仕事場の主は編集者・ライターの南陀楼綾繁氏である。今回、引っ越しのために、乱雑を極める書庫の整理をするとの噂を聞きつけ、それはよいチャンスだと嘆願して、ツアーを許可していただいたのである。玄関を通り抜け、仕事場である部屋をさらに通り抜けると、八畳間に一二本＋ミニ棚一本と、四本の可動式書棚（〈古書 往来座〉瀬戸氏による完成度の高過ぎる力作！）で構成された書庫があった。「O」字に通路が造られ、本来は回遊できるはずの

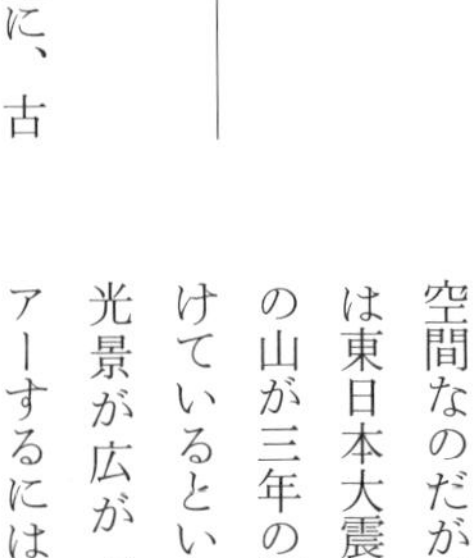

空間なのだが、奥の部分には東日本大震災で崩れた本の山が三年の間放置され続けているというおそるべき光景が広がっていた。ツアーするには、ここを掘り起こし開通することが急務。難度の高いミッションだが、その労働の対価として、気に入った五冊の本を進呈（とは言っても南陀楼氏の審査あり）しようと宣言される。さらにこの山のどこかにエアコンのリモコンが埋もれているはずなので、見つけ出して欲しいとの依頼も引き受ける。やる気満々で狭い通路に飛び込み、早速足元から本をつかみ上げて整理を始める。

　……うぉぉ！　『昔日の客』が埋もれていた！　ぎゃう、寺島珠雄の『私の大阪地図』がっ！　などと目を疑うほどのレア本の発掘に従事しながら、徐々に徐々に奥へと入り込んでいく。

　棚の構成は、右側通路の右壁に、古本屋と古書店関連（存在すら知らなかった本がたくさん！

古本屋ツーリストとして欲しい本が！）、マッチラベル、古雑誌、映画ＤＶＤ、装幀関連、東京文学、作家関連が並び、向かいには坪内祐三、読書関連、東京、雑誌が収まる。

奥壁に江戸東京、文壇、広告、十返肇、印刷、版画、青春街図シリーズ、出版社史、日記、宮武外骨がズラリ。左側通路には、壁際に尾崎一雄、講談社文芸文庫、充実の田中小実昌（だが机の下に小実昌レア本がドサドサと落下したまま放置……）があり、向かいに出版・本関連、『彷書月刊』が固めて置かれている。

押入れを改造した棚には、尾崎一雄全集や文庫本、下段には作家ごとに詰められたダンボール箱が積み重なっている。可動式書棚には出版社別文庫と、単行本類。さすがによい本やレア本が多く目につき、眼福になると同時にツボを突くラインナップに嫉妬心もメラメラ（山名文夫の広告図案集がっ！　今和次郎の商店建築スケッチ集がっ！）。氏が書き連ねる文章の根源が、この空間に集約されているかのようである。

発掘中に無事にリモコンも発見したり、山中貞雄の同じ評伝を何冊も発見したりして、埃にまみれて二時間ほどで通路を開通。意外に早く終わった気がする。それを見た氏は、

「床が見えた見えた」

と、三年ぶりの景色に大喜び。……明日はわが身。気をつけなければ、気をつけなければっ！　嬉しそうな氏を横目に自戒する。いや、もう始まってしまっているのだが……。

結果としては、〈岡崎武志堂・本店〉〈池谷伊佐夫氏書斎〉に続いての、楽しく愉快な個人書庫ツアーとなる。

そして労働の対価としていただいたのは、大佛次郎『帰郷』（新潮文庫）、橘外男『ベイラの獅子像』（教養文庫）、水谷準『瓢庵先生捕物帖』（講談社ロマンブックス）の三冊であった。

作業が一段落したところで、同じく整理の助っ人に来ていた「退屈男」君と三人で陽の暮れた街に繰り出し、近所の大衆酒場で夕飯・飲み。嗚呼。年の瀬に、なんだか楽しく古本に溺れた一日となる。

楽しく鬼気迫る光景

日下三蔵氏の書庫◉神奈川・某所——二〇一四年一二月九日

時刻は午前八時。〈盛林堂書房〉の小野氏、井山夏生氏、そして私を乗せたワンボックスカーが、神奈川県東南のある市の高台の住宅地にある、一軒の住宅を目指してひた走っている。二時間をかけてちょうど午前一〇時に目的地に到着し、『本の雑誌』でお馴染みのおじさん三人組と合流する。

本日は『本の雑誌』による、ミステリ・SF評論家の日下三蔵氏が古本屋に本を初めてまとめて売るという、前代未聞な企画の取材日なのである。一度でいいから、あの喜国雅彦氏の『本棚探偵シリーズ』で全国に名を轟かせることになった、日下氏の壮絶で壮大な古本生活を目にしたくて、日下氏の指名により本を買い取る役目を請け負った盛林堂のバイトAとして、密かに意気込み乗り込ませてもらったわけなのである。

日下氏宅は、一見して何の変哲もない普通の住宅である。しかしドヤドヤと前庭に移動し、庭に面した部屋のシャッターを押し上げると、そこには本の壁が燦然とそびえ立っていた。

うぉぉ、閑静な住宅街の家の中に、こんな楽しく鬼気迫る光景が隠されているとは……。全員が戦きながらも、次々と開かれた窓から、入り込む余地のない部屋を目撃する。ここは仕事部屋で、働くスペースがまるでコックピットのように、人間ひとりを収めるカタチとなっている。

ひとりひとりが覗き込む順番待ちをしているその光景は、まるで家宅捜索に入る寸前の捜査員のようだ。それを日下氏は冷静に見やりながら、裏の倉庫や家の構成や書庫の範囲について細かく案内をしている。続いて玄関部分に招き入れられた。

「全員は絶対に入れませんから」

　日下氏の言葉にワクワクしながら列を成して中に進むと、待ち構えていたのは非常に不安定で結構な高度を誇る本タワーの連続であった。新しめのミステリ系文庫や単行本に挟まれ、突然の栗田信！　そして不安定なタワーの上部に永瀬三吾っ！　クラクラと目眩を覚え、決してこれは崩してはならぬと思っているところに、日下氏の、

「本は崩さないでください。無闇に触らないでください。気をつけてください」

　という言葉が届く。思わず緊張。奥の階段前にも容赦なく本タワーが連なる。トイレのドア前にも本の山が立ちはだかっている。しかも結構な少年探偵系レア本がしれっとしれっと……。

　寝室の扉の前にも当然のごとく本の山が積み重なっている。現時点でかろうじて入れそうなのは、書庫と仕事場のみ。そこに入るには、決して崩してはならぬ本の山を乗り越えなければならない。小野氏・カメラマン氏の後に、赤外線センサーの赤い光線を華麗に避ける怪盗のように、苦しいポーズを取りながら書庫の中へと入り込む。日下氏の監視の下、一歩も動けぬ状態ながら、三本の通路にものすごい本が吹き荒れるのに圧倒され、気がつけば視線の先には崩れている楠田匡介ゾーン……ぎゃああ！『都会の怪獣』がっ！　とワナワナしてしまい、書棚から一冊の本を引っかけて落としてしまう。

「すみません、『火星のおとしあな』を落としてしまいました」

　と、言うと、

「それは都筑道夫訳です」

　と、親切に教えてくださった。これ以上ここにいたら危険である。慎重を期して玄関部分に無事に戻ったと思ったら、下駄箱の上にあった郵便物の山を崩してしまう。ひぃぃ、ごめんなさいと、素早く原状復帰に勤しむ。しかし戦きながらも、

「書庫の前にも寝室の前にもトイレの前にも本の山がありますが、これはどうしているんですか？」

　と、聞いてみると、

「入る時は退かします」

　とのこと。おぉ、日下氏は、まるでドアノブを捻るがごとく、

不安定な本の山を退かすことが、当たり前の行動となっていたのである。もはや日常の所作なのである。本当に尊敬します。

　その後は寝室の本の山をまたもや表の窓側から鑑賞し、裏手に回って三棟の物置倉庫を見学。あの喜国氏のレポートは、大げさではない真実だったことを、改めて実感する。

「次は別宅の倉庫を見に行きましょう」

　皆にまずは現状を把握してもらい、それから対策を立てようということらしい。しかしここで、日下氏の小型車に驚愕する。トランク部分・後部座席・助手席が、紙袋に入った本やDVDにより埋め尽くされているのである。聞けば二年間溜め込んだらこの状態になったとのこと。ひとりしか乗っていないのに、サスペンションの沈み切った車に先導されながら、次なる倉庫を目指して移動する。


　ほどなくして到着したマンションは、予想はしていたが玄関から奥の三室すべてが、本やDVDやコミックやビデオで、やはり非日常的に埋め尽くされていた。三〇年本を買い続け、溜めまくると、人間はこのような凄まじい光景を造り出すことができるのだ。

　細心の注意を払いつつ、あぁ、すごいすごいと奥に入ると、気づけばかなり危険な状況に陥っていた。周囲はすべて捩じれ

た微妙なバランスを保つ本タワーの世界！　この不思議な世界に慣れぬ一行は、わずかなショックを与えただけでタワーを無様に崩してしまい、日下氏の嘆息を引き出してしまいながらも、崩れたタワーの下からレア本をへこまされるほど見つけたりして、それでもやがて立ち直り、今後の行動方針を模索する。
　とりあえずは、この玄関部分を片づけて、部屋の中の本をある程度出せる状況を造り出そうということで、意見が一致した。早速、玄関の外から階段下まで、本タワーを連携《リレー》プレーでドバドバ運び出して行くと、玄関部分の片側にあった本だけ

で、あっという間に確保したスペースが埋まってしまう。その本の群れは、まるで押収された証拠品のような存在感。

そこから必要なものとそうではないものを仕分けし、少しずつ整理と整頓を進め、スムーズな玄関の実現に向けて、おじさん三人組＋古本屋チームで蟻のように細々と働きまくる。ほんの手始めの作業であるはずなのに、様々なドラマが生まれては消えてゆく。次々と発見される、日下氏も忘れていた、あるいは覚えのないレア本の数々。さらに次々と見つかるダブり本と異装本。しかしそんな作業を進めたのに、仕分けでほとんどの本が必要と判断され、多くの本はまた玄関部分へと舞い戻っていったのである。

う〜む、う〜むと皆で唸っていると、次の工程は古本カーの本をすべて運び出し、それを整理して部屋の中に収めるという、大変アクロバティックなミッションインポッシブル！　しかしわれわれは、この短時間にバリバリと成長を遂げていた！　こんなにもたくさんの本があの小型車の中に入っていたのかと、信じられない思いを抱きながらも、テキパキと分類と搬入を行い、日下氏が感嘆するほどに難度の高いミッションを、見事完遂したのである。

そうして細いながらも動線をどうにか確保し、いよいよ今回処分する大量に本が部屋の奥から吐き出されてくることとなった。ここからの細かい顚末は、どうか『本の雑誌』(二〇一五年三月号)をご覧ください。

すべての作業を無事に終えると、もはや日も暮れかけ、気温も下がってきた午後四時過ぎ。本日のお礼として、三橋一夫『腹話術師』(カラーコピーカバーつき。室町書房)、『鬼の末裔』(裸本)、西条八十『悪魔博士』(偕成社)、久米元一『海賊船イーグル号』(共に裸本)を譲っていただく。やった！　ここに来た甲斐がありました！

それにしてもわかってはいたのだが、古本神・日下三蔵おそるべし！　もはやここは、欲しい本が見つかるなどという生易しいレベルではなく、これからつかみ取るべき夢のすべてがここに集められてしまっていた。どこに眼をやっても、驚嘆すべき本が眼に飛び込んでくるのを羨みつつへこみつつ、これからも素晴らしい評論と稀少でマニアックなアンソロジーを編み出されることをお願いして、古本を抱えて夜道を走り、おつかれさまと東京に帰りつく。本当に今日も、刺激的で楽しい一日であった。それにしても、二日続けてスゴい人たちの書庫を整理できるとは、思ってもみなかった。これもまた、古本屋ツアーのひとつのカタチか。

古本修羅十戒

一、人生にどんな喜びと悲しみがあろうとも
常に古本のことを頭の隅で
考えていなければならない

一、古本屋には毎日行かなければならない

一、古本屋には常に掘り出し物があると
妄想していなければならない

一、お店で満足出来る本が見つからなくとも
決してあきらめてはならない

一、自身の懐具合と古本値の折合が
つかなくとも、古本を優先せねばならない

一、古本は何物よりも大事にしなければならない

一、古本は色々な意味で
住空間を賀かすものと心得ねば
ならない

一、さらにはそのことに
無頓着であらねばならない

一、良い古本は自身が買わなければ
他の修羅に買われるものと
常に覚悟していなければならない

一、古本は受け渡して行くべきものと
いつかは気付かなければならない

＊七項目、正しくは「脅かす」

第一部

北海道・東北―関東―中部―近畿―中国・四国―九州・沖縄

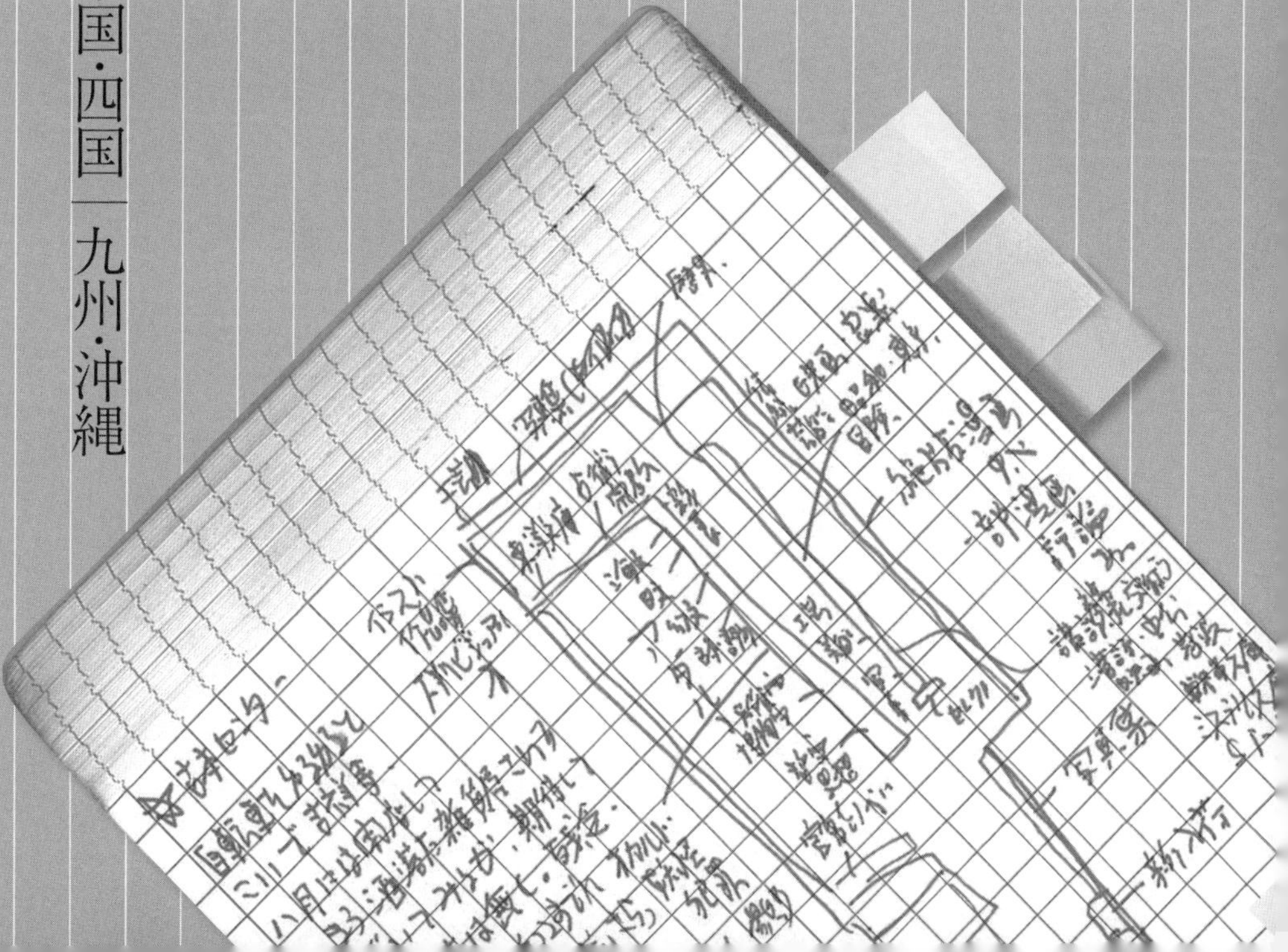

健さんが座っていそうなお店

古本　なづな書館――北海道・札幌◉二〇〇八年一〇月一二日

昨日から仕事で訪れた札幌。今日は突然「寒さ」という牙をむき出しにしてきた。仕事の合間に安らぎを求め、古本屋を目指し広い大地をダッシュ！

札幌市電の西15丁目停留場からほど近い。広い道路、まばらな建物。その中に「書」という一字を掲げた看板が見える。近づくと、もう、そのたたずまいだけで、完全KO!!　木枠に一枚板ガラスの扉、青いブリキの庇、「古本買いたし」の擦れた文字。もう高倉健の映画に出てきても、いや、高倉健が中に座っていてもおかしくない。ホントにこのまま居抜きで撮影に使えそうなお店だ。

多少歪んでいるが、スムーズに滑るガラス戸を開け中へ入る。外観以上に中もスゴイ。もはや開拓民の古本屋です。しかも床はうねり、棚は傾き、見方を変えればドイツ表現主義に見えなくもない。店は横長で、壁は一面本棚。入口手前から平台が二つ。そして背中合わせの棚が二つ。入口近くの棚と平台はコミック。奥の背中合わせの棚には、新しめのハードカバーと少量のアダルト。壁際はコミックから始まり、奥に歴史や経済、ノンフィクション。そのまま角を曲がると自然科学（動植物多し）が棚の大半を占め、奥に音楽や映画関連書が収まっている。向かいは海外文庫がびっしり。特に岩波文庫・赤が大量である。どうやらこのお店、見た目のくたびれた印象とは裏腹に棚は抜群な模様。

裏は時代小説文庫ですべて埋まっている。その横の平台は、下の棚部分に将棋や囲碁、平台部分に大判の本がディスプレイされている。再び壁際に戻ると、店奥倉庫への入口の周りに作られた、手作り感満載の棚には芸術関連の本。さらに次の棚は、海外文学、日本文学（北海道出身作家も）、評論、思想、哲学、古代史と並ぶ。レジ横は北海道史、アイヌ文化、大自然、都市史、昔話、民俗、生活など様々なバリエーションですべて北海道の本である。横の背中合わせの棚には、文庫と新書がしっかりとしたセレクトで並んでいる。レジでは店主がお茶を淹れている。店の中にもうもうと立ち上る湯気。板ガラスを通して入ってくる光の中で、湯気が揺らめく。

全体的に本は新しめだが、日本文学には古いものも多い。店のポリシーに基づいた本が揃っているので、見ていて飽きない。値段も安く心も休まる故郷のようなお店であった。横田順彌『古本探偵の冒険』(学陽文庫)を購入。[▼店舗閉店]

さっぽろ萌黄書店——北海道・札幌◉二〇〇八年一〇月一二日

札幌市営地下鉄東西線の西11丁目駅至近、ビルの一階に入った広く明るいお店である。丁寧にパラフィン紙に包まれた本が白くまぶしい。店内は正方形に近く、奥にレジ、壁に本棚、入口側ガラス窓の前には低めの棚が置かれている。

店内には左側に背中合わせの棚が一本。右側には色々な棚が組み合わさり、背中合わせの棚を形作り、一本ずつ少しずらして置かれている。左の壁際は新書、将棋、囲碁、競馬が並び、そこから北海道・アイヌ本がズラリ。炭鉱の本も多く収まっている。

奥は思想や哲学、向かいは文庫棚で、右側に新しめの本、左側には絶版文庫が並ぶ。あぁ、見たことのない本が多い。探偵小説・SF・ミステリーも充実。裏にはオカルト、旺文社文庫、海外文庫、女性作家文庫が並ぶ。その向かいには、風俗・性愛、ジャーナリズムなど。

ガラス窓前は現代作家のミステリー中心の棚。背中合わせ棚の裏側は、文化、宗教、写真評論、評伝、映画、テレビ、落語、という構成。向かいの壁際は、山岳、戦記、日本文学、探偵・推理(濃!)。レジ横には写真集がザクザクと収まっている。

うーん、欲しい本が多い。たくさん見つかりすぎの嬉しい悲鳴。しかし値段がキッチリつけられているので、全部買うと確実に予算をオーバーしてしまう。涙を飲んで、せこくセレクトする。

途中男女二人がネットで見た本を買いたいと入ってきた。ところがその本が見つからず、店主と奥さんとその二人の、計四人で店中を大捜索し始めている。探書は『ロンパリウサギ』。奥さんが何度も、

「ロン……、なんだっけ?」

と、確認しているのが、おかしくも心に残りました。

末井昭『東京爆発小僧』(角川文庫)、J・L・ボルヘス『伝奇集』(岩波文庫)を購入。札幌にはまだまだたくさんの古本屋がある。郷土書の充実ぶりといい、古本屋さんの多さといい、北の大地は出版文化がしっかり根づいている気がします。また来年来ます![▼店舗閉店]

本が玄武岩状に積み上がる

大学堂書房――北海道・札幌◉二〇〇九年三月二八日

北の大地に降り立つと思ったほど寒くはなく、東京と似たような外気温。調子に乗ってパーカーだけで街を経巡ると、布地を通して刺すような冷気が忍び寄る。北をナメたらいけませんな。

札幌駅から南、巨大アーケード街・狸小路を西へ。七丁目に入るとちょっと道がガタガタになり、寂しい感じ。その終わり近くにお店はあった。ブリキ看板・旧字の店名が堂々たるものである。店頭には傾いだ本棚やワゴンや梱包材や本の山。難しそうな単行本、古めの文庫、全集類がホコリまみれで並んでいる。値段は一〇〇円均一。

年代物の白い木枠引き戸に手をかけ、左へグイッ！　あれ？　途中で引っかかる。できた隙間はとても人の通れる幅ではない。再度力を入れ上下へ加減すると、ようやく通れるようになった。ホッと胸を撫でおろし店内へ。閉める時は難なく閉まる。振り返ると本が溢れ返っていた。

古い本が多いようだ。床は剝がれている。モップが通路に置きっぱなしで、店主が通路の真ん中に座っている……。

中は広く壁は一面の棚。手前と奥に背中合わせの棚が二本ずつ置かれている。正面通路奥に帳場。そして店主は足元を紙袋に守られ通路の真ん中……。

いや、元通路と言うのが正しいのだろう、そこに相変わらず座っている。右の壁際は日本文学、文学評論、古典、詩歌、一段奥まり括られた全集類、そして植物関連の本がズラリと奥まで続く。向かいは通路に積み上げられた本のために上段しか見ることはできない。海外ミス

テリ、SF、時代小説、文庫、美術図録、哲学、思想、世界文学全集と並ぶ。この通路の奥は、本タワーが玄武岩のように連なり、踏み入ることはできない。

　真ん中の通路へ戻る。右の棚には、日本・海外文学文庫・ノベルス。奥の棚には英語関連や辞書。左の棚は下段が本タワーで隠れ、上段に新書・歴史がチラリと見えている。奥の棚も上段のみに、古典、性愛、オカルト、北海道本の濃厚な並び。真ん中から左の通路へ。

　入口側にはここも本が玄武岩状に積み上げられ、入ることはできない。しかし左にコミック、右の壁に日本文学と宗教が並ぶのをかろうじて確認する。

　奥には、戦争、古代史、地方史、和本、メロンの箱などが並んでいる。こちらの通路もやっぱり行き止まりとなっている。ほとんどタイムカプセル的古本屋（完全に地中に埋められっ放しな感じではなく、時々開けられている感触がある）ではあるが、文庫と文学の棚には、比較的新しい風が吹き込むようだ。というわけで古い本多し！　値段はちょい高めな感じ。包装はものすごく丁寧で、お土産やプレゼントのように包んでもらえます。上林暁編『武蔵野』（宝文館）を購入。

キラキラ雪の札幌で古本屋めぐり

八光書房——北海道・札幌◉二〇〇九年三月二八日

狸小路七丁目から横断歩道を渡り八丁目へと足を向ける。ここにはすでにアーケードはなく、ちょっと閑散とした雰囲気。通りをズンズン進めば、左手に白い縁台・黒々と「本」と書かれた立看板が見えてくる。

　近づくと自動ドアがスーッと開いた。中ではすでにお客さんが棚を熱心に見回している。入ってすぐに玄関マットと数足のサンダル。どうやら靴を脱いで入店するようだ。いそいそと靴を脱ぎ捨てサンダルに足を通すと、健康サンダルの刺激が足裏に心地よい。

　壁はすべて本棚、アプローチは一見廊下のように見えるが、左にも行き止まりの通路があるので、実は左は背中合わせの棚となっている。奥は右と左に「コ」の字状に棚が並び、左はその手前にオルガンが置かれ、奥にはガラスケースも。そして右中央にレジがある。

　右の壁際には、コミック（絶版あり）、映画、音楽、山岳、古代史、北海道文学、北海道本、アイヌが収まる。棚は

ジャンルごとに、単行本、新書、文庫、大判、雑誌が入り交じる構成。途中新書の詰まったラックが手前に置かれているが、半分は紐で括られたままである。

左には、時代小説文庫、官能文庫、犯罪、アジア、探検、旅、紀行が並ぶ。左奥の通路に入ると通路棚には、戦争・天皇関連、動植物、文学文庫が収まり、壁際には宗教、詩歌、日本文学、少量の探偵小説・幻想文学が並ぶ。棚の所々には絵が飾られたり、本が立てかけられたりしているので、裏を見る時は注意深く動かして見なければならない。

誰もいない机を通り越し、左側奥へ。オルガンの上には吉田博や梶原一騎など、古い歌集やビニールに入った本が並べられている。画集の並ぶ棚の奥、両脇のガラスケースには、版画やポスター、『面白倶楽部』などが収められている。

奥には料理、将棋、囲碁、チェスの本。右側奥の空間は、美術、工芸、茶、江戸・東京、手塚治虫全集、コミック、アダルト、辞書が並ぶ。ここでは一人のおじさんが熱心に淡交社の雑誌を捜索中。新しい本から古い本までバランスのよい棚構成である。その並びにも、静かにしかし確実に意志が通っており、不思議な魅力を醸し出している。

レジに立つと右横にガラスケース。南極の石やぐい呑み、美しい蝶番、上は神棚的スペースとなっているが、地球儀や石、拳大のレーニン像⁉　これは売り物ではないのだろうな……。石川啄木『雲は天才である』(角川文庫)を購入。

外に出るといつの間にか、ダイヤモンドダストのような、重力を感じさせない小雪がキラキラハラハラ。寒さと仕事への焦燥感に背中を押され、仕事場へダッシュで戻る。

店主の目がよく行き届いた心地良い棚

古本と喫茶　ソクラテスのカフェ——北海道・琴似◉二〇一〇年二月一七日

今日は仕事で札幌へ旅立つ。飛行機に一時間半ほど乗ると、そこはすっかり雪景色。晴れてはいるがマイナス温度の世界である。早速、仕事場から消え入るようにス〜ッと脱出。なんだか走りやすい雪の上を、それでも気をつけながら小ダッシュする。

札幌市営地下鉄東西線・琴似駅から凍った地上に出て、琴似栄町通の西側歩道を南へ進む。右に西区役所、左に琴似神社を眺め、さらに進むと「琴似二―七」の交差点脇のビルに、目指すブックカフェの入口を発見する。

「地下名店街」入口には大きな看板が設置され、周りに小さなイベント告知の立看板も置かれている。大看板には、「60〜70年代の文芸書を中心に3000冊の蔵書」などと書かれている。左に折れ込む階段を下ると、そこはすぐお店の入口になっている。ショウウィンドウには美術作品が飾られているが、地下名店街の雰囲気が勝っているようだ。

喫茶店風の扉を開けると、右に展開するカウンターから、明るい「いらっしゃいませ〜」の輪唱が聞こえてきた。年配のご婦人と若い女性が優しく微笑んでいる。店舗は横長で、中央のフロアを中心に、本棚の裏に隠れるように座席が配置されている。右奥にはギャラリーも。

出入口通路左横に三本の棚、座席への二つの入口横に四本の棚、カウンター横にL字に組まれた二本の棚、右奥にもL字に組まれた四本の棚がある。お客さんはひとりしかおらず、静かで意外に落ち着ける。カフェというよりは完全に喫茶店である。しかし棚の見やすさは特筆モノ。古本を売るからにはカフェといえども、棚はしっかり見えなければいけない、と思う。とりあえず気持ちを落ち着け、奥のボックス席にひとりで腰を下ろす。

ホットミルクを注文した後、即座に席を立ち、棚に突撃する。出入口横には、海外文学、日本文学、全集が並び、奥の壁には評論、ノンフィクション、エッセイ、北海道本、ミステリ・エンタメ、現代文学。カウンター横には岩波文庫、岩波新書、作家五〇音順日本文学文庫。

右奥には海外文学文庫、時代小説文庫、SF文庫、児童文学、大判ビジュアル本が収まっている。店主の目の行き届いた棚が続いていく。本は一九七〇年代以降のキレイな本が中心。そんなに珍しい本があるわけではないが、毎日訪れれば何か見つかりそうな気にさせられるのと、値段が安いのが魅力的。岩波文庫・新書のみが定価の半額で、他はほとんど定価の三分の一となっている。

本を選んで席へ戻り、ホットミルクで身体を温める。パラパラとページをめくるが、あっという間に戻る時間となりました。カウンターでミルク代と本代をご婦人に支払い、ショップカードを手に取ると、そこには本を手に持つステレオタイプなソクラテスのイラストが描かれている。恐妻家であることを感じさせないファンシーな姿を晒している。

竹本健治『匣の中の失楽』(幻影城)を購入。あとで調べると古書価がおよそ五〇〇〇円から一〇〇〇〇円。それが何と四三〇円! あぁ、こういう時もやっぱり嬉しいのが私の限界なのでした。

外に出ると、途端に寒さが全方位から襲いかかる。雪の交差点の上には、氷片のように薄い下弦の月。自分の吐く息に包まれ、カカトでしっかり雪を踏み締めながら、仕事場へ急いだ。

シーズー犬に見送られ開かずの二階を探索

ARS書店——北海道・百合が原◉二〇一三年九月一日

今日は東京に戻る慌ただしい日。しかしとことん北海道の古本屋さんにがっつくために、少ない時間で札幌から学園都市線(札沼線)車両に乗り込む。街の上を走る高架はやがて地上に下り、およそ一六分で目的駅に着いた。誰もいない改札を通って西側に出ると、平坦な広い直線道でできた北国ののどかな住宅街であった。

すぐ前の道を、北西にズンズカ歩き続ける。五〇〇メートル弱で信号機のある車通りの多い交差点。ここからは通りを北へ。すると左手に、様々な物品を満載するスチールラックに囲まれた、白い二階建てのリサイクル店が見えてきた。えっ、ここなのか? 真ん中の入口横では「営業中」の電光掲示板が輝き、その下に「本」と大きく書かれた立看板がある。それに二階窓にはちょっと乱れてはいるが、確かに古本らしき影が見えている。やはりここで合っているようだ。躊躇している間も惜しいので、すぐに店内に突撃する。

物品が押し寄せ取り囲む入口から店内に進むと、人の気配はなく、目の前に薄暗くごちゃついた通路が何本も展開している。確かに本の山が所々に築かれてはいるが、どうも売り物的気配が感じられない……。

　さらに通路をうろついていると、背後に何かの気配を感じ取る。振り向くと、そこには年老いたシーズー犬の姿があり、こちらをつぶらな瞳で見上げている。ここの子か？　可愛いな、と頭をなでてさらに通路をウロウロ。シーズーもその後をヨタヨタとついてくる。古本探しの道行きに、白灰柄の可愛い相棒ができてしまった。しかし古本はやはり、所々に単発的に無秩序に積まれているだけなのである。二階がメインの古本売場ということなのか、そう考え、入口左横から上に折り返して延びる、ここも物品が迫りくる階段を上がってみる。

　シーズーは階段下でピタッと止まり、しばしのお別れ。さらば、相棒よ。二階にたどりつくと、かなり荒れて倉庫化しているようだが、広いフロアに五本の長い古本通路が並んでいた。やはりここだったか！　床には、着物、掃除用具、カバン類、ダンボール、額、人体模型などが散乱し、一応通ることができるがイカした状況になっている。

　戦争、歴史、北海道関連、文学評論、エロ、犯罪、映画、食、経済、農業、近代史、詩歌句、中国、ロシアなどが、どうにか揃いとれたジャンルで、カオス化した棚も多い。しかも通路の奥はほぼ暗闇となっており（進入するとチャイムが鳴り響く）、その全貌をつかむのは非常に難事である。棚には古い本も多いので、苦労して見ていくのも中々に楽しい。値段はしっかりな傾向である。通路をくまなく歩いて、どうにか一冊選んで階下へ戻る。おっ、シーズーが待っていてくれた。それにご婦人が出現している。

「すみません、これをいただけますか？」

「ハイいらっしゃい。……あら、これどこにあった本かしら？」

「あ、二階の本棚から……」

「あら！　あなた二階にいらしたの？　今、二階はやっていないのよ」

「えぇえっ！」

「ネット販売用なのよ。あぁ、いつもは階段の入口に紐をかけとくんだけど、今日は忘れちゃってたのね」

「わわっ！　それは申し訳ありませんでし

た」

「でも、全然気づかなかったわ。どのくらいいらしたの」

「二〇分くらいでしょうか……、すみません」

「暗くて見辛かったでしょう。それに片つけてないし」

「いえ、本当にすみませんでした」と、とにかく驚愕の事実に平謝りを繰り返す。しかしご婦人は、「いいのよ」と笑って許してくれ、その懐の深さに大いに感謝しまくる。それにしても、不法侵入ではあるが、期せずして事務書店ツアーをしてしまったのか……。本も快く売っていただき、

「ネットでたくさん売ってるからね」

と、笑顔に送り出される。あまりにもおっちょこちょいな失態を、優しく包んで許してくれた、大きな心が嬉しかった。横溝正史『探偵小説五十年』（講談社）を購入。

奥に行けば行くほど古い本が！

古書 坐来――青森・長苗代◉二〇一四年三月二二日

実は昨日も利用した「三連休乗車券」で、普段利用している「週末パス」より移動距離を延長し、さらに特急券も併用して、三時間半というおそるべきスピードで八戸にたどりついた。

念願の青森初ツアーであるが、久々に新幹線に乗ると、とてつもない贅沢をしている気がしてくる。そしてわかってはいたのだが、街は雪景色なのである。立食い蕎麦で安上がりにお腹を満たし、JR八戸線に飛び乗る。青森県の八戸駅から岩手県久慈市の久慈駅まで、海岸沿いに走る路線である。

街から離れると、雪原の真っただ中を進む列車内には、「津波警報が発令された場合のお願い」、線路各所に設けられている「八戸線避難口」、「車両からの降り方」などの、普通では見られない案内板が取りつけられている。網棚の上には、存在感の大きい緊急避難梯子が置かれている。そんなものたちを眺めていたら、雪原の端にある無人駅

にあっという間に到着した。

簡素過ぎるホームから下り、自動車も走る跨線橋の階段を上がる。遠くに煙をモクモク吐き出している港湾地区が見えている。雪はある程度積もっており風は冷たいが、気温自体はそれほど低くない。まずは北の市街地を目指し、国道一〇四号を歩いていく。

シャーベット状に残る歩道の雪に難儀しながら、大きな交差点をひとつ越えてさらに北に進み、歩道橋で下長交差点を乗り越えると、道は幅と歩道を狭くして県道八号となる。時折消滅する歩道にさらに難儀しながら、四〇〇メートルほど北にベシャベシャ歩き、道が大きく西にカーブする手前で、一本東寄りの住宅街の道に逃げ込む。豪壮な住宅の間をまだまだ北に進むと、視界が開けて行く手には団地と大きな通りが現れる。ホッとしながらその大通りに出てちょっと東に進むと、おぉぅ！ 河原木団地南口バス停前に、〈本の骨董屋〉とある大きな店名看板が見えていた。たどりついたぞ！

喜び勇んでベシャベシャと入口に近づき、風を避けて立っていたバス待ちのおばあさんに道を譲っていただき、重く新しい引戸から中へ。そこは二重の玄関なのだが、右にはすでにプレミア本の飾られたガラスケースが見えている。どうやら本格的な店舗の気配である。さらに同型の引戸を開けて店内へ。ふぅ、暖かい。すると電子チャイムが鳴り響き、奥の部屋の帳場から、相撲部屋親方風店主が伸び上がり、「いらっしゃいませ」と迎えてくれた。薄暗いが横長でまだ充分に新しいお店である。

壁際には、右側に低い棚とラック、左側に高低の壁棚が混在。そしてガラスケースと背中合わせの本棚や柱棚が、計五本の通路を造り出している。ガラスケースの中

の今まで見たことない大正時代の『シャアロック・ホームズ』に気を取られながら、入口右横の科学数学棚をまずは見て、右奥の大衆小説棚に張りついていると、奥から、

「何かお探しのものでもあるんですか？」

と、聞かれ、ここから店主との楽しい怒濤の会話がスタートしてしまった。

古本屋経営、ネット販売、在りし日の古本屋巡り、青森古本屋事情、東京古書店との熱き闘い、紙物、骨董業界とのつながり、上階の立入禁止倉庫、蔵整理・本を集めること残すこと、etc. etc. etc! と、古本屋稼業、冒険譚のオンパレード。棚を見ながらも思わずグイグイ引き込まれ、通路の奥でお互いに姿も見えぬのに大声で会話を続ける始末。なので自然と棚への集中が、いや本への集中自体も疎かになってしまう……。

他には古い政治社会、思想、自然、本・古本、映画、山岳・青森関連、郷土、岩波文庫、新書、旅、スポーツ、ノンフィクション、宗教、文学評論、海外文学、日本文学。文庫はワゴンや通路に置かれた多数の箱に二〇〇均で詰め込まれている。だがこれで終りかと思ったら、

「奥も見ていいからね」

と、帳場のあるスペースに招き入れられる。うぉっ！応接セットを中心に、壁棚と箱と飾り棚と低い本棚が置かれた、さっきより古い本の多い空間である。そしてさらに奥には、屋根のある能舞台のような座敷スペースがあり、さらにその周囲を重厚な壁棚が取り巻いている。そこに並ぶのは、さらにさらに古い本たち。なんなんだ、この古本屋さんは！

興奮しながらさらに会話しつつ、本棚と箱の前を雀のごとく忙しく飛び回る。真ん中スペースには、日本文学、辞書類、ジュブナイル少々、キリスト教、戦後文庫、定価半額セレクト文庫、古雑誌、海外文学、美術、雑誌付録、日本刀、旧日本軍関連、戦争時物、絵葉書、プレミア文学本、古観光地図など、戦中戦後を中心とした組み立てである。

そして奥のスペースには、和本、地図、映画ポスター、双六、雑誌、全集、教科書類、戦争、日本文学、探偵小説、歴史、美術、郷土、社会、ガイド、戦前文庫と、戦前の古書がドバドバドバ。

もはや私に正常な思考能力はなく、古書の海にただガボガボ幸せに溺れゆくのみ。古本大量！ よい本と珍しい古い本が、奥に行けば行くほど現れる素敵なお店であ

る。ただし店主によると、よい本や物はすべて倉庫にあるとのこと。値段はしっかりだが、店主が優しく色々サービスしてくれるのが嬉しい。

ホフマン『胡桃割人形と鼠の王様』（改造文庫）、リチャード・マシスン『地獄の家』（ハヤカワ文庫）、小島信夫『抱擁家族』（講談社文庫）、色川武大『あちゃらかぱい』（河出文庫）、田中小実昌『ポロポロ』『かぶりつき人生』（河出文庫）、殿山泰司『JAMJAM日記』（ちくま文庫）を購入。改造文庫を五〇〇円引き、定価半額文庫を二〇〇均にしていただいた。そして、

「じゃあ、よいものをあげよう」

と、『隔月刊あおもり草子　特集・あおもり古書店歩き』を袋に同封してくれる。青森県で現在活躍する古書組合加入店を、ほぼ網羅した特集だ。これは嬉しい。思わぬレア（古本屋狂いの私にとって）な収穫を喜びながら、お店を辞去した。

すっかり話に夢中になり長居してしまったので、本八戸のお店も巡るつもりだったのが、予定の変更を余儀なくされる。というわけで、吹きっさらしの雪原のホームの上で、八戸行の次の列車が来るのを、もう三〇分以上待っているのだ……。

極寒の屋外から暖かな本だらけの空間に入る幸せ

古ほんや　板澤書房――秋田・秋田◉二〇〇九年一月三一日

秋田駅から一キロメートルほど西、旭川を越えた横町通り沿いにあるお店。狭い通りに激しく行き交う車、さらに狭い歩道には所々雪がかき集められ、ダッシュしにくいことこの上ない。店頭にはもちろん台などなく、雪対策なのか、鉄柵とスコップ・脚立などが置かれている。壁は小さい黒タイルに覆われ、お風呂場的な雰囲気である。左にショウウィンドウがあり、分厚い町史や県史とともに福禄壽（？）の木像が飾られている。

中に入ると暖かい。この季節は本当に暖房がありがたい。天井は高く通路は広めである。棚もよく整理されていて見やすい。目の前には真ん中の通路。両壁は本棚、左に背中合わせの棚が一本、右側は真ん中の通路には平台、裏は通常の棚になっている。

まずは真ん中の通路に進む。絶版漫画の小さな棚を過ぎると、右は予想外の平台が広がる。安めの文庫や雑誌・ビジュアル本などが置かれている。この平台は店頭台の

役目も果たしているようだ。いわば「店内店頭台」。台の奥は崖のようになり、写真集やイラスト集が段々に飾られている。向かいの棚上方には全集類がズラリ。その下には、時代小説、日本文学、ミステリ、探偵小説、幻想文学、性愛本が収まる。

通路には足元にも細かく棚が設置され、上のジャンルに即した本が入っている。ただしとても見にくい。一旦通路を引き返し右側へ。途中「コ」の字に組まれた棚には、揃いのシリーズ本がまとめられ並んでいる。

洗面台の横に通路が続く。壁際は文学プレミア本の収まるガラスケースから始まり、宗教、自然、生物、戦争の終わりにまたもやガラスケースがあり、昔の地図や教科書類がディスプレイ。奥側の壁には、美術、大判の美術が。通路棚には文庫がズラーリ。この通路は裏の「本の崖」に明かりがさえぎられているようで、なんだか薄暗く倉庫気分。新しめの本が多いが、奥に古めの文庫や、古い文庫サイズの小判単行本が集まっている。

藤田敏八が面長でなくなった印象の店主が、どっかと座るレジ横を通り左通路へ。ここは茶色度高し。レジ横

には秋田郷土誌や地方史がドッサリ。そのまま歴史、国文学、哲学、政治、社会、海外文学と続き、入口付近には大量のポケミス溜まり。通路棚は、詩歌、俳句、文学評論、映画、音楽、芸能、エッセイという並び。下の平台は横一列に新書。

古い本が多く棚に見応えがある。値段はピンキリで、意外な安値から当然な高値まで。それにしても北国の古本屋は入った瞬間にホッとする。暑いさなかにクーラーの効いた店内に入るより、極寒の屋外から暖かな本だらけの空間に入る時の方が幸せなのだ。伊東聖子『新宿物語』(三一新書)を購入。

今回、他にも北西方面の古本屋を探したのだが、まったく見つけることができなかった。途方に暮れると途端に身体は冷え切り、今にも風邪をひいてしまいそうな気分に。そして雪道は走りにくい。踵でダスダスと雪を踏み締め、しっかり接地しないと怖くて走れない……よって体力をいたずらに消耗し、疲労困憊するのだった。

【古本の隙間に――01】

塀の前で

雨の中、古本屋を訪れた後、山を登るようにして田端駅の南側へ廻る。切り通し横の階段を上がり、〈忠敬堂〉を通り過ぎ、山手線の駅舎とは思えない南口へ。おぉ！　ここは冨田均の『東京私生活』カバー写真の撮影場所ではないか！　思わずニンマリしながら、崖の中腹にある小さな駅舎を眺め、長い坂道を上がってゆく。

そしてさらに南にある与楽寺方面へ。そこには中井英夫が幼少時に、夜に家から脱け出して塀に耳を押しつけ、中の狂人の声に耳を澄ました脳病院の塀があるというのだ。後年、中井自身がその場所を訪れ、耳を澄ます写真を撮ったりしている。

人形作家の石塚公昭氏も、中井英夫の人形を携え、その場所で作品を撮っているのだ。ぜひともこの目で確かめなければならない。雨に濡れながらマンションの横を抜けると、廃墟や古い洋館が続き、谷底に落ち込むような坂が現れる。

一変した雰囲気にたじろぎながら、おそるおそる坂を下ってゆき、左右にキョロキョロと視線を飛ばす。しかしどこまで下っても、塀は見当たらない。すでに取り壊されてしまったのだろうか。あきらめきれずにお寺の周りをもう一周し、路地にも手当たり次第に入り込んでみる……が、やはりない。

しかし気になる塀がある。廃アパートの前に立つ、扉つきの塀。その古さは周りから頭一つ抜けており、高さも普通の高さではない。持参した写真のコピーで確認してみると同じ形状をしている。表から、そして、裏側からもじっくり眺めてみる。街自体も異空間の香りがしたが、塀の中はもはや時間の止まった世界……降り注ぐ雨だけが、現実とのつながりとなっている。

目の前の灰色の塀は、何も語ることなく、薄く高く静かに佇む。これは、確かにその塀なのだろうか。私は病院の囁きを聞くこともできず、雨に濡れながら廃アパートの苔むした前庭に、塀と同じように立ち尽くしている。

［二〇一〇年三月一五日］

七時間かけて真っ白な秋田へ

市民プラザ——秋田・能代◉二〇一四年一月一一日

昨日、JR東日本の「三連休乗車券」を手に入れ、晴れて北海道の尻尾まで普通列車の乗り降りが、この三日間だけ自由となる。遠くへ、遥か遠方へ、と心の中で呪文のように唱えながら、特急券を買ってまずは秋田に急行する。

もはや凍りついたような真っ白な秋田駅から、奥羽線に乗り換えてさらに北上する。軽い雪を巻き上げ、白い集落と荒野と凍った川を過ぎ、時に秋田杉の鉄道林に守られ、日本最大の干拓地・八郎潟の横をゴグンゴドンとひた走る。終点の東能代駅で五能線に乗り換えてさらに五分。七時間かかって、雪の吹き荒ぶ目的駅にようやく到着した。所々で列車が遅れたため、現地での活動時間が絶望的に少なくなってしまった。

雪の吹き込むホームには、小さなバスケットコートとリングが設置されていた。ここ能代は、高校バスケ強豪校「能代工業」のあるバスケットボールの街なのである。さらにホームに飾られた、ユニフォームや優勝盾、使用ボールなどに心ざわめきながらも、目的はあくまで古本にあることは変わらないので、気を引き締めて改札を抜ける。

密閉された駅舎から外に出ると、風雪の攻撃がわが身を襲う。積雪は五センチメートルほどだが、とにかく寒い。西口の駅ロータリーは緩やかな斜面に広がっており、人影はなく、荒涼としている。ロータリーを右から、雪に足を滑らさないよう小走りに回り込んで、ちょっと西にある低層のビルに囲まれた駅前交差点。道沿いには隙間なく四角い建物が凸凹と並び、まるで映画のセットのような、不思議な景観を造り出している。交差点の西側北寄りにある、「Canon」の看板文字と「大栄百貨店」と、二つの看板のある年季の入った横長ビルに注目する。面取りされた角の一階には、「市民プラザ」の入口がある。

元駅前地元百貨店の建物を再利用した、市のサービス施設なのであろう。しかしここでは、安値で古本が販売されているらしいのだ。とにかく時間がないので「ままよ！」と飛び込んでみると、当然のごとく市民の憩いの場なのである。

まず右に軽食やドリンクも販売するレジがあり、目の前のテーブル席ではご婦人たちがワークショップを開催中。さらに最奥のテーブルでは、中学生が団子のように固まり、間断なく歓声を上げながらゲームに熱中している。色々なことには構わず、ズンズンとその奥に進んでいくと、ひょう！ 右奥に結構広く、しっかりした古本ゾーンが姿を見せてくれた。

またも激しくざわつく心。このゾーンは少し右側に奥まっており、手前壁と右壁・奥壁に本棚が張りつき、フロアには一〇均カバーなし文庫ワゴン、背中合わせの本棚が横向きに三本と斜めに二本重なっている。奥にはアップライトピアノも本棚のように並んでいる。

さぁ、急いですべてに目を通さなければ。

手前壁には児童文学、児童書、絵本。右壁には料理、スポーツ、趣味、実用、参考書、辞典、自然科学、アイドル写真集（さばけてるなぁ）、大量の文学全集。奥壁は文学全集の続きと、日本文学、コミックが収まる。

フロア棚は横向き三本に、作家五十音順日本文学文庫と最上段にノベルスの列。斜めの棚は、海外文学文庫、海外文学、社会、日本文学文庫続き、雑学文庫、新書、詩歌句、郷土、宗教、オカルトと続いている。

市民からの寄贈本で成り立っている図書館的ビジュアルのお店だが、品揃えと棚造りが意外にしっかりとしている。少し古い文庫も多いのでちょっと血眼になってしまうが、一番の魅力は値段が定価の九割引という安さであろう。

宮沢賢治『オッペルと象』、スウィフト『ガリヴァー旅行記』（以上、正進社名作文庫）、福永武彦『夜の三部作』（講談社文庫）、赤川次郎『死者の学園祭』（ソノラマ文庫）、梶龍雄『殺人魔術』（光風社ノベルス）、松下竜一『5000匹のホタル』（理論社）を購入する。

これだけ買って三三〇円……。

さぁ、七時間かけて来た東北の地で、三〇分で三三〇円分の古本を買ったので、もう東京に戻らなければならない。

あぁ、私の頭のネジは、かなり緩んでしまっているのだろうか。電車は目まぐるしく晴れ間と吹雪が入れ替わる中を、またもゴグンゴドンと、重々しく走り抜けていく。

東北本線行ったり来たり

白神堂書店——岩手・水沢◉二〇一一年六月一三日

本日も新たなJR東日本パスを握り締めて東北へ向かう。最初は秋田方面に向かうつもりだったが、「こまち」に自由席がなかったので、とりあえず仙台まで行くことにする。車中で計画を練り直し、新しいツアー先を塩釜と水沢に定め、予備で仙台というプランに決定。仙台駅はかなり修復が進んでいるようだ。あっ！　伊達政宗像がなくなってる。

駅構内には、復興ボランティアの人々や被災地へのガイド役などがおり、常時とは違う熱気と緊張感が漂っている。私は古本屋を目指して、まずは東北本線に乗り換えると、なんと目の前には森まゆみさんが座っていた。驚いたなぁ。

塩釜駅で下車し、高台のホームからロータリーに出て、駅前の通りを北へ進む。右手には白く大きな生涯学習センターが見える。そこを過ぎると、「古本　駐車場」という黄色い立看板が出現。古本のための駐車場か!?　砂利敷きの駐車場を備えた、プレハブ小屋のちょっとアナーキーなお店〈明日香書店〉である。おぉ、と感動しながら、小石を踏み締め建物へ近づく。

左手には看板や木材が、廃物のように積み上がっている。入口横にも改めて立看板、壁面にも大きな店名看板……。看板が多い……。扉の前に立つと、そこには小さな貼紙があった。

「東北関東大震災の為、当分の間休業いたします。店主敬白」

誠に残念であるが致し方ない。営業再開の日を、待ちわびてます！　すぐに踵を返し、東北本線で仙台へ逆戻り。ここから再び新幹線に乗り、一ノ関でまたもや東北本線に乗り換える。パスがなければ容易には実行できない荒技である。電車は美しい北上川の土手に沿いながら、みずみずしさに溢れた土地を、北へ進んでいく。

水沢駅の有人改札をパスを見せて抜ける。白く爽やかな、ちょっと大きな街で、中央には岩手競馬を応援する、和風の小塔が屹立している。ロータリー左奥の南へ延びる道を進んでいく。寂れた駅前の脇道という感じだが、明るい陽光と気持ちの良い風のおかげで、侘しさは感じない。やがて県道のような国道三九七号線にたどりつくので、今度は進路を西へとる。

　すると五〇メートルも歩かないうちに、左手の道路際にお店の看板が、ぴょこんと立っていた。近づいてみるとお店も道路際まで迫っており、シャッター四枚のうち二枚がガッチリ下ろされ、一枚が三分の一、一枚が四分の一下ろされている不穏な状況。これは営業中なのだろうか？

　そーっと、開いている部分に近寄ると、岩手郷土資料本が並ぶウィンドウとガラス扉は、汚れて曇りガラスになりかけていた。シャッターの隙間に本の入った木箱や壁棚が見えているが、詳しく見ることはできない。ちゃんと見られて本が取り出せるのは、入口横の新書棚のみである。ちょっと入口で逡巡したが、中の電気が点いているのを確認し、思い切って扉に手をかけた。鍵はかかっておらず、スッと抵抗なく開いた。その瞬間に古本の奔流が押し寄せてきた！

　店内はギチギチ状態だったのである。本のタワーと棚越しに右手を見ると、本の山に囲

まれた真ん中で、西部邁風店主が前屈みな姿勢で読書中。店内が倉庫のようにも見えるので、とりあえず「こんにちは」と挨拶してみた。ギョロリと上目遣いに一瞬視線を寄越しただけで、すぐに本の世界へ……。
　まぁ見ていいということだろう。店舗は小さな逆「L」字型で、壁際には本棚、左手前には横向きの背中合わせの棚が一本、右奥は壁棚と真ん中にラック棚が置かれ、右側の帳場と思しき場所は、壁棚と幾重もの本の山と小さな棚に取り囲まれている。そして各通路には横積み本や未整理本が、私のアゴの高さまでドバドバと背を伸ばしている。おかげで棚の下部は見えず、通路自体も人間ひとりが通れるかどうかの状況になっている。一応すべての通路に床は見えているのだが、これはもう古本職人だけが辿ることのできる、秘密の間道である。
　私は周りに接触して被害を及ぼさぬよう、赤外線センサーを切り抜けるかのごとく、珍妙な動きで各間道にチャレンジしていく。入口右横の小さな棚に、古めの中国系文庫、海外文学文庫、思想系文庫が並んでいる。入口左横壁際には、岩手資料本、歴史。背中合わせの棚には、日本文学文庫、日本純文学文庫、海外文学文庫、新書が収まっており、品切・絶版が多く見応えあり。

左奥壁にはミステリ・エンタメ、海外文学、フランス文学、辞書と続く。こちら側の二本の通路は、奥までの侵入は不可能となっている。身体を縦に横に巧みに操作し、忍び足で右奥へ。

左には美術ビジュアル本と下に宗教書棚。真ん中のラックには、落語、映画、音楽、鉄道雑誌、文学ビジュアル雑誌、兵器、美術が並ぶ。奥壁には、お茶、都市、政治、思想。右壁の帳場前にも一本通路棚があり、古典文学が並べられている。右壁棚には、科学、数学、動物、昆虫、日本文学、文学評論と続き、ウィンドウ裏のアジア、中国文学、探検、紀行、飛行、詩歌となっていく。おっ、帳場の周りに民俗学がおいてある。

店内はかなり過酷な状況だが、文庫と文学に良書が多い。上段しか見られないのが、返す返すも残念である。値段はしっかりの隙ナシ。文庫や新書には安い本あり。古本間道を脱出して、二冊の文庫を店主に渡すと、一冊を指し示し、

「これ高いよ。いいの？」

と、聞いてきた。時たま聞かれることであるが、こういう場合は、①こちらが値段を知らずに買おうとしてると思っている、②なんでこんな高い本を買うの？　よく考えた方がいいよ、ということなのだろうが、まぁ、①なんだろうな、などと考えるが、もちろん値段は知っていたので、

「ハイ！　〇〇円ですよね」

と、無邪気に元気よく答えてみた。すると何やら計算し、オマケの値引をしていただいた。ありがとうございます。田部重治『青葉の旅・落葉の旅』(角川文庫)、くろすとしゆき『男の旅行カバン』(河出文庫)を購入。

帰りは北上川をゆっくり見ようと思い、水沢駅から新幹線の水沢江刺駅まで歩くことにする。……がっ！　なんと橋の手前に来た時に、人も車も通行止めであることが判明！　上流にある橋に迂回しなければならないのだが、それではとても新幹線に間に合わない！　水沢駅まで戻っても、東北本線はとうに出発……。絶体絶命だ！

見知らぬ土地でウロつきながら焦っていると、タクシー会社を偶然発見。そこに飛び込み、水沢江刺まで運んでもらい、事なきを得る。それにしても、昨日と今日で電車に二〇時間は乗っている。家に帰ってジッとしていると、何やら身体はずーっと振動している感じ。ガタガタゴトンガタガタゴトン。

【古本の隙間に――02】

マヂエル館にて

まだ寒く古本屋ツアーには早過ぎる朝、北上川沿いにある材木町へと向かう。この町には、宮澤賢治の『注文の多い料理店』（大正一三年）を刊行した版元、光原社があるというのだ。現在は出版社ではなく、漆器や工芸品を扱うお店となっている。白い和風モダンな建物が目指す光原社である。命名は宮澤賢治、社名ロゴは棟方志功の手によるものだそうだ。

店には入らず横の車寄せを通り、雪の凍った中庭へ廻る。そこでは揃いの黒い制服を着た女性が二人、雪かきをしている。なんだか山奥の修道院にでも、迷い込んでしまったようだ。

左に資料を展示してある「マヂエル館」、右に喫茶店の「可否館」。さらに奥へ進むと日本庭園が現れる。そこに「注文の多い料理店出版の地」という碑と、宮澤賢治のレリーフが建てられている。さらに先に進むと、右に光原社の資料館（棟方志功の社名ロゴ完成を伝える手紙がデカくて笑える）と、奥には水量豊富で雄大な北上川の流れ。

しばらくそれを眺めたあと、『注文の多い料理店』に関する資料が展示されている「マヂエル館」に向かう。貴重な初版本や、当時の出版広告・ちらしが特に面白い。この童話集は賢治の自費出版とも言われているが、賢治は二〇〇冊買い取っただけであって、あくまでも光原社の出版なのだそうだ。

価格は一円六〇銭で一〇〇〇部。当時まったく見向きもされずに、廊下に山積みされていたというこの本、今や古書価で……。なんともやるせない話である。

しかしこんなエピソードに、ロマンが潜んでいるのもまた事実。外に出ると雪かき中の二人から「ありがとうございました」と声をかけられる。

凍った雪を踏み締め、通りに出ると、目の前に何もかも吹き飛ばすほど美しい岩手山の巨大な姿。これだけは宮澤賢治の目にした光景と変わらないはずである。雪を被った山は、本当に高く大きく美しく、悠然と街を見下ろしている。年月を飛び越える光景に感動！　あぁ、マヂエル様……。

［二〇〇九年二月四日］

鉄と魚とラグビーの街へ 古本を求めて

古本小屋――岩手・釜石◉二〇一四年一月一二日

「三連休乗車券」二日目は、またも早起きして北へ移動し、まずは新花巻駅で下車。雪の積もった単線ホームの駅から、「銀河ドリームライン」釜石線に乗って、沿岸を目指す。この路線は元をたどれば、宮澤賢治の愛した岩手軽便鉄道が走っており、様々な作品のモチーフとしても使われていた。そのため現代のＪＲ路線も『銀河鉄道の夜』になぞらえて、駅の表示板には一駅ごとに異なるイラストとエスペラント語が踊り、賢治の背中を追いかけて、ロマンチックに運行している。

しかしその実態は、ジワジワと時間を遡る集落と谷間を、ディーゼル音と警笛を響かせ走り続けるローカル線である。雪に塗れながら、美し過ぎるアーチ型鉄道橋を渡り、山をひとつ越える。一時間でたどりつく遠野の田園地帯は、どこまでも雪を被り、灰色の空と共に明るく輝いている。さらに進んでもうひとつ山を越え、鉱山の遺構などを目にしながら谷間を下っていくと、いつの間にか雪の姿はかき消え、都合二時間で釜石駅に到着した。

地下道で線路の下を潜ってから駅の改札を抜けると、綺麗に新しく整備されたロータリーの向こうには、白い煙をモクモクと吐き出す「新日本製鐵釜石製鉄所」の巨大な姿が、山のように立ちはだかっていた。その工業的姿態に圧倒される。さすがは「鉄と魚とラグビーの街」だ。

まずは南の国道二八三号に出て、製鉄所を左に眺めながら西へスタスタ歩き始める。やがて行く手に巨大な緑のガスタンク二基が見え、その脇をアリのように小さく通り過ぎ、水の澄んだ甲子川を渡る。その橋を渡っている途中で、目指す古本屋さんが目に入り、開店中であることを視認する。橋を渡り切り、川沿いに北へ折れ込んで、二本目の住宅街の脇道に入り込む。すると目の前に三階建ての住宅兼店舗が現れ、一階には三宿〈山陽書店〉に比肩する黄色い巨大な日除けが張り出している。

「マンガ本買います」の幟がはためき、シャッターの上がった引き戸部分には、取扱漫画がペタペタと貼り出されている。そのガガラと大きな音を出す戸を開けて中に入ると、コンクリ土間の倉庫のような空間で、スチール棚で出来た四本の通路が縦に延び、ブロックのようなコミック揃いのかたまりを並べ、積み上げている。

右奥に藤田弓子風ご婦人のいる帳場があり、その横にはアダルト通路もあるようだ。しかしコミックばかりではなく、右から二番目の通路右側に二本のミステリ・アクション文庫棚、三番目の通路左側三本に時代小説文庫の姿を見出し、ひとまず胸をなでおろす。

並んでいるのは九〇年代以降の新しめが中心だが、必死にガルガル喰らいつき、野呂邦暢『落城記』（文春文庫）、平岩弓枝『ハサウェイ殺人事件』（集英社文庫）、なぎら健壱『ぼくらは下町探検隊』（ちくま文庫）を購入。文庫は安めだが、コミックは割と普通な値段。しかし絶版の揃いも多く、レジ横のプレミア絶版も要注目であろう。

釜石での任務を無事に果たしたので、帰りの電車まで一時間ほど余裕があるのをいいことに、駅前に引き返して釜石市街に突入していく。一度でいいから入ってみたかった「釜石橋上市場」（今は取り壊され、駅前の「サン・フィッシュ釜石」という味気ない施設に移転している）を幻視しながら、鮭の死骸が多数沈んだ川を渡ると、未だ復興継続中のツギハギな街。東日本太平洋沿いの数々の街で目にして来た光景と同じで、新しい街路、公共物、家々、更地、廃ビルなどが交ざり合っている。

最後は青葉通りまで出て山裾の青葉公園に向かい、仮設のプレハブ二階建て商店街「青葉公園商店街」に入り込む。三年前の震災時に、店舗も在庫もすべて津波に流されてしまったのに、泥の中から顧客名簿を掘り出して、即座に配達販売をタフにスタートさせた〈桑畑書店〉で本を買うためである。サッシ扉を開けるとまずは廊下があり、左端に店舗としても復活を果たした小さな新刊書店があった。

▲プレハブの仮設商店街。一階左端に〈桑畑書店〉。

山田風太郎『戦中派動乱日記』（小学館文庫）を購入し、店名入りの書皮を掛けていただく。そこにはこの公園でなく、元のお店の住所が印刷されている。いつかそこに戻るという意志を勝手に読み取り、本を大事に受け取る。

気仙沼、宮古、いわき、銚子、石巻、相馬、そして釜石。津波で甚大な被害を受けた街を、長い時間をかけて訪ね回り、どうにか気になっていたお店の消息を調べることができた。そして最後に残ったのは、青森県の八戸。いずれここにも足を向け、古本屋事情を調査してこなければなるまい。八戸の地元古本屋についてご存知の方、首を長くしてタレコミお待ちしております！

俺は今、海坂藩に来てしまったのだろうか

なんだ屋——山形・鶴岡◉二〇一三年三月一七日

ウィークエンドパス二日目は、新潟から「特急いなほ」に揺られ、緑色の日本海を見ながら二時間。二年ぶりに海坂藩入りする。白く神々しい出羽三山の柔らかな姿に目を細めながら、突っ切りにくいロータリーを強引に突っ切り、駅前通りを南へ。交差点をひとつ過ぎ、次の交差点手前の脇道を西に入る。真っ直ぐ進んで二〇〇メートル。右手に広い駐車場を備えた「癒の蔵」という仰々しい名の岩盤浴場が現れる。

その右側壁奥には別の店舗入口が見えており、中はシンバルが窓から覗く楽器屋になっている。「ズムズム」とロック音楽が響いてくるが、ここは古本も扱っているらしいのだ。怖々と中に入り込むと、そこは広めの通路になっており、ギターネック、楽器部品・小物、CD、それに音楽古雑誌やEPレコードの姿が。

入口右横の部屋が楽器店になっており、その隣のスタジオからロックの生音が聞こえてきている。……むぅ、

古本は雑誌だけなのだろうか？

ちょっと焦りながら通路をうろつき、楽器にはなんの用もないのだが、古本確認のために店内に突入する。どこまでもロックの匂いを強く漂わせる楽器屋さんだが、入口左横にレコード棚を発見。そして入口右横に、大きな本棚を無事発見する。よかった！ ボックス棚のメインは『ミュージック・マガジン』などの音楽雑誌やバンドスコアだが、棚の両端にミュージシャン自伝・評伝・ジャズ・ロック評論、寺山修司（充実）、澁澤龍彦が並んでいる。値段は普通でかなり偏った並びだが、質はなかなか。欲しかった本が意外な安値で発見できたので、それをつかんですぐさまレジへ。黒ぶちメガネのテクノボーイ・白髪のロック少女・山男的男性にチラ見されながら精算する。陣野俊史『じゃがたら』（河出書房新社）を購入。

いよしっ！ これでツアーは無事に終えた！ 行くぞ、あのお店に！ と、もはや小走りで、再訪したくてたまらなかった〈阿部久書店〉へ。

二年前の記憶を頼りにお店にたどり着くと、店頭には

ダンボール箱がたくさん積み重なり、一〇〇均棚がほとんど見えない状態。いや、仕入れがたくさんあるということは、お店が元気な証拠である、と喜びながら一冊抜き取って店内へ。郷土本や古い本の島をひっくり返したりしていると、帳場のおばあさんが突然、

「お雛様見るか？」

「へっ？」

と、お店の奥に招いてくれた。戸惑いながらも住居部分に入り、靴を脱いで部屋の中へ……するとそこには、緋毛氈を敷いた一〇段はある巨大な雛壇。並ぶ人形や小物類は、どれも古めかしく立派な、江戸期の細工の物ばかりである。瞬間、このお店の古い歴史を垣間見る……。おばあさんの説明を聞きながら、古本を抱えたまま、しばらく雛壇の周囲をウロウロする。俺は今、本当に海坂藩に来てしまったのだろうか。

丁寧にお礼を言い、続いて二階の探索へ向かう。あぁぁ、やはりここはスゴいお店だ。帰りの電車までまだ時間はあるので、棚をじっくり眺め、時に床に跪き、気になる所は二重棚の奥まで覗いていく。あっという間に古本の小山が出現。ちょっと買い過ぎかな……と、最後に本当に必要かどうか心のふるいにかけ、数冊減らして意気揚々と階下へ向かう。本の束を帳場に差し出す。

◀鶴岡の大名店〈阿部久書店〉。今はお店をリニューアルし、この懐かしさにじむ店舗は過去のものに。

「まあまあたくさん。ありがとうございます」

と、おばあさんはニコニコ顔。計算してもらうと、やはり単行本は四〇〇円均一で、文庫は一〇〇円均一、そして収穫の『こども家の光』は二〇〇円均一であった。どひゃっほうである。家の光協会の『こども家の光』昭和二七年～三七年のバラ一一冊（日影丈吉、星新一、西條八十、仁木悦子、北村小松、戸川幸夫などのジュブナイルが！）、森田たま『私のアンデルセン』（大地書房）、『宮澤賢治名作選』（昭和一四年刊の一冊もの、櫻井書店）、大木實『詩集 初雪』（羽田書店）、芥川龍之介『春の夜』（雄鶏社）、牧野吉晴『朔風』（金鈴社）、『日本作者辞典』（文省社）、サミュエル・フラー『バトルロイヤル』（筑摩書房）、『今和次郎著作集 住生活』（相模書房）、鈴木三重吉『七面鳥の踊』（春陽堂少年文庫）、スタンダール『アルマンス』、メリメ『チュルギス伯爵夫人』（以上、春陽堂世界名作文庫）、ラディゲ『ドルヂェル伯の舞踏會』（春陽堂文庫）を計五〇〇〇円ポッキリで購入。大大大満足する。また必ず、古本を買いにやってきます！

中古自転車屋と融合したハイブリッド店

舘岡商店——山形・蔵王◉二〇一三年一二月一一日

どうにも遠くに行きたくなってしまった旅心を抑え切れずに、山形新幹線へ乗り込む。福島駅から車体を傾けて西に曲がり込み、低速で山間を進む。米沢駅で奥羽本線に乗り換えて、温かいシートにお尻を乗っけて四五分。枯草の田園地帯と列島のように現れる街と駅を重ねて行き、山形駅ひとつ手前の蔵王駅で下車すると、予想していたリゾート感は皆無で、生コン工場と、すでに冬眠しているような街が広がっていた。

駅舎から出て、真っ直ぐ東に延びる道を歩いていく。擦れ違う人影はなく、蔵王駅前商店街は壊滅の一歩手前……。そんな寂しい光景の先には、雪を被ったとても高い蔵王の山々が見えている。あの遠く高く白い山肌で、若い男女がレジャーに興じ、恋に落ちたりしているのだなと、まるで下界から天上界を見る思い。

須川を渡り、車ばかりが賑やかな国道一三号を越え、道は緩やかな上り坂になる。駅から一キロメートル強ほど東進して、県道二六七号を南の蔵王温泉方面にテクテク。雪はまだ山の上にしか見えないが、その山から吹き下ろしてくる風は冷たい。まだまだ道は緩やかに山裾を上がっていく。

一キロメートル弱ほど進むと、右手に「本　リサイクル自転車　ビデオ」とある看板が見えてきた。明らかにハイブリッド店である。大岡山〈ふるほん現代屋〉と同じく、中古自転車屋と融合してしまっている

それにしても、なんという立ち姿！　あぁ、トタン塀とトタンに包まれたバラック的建築が、倒錯的に甘美なのである！　そんなお店の外観にのぼせ上がりながら、中古自転車の並ぶ店頭に、ジャリジャリと近づく。ガラス窓の向こうには間違いなく、乱雑に並ぶ古本の後姿が！　サッシを開けてほぼコンクリ土間の店内に入ると、

「キャワワワキャワワワ！」

奥のサッシの向こうの住居部分から、チワワに激しく吠えつかれる。コタツがあり、おじいさんとご婦人が暖を取っている。鳴き止まぬチワワに苦笑しながら会釈すると、ご婦人がお店の電気を灯してくれた。

自転車修理の作業場兼倉庫の壁に、木板で作られた本棚が巡らされている。右奥は自転車関連の小部屋になっ

ているようで、全体的には「L」字型をしている。入口右横は通路状になっており、ミステリ系文庫とコミックが並んでいる。足下にはダンボールや車輪・サドルなどの部品類の他に、様々な生活ガラクタや未整理本が置かれている。

右壁には一番充実している時代小説文庫と、二〇冊ほどの山形資料本が棚上に集まる。チワワはおとなしく伏せているが、その大きな黒い目は、ギロギロと闖入者の一挙手一投足を凝視している。

左際には、入口近くにアダルト雑誌と共にUFO・オカルト系ノベルスが二段分。奥のちょっと見にくい部分には、官能文庫・ノベルス・時代小説・ミステリ文庫がカオスに収まっている。

乱雑で雑本的な、文庫中心の大衆店である。が、所々未整理本や棚上に、やけに古い学術系の本があるのが少し気になる。本に値段はついていない。なので三冊を手にして「すいません」と声をかけると、チワワが「キャワワン」と再びヒートアップ。今にも飛び出してきそうなので、

細めに開けたサッシの隙間から本を差し入れる。すると値段はすべて一〇〇円。チワワは「キャゥ〜」と小さく唸りながら、グルグルグルグルその場で回転中。ご婦人と共に苦笑する。

『キャリー』(旧版・初版、新潮文庫)、種村季弘『悪魔礼拝』(河出文庫)、中町信『殺人病棟の女』(青樹社 BIG BOOKS)を購入。

この時点で時刻はまだ午後一時過ぎ。よし、山形まで出て、〈香澄堂書店〉と〈紙月書房〉で、「ミステリ古本黄金体験」をしにいこう！　そう決めて駅まで戻ると、何と電車は一時間一〇分後……。ガラガラとすべての予定が瓦解して、即帰ることにする。しかし次の電車に乗ったとしても、二駅先で四〇分待ちしなければならない。もはや私には、待合室で、少し青ざめながら、ひとり寂しく座り込み、石油ストーブに当ることしかできることはなかった。

診療所のような雰囲気の古本＋カフェ

書本＆cafe magellan——宮城・仙台◉二〇〇八年一二月六日

仕事でやってきたその合間に、仙台駅北西にある古本屋さんを目指す。定禅寺通を西に進み、晩翠通を北へ行くと仙台法務合同庁舎近くに「古本とコーヒーあります」の立看板が目に入る。広めの路地を覗き込むと、ビルの谷間に古本屋。おぉ〜う、いいシチュエーションだ。ちょっと歯医者というか、診療所的雰囲気。窓の中にはたくさんの人影が見える。賑わってるようです。

路地を進みお店に近づくと、店頭には入口左に単行本の詰まった本棚が一本、右に回転式書架と塊のような低い本棚。平台には文庫本がピッチリ収まっている。値段は一〇〇〜五〇〇円。入口を開け暖かい店内へ入る。

右がカフェスペースで、左側に本棚が集中している。コーヒーの香りが漂う賑やかな空間。本を見ている人は二人。他にはカウンターに熱く詩について語る男女、隅のテーブルで読書する中年男性、窓際には楽しげに会話するご老人二人。ちなみに中も住宅街の歯医者さんみたいです。

左壁際の本棚から見てゆく。文庫、単行本、新書が入り交じった日本純文学の棚、ここは新旧作家が意外な組み合わせで並んでいる。そこから、文学・評論、言語、精神医学、心理、哲学、思想、宗教、民俗学で、角を曲がって奥に、社会、写真、音楽。喫茶カウンター厨房出入口の両脇に、映画と建築の棚が一本ずつ置かれている。

右側カウンターの上にも、横一列に本が並べられ、出版と本に関する本。しかしカウンター席で男女が熱くインテリな会話を繰り広げているため、あまり近づくことはできなかった。カウンターの左脇には美術棚が二本、その裏には、マンガ、サブカル、児童書、絵本、食、職人などの本が並んでいる。所々、足元にも小箱が置いてあり、文庫、新書、図録、雑誌などが入っている。

架蔵書はそれほど多くはなく硬めの本が中心で、店主の目が光りまくり存分にセレクトされている。その店主は、古本屋というよりは優しげな喫茶店のマスターというイメージ。海峡というよりは、港のイメージのお店、航海家というよりは、地元人というイメージの店主でした。山田宏一『シネ・ブラボー』（ケイブンシャ文庫）、巌谷大四『文壇ものしり帖』（講談社文庫）を購入。

【古本の隙間に――03】

今日も田村隆一。

古本屋擬き〈フォニャルフ〉の二月のテーマ「田村隆一と早川書房（とその特異な仲間たち）」を自主的に祝し、田村隆一の痕跡を求めて街へ出た。目指した場所はかつての三業地・大塚。田村の育った街である。

山手線高架ホームから都電の線路を見下ろし、改札から吐き出されて、まずは天祖神社の界隈を散策。かつてはここに小さな古本屋があり、田村も利用したとのことだが、今は影も形もない。緩い斜面に広がる商店街の路地をしばらく歩いてから、田村の行きつけだった酒場へ向かう。

「江戸一」は、古風な木造りの店構えで、ビルの一階にスッポリとはまり込んでいた。ちょっと一見さんを拒むような緊張感を、静かに漂わせている。ララッと軽快に滑る格子戸を開けて店へ入る。おおおぅ。柔らかな明かりと古びて落ち着いた空間だ。木の調度類で、コの字型カウンターがあり、その周りを黒い丸椅子が取り囲んでいる。カウンター内では数名の女性と女将が立ち働いている。正面の空いた席に腰かける。カウンターの両側は、早い時間から飲み始めたお客さんですでに埋まっていた。

目の前に、お盆に乗ったおちょこ、お通しの炒り豆、おしぼり、お箸が運ばれてくる。白鷹の燗と厚揚げを注文し、しばらくボォッと上気しながら店内を眺め回す。ハッ！　あのカウンター左翼席の真ん中辺りは、『さて、田村隆一。』の表紙写真を高梨豊が撮った場所じゃないか。やはりこの店がそうなのだな、と勝手無闇に感動しているうちに、お酒とおつまみが運ばれてきた。樽の薫り高いぬる燗を楽しみながら、生姜と葱の乗った厚揚げを口に運ぶ。そうだ、せっかくここにいるのだから、とリュックの中から田村隆一の『若い荒地』（講談社文芸文庫）を取り出し、一章分を読み進めてゆく。ジワジワと身体に広がる酔いと、妙な多幸感に包まれまくる、静かな静かな三〇分。また、田村隆一の微かな一端に触れた思いで、一〇四〇円を支払い、冷たい路上へ出た。

［二〇一二年二月一〇日］

倉庫のような四つのフロアに本の壁

尚古堂書店――宮城・仙台◉二〇一〇年一一月一三日

仕事にて、早朝出・深夜戻り・車移動の日帰り強行軍で仙台へ。行楽客や事故見物渋滞に巻き込まれながら、どうにか六時間で到着した。

スケジュールを確認した後、間隙を縫う……いやグイッと広げて、さり気なく仕事場から脱出する。駅西口から延びる青葉通りをひたすら西へ。大町交差点を通過して、桜ヶ丘公園南端に沿った坂道に入ると、今までの都会の景色から一変した、公園と街路樹の紅葉で情緒溢れるエリア。広瀬川までもう一息の坂下に着き、素敵な木造のクリーニング屋前を通り過ぎると、バス停の前に古本屋ビルがそびえていた。

歩道奥に駐車場を備えた三階建てで、左に店頭を抱え込むような巨大な店名看板があり、二階窓下にも同様の大型看板。ここは、あの巨大古書店〈萬葉堂書店〉の系列店である。時間があまりない今の私にとっては、かなりの難敵である。扉を開けて店内へ。予想通り装飾性を排した、倉庫のごときひたすら古本の詰まった空間である。

入口左横に本に囲まれた帳場があり、金田一秀穂のような学問の香り漂う店員さんが店番中。斜め上に置かれた巨大ブラウン管の防犯モニターが、マルチ画面で店内の様子を映し出しており、一九八〇年代SFのアナログ的光景……おぉ、ありし日のテクノロジー。

壁面はスチール棚で覆われ、フロアには手前に短めの背中合わせの棚が二本、奥に長めの棚が二本置かれている。左奥隅には、棚で造られた短めの行き止まり通路が一本。そして左壁入口側に階段への出入口がある。二階と地下一階は、ほぼ一階と同じ構造。三階だけが面積半分のフロアに、辞書や洋書が並ぶカタチとなっている。窓からの景色は公園を上から見下ろせて、中々に美しい。

それでは多少急ぎ足だが、一階よりツアースタート。右端第一通路は、壁際に文庫・単行本、趣味、児童文学、スポーツ、エッセイ、タレント、実用が並び、向かいは哲学、思想、そして大量の新書の壁が続いていく。

通路には乱雑に箱が置かれ、様々なジャンルの本が足場を狭めている。第二通路は新入荷本、美術、幻想、コミック、ちくま文庫、そして大量の岩波文庫と絶版文庫がズラズラズラ。奥壁にも海外SF・ミステリ文庫の絶版が、改造文庫、旺文社文庫、文庫揃いと共に並んでいる。

左端通路は、言語、資格、コミック、五〇均文庫棚となっている。奥の袋小路には、コミック文庫、岩波ジュニア新書、ブルーバックス、ペーパーバックなど。階段横にはロッカーが設置されており、ここにカバン類を収め店内を回遊するルールとなっている。私はカバンは持っていなかったが、すでに本を手にしていたのでお店の人に確認をとる。

「これは持っていっても大丈夫なんですか?」

「大丈夫ですよぉ〜」

そのままホコリっぽく薄暗い階段で二階へ。店員さんもお客さんもおらず、おそろしく静かな空間……ここはどうやら硬めな本が多いらしいな。左端通路には、経済、白水社、晶文社、法律、民俗学、歴史、古代史。真ん中は、宗教、郷土資料、世界、民族学、風土、考古学。右端通路に、日本文学、文学評論、書物・出版関連、詩歌、海外文学、遺跡資料・論文となっている。文学以外は箱入り本が中心である。

三階は前述通り。地下一階は、左手前が行き止まり通路となっており、科学、建築、気象、天文、地学が集められている。そしてフロア手前側には、学術本、政治、社会、犯罪、コンピュータ、文学単行本が収まり、右壁に美術、映画、お茶、文化。フロアの奥には大量の文庫本が勢揃いしている。やはり蔵書量多し! 古い本も多し! この短時間では棚の隅々までチェックできるわけもなく、非常に口惜しい! 本は玉石混淆だが、いい本もしっかりと目に入ってくる。値段は普通〜ちょい高。しっかり値の本が多いが、ちゃんと掘り出せばスキのある本も見つかる予感。

帳場で精算中に〈萬葉堂〉情報をチラシでチェックする。現在〈鈎取店〉、〈泉店〉、そして〈尚古堂〉があり、愛子という所にあった〈開成堂書店〉は閉店してしまったらしい。ツアーできず終いとは誠に残念である。そして〈鈎取店〉は、いつの日か必ず対決せねばなるまい。今まで見た二店を、遥かに凌ぐ在庫量らしいのだが……。

鹿間時夫『日本化石図譜』(日本鉱物趣味の会出版部)、上野英信『追われゆく坑夫たち』(岩波新書)、正宗白鳥『読書雑記』(三笠新書)を購入。

何度行っても開いていない幻の店

ぼおぶら屋古書店――宮城・仙台◉二〇一一年七月一五日

ＪＲ東日本パスで東北へ。今回は、仙台近郊の古本屋さんに的を絞り、午前中から新幹線の人となる。

仙台駅で仙山線に乗り換えると、新幹線の描いたカーブをそのまま引き継ぐように、この路線も街中を大きく西に曲がり込んでいく。三つ目の北山駅で降り、傾斜地の峠を越え、急坂を下って〈古書　ビブロニア書店〉にたどり着く。しかし残念ながら休業中。震災の影響であろう。入口サッシ扉の貼紙には、六月中旬営業再開の予定が延期になったこと、様々なことが重なりさらに再開が遅れる見込み、などのことが七月一日の日付で書かれていた。無事の再開を願っております（二〇一三年三月二六日に無事ツアー完遂。前巻三〇三ページ参照）。

続いて仙台駅に戻り、今度は東北本線で南へ。車窓から見えた仮設住宅群に頭を垂れ、九分ほどで名取駅に到着。あたふたと〈有隣堂〉の前に到着すると、こちらもシャッターが下ろされ休業中の様子なのだが、建物へのダメージが痛々しい。シャッターには三月一八日付「応急危険度判定結果」の黄色い「要注意」の貼紙が貼りつけられたままである。お店の左側壁はブルーシートで応急処置され、右側壁には大きなひび割れ。営業は望むべくもないのか……（二〇一三年六月二二日に無事ツアー完遂。前巻三一六ページ参照）。

さて困ったな。ひとまずは仙台に戻り、走って、あの「何度行っても開いていない」お店をチェックして、それから福島・郡山と廻ってみるか。仙台駅西口に出たら、上り新幹線の発車時刻までの勝負だ。

空中歩廊《ペデストリアンデッキ》の左側最奥15番階段から、愛宕上杉通へ。そこを南にちょっと下り、次の信号を西へ入ると、まっすぐ先へ延びる柳通を西に進み、大通りを突っ切り、さらにその先の五橋通とクロスする交差点を越えれば左手に、何度も落胆させられたお店が姿を現す。もう六回は訪れているだろうか。開いていないことを前提に、そちらの方向に視線を飛ばす。

すると、予想に反して、心ざわめく光景が店頭に展開していた。……本が出ている。本の入った箱が並んでいるぞ。信号が変わるのももどかしく、お店の前に駆け寄る。

開いている。

古本を売ってる！　どひゃっほう！　ついに〈ぼおぶら屋〉をツアーできるぞ！　細く茶色いビルの一階がお店で、側壁に大きな「古書買入」のオレンジ看板、軒からはくたびれた日除けが張り出し、入口扉は観音開きに開け放たれている。「入らいん Herein!」と書かれた木の札。店頭には所狭しとダンボール小箱が密集し、壁面には木箱が積み上がっている。

入口右横と左壁（だいぶ傾いてるなぁ）、合わせて三〇ほどの木箱が積み上がり、後は在庫や雑多な物の山が迫る、独居房のような極狭スペース——阿佐ヶ谷の〈穂高書房〉より狭いかも。中の様子を窺っていると、奥目の八千草薫似老婦人が顔を出し、

「いらっしゃいませ。中もどうぞ」

と、優しい微笑み。店頭は、文庫・文学評論・研究、探偵小説、文学、晶文社、歴史、民俗学、戦争、思想、宗教など。店内は、東北、宮城、仙台、温泉、刀剣、こけし、玩具、民芸、演劇、建築、洋書など硬めの良書が多く、郷土誌類も充実している。古い本も多い。値段は高め。店内に入った私と入れ替わりに、外に出ていたご婦人に精算をお願いする。積年の夢が叶い初めてお店に入れたことを伝えると、

「まぁ〜、それは申し訳ございません」

と、恐縮されてしまう。

「今はこんな陽気でございましょう。だいたい一二〜一六時に開けているんですけど、二日開けるともう大変で。この齢でございましょう。おまけにひとりでやっているものでなかなか……」

と、はにかみながらお話ししていただいた。とにかくついにお店に入れた嬉しさを伝える。

「開けてくれてて本当にありがとうございます。これからもがんばってください」

「フフ、ありがとうございます」

と、あちらも深々とお辞儀。走って見に来て本当によかった。心底そう思える瞬間であった。ありがとう仙台！

谷崎潤一郎『美食倶楽部』（ちくま文庫）、黒岩茂喜『潜水記』（垂水書房）を購入。目標として来た二店は残念だったが、幻のお店についに入ることができた。お土産はやっぱり「萩の月」。あぁ、あと一回はパスを使って、遠くのお店へ行ってみたい。［▼店舗閉店、通販・ネット販売へ］

阿武隈急行沿線で春から縁起がよい

買取屋本舗 角田店――宮城・角田◉二〇一四年一月六日

通常なら今日から姿勢を正して仕事始めなのだが、年またぎの仕事がなかったのをいいことに、青春18きっぷの消化に勤しんでしまおうと、払暁に家を抜け出る。

東北本線を乗り継いでいくと、郡山で篝火の灰のような雪片が、キラキラと晴れた空の下に舞い始める。沿線には、除染作業後の土をカラフルな袋にパンパンに詰め、土嚢のごとく積み上げた馴染めぬ光景が流れゆく。

福島駅で突然雪が強くなる中、阿武隈急行線に乗り換えて、福島北東部に分け入っていく。強い雪はあっという間に消え去り、またもや雪片がヒラヒラキラキラ……。

濃緑の阿武隈川とランデブーしながら、キャッチフレーズのつけられた駅をやり過ごし続けて一時間。「梅花の里」角田は、未来的な駅舎を持ち、住宅街の屋根越しに屹立したロケットの見える、地方の街である。強い風が、広く平坦な街に吹き荒れている。ここは二〇一一年一月二二日に訪れたことがあるが、目的のお店〈スリーブック〉は残念ながら休業中だった。その二か月後に、東日本大震災が発生した。

もはや再びの営業は叶わぬかと思っていたのだが、最近何やら形を変えて営業を再開しているらしいという情報をキャッチしたので、とにかく勢いに任せて偵察に来てみたのである。駄目だったら以前タレコミのあった、梁川のリサイクルショップに寄ればいい。そんな軽い心持ちで、雪片に吹きつけられながら、誰もいない駅前通りを東に歩んで行く。

駅前、栄町の各交差点を通過し、駅から真っ直ぐ七〇〇メートル余り。市役所東交差点で北を見ると、右手にリサイクルショップの派手な巨大看板が立っていた。

一見、古本とは縁のなさそうな感じだが、多数ある取扱品目の第一が「古本」となっているのだ。これは期待していいのだな、と足早にギュンギュン接近する。店頭にはワゴンがたくさん出ているが、古本はない。

自動ドアから中に入ると、うおっ、目の前奥に、しっかりとした古本ゾーンがあるではないか。広い横長店内の右奥四分の一が、古本・コミック、CD、ゲームに割り当てられている模様。この地に滞在できる時間はわず

かなので、古本だけを目標にして棚に取りつく。奥壁棚はすべてコミックだが、その前に並列する九本のスチール棚に、結構な量の本が並んでいる。

右からラノベ、海外文学文庫、日本文学文庫、時代小説文庫、教養系文庫、絶版文庫、古書、新書、歴史・歴史小説、日本文学、海外文学、サブカル、スポーツ、エッセイ、タレント、実用、ビジネス、児童文学、絵本、コンピュータ、美術図録など。また左端通路奥には無秩序な古本の小さめの山があり、少し離れた所に雑誌ラックの姿も。

全体的に雑本の流れではあるが、文庫には絶版が多く交ざり、単行本には八〇年代の本が多く見受けられ、少しだけ興奮する。値のついていない文庫は一五〇均、単行本は四〇〇均。

値段のついている本は、どれも普通なしっかり値となっている。結局、なんだかんだで、北条誠『かりそめの唇』、風早恵介『夜いくたび』、源氏鶏太『社長の娘』『青春爆弾児』(以上、春陽文庫)、福永武彦『加田伶太郎全集』(新潮文庫)、星新一『きまぐれ星のメモ』(角川文庫)、フィリップ・K・ディック『地図にない町』(ハヤカワ文庫)、内田庶『人類のあけぼの号』(盛光社ジュニアSF)、後藤明生『何?』(新潮社)など。そして本日最大の収穫は、鮎川哲也『白の恐怖』(桃源社書き下ろし推理小説全集14)！　作者自身が封印した、今年初の完全なるどひゃっほう本である！

以上はすべて値づけナシの本である。三五分で任務終了。さて、心はこの地に着いた時から焦り始めていたので、早めに帰ることにするか。しかし帰りの電車を調べてみると、この震えがくるほどの接続の悪さはどうだ。帰り着けるのは、夜一〇時くらいだろうか……。

路線が寸断された相馬で大五郎に慰められる

書林堂——福島・相馬◉二〇一三年九月二一日

昨日の夜に「週末パス」を手に入れ、朝五時に東京を出発。例のごとく普通列車を乗り継いで、何度見ても飽きることのない景色の東北本線で北へ進む。

仙台駅にほど近い岩沼駅で常磐線に乗り換え、まずは二駅先の亘理まで。ここから常磐線は寸断され、途中隔離された相馬〜原ノ町間を走るのみとなるので（南は、亀田駅からはいわき駅まで。その先は上野まで続いている）、JR東北代行バスに乗って相馬を目指す。駅に隣接する城の形をした図書館に別れを告げ、黄金色になった稲穂の大地をバスは走り抜けていく。仮設住宅や仮設商店街、造成盛んな海岸線、やけに売りに出されている高台の土地、草木に埋もれてもはや自然の谷と化した常磐線線路などを目にしながら、約一時間で相馬駅着。午後三時二〇分。移動時間は八時間、延べ待ち時間は二時間、計一〇時間の長旅であった。東京からは直線距離でたかだか三〇〇キロメートルだが、震災と人災が距離をそれ以上に延ばしてしまっているのだ。東北は今、一部が歪に広くなってしまっている。

駅前は広くキレイに整備されており、街も新しい部分が非常に多い。まずは西に進み、直ぐの交差点を南に曲がると、閑散とした相馬駅前商店街（この街の賑わいは、もう少し西寄りにある）。

交差点をひとつ越えると、何も様子は変わらないが、ハートフル商店街となる。そして次の交差点際に、UFOの遊具が楽しい新町緑地がある。さらに南に進むと、その公園に接して、真新しい建物の古本屋さんが待ってくれていた。不定期営業だと聞いており、開いているかどうかかなり心配だったのだが、見事に営業中ではないか！　ありがとう〈書林堂〉！　ここは二年半前の震災以来、その消息がとても気になっていたお店である。なんたって海に近く、原発にも近いのである。

しかしその後、日本古書通信社の方より無事と再建を知らされ、喜びながら「これはいつか必ず訪ねなければ」と密かに誓っていたのである。その誓いを、一〇時間の移動でズタボロになりながらも、守ることができたぞ。そう心の中で熱く絶叫しながら、表情はあくまでクールを装い、サッシ扉に手を掛け中へ。まだ新しい家の匂いが漂う、三角形の狭い店内。斜めの右壁に四本の本棚、フロア真ん中に三本の棚の組み合わせ、左に二階への階段があり、階段下に本棚が一本。階段外壁に棚が続き、奥の三角形な隠れた部分に机だけの帳場がある。そこからゴマ塩角刈り頭の店主が身を反らし、「いらっしゃい」。

　階段下の棚には武道と官能小説に少々の児童文学。階段には所々に本が積み上がり、二階を見上げると本棚がチラリ。右壁棚には歴史、映画、差別、社会運動、日本文学、句集、詩集。フロア棚には近代史、戦争、中公文庫、ふくしま文庫など。階段棚には、時代小説文庫、新書、句集が収まっている。中々硬めな印象である。古い本はあまりないが、八〇年代辺りの本はチラホラ。値段はちょい安〜普通。

　店主は「これはなんの汚れなんだ！」と呟きながら激しく本をクリーニング中である。

「二階は見られるんですか？」と聞くと、キョトンとした後に、

「上はね、まだ片ついてないんだよ。まだ……一年ぐらいかかるかな」

「そうなんですか。じゃあ上は広いんですか？」

「ん、一階とおんなじ。上はね、ここより硬くなるよ」

とニヤリ。というわけで二階を見ることは叶わず。『ガロ史』編纂委員会『ガロ曼荼羅』（TBSブリタニカ）、水木しげる『おばけ野球チーム』（ポプラ社）を購入。『おばけ〜』の方には値段がついていなかったが、なんと「サービスだ！」とタダでいただけることに。ありがとうございます！　そして、

「ちょっと本を拭かせてね」

と、およそ三分にわたり本をクリーニング！　重ねてありがとうございます。二階が片ついた暁には、ぜひとも再訪するつもりだが、その時には常磐線も開通していて欲しいものである。

　帰りの代行バスの中で、山に日が落ちるのを見る。知らない土地で日が暮れてしまうのは、とても心細く寂しい。どんどん明度の落ちていく、夕闇の亘理駅に到着すると、目の前に一匹の白黒猫がゴロン。おぉ、おぉ、となでさせてもらい、寂しい心持ちをたっぷりと慰めてもらう。猫の名は「大五郎」であった。

M78星雲の姉妹都市、須賀川で新生と閉店を見る

古書ふみくら——福島・須賀川◉二〇一四年二月七日

本当は土曜に行こうと思っていたのだが、明日は朝から大雪だというので、その予定をでんぐり返し、北へ。久々の福島県須賀川駅前に出ると、いつの間にか須賀川市が「M78星雲　光の国」と姉妹都市になっていた、衝撃の事実を知る。さすがは円谷英二を生んだ街だ。おまけに水晶の結晶群から空中に飛び出しかけた、やたらに筋肉質のウルトラマンモニュメントまで設置されていた。ぜひともこのまま、この市には突っ走って欲しいと願い、駅前を後にする。

二〇一一年五月二一日に訪れた時のように、駅前通りを南に下って、釈迦堂川を越え、坂を上りながら須賀川の街へ入って行く。街並は三年前とは違って、軽やかな新建材ですっかり新しく装われていた。風が強く、広い空に細かに丸まるちぎれ雲が流れる様は、カネゴン誕生時の空のよう。

一キロメートル強南進し、見覚えのある交差点に差し

掛かると、左手に大きなカステラのような直方体の、新しく生まれ変わった〈古書ふみくら〉が見えた。これはもう、すっかり新しく建て替えたのだろうか。側壁上部と正面左側に簡素な店名看板がかかり、正面には取扱品目と買取品目が細かく明記されている。

早速中へ入ろうとするが、引戸が動かない。ヤバい、と少し慌てるが、取っ手の中のボタンを押し込んでから戸をスライドさせる、新式の引戸であった。店内は天井が高く、それに合わせてか棚も高く、かなり上にも本が並んでいる。棚は上部が細かな段で、下部三分の一ほどが大きな段になっている。その棚で造られた通路が縦に四本。左奥にガラスケースと小さなガラス扉のついた本棚。右奥に帳場があり、今やこのお店を引き継ぎ店主となったお嬢さんが、パソコンと格闘中である。

入口左横の一〇〇均文庫棚、それに右横の箱入大判豪華本を眺めてから、右端通路に入り込む。古書や和本、それに古い紙資料が多い。そして棚並びは、ジャンル分けのある所とあやふやな所があり、全体的に少々カオス気味である。ちなみに整頓は行き届いているので、見た目のカオスさはほとんどない。ここには戦争、文学、民俗学、児童文学、東北福島本、草野心平・天平、埴谷雄

高、中山義秀、真船豊などの福島ゆかりの作家本、映画などが集まっている。

第二通路は戦争、歴史、福島、関東大震災、全集、出版、短歌、建築、教育、性愛、キリストなど。第三通路は東洋文庫、風俗、性愛、工芸、西洋文化・文明、オカルト、署名本、キリスト、山岳、自由民権、ヒトラー、天皇、古い教科書、農業、戦争など。

左端通路は、東北福島郷土本、戦争、豆本、紙物など。古い本、郷土関連、戦争関連を多く揃え、独特の硬さは以前とそう変わらぬ印象である。そして同ジャンルが繰り返し出現するのは、何かこのお店独特のルールでもあるのだろうか。値段はしっかり隙なしであるが、時々よい物が安値で見つかることも。悩んで悩んで、あまりに状態が新刊のようにキレイで、表紙の印刷もカラフルな昭和四年の本、下位春吉『死都ポンペイを訪ふために』（日本郵船）を一五〇〇円で購入。

表に出ると、いつの間にか雲が厚く大きくなってきている。身体を切るような風がビュウ。街中を西にテクテク向かい、東北本線を跨ぎ、再び釈迦堂川を渡り、二月一一日に閉店してしまう〈ＢＯＯＫランド　須賀川店〉を

▼店前の駐車場の片隅で廃棄本の塊が野ざらしになった閉店直前の〈ＢＯＯＫランド須賀川店〉

訪れる。うお！　お店の駐車場にコミックの山が放り出されている、ちょっと無惨な光景が！　おそるおそる近づくと、窓には閉店のお知らせと、五日から始まった「売りつくし閉店セール」の告知が貼り出されていた。なんだか最近毎度お馴染みになっているような「閉店50％OFF」である。

　広い雑然とした店内に入ると、たくさんのお客が店内をさすらっている。私も即座に感化され、特に左端の古書棚と、長い文庫通路を探索。目玉をぎゅるぎゅる動かしながらも、三年前に来た時には店内に「余震が続いているので立読みはご遠慮下さい」と貼紙があったことを思い出す。

　五冊を手にしてレジに赴き、おばさまに精算していただく。一冊一冊値段を読み取り、レジに打ち込んで行く。そして「二〇四五円です」と告げられた。えっ？　高いじゃん。半額になってないんじゃ……と面食らっていると、おばさまの後ろのお姉さんが、

「の、半額です」

　と、つけ加える。おばさまはハッと気づいて、

「半額ですから……一〇二二円です」

　と、改めて告げられる。スリリングなミニコントにハラハラし、『死の装甲列車』（鐵道技術社）、東芋『惡人』（朝日新聞出版）、江戸川乱歩他『五階の窓』『屍を 他6編』（以上、春陽文庫）、喜国雅彦『本棚探偵の冒険』（双葉文庫）を購入する。なお〈棚倉店〉は今後も営業を続けるそうである。

　そして帰りは郡山まで出て、ある日本酒を買いに走る。それは、人気酒造の「地球侵略」。箱側面の写真にあるように、メトロン星人とメフィラス星人とガッツ星人が造った、阿呆……いや、素敵なお酒である。福島の一部が、徐々に円谷に、ウルトラに染まっていく……。

▲「地球侵略」は、悪質宇宙人メフィラス星人が釜場担当、分身宇宙人ガッツ星人が麹担当、幻覚宇宙人メトロン星人は仕込み担当で造られている。本当に阿呆……素敵なお酒である。

直線道の先に異世界があった

古書ヒロ書房――茨城・荒川沖◉二〇一〇年一二月八日

日暮里から常磐線特別快速で五〇分。西口を出ると広く人気のないロータリーで、脇の美容室から空しくなるほどの大音量で、サザンの歌が流れている。西へと延びていく、静かで風だけが吹き抜ける商店街に入り込む。突き当たった通りを北へ進み、国道六号線と合流し、すぐに学園東大通り入口交差点。ここから北西に進路をとり、東大通りをつくば方面へテクテク。

道はおそろしいほどの直線で、ず〜っと先が見通せているはずなのだが、私の視力では進む先が渾然一体となり、もはや判別不能となっている。沿道は畑と大型施設が繰り返し続く状態。そんな道をひたすら進み、中村南六丁目交差点を越えてさらに進むと、左手にボウリング場の看板が見え、その手前に中村南六丁目北交差点。ここから北に延びる県道に入り込む。

その先に見えるのは、住宅や畑や倉庫的建物のみ。古本屋さんはあるのだろうか。いつものおそろしい不安が頭をもたげてきたそのとき、歩道の右が開け、辺りとは異質な黒い建物が姿を現した。黒い屋根の上には狼らしき動物の姿。黒板壁には手彫りの店名看板、左側に中へと誘う出入口が見えた。観光地の洒落た喫茶店風だが、正真正銘古本屋さんなのである。店頭台はなく、店頭ベンチに括られた本の束がある。カチャリと中に入ると、奥の店主と早速目が合ったので、まずはお辞儀をする。

「いらっしゃいませ」

と、声がかかり、立ち上がって電灯や暖房のスイッチを入れてくれた。ちょっと長めの髪をオールバックにした、トレーナーとウェストポーチの野性味溢れる壮年店主である。

店内は広く視界良好で、棚も床も木造り。壁は本棚で覆われ、奥に帳場と作業場、真ん中には大きなテーブルが置かれている。床の所々は本の山が築かれ、少し雑然とした雰囲気。そして右壁手前に奥の部屋への入口があり、壁際に一六本のスチール棚、真ん中に本の島と四本のスチール棚を詰め込んだ空間となっている。

入口左横のビジュアル本ラックと、テーブルの上の絵葉書、古写真、紙物を眺めてから入口右横の棚へ。占い、建築、茶道、香道、思想、京都書院アーツコレクション、宗教が集まっている。奥への入口を飛ばして、奥の右壁棚へ。骨董、美術、美術作品集が奥まで並んでいく。

入口左横には、オカルト、民俗学、自然の棚があり、広い左壁棚に収まるのはほとんどが歴史書となっている。一部に風俗、三島由紀夫、寺山修司ゾーンあり。

いよいよ右側のギッシリ部屋へ入る。手前側の棚はすべて戦争・ミリタリー関連で埋められ、向かいの二本にもそれは続く上、床に溢れる本たちにも続いていく。右

奥壁は、日本文学、文学評論、古本・本関連。奥側の壁棚には、オカルト、科学、児童科学、美術、美術図録、俳句が並ぶ。向かいには、アジア、世界、政治。そして真ん中の大きな島は、ビジュアル本、雑誌、単行本で構成されている。

戦争、美術、歴史の三本柱が強大で、教養度の高いお店である。パラフィンに包まれた古い本も多く、戦争・文学は何度も指で背の部分を押さえ、背文字を必死に読み取った。値段はちょい高〜高め。ふぅ、長々と店内を回遊してしまった。パソコン作業中の店主に声をかけ、帳場にぐるっと回り込んで精算する。帰り道は再びの殺風景な直線道と、先ほどまでいた異世界のギャップを、頭の中で転がしながらテクテク歩く。ふと見上げると、頭上には「東京59km」の表示。苦労して来たのに、案外近いんだなと感じてしまう。あぁ、私はすでに「ツアーインフレ状態」に陥っているようだ。もっと遠くへ！という気持ちが、無駄にウズウズザワザワ……。司修『イーハトーヴォ幻想』（岩波書店）を購入。

老舗ハンコ屋さん「古本屋も始めました!」

長谷川枕山堂――栃木・栃木◉二〇一一年三月二日

昨年末以来の、真っ平らで頭上の雲が雄大過ぎる街・栃木へ。北口に出て市松模様のロータリーを進み、まずは山本有三碑に挨拶。そのロータリーからナナメに飛び出し、北へ延びる「蔵の街大通り」を強い風に吹かれ進む。交差点を越えると、左手に巨大な看板を低い位置に掲げた、古い木造商店が出現。ここは老舗のハンコ屋らしいのだが、嬉しいことに最近古本の販売も始めたのである。

ハンコ屋＋古本屋……むぅ、渋過ぎる。そして店名と共に、外観が本当に素敵だ。軒には二階を覆うほどの巨大ブリキ看板、その下に電光掲示板と店名看板、店頭には「古本屋も始めました!」と書かれた立看板が置かれている。サッシを開けて中に入ると、入口付近は確かにハンコ屋さん、そして左側にこげ茶の本棚で造られた古本屋通路。内部は外観と違い現代的である。入口前方には応接セットがあり、二人の壮年男女が歴史人物談義に花を咲かせまくっている。入口左横に帳場があり、三谷幸喜的店主がサッと立ち上がり、私を見てしばし逡巡。

「あ、古本ですか?」

「ハイ、そうです」

「あっ、どうぞどうぞ」

と、恐縮している。そうか、ハンコを作りに来た可能性もあるわけか。左壁にはズラッと本棚が並び、右にはフロアを分けるように背中合わせの棚が一本置かれ、通路奥の右壁棚へ続く。ちなみに通路は奥で行き止まりとなっている。フロア棚はその両脇をハンコケースに挟まれつつ、右に戦争、日本史、中国、韓国、韓流本を収め、左の通路側に児童文学、コミック、歴史系新書、そして

日本、韓国、中国、アジア、チベット、アラブ、ロシア、南米、ヨーロッパなど世界各地の文明、文化、歴史、探検本が並んでいく。

通路奥の右側には、栃木関連少々、歴史ムック、大判本。その下の床には、なぜか拡大コピーされた新聞記事が大量に置かれている。左壁には、ビジネス、資格、コンピュータ、紀行、キリスト教、仏教、自己啓発、心理、文庫少々、日本文学、エッセイ、スポーツ（上村愛子プッシュ中）、推理小説、森村誠一、松本清張などなど。新しい本が中心で、古くても七〇年代。ジャンルがなんだかバラバラではあるが、歴史、各国史・文化、キリスト教関連書が目立つ。私は世界各国の棚が面白かった。値段は普通。

本を手に帳場へ向かうと、店主がサッと立ち上がり、

「よろしいんですか？」

と、本を受け取る。そして値段を告げながらさらに、

「よろしいんですか？」

と、念押し、そして恐縮。非常に初々しい接待の、三谷的店主さんなのである。栃木駅前で新しく灯した古本の火を、これからもよろしくお願いします。フロランス・トリストラム『地球を測った男たち』（リブロポート）を購入。

陶器には目もくれず益子で古本を求める

内町工場——栃木・益子◉二〇一一年七月二四日

小山で水戸線に乗り換え、下館からはカゴみたいな模様の真岡鐵道。一両きりのディーゼルカーが、肥沃な黒土にスックと生えるトウモロコシの側を擦り抜けていく。ピッタリ四〇分で陶器の街に到着。期待に違わず、駅には巨大な壺があり、構内案内板も陶板で作成されていた。小さなロータリーから「驛前通り」を南東に進めば、すぐに道は東に延びる道となり、「益子本通り」となる。その鄙びた疎らな商店街を道なりに東へ歩く。

およそ一キロメートルで益子信号にたどりつき、やがて右手の内町バス停横に、古い商店建築のアンティーク家具・雑貨屋さん。お洒落な若者向けの店だな、と思い何気なく店内の暗がりを覗き込むと、むぅっ！　そこには古本らしき影！　早急に確認しなくてはと考え、道路から敷居を跨いでお店の中へ。薄暗く縦長で倉庫のような印象だが、すべてのディスプレイに神経が行き届いており、緊張感のあるアンティーク空間を造り出している。

その家具・雑貨の隙間を埋めるように、所々に潜む古本の姿。意外と冊数が多そうだ。入口近くの左壁には白い棚が設置され、セレクト文庫、食、日本文学、エッセイ、山本夏彦、山口瞳、詩集、児童文学、舟越桂などなど。

向かいの右壁と平台には、絵本が大量に集められ飾られている。左通路を奥に進んでいくと、所々に谷川俊太郎、長田弘、城山三郎、五木寛之が置かれ、左奥に『暮らしの手帖』関連、大橋歩が固まっている。

真ん中奥に平積みの『太陽』の山、その向かいに山岳、登山、コミック、松本大洋、宮崎駿。右奥にも本が固まっており、美術、映画、ジブリ関連、美術雑誌の姿が。店主のセンスが強く投影されたセレクト棚で、古めかしい本も少々あり。全体的に高尚なので、オシャレアンティーク空間との親和性が高い。値段は普通。

右側中ほどの帳場で、大量の古本を目の前に積み上げながらも、道路方向を遠い目で見ている青年に精算をお願いする。ソフトモヒカンの猫ひろしが大きくなり、容姿も二倍増し！ といった感じの好青年である。名賀京助『これだ・巴里は！』(一元社)を購入。この本、四〇〇〇円だったのだが、帰って調べてみると一万円オーバーの本であった。やった！

starnet——栃木・益子◉二〇一一年七月二四日

商店街をさらに東に進んで行くと、大きな「城内坂交差点」。ここを過ぎると街の様相は一変し、陶芸と民芸のお店が道の両側に連なり「益子焼」一色となっていく。この辺りはほぼ観光地化しており、車で訪れた人たちで賑わっている。

「古陶」「古窯」などの文字に過敏に反応しつつ、坂を越え坂を下り巨大なタヌキ像をやり過ごし、やがて道は北へと向く。「道祖土交差点」から東に進めば、目指すお店は後一息。田舎道をフウフウと歩み、駅からおよそ三キロメートルほどで、右手にどよんとした須田ヶ池が出現する。その手前の道を南に入り込むと、右手に待望のお店が姿を現した……。た、たどりついたが、オシャレ……。大きな三角屋根が被さり、足元を大谷石で固めた、洒落た建物なのである。

駐車場脇の入口に近づくと、壁には白い額がかかり「ストアー食料品 コーヒーショップ ブックピックオーケストラ」と書かれている。そう、ここには本のイベント集団〈book pick orchestra〉が古本棚を出しているのだ。わざわざここまで来て躊躇するわけもなく、取っ手に手をかけガチャリと中へ。くぬっ！ するとそこは完全なるカフェ空間で、どこからこんなにお客が集まってきたのか、と思うほどに賑わっている。そして皆一斉にこちらを見た！ ぐぬぅ〜負けるものか……。しかし早く古本を見つけて避難しなければ、と視線は必死に店内を泳ぎまくる。

しかし結局よくわからないので、正面の小部屋の中にとにかく進もうと、右脇通路から回り込む。するとそこもカフェスペースなのだが、仕切り壁にある古本棚を発見。どうにかたどりついたようだ。こちらにもお客はいるが、もう彼らの目など気にしてはいられない。もちろん本を見ているのは私一人なのであった。

窓を挟んで三本の壁棚があり、下部のカウンター台にも本は飾られている。海外文学、ヨーロッパ、美術、ミステリ、幻想文学、随筆、詩集、日本文学。特にジャンル立てがある訳ではなく、カオスに優雅に余裕綽々と本が並べられている。もちろん雑本的雰囲気はゼロ。すべて山の中で出会った意外な一冊、の権利を持っている。値段は高め。

一冊選んでレジに差し出すと、奥のギャラリーで精算するよう促される。荘厳な扉を開けてそちらへ進むと、ぬぉっ！ こっちにもたくさんの人が。そんな彼らに交じり、私はレジで文庫を一冊精算。来た時とは違う重い観音扉から表に出ると、やっぱりここは池と藪の迫る山の中である。ここまでお茶を飲みにくる、お客さんたちのバイタリティーに、ただただ乾杯。ベン・ベンスン『脱獄九時間目』（創元推理文庫）を購入。

帰り道では町内のそこかしこから、お囃子と共に山車が出現し、それを紋付袴の男たちが見送る、夏祭りの空間に大変貌。こちらは熱く焼けたアスファルトの上を、お囃子のリズムに合わせて足をペタペタ運び、知らない街でたったひとりの古本祭。ピ〜ヒャララ……。

増築に増築を重ねたようなお店は中も複雑でスゴかった

古本丸高――栃木・西那須野◉二〇一三年一月二四日

週末パスで宇都宮からショートトレンジの北進一時間。大きな雲の浮かぶ、閑散とした西口駅前に立つ。そしてロータリーから北西に真っ直ぐ延びる、北寄りの大通りをズンズン歩いていく。疎らに並ぶ商店と、その間に広がる更地が、閑散とした景色を継続させている。一キロメートルほど歩くと三島交差点にぶつかり、クロスする国道四号を北東へ。歩道橋を潜ると、大きな郊外型店舗が出現し始め、まるで貧相なラスベガスのような様相となっていく。たくさんの車で埋まった駐車場を尻目に、さらに北東へ。三島（北）交差点を過ぎると、景色は寂しさと閑散さを取り戻し始める。

そんな中、右手の工場のような倉庫のような、風雪を耐えて来た感のある建物の壁に「古本」の文字が……。うひゃぁ、これはやってしまったのだろうか。どう見ても完全な古本遺跡で、サッシの向こうのカーテンはピタッと閉じられ、ここしばらく開け閉めした気配は感じられない。

だが、さらに道沿いに進めば、そこにも新たな半壊した看板が飛び出している。吸い寄せられるように建物沿いに進むと、壁には「まんがの本」という看板があり、その壁が途中から大谷石に変わり、極細シャッターの降りた扉がついた二階家へと変化していく。……いくつかの建物が融合している。増築に増築を重ねたのだろうか。看板を回り込むと、そこはちょっとした広さの駐車場になっており、建物は奥行きを増し、さらにそこに横長の平屋が接続されていた。外観はまるっきり、自動車の修理工場である。しかも営業している気配は、やはりゼロ。だが待てよ、平屋の窓を見ると、電灯が点いているじゃないか。これはもしや。

慌てて入口と思しき中央部に駆け寄り、妙なガランとした小部屋に入ってからサッシドアに手を掛ける。……カチャリ、開いた！　中にスルッと進入すると、そこは薄暗いコミックの海！　そして右手中央部奥側に帳場があり、若手棋士的だがすでに老成してしまったような青年が、ひとりポツンと座っていた。

それにしても、これは嬉しい裏切りだ。まさかあの外観で、ちゃんと営業しているなんて。そしてこの複雑で不可解な店内もスゴい。まず広く、入口から見て、左翼・中央部・右翼に大きく分けることができる。そこに棚が狭い通路を生成して並んでいる。皆、妙な角度で配置されているのだが、これはどうやら帳場から全通路を見渡せるようにするための、「パノプティコン方式」を採用しているからであろう。

左翼は四本の長い通路を持つが、そこに並ぶのはすべて八〇〜〇〇年代のコミックである。帳場前の中央部には、三本の短い行き止まり通路があり、コミック・コミック文庫と共に、官能小説、ゲーム攻略本、サブカル、タレントが収まっている。帳場脇には、ゲーム・CD棚の奥にアダルト空間もあり。

その帳場前を通って右翼に入ると、不規則な形で放射状に広がる、七本の通路に目をみはり、同時に驚きと喜びを覚える。本は棚にキチッと収まっているが、見るからに大した在庫量なのである。そこには、ミステリ・エンタメ、日本文学、ノンフィクション、歴史、エッセイ、新書、岩波文庫、ちくま文庫、全集、ビジネス、実用、趣味、交通、コンピュータ、自然、ラノベ、ティーンズ文庫（朝日ソノラマ文庫充実）、SF・ミステリ文庫、海外文学文庫（映画原作本多し）、時代小説文庫、日本文学文庫、

レコードが並び続けている。

横積みになっている所や、カオス並びになっていることも多いので、ひたすら辛抱して丁寧に棚に目を凝らしていく。七〇年代以前の古い本はほとんどないが、八〇〜九〇年代の微妙に古い本をたっぷりと楽しめる。値段は安め〜普通。こんな所に、こんなお店が隠れていたとは！　とウハウハしながら一時間余りを過ごす。六冊の本を帳場に差し出すと、とても小さな声で精算してくれる。

梶龍雄『幻狼殺人事件』（徳間文庫）、デビッド・ニューマン『俺たちに明日はない』（二見書房）、ブルース・チャトウィン『ウッツ男爵』（文藝春秋）、柳原良平『「客船史」を散歩する』（出版協同社）、いがらしみきお『ネ暗トピア』1・6巻（竹書房）を購入。

収穫と共に表に出て、改めてその複雑な形状をウットリと眺める。それはまるで古本九龍城！　何度見ても、この中にたくさんの古本が並んでいるとは、とても思えない。そんなお店に出会えたことに、清々しさすら覚え、駅への長い道のりを、ツラツラと引き返していく。

時代からこぼれ落ちたような興奮の古本スペース

蓼沼文房具店――栃木・田沼◉二〇一三年一月三〇日

館林で本数の少ない東武佐野線に乗り換えると、なぜか中山美穂の「色・ホワイトブレンド」のホームベルに送られ、電車は動き始める。北関東の荒野をゆっくり四〇分ほど進み、降りた所は風が冷たい田舎町である。たくましく営業している「生きた化石」的商店街をトボトボ通り、西にある「国道293号」へと抜け出す。後はこの、砂利を満載したダンプカーが行き交う国道を、西の足利方面に向かって、さらにトボトボ歩き続ければよい。

情報はか細く、たどりついたお店に古本が売っている確率は、一〇%というところだろうか。いや、お店が開いているかどうかも怪しいものだ。

右手に紅葉した低山の連なりを見ながら、荒涼とした産業団地造成地を過ぎ、北関東自動車道の重苦しい高架下を抜け、和風建築で造られたノコギリ屋根の工場に驚き、やがて旗川に到る。キラキラ水を流す川を渡ると、すぐの交差点に赤見中学校の案内表示が傾き立っている。

◀道の途中で出会った、素晴らしい造形のノコギリ屋根工場。すべて木板でできており、もはや怪建築の域である。

誘われるように南に曲がって、右手鉄板パネルに囲まれた敷地に沿い、次に現れた脇道を西へ行く。

真っ直ぐ進んでいけば、やがて左手にヘルメット装着自転車軍団の出入りする、中学校の校門が見えてきた。ここまでおよそ三キロメートル弱。その向かいには、不安になりながらも遥々目指して来た、自宅の一角が大きく店舗になった文房具屋さんの姿がある。

……ここか。そしてどうやら営業中の気配に、ひとまず胸をなでおろす。では果たして、古本は？ 改めてハラハラしながら近寄ると、あまりに素っ気ない店構えで、店名すらどこにも書かれていない。しかし、営業中の札と共にある汚れた立看板には、うっすらとだが確かに「文房具 古本」の文字が浮かび上がっている！ 大きな窓はレースのカーテンで閉ざされているが、入口サッシだけは中が見えるようになっている。気配を殺してそおっと覗き込むと、あっ！ 奥に古本棚がっ！ やった、本当に売っているんだ！ とかなり感激しながら、店内にすぐさま入り込む。

横長で、右側に奥行きスペースがある。入ってすぐ左が帳場で、横長スペースには古い木製什器とガラスケースが多く並び、筆記具・文具、駄菓子、トランプ類などを陳列している。昭和的遺物が、そこかしこに息づいている。懐かしき空間である。右壁は大きな木製棚で、ノートや帳面類がズラッと収まり、重厚で壮観。そしてコミック揃いの山の奥が、時代からこぼれ落ちてしまったような、興奮の古本スペースとなっている。

この時奥から、ドアチャイムを聞きつけた老婦人が現れ、日だまりの帳場に腰を下ろす。すでに思わぬ所で古本に出会ったことに、激しく興奮しているので、「こんにちは」とやたら礼儀正しく、威勢よく挨拶してしまう。そのままの勢いで奥へ。右壁は一本の絶版漫画棚と、文具棚上部に学術書が並んでいる。奥壁は天井まである棚が四本並び、文学全集、日本文学、実用、エッセイ、ノンフィクション、児童文学、海外文学などを雑本的に揃えている。

左壁は一部アダルトのコミック棚で、実は裏側の細い通路にもコミックと最下段に文庫が並んでいる。真ん中には計一六本の棚が三本の通路を造り出し、三面はコミックのオンパレードだが、右端にだけノベルス、ラノベ、ティーンズ文庫、日本文学文庫、海外文学文庫が収まっている。学校前の、古い文房具屋の奥に潜んだ、時間が止まり気味の古本棚である。八〇年代以降がメインだが、意外に古い本も顔を出す。そんなものたちにハフハフ喰らいつきながら、計六冊をセレクト！　本には値段がついていないのだが、この状況、絶対安いに決まってる、と信じて老婦人にズイッと差し出す。

梶龍雄『赤い靴少女殺人事件』（ケイブンシャノベルス）、矢野徹『ロボット』（角川文庫）、原作・三遊亭円朝『世界の怪奇めいさく11　怪談ぼたん灯籠』（偕成社）、山中峯太郎『爆進三人男』（同盟出版社）、『赤胴鈴之助』12・13巻（少年画報社、カバーはないが両方とも昭和三二年版。完全に〝どひゃっほう！〟である）を購入。

計二二〇〇円とは、やはり安かった！　おぉ、忘れ去られたお店を見つけ出し、さらに古本を漁れる幸せよ！　足で古本を探しにいくことは、まだまだやり甲斐が大いに潜む、有意義なアクションなのである。

花咲く庭の心落ち着く古民家

ハナメガネ商会——栃木・益子◉二〇一四年一二月二六日

湘南新宿ライン宇都宮線に乗車すると運悪く人身事故によるダイヤの乱れに巻き込まれ、予定より二時間遅れで益子駅に到着する。おかげで橘外男の『亡霊怪猫屋敷』を読み切ってしまった。橘センセイの残虐メーターが容赦なく振り切れるのは相変わらずだが、大怪猫が後ろに従えた五、六匹の猫に指図をするくだりは、考えただけで可愛らしい。

白く強い午後の日射しを浴び、ロータリーから離脱して、寂れた変わらない駅前益子本通りに合流し、そのまま東へ。今日は陶器市初日のせいか、交通量が多く、路上に人影も多い。通りをズンズン三〇〇メートルほど進み、益子新町バス停を過ぎると、左手通り沿いに「ヒジノワ」という民家を改造したお洒落な食堂が現れる。その建物脇に真っ赤な立看板が立ち、駐車場の奥の別なお店へと、人々を誘導している。

同じ益子の住宅地の中にあった〈はなめがね本舗〉が、〈ハナメガネ商会〉と名を変えて、表通り近くに移転し、本日堂々開店したのである。奥の花咲く庭に踏み込み、猫かトトロ的形状の植木の間を通り、お店の前に立つ。うぉぅ、これはインパクト大！　シンプルな平屋の古民家を改造したお店は、右端にガラス看板があり、暖簾の下がる開け放たれた玄関、左の縁側の向こうに、多くの人で賑わう店内が見えていた。

庭があるお店って素敵だ。コンクリ土間玄関に入ると、ちょっと高い上がり框の向こうがカウンター帳場になっている。靴を脱いでヤッと上がり、商会オリジナルスリッパに履き替えると、

「お久しぶりです。来てくださるとは。まさか初日に」

と、お会いするのは久々なのに、早速ハナメガネさんに気づかれてしまう。お店は、玄関も含めた縁側沿いのぶち抜かれた二間である。裸電球がいくつもぶら下がり、古い木材が優しげな、不思議に心落ち着く空間だ。

右に壁棚が連なり古本が並び、広間には、ハナメガネオリジナル手ぬぐい、文房具、雑貨、アンティーク食器、新作こけし、こけし本新刊、均一こけし、こけしをモチーフにしたこけしグッズが、小さな棚と二台のテーブルと大きな棚に並んでいる。棚脇には回転絵本ラックもあり。

お客は女性が多く、こけしやこけしグッズに目を光らせている。こけしって、こんなにも求められている物だったのか……。

古本は、暮らし、食、乙女、少女、ティーンズ、女性作家文学、旅、性愛、嗜好品、児童文学、少女漫画、児童書、郷土玩具などが並ぶ。乙女の視点から造られた棚は、清濁併せた堂々たる構成。値段は普通〜ちょい高だが、古い本や珍しい本も多いので、そうなるのは必定か。

何はともあれ、この店舗と古本と雑貨（主にこけし）を組み合わせた、世界観と空間性に打ちのめされる。何もかもが、目の前の縁側のように開かれている。そうか、この庭と縁側が、とにかく素晴らしいんだ！　しかし今日はまだ初日。この開放的なお店が、これからどう進化していくのか、いずれまた見にこよう。移転開店、おめでとうございます。山本晋也『わたしは痴監』（レオ企画。あぁ、こんな本が売っているなんて……）を購入。

庭を通り抜けて通りに出て、さらに東へ行く。〈内町工場〉も、古家具とアンティーク雑貨を求める人で賑わっている。店内各所に散らばる古本を見ていくと、相変わらず予想外なよい本が安値で紛れ込んでいる！　と喜び浅ましく、次々と手にしていく。

草森紳一『マンガ考』（コダマプレス）、岡本喜八『ヘソの曲り角』（東京スポーツ新聞社）、岡本太郎『自分の中に毒を持て』（PLayBOOK）、谷崎潤一郎『美食倶楽部』、田中小実昌『田中小実昌エッセイコレクション2』（以上、ちくま文庫）、洲之内徹『絵の中の散歩』（新潮文庫）、葉山嘉樹『誰が殺したか？』、岩藤雪夫『血』（日本評論社）を計二一五〇円で購入した後、若き店主に挨拶をする。いつもよい本をありがとうございます。

◀SL＋古本を、タイミングを慎重に計ってパチリ。

益子駅に戻ると、なんだかとても騒がしい。時刻表を見ると一〇分後に来る次の列車がSL機関車であることがわかった。それで皆浮き足立っているのか。しかしこのSLに乗車するには、乗車券以外に五〇〇円の整理券を買わなければならないのだ。次の普通列車は……一時間後か……止むをえず整理券を購入し、汽笛と共にホームに滑り込んできた汽車に乗り込む。蒸気機関車に乗るのは、初めてだ。古本屋を追い求めていたら、まさかSLに乗る日がこようとは。初めて嗅ぐ石炭の燃える匂いは、アスファルトの匂いに似ていた。そしてノロいな、SL！

名物「みやま文庫」から人文書、絶版漫画まで

赤坂堂書店——群馬・高崎◉二〇〇九年一〇月四日

高崎駅から一キロメートルほどの北西にある本町一丁目交差点。そこから西へ入ってすぐのところにお店はある。交差点から見ると、すでに駐車場の塀の向こうから、大きな看板が顔を出している。モダンで細めなオリジナルフォントが美しい。

店頭に立つと、街の診療所を思わせるアプローチ。店頭台はなく、駐車場を隔てた全面ガラス窓から、店内の様子が丸見え状態である。

自動ドアから入ると、蛍光灯が輝く白い棚の店内。むむ、いい感じに広いぞ。右のレジ兼作業スペースには誰もいない、と思ったら、気品溢れる年配のご婦人がちゃんと座っておられました。全然気づかなかった。

壁はぐるっと本棚で、入口横左壁は「コ」の字の棚が二連続している。真ん中には背中合わせの棚が縦に三本あり、真ん中の棚のみ奥の壁にくっついている。レジの右横も左と同様に「コ」の字の棚が二連続。気がつけばこのお店、複雑そうなカタチをしているが、実はほぼ左右対称なのであった。

BGMにかかるオペラを聴きながらツアースタート。左の第一コの字コーナーには、美術や骨董の本。第二コーナーには群馬ゆかりの竹久夢二本（復刻本含む）が充実し、演劇、音楽が集まる。

その裏からは教養系・日本文学文庫が始まり左壁棚へとつながる。SF文庫、海外文学文庫、ポケミス、日本SF、新書、文学評論、古代史と収まる。

向かいの通路棚は、詩集、句集（地元のおばさんが買いに来てます）、古典、文学評論、アジア文学と並び、その裏は探偵・推理小説、幻想文学、海外文学となっている。奥の棚には、出ました群馬名物「みやま文庫」、群馬郷土本、歴史と並んでいる。

右側の通路棚は、建築、美術、風俗、文化、哲学、思想、心理学、宗教、歴史が収まる。レジ前の小さな脇棚には、言語、出版、古本の本。そして右側ゾーン、左端の通路棚には大量の絶版漫画（うわっ、日野日出志が！）、漫画評論、エッセイ、随筆、ノンフィクション、文学。

向かいには、アジア、アメリカ、アフリカ、ヨーロッパ関連本がズラリ。その裏には最近刊文学本、自然、現

代史。奥には児童文学と民話本が並び、右壁棚に絵本、食、山岳、科学、宇宙、性愛と続く。戦争関連の小さな棚があり、右側の第一「コ」の字棚は大判ビジュアル本と古い漫画雑誌。第二「コ」の字には、映画とロック音楽が集まっている。

　心臓のように右室と左室に分かれたお店で、内容はとても充実している。古い本も多く、地元本もバラエティ豊か。棚を記憶するのではなく、棚に並ぶ本に集中してしまったので、長時間の滞在となる破目に。もちろんそれはハッピーなひと時であった。

　値段は普通から高め。でもよく見ると、いい本に安めな値段がつけられていたりするので油断できない。よっていい本にとっては安いといえるのかも。精算ついでにレジ下に貼り出されている「群馬古書店地図」を貰おうとすると「すいません、今なくなっちゃってるんです」とのこと。残念！　元藤燁子『土方巽とともに』（筑摩書房）、稲垣史生『時代考証の話』（ハヤカワ・ライブラリ）、阿川弘之・北杜夫『乗物万歳』（中公文庫）を購入。【▼店舗閉店】

意外にフレンドリーな古道具屋さん

道根房――群馬・前橋◉二〇一二年一〇月八日

前橋駅に着いて、味の薄い悲しい立ち喰いそばを啜ってから、前橋駅西側自転車駐輪場でレンタサイクル「No.613」を借り、まずは駅南側五キロメートルほどにあるはずの古本屋さんを目指す。えっちらおっちら車に脅かされながらたどりつくと、見事にお休み中……。いつもは営業してるのだろうか。要再訪かぁ。再び駅へえっちらおっちら。今度は北側に出てみると、あちこちから祭囃子が聞こえ、街中で秋祭のようだ。

広いが寂しさの漂う北口ロータリーから、欅並木の駅前通りを北進する。国道五〇号と合流する手前で西へ曲がり、お祭で賑やかな八幡宮を横目に恵比須通りへ進入。再び北へ進み、さらに再び国道五〇号に合流する手前で、東へ向かう脇道へ入り込む。すると左手に、高く棕櫚がそびえ立つ、前面が植物に覆われた建物が出現した。切妻屋根で、軒には瓦の庇が掛かる堂々たる姿である。

サッシの入口周辺にはもはや植物と融合し、風の谷のナウシカのようになってしまった古道具たち。サッシの向こうには、積み重なった本の姿が見えている。勇気を奮って峡谷のように狭まったステップを上がり、ガラリと店内へ。ぐむぅ、なんと時間が止まり積み重なった空間であることか。しかもほとんど古道具屋さんだ。ふと左に視線を投げると、薄暗く小さな空間におかれた机にへばりつく、薄いダニー・デビート風店主の姿があった。原稿用紙に向かって一心不乱にペンを走らせている。挨拶をして店内回遊の許可を求めると、顔を上げつつ目をギョロつかせる。緊張の一瞬……。

「あぁ、どうぞ」

「ありがとうございます」

と、努めて爽やかに返答すると、

「たいした物はないけどね」

と、相好を崩した。最初は周りの空間も含め、ちょっと恐い印象だったが、中々フレンドリーな方ではないか。

「崩れて巻き込まれないように気をつけてね。へへ。でもここ、地震の時はほとんど物が倒れなかったんだよ。まぁ俺は外に逃げたけどね」

ハッキリ言って店内は不安定の嵐である。棚に収まった物たちはまだしも、床から地層のように積み上がる、額、皿、古本、人形、箱、盆、雑誌……。本当だとしたら驚異である。そのカオスな店内の構造は、中央通路を軸に、右に行き止まりの通路が二本、左に帳場と袋小路の通路が一本である。

中央通路はそのまま奥へと延びていき、重厚な蔵の中にも入れるようになっている。おぉ、蔵！　スゴイぞ！　そして蔵の中には一本、手前には二本の梯子階段が掛かっている。これらはほとんど物品棚となっており、使用不可の状態である。

薄暗くホコリが積もった店内には、茶碗、皿、壺、人形、置物、壜、時計、ライター、おもちゃ、汁碗類、漆器、絵画、看板、白墨、マネキン、ランプ、カバン、トランク、レコード、装身具などが、所狭しとひしめく。

古本は入口横にボロボロの文庫タワー、右側手前通路に美術ビジュアル本、雑誌附録、コミックなどが交ざり、右側奥の通路棚に美術、歴史、文学、風土、コミック、落語、全集、囲碁、心理学、科学、文庫少々、絵葉書、グラビア雑誌などが、ゴチャゴチャと並んでいる。

一貫性があるようでなく、棚は死んでいるようで死んでいない。蔵には和本が乱雑に積み重なっている。蔵の奥に進み過ぎると、床が「ギシ」ではなく「ミシリ！」と鳴るので、肝を冷やすこと必至である。

途中トイレに席を立った店主に一〇分ほど放置されるが、逆にその機会を利用して、のびのびと発掘活動にいそしみ、無事、欲しい本を二冊見つける。だが、値段がつけられていない。戻って来た店主が、

「最初は古本屋だったんだけど、今はもうほとんど古道具屋だよ」

と、言いながら、渡した本をチェックする。ドキドキ。

「二冊で五〇〇円です」

う〜ん、安いじゃないですか。

「本好きなの？　じゃあすぐそこの煥乎堂に行くといいよ。二年くらい前に、三階に大きな古本売場ができたから。俺もそこによく買いに行くんだよ。あっ、売り物じゃなくて読む本をね」

と、大笑い。最後は、

「近くに来たらまた寄ってよ」

と、親しげに微笑む。あぁ、なんだか心が暖かくなるお店であった。くろす・としゆき『トラッド歳時記』（婦人画報社）、亀井節夫監修『化石風土記』（樹石社）を購入。［▼現在は古道具店として営業］

老舗大型書店内では子供が全力疾走

煥乎堂 ふるほん書店——群馬・前橋◉二〇一一年一〇月八日

煥乎堂は、以前からコメントに情報が寄せられていたので、もとより訪ねるつもりだったのだが、奇しくも〈道根房〉店主にも薦められるカタチとなった。というわけで〈道根房〉からすぐの国道五〇号へ。中央通りのアーケード街に縁日の屋台がズラズラ並び、安っぽい匂いを漂わせている。その向こうに渡って北西に進むと、本町一丁目交差点手前に、二階吹き抜けの老舗大型書店が現れる。入口上部にはダイナミックにラテン語と覚しき文字列が刻み込まれている。

中に入ると、ビル案内板の三階に「Used Book」「中古文芸書・中古文庫・中古新書・中古コミック・中古ビジネス書・中古実用書・買取コーナー」とある。節電のためエスカレーターは停止中なので、階段で三階へ向かう。

階上でまず目に入るのは〈骨董舎〉という骨董屋さん。一応本がないかどうか確認してから逆のフロアを見ると、白く広いリサイクル古書店の姿。奥様方が立読みをし、

子供たちが通路を全力疾走している。壁際はすべて本棚で、奥に四本の背中合わせの棚、手前左側に二〇〇均絵本・文庫・特価コミックの低い平台がひとつずつ並び、後は背中合わせの棚が三本。新しい本ばかりで、一般的なリサイクル店的ジャンル・並びである。値段は定価の半額が中心。一〇〇均と二〇〇均棚もあり。

目を惹くのは右奥の全集ゾーンと右壁手前の箱入り文学本棚で、量感のある四角い本たちがズラッと並び、三ケタの値でバラ売りされている。面白い本や掘り出し物を探すとしたら、棚下の平台に勝機あり！　ここにはちょっと古い本が安値で紛れ込んでいるのだ。さらにレジの後ろにある郷土本コーナーも見逃せない。こんなに「みやま文庫」が安く売られているのを初めて見たぞ。

ここでは古本は、一律に中古本として扱われるようで、プレミア値などはついていない。新刊書店の中のリサイクル古書店——最近よく出会う、書店が生き残っていくためのビジネス的選択肢——まぁどんなカタチであれ、古本が売られているのにはニンマリしてしまう。『THE GEISHA GIRLS SHOW 炎のおっさんアワー』(幻冬舎)、長沢節『大人の女が美しい』(草思社)、伊藤信吉・川浦三四郎編『萩原恭次郎の世界』(煥乎堂)を購入。

店内モニターの映画につっこみながら飲む店

古本屋　喫茶　酒場　狸穴——埼玉・北浦和◉二〇一二年一月二二日

正午前に王子駅に降り立つと、飛鳥山下の飲み屋街が、三分の二ほど火事で、無惨な姿になっている。焼け焦げた匂いを嗅ぎながら、駅近くのプラネタリウムで仕事にとりかかる。夕方五時に業務を終了し、京浜東北線でちょっと北へ向かう。しかしタレコミにより目標としていた西口のお店はシャッターを固く閉ざし、不気味に静まっていた。仕方なく駅へ引き返して東口へ回る。傘を持たずに出てきたので、次第に強くなる冷たい雨が、徐々に体温と体力を奪っていく。

半額セール中の〈平和堂書店〉に立ち寄ってから、タレコミのお店をあきらめきれずに、再び西口へ向かう。ロータリーから「ハッピーロード」「北浦和西口ふれあい通り」「西口銀座商店街」と西に向かって踏破していくと、左手商店街終りのお店が……おぉっ！　開き始めている！　これはもうすぐしたら、完全開店するなと、雨降る通りを行ったり来たりしたり、AEONのベンチに座って時間を潰したりして、ホームレスのような行動を取り、一時間ほどやり過ごす。

▲赤い「メルヘン」の日除け、そして自販機、真樹！

そろそろ程よい頃だろうと感じた午後七時過ぎ、お店の前に再び立つ。軒には二面に「メルヘン」と大きく書かれた赤い日除けがあり、その下には煌々と輝くたくさんの自販機と、真樹日佐夫の本が飾られたウィンドウ、そして薄暗い店内への入口がある。奥に本棚は見えるが、見た目は完全に飲み屋である。ガガッとサッシを開けて中に入ると、右に低いカウンター、左にテーブル席、正面奥と左壁に本棚が設置されている。

　壁上には額装された「山田風太郎展」「坂口安吾展」、映画『人斬り』『風林火山』『青春の蹉跌』のポスターなどが飾られている。当初は、本が見られたらそれだけで帰ろうと思っていたのだが、雨の街を彷徨して身体が冷えきっていたので、一杯飲んでいくことにする。ちなみにここは表に〈古本 喫茶 酒場 CAFE BAR〉の看板が出ているのだが、果たして本は買えるのだろうか……。

　カウンターの左端に腰掛け、ビールを飲みながら、さり気なく壁棚を観察。正面棚には、音楽CD、B級・名作・アクション映画VHS、図書館リサイクル本、美術図録、ミリタリー関連、日本史などが置かれている。

　左壁には、アウトロー、アングラ情報、日本史、歴史・時代小説文庫、映画、『映画秘宝』、アニメ、日本近代文学、警察・犯罪、食、陰謀、オカルト、コミック、推理小説文庫など。右壁端には、政治関係と、石井輝男『恐怖奇形人間』などのプレミア映画ソフト。いつの間にか店内のモニターでは、中川信夫の『真田十勇士』を経て、『マッドマックス2』の上映が始まっていた。聞けば、いつもこんなふうにお客さんのリクエストで好きな映画を流して、わいわい楽しみながら突っ込んでいるそうだ。

　そしてこのお店のアイデアの元は、なんと高円寺〈コクテイル書房〉なのだそうである。同じような感じで、もっとB級感を求めていくと決心し、おつまみも、並べる本も、何もかもB級に徹していくとのこと。う〜ん、頼もしい。

　肝心の本は、基本的には販売しているが、今は満足する品揃えと量ではないので、もっと仕入れて春くらいの本格的な古本販売を目指しているそうである。映画の知識豊富な店主は、饒舌でフレンドリーで、東京事変ベース、亀田誠治に似た方である（喋り方は江川達也似）。

　いつの間にか一時間半が経過し、『マッドマックス2』もタンクローリーのクライマックスを迎えようとしている。文庫二冊を選び出し、まとめてお勘定。本もお酒もおつまみも、安めとなっております。家の近くにあれば、確実に行きつけとなりそうな、B級魂を受け止めてくれるお店であった。よし、今度は春先に来てみよう。ごちそうさまでした。『つげ義春 流れ雲旅』（旺文社文庫）、近藤富枝『本郷菊富士ホテル』（中公文庫）を購入する。

　気がつけば、北浦和の夜一〇時。突然なんだか寂しくなって、火の消えた商店街を駅へトボトボ。まぁとにかく、初チャレンジでどうにか入れて、本当によかった。

見応えのある二代目の凝った棚作り

古本あしやま――埼玉・北坂戸◉二〇一四年八月二一日

東松山の〈あふたーゆ〉で教えられていたことがあった。〈古本 あしやま〉は二代目が引き継ぎ、今やまったく違うお店になっているという。真相を確かめるべく、稲穂の熱気と匂いがドアの隙間から忍び込む、東武東上本線に乗り込む。東口に出て、午睡しているかのような静かな街を歩んで芦山公園を過ぎれば、日除けの文字の捲れ具合がアップした、以前とさほど変わらぬお店の前である。真新しい「SALE」「いらっしゃいませ」の幟だけが、ほんのちょっぴりの新しさを想像させる。

中に入ると、ふぅむ。スッキリして、一見して本の流れに意志とリズムが見てとれるではないか。たしかにお店は変わっていた。そして店主も、居眠りしていたおじいさんではなく、優しげな中年福留アナ風店主である。

入口近くには五〇均文庫棚や、コミックの入ったプラ箱が積み上がり、棚下には本の束やタワーはあるが、乱雑な印象は受けない。三方の壁棚、二本の背中合わせの通路棚、帳場下棚などの什器構成は変わらないようだ。

右壁は一〇〇均単行本棚から始まり、日本文学、評論、映画、詩歌句、天文、戦争、本、海外文学、宗教、演劇、写真、建築、音楽などが続く。時に同ジャンルの文庫も挿入され、知的な棚造りが展開する。

向かいはコミックで埋まり、奥壁はカルト系コミック、美少女コミック、自然、博物学、古本関連など。真ん中通路の左側にSF文庫、漫画評論、落語、音楽、冒険、同時代ライブラリー、新書、現代思想などが並ぶ。帳場下の講談社学術文庫、児童文学、岩波文庫を見て左端通路へ。通路棚には海外文学文庫と女性作家文庫。そして右壁棚は全体的に凝った並びを見せており、上部に函入り日本文学が集まり、江戸川乱歩と探偵小説文庫、日本文学セレクト文庫(豊かで見応えあり)と広がる。

七〇年代以前の古い本はないが、並びは見ていて楽しく、何かあるのではないかとワクワクする。それに値段は安めなので、ここはコンパクトな良店ではないかと、強く思う。常々気にしていた渡辺克巳『新宿群盗伝』(晩聲社)を五〇〇円で発見し、どひゃっほう、と有頂天。他に耽綺社同人『白頭の巨人』、江川蘭子『合作探偵小説』(以上、春陽文庫)を購入する。

殺し文句は「お安くしとくわよ」

福原書店——千葉・馬込沢◉二〇一一年六月一日

船橋駅から東武野田線に乗り換えて三駅。狭苦しい西口に出ると、坂のクランクにあるような変則的なロータリーである。線路沿いに坂道を上がり、狭い歩道をトコトコ歩く。

コーポ群の間を進む道は、いったん西に曲がって、やがて南に下る坂道となる。その坂道の先には木下街道とぶつかる信号があり、街道沿いには、四軒の古い商店建築が兄弟のように並んでいる。

うわぃ！　一番右側は古本屋さんだ！　お店は私の喜びとは裏腹に、だいぶ薄汚れうらぶれた雰囲気だが、逆に心には喜びの鐘が鳴り響く。この

感じ……さぁ、どんなお店なんだ⁉

長い信号待ちを下校中の子供たちと共にした後、道路で写真を一枚撮って、年季の入った緑の日除けを潜り、素早く店内に突入。するとそれを見ていた子供たちが、興味を抱いたのか店頭に集まり、ガラス越しに店内を観察し始めた。その中のひとりが、

「俺、入ってみる」

と、勇気を振り絞り、ガラリと中へ。緊張の面持ちで、サッと入口近くの一〇円マンガを見回し、手も触れずにすぐに外へ。

「どうだった？」

「たくさんあって、一〇円だった！」

と、曖昧な報告をしている。古本屋デビューおめでとう。今日の出来事は、必ずや将来に、君の心に波風を起こすであろう。彼らはもうそこに古本屋などなかったかのように、楽しそうにじゃれ合いながら立ち去っていった。私はといえば、奥の住居部分から半身を出したオバチャンにご挨拶。彼女は、棚の前に立つ私に、にっかり笑いかけ、

「すごいでしょう。お安くしとくわよ」

と、殺し文句で接客。確かになんだかスゴイお店なの

である。古いコンクリ土間の店内は、壁際は本棚、真ん中に背中合わせの棚が二本。本は古い茶色い本が多く、そのほとんどはホコリがまぶされている。

足元にはこれも茶色い大量の文芸、文学研究雑誌、単行本と文庫タワーが並ぶ。

左端通路はすべてが古典文学関連でビッシリ埋められている。棚脇には一〇〇円コミックラックがあり、真ん中通路は一〇〇円文庫、ノベルス、実用ノベルス、俳句、江戸文学、歴史、日本近代文学、文学評論が並ぶ。

文庫は七〇〜八〇年代中心で、絶版・品切れが多い。ただし状態があまりよくないのが残念である。足元の単行本・文庫も同様だが、ちょっと掘り起こす勇気は出ない。右端通路はダンボールやミニワゴンが通路入口に置かれ、奥も本が積み上がる倉庫状態。しかし入れないこともなさそうなので、

「奥も見ていいですか?」

と、聞くと、

「あっ、だいぶ本があって見難いですけど、よろしかったらどうぞ。この前の地震で棚の上の本が崩れちゃってね。そこに置いてあるんですよ。お安くしときますよ」

お言葉に甘えてダンボールを跨ぎ、右端通路にグッと分け入る。積み上がった本の間を、本棚を支えにして奥の行き止まり部分まで進む。右は日本語関連の茶色い箱入り本がギッシリ。左は文学全集、日本文学、詩集、海外文学が並んでいる。

古い本がとにかく多く、その三分の二は古典文学、国語、文学研究の箱入り本である。文庫や単行本はタイムカプセル状態なので、床の本を漁れば、何かが見つかる予感がゾワゾワ……。

硬めな本はしっかり値の高めが多いが、それ以外は超安値となっている。にっかりオバチャンは予告通り単行本を一〇〇円引き。ありがとうございます。『荒地詩集1951』(国文社)、以下一〇〇円で、横尾忠則『未完への脱走』(講談社文庫)、横尾忠則『一米七〇糎のブルース』、寺山修司『花嫁化鳥』、『スポーツ版裏町人生』(以上、角川文庫)を購入。お手軽で安上がりなタイムスリップをお望みなら、ぜひとも馬込沢へ!　ただし手は真っ黒となるので注意が必要である。[▼店舗閉店]

ダンボール山との格闘に精根尽き果てる

懐古館ろびん——千葉・四街道◉二〇一四年四月二〇日

私は今、猛烈に疲弊している。かつてないほどに、筋肉が悲鳴どころか慟哭し、一刻も早い休息をと訴えている。しかし、今日の出来事を文章に綴らなければ、布団に入ることは許されない。早く書いて、寝よう……。

九時一七分、東京駅地下の横須賀線ホームにて、ミステリ評論家の森英俊氏と待ち合わせる。以前から話には聞いていた、かつて貸本を多く蒐集した四街道の古本喫茶を訪ねるためである。そこは、富山県の何軒かの貸本屋が閉店する時に、豪快に貸本を買いまくって（一軒買いもあり！）凱旋した前店主が、最初は閲覧料ありで貴重な本が読める喫茶店としてスタートしたお店なのである。

やがて古本販売も手がけるようになり、一部の好事家に重宝されていたそうなのだが、いつしか喫茶営業はなくなり、お店もいつのまにか閉まった。現在は二代目店主が管理しており、昔のパイプを持っている一部の人しか入れないお店となっていたのである。かつて何度か

行ったことのある森氏のツテがなければ、私なぞとうていたどりつくことはできない、幻の店舗なのである。

移動中の車内で、すでにお店には多数の猛者の爪がかけられていること、本を見るには重労働をしなければならないこと、それに貸本屋事情についてのレクチャーを森氏から受けていると、午前一〇時七分に四街道駅着。駅にはアーティストのキンシオ似の二代目店主が車で出迎えにきてくれていた。ほとんど住宅街の裏道を走ること五分。四街道西中学校のグラウンド前に、自宅兼店舗の現役感満点なお店が輝いていた。おぉ！　ここが！と、ついにたどりつけたことに感動する。

しかしドアの鍵を開けてもらい、中に招き入れられると、唖然。そこはほぼ物置と化していたのである。大量の本類が詰まったダンボールの凶暴な山と共に、日用雑貨が大量に紛れ込んでいるのだ。それをぐるっと見渡した森氏が、

「まず入口付近の物を運び出し、古本以外のダンボールを運び出し、作業場を確保しましょう」

と、宣言する。氏は今日、ある連載ページのために、ここにある古本すべてに目を通すつもりなのである。つまり私はその助手、というか手伝い。まぁ、普通は入れ

ないお店に入れて、なおかつ古本も買えるのなら、それもやぶさかではない。まずは協力して、自転車、洗濯機、帽子掛け、本棚の天板、カーペット、多数の額、巨大看板（激重）、レコード（激重）などを隣のガレージに運び出し、ようやくダンボールに手を掛ける。

お店は右に壁棚、奥にカウンター、入口左横にスチール棚が置かれ、その奥に一〇〇箱ほどのダンボール箱でできた凶悪な山があり、手前にラック、左壁に本棚の構成である。その左奥には長い壁棚を備えた三角形のバックヤードがあり、そこにもダンボール箱が見上げるほど積み上がり、ギュウギュウに押し込まれている。

古本以外のダンボールをガレージに運び出していくと、やがて森氏は作業場を確保したことからダンボール内の検品態勢に入ってしまった。つまり、さらにダンボールを運び出すのは、もはや私一人。午前中からトップギアの肉体労働に従事しながら、それでもどうにか棚のチェックを進めていく。

右壁には充実の映画本と雑誌『シナリオ』、それに時代小説、海外文学、日本文学。入口左横には、なぜだか後ろ向きになった芸能関係の単行本と共に、薄い文芸誌がビッシリと並ぶ。

ダンボール山の奥のラックには、映画関係のビジュアルムック、左壁には日本近代文学、時代小説、明朗小説、推理小説、実録もの、仙花紙本などがズラーリ。

バックヤード入口には、岩波文庫、ビジュアルムック、古書目録、児童文学が集まり、バックヤードに入り込むと絵本、少年少女漫画雑誌、『相撲』、『アララギ』、映画雑誌、大衆小説と続いていく。運びながら棚に目を光らせ、気に入った本がある場合は確保していく。

検品の終わったダンボールの中も、なるべくチェックしていく。中身は、箱ごとに時代小説、現代小説、ミステリ、漫画雑誌、グラビア雑誌、紙物、和本、教科書などにしっかりと分類されている（これは以前森氏とその仲間たちの仕事とのこと）。そのすべてが、昭和二〇〜四〇年代のものであり、本はほとんどが使用感のある貸本仕様であった。したがって状態はさほどよくないが、時たま読みたくなる珍しい本が見つかるのが嬉しい。

作業もはかどり、午後一時過ぎの時点で、ガレージに半分ほどの箱を運び出し、ダンボール山の攻略に成功する。この時点で、森氏はすでに一五〇冊以上の本を積み上げている。ヒィィィィ……。

いったん外に昼食に出て戻り、さあバックヤードの探索を開始。しかし、バックヤードはあまりにも狭いので、途中から森氏一人がドスンドタンとダンボールを掘り進め、おそろしいほどの古本神っぷりを発揮。うずたかいダンボールの山を突き崩していく。ダンボールの隙間から、チラチラ見えるその細身な長身は、古本巨神兵さながらであった。しかしさすがの氏も、三分の一を残したところで、ダンボールに腰かけ力尽きてしまう。交代して私が入り込み、小説本ダンボールをひたすら掘り出していく。結果、四箱を発見。これで、ほぼこのお店の箱は見終わった。時刻は午後三時過ぎ、森氏は研究者のように、仕分けた古本の吟味と梱包に取りかかり始めた。ということは、私は片付けを始めなければならないのか。

　バックヤードから出したダンボールを元に戻し、ガレージに運んだダンボールを店内に運び込み、再び丈夫で高いダンボール山を築かねばならないのだ。私がやらなければ誰がやる！　そうしないと、今日中に家に帰ることもままならぬ！　と、再び蟻のようにダンボールを店内に運び込んでいく。店とガレージを何十回と往復する。それは、孤独で忍耐のいる作業であった。森氏が九箱の梱包を終える頃、私の作業もどうにか形が見えてきた。

▼ボロボロの本が多いが、こんなにたくさん集まると、やはり嬉しさがこみあげてくる。

いつのまにか現れた、店主のご母堂の指示に従いつつ、引越し業者のように指定の場所に物品を運び込んだりしながら、ヘトヘトになって終了！　時刻は午後五時。

　およそ五時間以上、私はただダンボールを運ぶことに従事していたのか。こんなに疲れたツアーは、疲労の種類は違うが、北軽井沢の〈kiji books〉以来ではないだろうか。妙な達成感を味わいながら、いつの間にか集めてしまった二一冊を精算していただく。

　かなり傷んでいる物がほとんどなので、合計で五〇〇〇円。ありがとうございます。丸木砂土の『結婚広告』と『鶏小舎の花嫁』は最近集めているので嬉しく、田辺茂一の『すたこらさっさ』は後で気づいたら署名入りで小躍り。しかし本日の大収穫は、貸本上がりでない、城昌幸『若さま侍捕物手帖　心中歌さばき』（新月書房）の表紙絵が志村立美であることと、江戸川乱歩『灰神楽』（鼎出版）を発見できたこと。どひゃっほうなのです！　あぁ、頑張った甲斐がありました。お店を開けてくれた「懐古館」さんと、連れて来てくれた森氏に、とにかく感謝の、疲れ切ってしまった一日。精も根も尽き果てました。もう寝ます。おやすみなさい。［▼店舗閉店］

トンビに狙われたりしながら重い紙の束を抱える

あんちっく具里夢――千葉・安房鴨川◉二〇一四年八月一三日

一昨日の月曜日（二〇一四年八月一一日）、東京から三時間かけて、千葉の外房線沿いにあるお店までやってきた。だが定休日ではないのにもかかわらず、「本日休業」の札。思わず、雲が流れる青空に「グォゥ！」と咆哮してしまう。HPには定休日なんて書いてなかったのに……しかし暗い店内には本の姿をしっかりと確認できる。近日中にしつこく再訪することにしよう。

行き先を変えることにして、駅のホームでパンを食べていると、突然何かが頭に襲いかかってきた。続けざまに目前で激しく羽ばたきが起こり、ふわぁ！　とのけぞり払いのける。それはなんと、大きな一羽のトンビであった。どこか高所から狙いを定め、急降下してきたのであろう。幸いパンを取られることはなかったが、トンビは架線に留まって獲物を狙い続けている。猛禽類からターゲットにされるのは、さすがにおそろしい。しかし、負けてなるかとトンビを睨み、慌ててパンを口に押し込めた。

無人駅の三門駅で下車し、干物臭い国道を南下して〈ブックセンターあずま大原店〉の棚を猛スピードで見終わり七冊を購入。この時点で午後二時二六分だった。走れば四三分の列車に間に合う。これを逃すと次の電車は一時間後だ。炎天下の国道をひた走る。汗をかきながら四分経過。この分なら大丈夫そうだと思った瞬間、後ろで何かが落ちる音がした。ザザッと止まって振り返ると、視界の隅を横滑りする何かが掠め、ボチャンと音がした。

俺は、何を落としたんだ？　バッグをまさぐりつつ、路上にデジカメのバッテリーがポツンと落ちているのに気づく。……ない、デジカメがないっ！　外れたバッテリーを拾い上げ、本体が滑ったであろう先に目を向けると、そこは草に表を覆われた深いドブ川であった。

デジカメをドブに落としてしまったのか！　悪魔のような黒い水面を、おそらく青い顔をして覗き込むが、すでに痕跡はどこにも見当たらない。

「うぅぅぅ〜」と犬のように唸り、あきらめて、バッテリーだけを握り締めて、再び駅に向かって走り出す。さらば、愛するデジカメよ。共に日本中の古本屋さんを巡ってきたデジカメよ。それにしてもブログを始めて六年。まさか「デジカメをドブに落とす」なんて阿呆な文を書く日がくるとは、思ってもみなかった。

そして本日、月曜日の敵討ちに、またもやレールに錆の浮いた外房線に朝から揺られている。エネルギー漲る稲穂の中と、緑が猛々しく茂る低山の裾を走り通し、やがて左手に白波を立てる暗い翡翠色の大洋が見えるようになったら、外房線の終点に到達する。一昨日は三時間で来られたのに、今日は接続が悪く四時間を要した。駅前に出ると、白く小さな田舎町。見上げると、トンビがグルグル雲の下を、目を光らせて旋回している。

目の前の寂れた通りを北東に歩いて行くと、およそ四〇〇メートルで待崎川。潮の薫りが一段と強くなり、河口にはたくさんの魚影が煌めいている。川を渡れば鴨川市広場歩道橋の架かる交差点で、さらに横断歩道を渡り、北に延びる旧街道的な道に入る。

ガソリンスタンドを過ぎると、右手に「古い物 珍しい物 面白い物」と書かれた看板があるので、鵜呑みにして、その前の私道のような小道を東に進むと、店頭に数々の古道具を晒した、蔦に激しく絡みつかれた蔵のような建物に到着。ここは、ちょっとハードルの低いリーズナブルなアンティークショップで、多少古本も取り扱っているのである。虚しく哀れに引き返した月曜を思い起こし、暖簾の掛かった入口に近づいていくと、白髪短髪の筑紫哲也風店主と鉢合わせる。挨拶を交わして店内に滑り込むと、整理整頓されており、奥に細長い造りだった。古道具や雑貨、骨董、古着、それに記念写真が交ざり合った空間だ。店主から優しい言葉を投げかけられる。

「奥もあるし、裏にもまだ部屋があるんで、自由にゆっくり見てってね」

では遠慮なく、お言葉に甘えて古本のみを求めて探索を開始する。入口両側の戸棚や棚には、映画雑誌・学年誌、美術全集、映画パンフ、芸能誌附録が集まっている。七〇〜八〇年代が中心。奥に進むと右の長い棚に、ブロマイド、メンコ、『GORO』、地図類などがちらほら。さらに奥の古道具だらけの建て増しトタン小屋に入ると、映画ポスター、アイドル雑誌、『女性セブン』、玩具、レコード、広告紙物などが目を惹くが、今のところ心をつかむ決定打はナシ。母屋に戻ると、店主が即座に、

「裏も見てみる?」

「お願いします」

と、二人で外へ。裏の砂利敷きの駐車場には、たくさ

んの陶器と、ダンボールに入ったノベルティ・キャラクターグッズが広がり、開け放たれたトラックの荷台にも古着やレコード、紙物類が並んでいる。

古い物置小屋には、民具や古家具が雑然と詰め込まれている。そんな中から、映画パンフ、俳句本、ミュージカルパンフ、映画雑誌の箱を見つけるが、それでも目ぼしい物はナシ。仕方ない、格好よかった『マシンガンパニック』の映画ポスターでも買って帰るかと引き返そうとした時、トラック内にあった薄手のダンボール箱が妙に気になってしまう。

印刷されたボタニカルアートが入っているのだが、二～三枚めくってみると、下からB4サイズのアート紙の束が現れ、そこには丁寧に洋雑誌や英語新聞の広告が貼つけられているのだ。最初は何かの版下ではないか？と思ったのだが、ペラペラめくっていくと、どうやらこれはニューヨークファッションの、資料としてのスクラップであることが、おぼろげながらわかってきた。

そして紙の裏面を見ると、年月日、『ニューヨークタイムズ』などの新聞雑誌名、そして「くろすとしゆき」の名が入っていた。日本のアイビー／トラッドファッション界の重鎮である。これはおそらく、勉強と記事を書くための資料の一部であろう。時代は一九七〇年代が中心で、「BROOKS BROTHERS」のものが多い。うぉぉぉぅ！「VANヂャケット」名義の資料スクラップも交ざっているじゃないか、と荷台でひとり大興奮。うぅーむ、これは凄い。貴重な物だ。少しは買っていきたいなと気弱に思い、戻って来た店主に一枚の値段を尋ねてみる。すると、

「あ～、そういうのは一枚とかじゃなくて、箱で買って欲しいんだよね。それだと一万一〇〇〇円かな」

「ぐぅ、そうですか……」と言葉に詰まると、

「う～ん、二二〇〇円ならどう？」

突然値段が五分の一になった。

「じゃぁ、じゃあいただきます！」

と、反射的に購入してしまう。……いや、全部で三〇〇枚はあるのだが……。買ってどうするわけでもないのだが、まぁ貴重な資料を散逸もしくはゴミ箱行きにするわけにはいかない。次世代に引き継ぐために、少しの間私が持て余しながら持っていることにしよう。二つの袋に分けてもらい、おまけに二〇〇〇円に負けてもらい、重い紙の束を抱えて海を眺めている。夏だなぁ……。

◀VANヂャケットの資料スクラップ用の台紙である。

古民家で社会経済学の講義を拝聴

利根文庫――千葉・布佐◉二〇一五年二月二一日

とうに営業をやめているお店なのだが、どうにかコンタクトを取ることに成功し、めでたく店内を見られることになった。前回はあえなく敗走したが、今回はその意趣返しである。

我孫子駅から成田線に乗り換え、四駅進んで下車。前回と同じく古本神・森英俊氏が同道しているが、今回はなんと中古レコード・貸本神の渡辺俊文氏も一緒なのである。それにしても、田舎道をテクテク歩きながら、後ろから森氏と渡辺氏の丁々発止のやり取りを見ていると、それはまるで映画『スターウォーズ』のC―3POとR2―D2コンビのようで……おぉ、これではまるで古本スターウォーズ！　などと愚かな妄想をしてしまう。

東口に出ると小さな郊外の町の小さなロータリーが開ける。東北方面に駅前通りをテクテク進む。商店がチラホラ点在するが、基本的にはかなり寂し気である。布佐駅入口交差点で北に曲がり、およそ九〇度のカーブをクリアすると、道は次第に上り坂になっていく。それは土手下の街道と家々の上に差しかかり、やがて行く手の利根川を越える栄橋となるのだが、土手上の信号手前で足下の街道への袖階段を下る。すると街道を挟んだ目の前に、利根川の水気と街道の粉塵を被り続けて乗り越えてきた、ザ・しもた家な古民家が凛々しく建っていた。

しかし訪問を連絡してあるのに、通りに面したカーテンは、先日のように閉じられている。さらに人影も見えぬので不安になるが、しばらくすると横手のドアがカチャッと開き、鳥打ち帽を被り、袖のない毛織ダブルのジャケットを着込んだ、老紳士が笑顔と共に丁重に迎え入れてくれた。

太い梁が天井を支える横長な店内。窓際には背の低い本棚が横長く続き、その正面に背中合わせの立派な本棚が立ちはだかる。壁際には本棚が連なり、中央にはテーブルと応接セット。ドアの左横は少し奥まっており、店主の指定席とさらなる本棚が据えられている。

店内は手入れが行き届き、現役感充分だが、とても硬い。どこもかしこも重厚に教養深く硬い。すでに店内に散った二人の神も、この状況に少なからず戸惑っているようだ。

街道側の通路には、海外文学文庫・原発関連、旅、中国、ヨーロッパ、創価学会関連、新潮文庫、講談社文庫、講談社文芸・学術文庫、政治学、マルクス関連、資本論、社会科学系スクラップなど。ちなみに文庫も見事なまでに硬めである。棚の裏側には、経済学、新書、音楽が並び、壁棚には社会科学、映画、大量の世界旅行写真アルバムなどが、ガチガチガチガチ連続する。

　森氏はこの厳しい状況の中、どこから見つけ出したのか創元推理文庫を一冊手にしている。渡辺氏は棚の隅っこに固められたシングルレコード、点在するLPレコードを目ざとく発見し、集中力を最大限に発揮して選別中。こちらもどうにか二冊を見出し、後は応接セットで珈琲をご馳走になりながら、実は元大学の学長である店主の、社会経済学講義を神妙に拝聴する。一〇〇年以上経った古建築の屋根の下で、アベノミクスやピケティやアメリカ経済が一刀両断されていく。止まらぬ弁舌を三〇分近く受け止めるが、森氏の、

「電車の時間が……」

と、腕時計を指し示す機転により、こちらが値づけする精算タイムに移る。『ケイブンシャの大百科 カメラ入門教室大百科』、洲之内徹『帰りたい風景』（新潮社）を計一〇〇〇円で購入させていただく。わざわざお店を開けていただき、ありがとうございました。

　帰路はまずは柏で途中下車し、〈太平書林〉にて、辻まこと『虫類図譜（全）』（ちくま文庫）、飯野文彦『怪人摩天郎』（ソノラマ文庫）を計五〇〇〇円で購入する。この寒いのにモナカアイスを頬張る二神に挟まれてさらに電車で移動する。

　高根公団の〈鷹山堂〉に突入し、意外な三人の組み合わせに、いつも以上に大きな目玉を眼鏡越しにギョロつかせる店主・沖田氏に挨拶をする。三人でそれぞれの目指す場所をそれぞれのやり方で精査し、とても嬉しい山下輪一『恐怖を買う男』（ボーイズサスペンスライブラリー）を森氏に薦められるまま握り締め、鹿島孝二『理想の新婚』（大都書房）と合わせて計二五〇〇円で購入する。

　最後は駅外階段下でそれぞれタイヤキを買い、ホームにて三人とも早速かぶりつき、上総の小さな古本旅に幕を下ろした。［▼店舗閉店］

素っ気ない外観とは裏腹に深く豊かなお店

耕書堂――神奈川・鵠沼海岸◉二〇一一年五月一二日

本厚木と海老名で空振り後、相鉄線から小田急江ノ島線に乗り換え、二〇〇九年九月二三日以来の鵠沼海岸である。改札を出ると、ダイレクトに通りに放り出された感じ。戸惑わずに北に進むと、鉤の手となる道は線路際へ出る。すると左手に、パステルカラーの下見板が張られたアパートのような建物が見える。

道を曲がってすぐの一階が、目指す古本屋さんであった。改札から一〇メートルほどの至近で、あまりにもたやすく見つかったことに、少々拍子抜けする。左には出入口サッシの上に緑の日除けがあり、右には奥まったタイル壁に店名看板が掲げられている。こっちも元はサッシ扉で、二店を一店として使っているのだろうか。サッシをカラリと店内へ入る。

するとすぐ左に帳場があり、本の手入れをする壮年店主と視線がバチリと合ってしまった。即座に目礼して、まずは傘を店内にあった傘立てに。お店は横長で壁際は本棚、真ん中に長い背中合わせの棚が一本、その棚脇帳場側には低い本棚が一本、手前側通路にはふだんは表に出ているであろう安売り文庫ワゴン、帳場横には縦長ガラスケースを確認する。そして奥の通路では、声高に携帯で話す先客がひとり……。

まずは帳場横の新書棚を眺める。むぅ、あまり余計な本が並ばない、ストイックなラインナップ。続いて入口右横の壁棚に移ると、パラフィンに包まれた箱入り本が多く並ぶ、粛然とした光景！　書物、古本、日本近代文学、詩歌句集、文学研究・評論、散歩、戦後〜七〇年代日本文学、芥川賞受賞作、推理小説、海外ミステリ、ハヤカワポケミス……。署名本も多く、丁寧で豊かな棚構成である。

向かいは、岩波文庫、中公文庫、古い角川文庫、海外文学文庫、日本純文学文庫、講談社文芸文庫、ちくま文庫、絶版文庫、一般文庫、時代劇文庫、新書サイズ文学、日本現代文学、探偵、伝奇、冒険、児童文学が収まる。

右壁棚には、手前に海外文学、奥に中国文学。その時、奥の通路から先客が姿を現すと、和服にトンビ姿だったので、ちょっとドキリとしてしまう。何気ない風を装い、擦れ違って奥の通路へ。帳場横の日本文学プレミア本（小

山清『落穂拾ひ』初版本が！）を楽しんだ後に、奥壁棚の写真集、『岩波写真文庫』、作品集、図録、美術雑誌、グラビア誌、建築、美術、工芸、写真、書と、大型本中心の流れを楽しむ。下には等間隔で並ぶ横積み本あり。

通路棚には、歴史、東京、戦争、思想、社会、宗教、美術、書が収まる。脇棚にはまたもやの岩波文庫と文庫本そのほか。文学、美術、書道書がよく揃い、素っ気ない外観とは裏腹な、深く豊かなお店である。教養人の書斎といった趣きではあるが、決して拒まれていないことが嬉しい。値段は普通（もちろんいい本にはプレミア値が）。先客の後に迅速に精算を済ませ、雨が強くなった駅ホーム裏に立つ。

はぁ、耕されたのは、どうやら私の心のようで、空振り後の長打に満足して帰宅する。藤澤桓夫『花粉』（コバルト社）、『横浜——建築百景』（横浜市）、三宅隆三・川瀬信一共著『都市の化石地図　カラーブックス』（保育社）を購入。［▼店舗閉店］

逗子の割烹旅館風古本ユートピア

古本イサド　ととら堂――神奈川・逗子◉二〇一二年五月二日

雨の逗子。……去年（二〇一一年一一月）「はやま一箱古本市」に来た時も雨だったな。とりとめもなくそんなことを思い出しながら傘を開く。

ロータリーを右から回り込んで南の突端へ出ると、JR逗子駅前交差点。ここから南西に延びる歩道に片屋根の掛かる商店街「銀座通り」の南側歩道を歩いていく。

ウ〜ネウ〜ネと緩やかにうねりながら二〇〇メートルほど進むと、素敵な名の玩具屋「のんきや」の手前に、月極駐車場と一体化したような小道が現れる。その奥に目をやると、「古本」と書かれた看板を無事発見。う〜む、こんな所に……。胸を高鳴らせて近寄ると、味のある民家一階を改造したお店で、ちょっと割烹旅館風である。それにしても看板にある「イサド」とはなんだろうか。

小さな門から敷地内に入ると、すぐに左に雑誌ラック。さらに、すぐに開け放たれた玄関。足下は板など様々な物がスロープを形作り、靴のままで室内に入れるようになっている。玄関両脇には下駄箱のような位置づけで、一〇〇均棚が二本。雑誌の入った買い物かごも置かれている。奥に真っ直ぐ延びる廊下を見ると、行き当たるのは誰もいない帳場で、右側の手前と奥の二部屋に、古本棚がひしめいている。

木の廊下をゴトゴトギシギシ進んで、まずは第一の部屋。奥のほとんど塀しか見えないサッシ以外は、本棚が設置され、左側の押し入れ部分はぶち抜かれて奥の部屋が見えるようになっている（ここで行き来はできない）。部屋の真ん中には、背中合わせの棚が一本、ガラスケース＋背中合わせの棚がナナメに置かれている。

部屋入口右横には世界各国社会・文化が集まり、右壁棚に美術、古典芸能、山岳、天文、自然、生物、東京、郷土、思想・自然関連文庫となっている。真ん中の棚には、歴史、思想、日本文学・推理小説文庫が収まり、ガラスケースにはプレミア写真集が飾られ、さらに映画、音楽、サブカル、性愛、時代小説文庫、戦争文庫が続く。

左壁棚は飾り棚との混合で、旅、アメリカ、インカ、幻想文学、海外文学、セレクト日本文学、本関連、詩集が集まっている。部屋を出て廊下を奥へ入ると帳場前に絵本の棚とガラス戸棚があり、足音を聞きつけ奥から姿を現した鎌倉マダム風ご婦人が、

「いらっしゃいませ。ごゆっくりどうぞ」

と、ウェルカム。奥の部屋へ進むと、今までと一変する女子／ガーリー度満点のスペース！ 右側にボックス棚、奥は一面サッシで、左に本棚と押し入れ改造棚、左横は低めなラックがあり、部屋の真ん中には背中合わせの棚が一本ある。右のボックス棚には、向田邦子、吉屋信子、中原淳一、七〇年代女子本、雑貨、暮らし、ファッション、ガーリー写真集、猫、外国暮らしなど収まっている。

左横のおしゃれ生活雑誌の並ぶラックを見ながら奥へ。絵本、児童文学、絵物語が華やかに優しげに並ぶ。横には食関連で一棚。真ん中は、女性作家・女子ターゲット文庫と、大人も読める海外童話が集められている。

棚の流れがはっきりとキレイで上質な空間を形成。セレクトブックショップっぽいのだが、何となく若者っぽくない味も漂い、二部屋の対比と民家的構造が楽しいお店となっている。値段は普通～ちょい高で、税込なのか一円単位で値づけされている。二冊を選んで帳場に差し出し、気になっていたことを質問する。

「あの～〝イサド〟って、なんのことでしょうか」

「あのですね、聞いたところによりますとね、宮澤賢治の童話に出てくる言葉だそうですよ。『イサドに連れて行かんぞ』とか出てきて、楽しい所とかユートピアなんじゃないかと……言ってました。すいません～。留守番なんで、よくわからなくて」

なるほど、ということはここは「古本ユートピア」というわけか。雨の日に部屋の中の古本を楽しみ、高橋啓介『珍本古書』（カラーブックス）、『現代詩人全集 堀口大學集』（新潮文庫）を購入する。これから、逗子に来る楽しみが一つ増えたぞ。

一箱から黄金町の大きな箱へ

たけうま書房——神奈川・黄金町◉二〇一二年一二月一五日

京浜急行で、雨で白く煙った横浜方面へ向かう。島式の高架ホームに降り立つと、学生があふれ返っており、地上の改札が以前とは逆方向に移動されていた。ガード下に出て大通りを南に進む。

大岡川を渡って太田橋信号を過ぎつつワンブロック進むと、右に巨大な矩形の建物が現れる。上階が静かに聳える「末吉町四丁目公団住宅」で、一・二階に飲食店や商店が賑々しくひしめいている。どこからこの建物に入ればよいのか少し戸惑うが、通りをそのまま進んで、横浜市営バス「阪東橋バス停」前に立つ。

ここで建物方向に身体を向けると、雑然さにカムフラージュされたような、ビル内部への扉があるのを発見できる。扉を押して中に進むと、そこは飲食店のあるミニモール的な廊下。……うぉっ！　真っ黒い大きな犬が、荷物を山積みした自転車につながれたまま眠っている。可愛いがなんとアナーキーな飼い方なんだ。犬を起こさないようにそおっと通ると、右手に現れた階段下に、本日開店した古本屋さんの看板が！

◀広い階段踊り場スペースに壁、箱、箱、箱。

ドキドキしながら階段を上がると、上は吹き抜け状で、踊り場を経由して右に広々とした二階が展開する！　昔の映画館のような、心躍るアプローチである。階段を上がり切ると、目の前に広く白く開けっぴろげなお店が、ピカピカと輝いていた。「一箱古本市」で勇名を馳せていた〈たけうま書房〉さんが、ついにビル内の巨大な箱にお店を開いたのである！

広い通路と室内は素通しのボックス棚で仕切られ、通路側の所々に一〇〇均単行本が並べられている。店内に入ってその裏側を見ると、細野晴臣、赤瀬川原平、音楽、ギター、写真、サブカル、ビートニクス、アート、映画、『宝島』などが並び、さらに〈ちのり文庫〉〈mondobooks〉の棚が造られている。おぉ、早速棚貸しもしているのか。

フロア中央にはアンティークな机が置かれ、アート、絵本などのビジュアル本が飾られているが、今はオープニングパーティーの軽食置き場となっている。右奥にポツンとある帳場で、たけうま夫妻に「来たっ！」などと言われつつもご挨拶する。ご両親も駆けつけており、ホンワカと家族愛が漂っているのが微笑ましい。今思えば、たけうまさんと初めて言葉を交わしたのは、同じ黄金町の〈試聴室〉であった。そんな薄い関連をも嬉しく思いつつ、左壁に長～く張りつく本棚をじっくり見ていく。

棚は小さく細かく分かれ、風俗、アングラ、日本文学セレクト文庫、新書、『現代思想』、テレビ、ゲーム、詩集、日本文学、七〇年代文学、幻想文学、小林信彦、川本三郎、田中小実昌、小沢昭一、大衆芸能、美術、映画、ジャズ、音楽、絵本、暮し、ファッションなどがドバドバと。こちらも合間に棚貸し部分があり、〈文庫善哉〉、またもや〈mondobooks〉、そして情報屋〈やまがら文庫〉が個性的な並びを展開している。

現状ではこの左壁面がメインで、まだまだプレオープンな感じは否めない。しかし棚構成には、すでにこだわりの刃がギラリと込められている。映画と音楽が一歩リードしているが、棚が増えたらまだまだ何か出てきそうな気配がある。値段は安め～普通。

帳場で精算をお願いすると、開店祝いのお赤飯と日本酒（ワインもあり）を振る舞われる。美味しくいただきながら、お店に来ていた〈やまがら文庫〉さんも交え、しばし立ち話。話しながらも、お赤飯をモッキュモッキュと噛み締める。今日をスタートとして、段々と充実していかれるそうなので、古本屋さんがどのような道のりで進化成長していくのか気になる方には、要定点観測なお店であるといえよう。私も観測していきます。開店おめでとうございます！

田中小実昌『コミさんの二日酔いノート』（旺文社文庫）、種村季弘『偽書作家列伝』（学研M文庫）、田中文雄『神（ゴジラ）を放った男』（キネマ旬報社）を購入。

黒犬に挨拶をしてビルの外に出る。ちょっとひどくなった雨の中を、関内方面に移動しながら、古本屋さんを渡り歩いていく。ちょこちょこ買いながら根岸線の高架を潜って、最後は〈中島古書店〉へ。舟越保武『大きな時計』（すえもりブックス）、『久生十蘭短篇集』（岩波文庫）を一〇五〇円で買いながら、ここでも色々お話しする。そして店内に鎮座していた第一書房の詩集二冊に感動しながらも、いつの間にか頭では違うことを思いついていた。「関内～黄金町古本屋ライン」の中に、二階の古本屋さんが四店もあるんだなと。〈たけうま書房〉〈中島古書店〉、そして〈田辺書店〉と〈誠文堂書店〉である。この辺りに来たら二階を見上げてみよう！　そうすればそこには古本屋さんが！

▲ビル内の廊下で自転車につながれ眠っている犬！アナーキー＆プリティー！

「あなたの識語で古本屋になりました」

古書ウサギノフクシュウ──神奈川・鎌倉◉二〇一四年六月二〇日

湘南新宿ラインで滑り込んだホームに降り立ち、すぐに階段には向かわずに、西側に目を凝らしてウロウロと歩き回る。想像では線路のすぐ向こうに、新しくできたお店が見えるはずだったのだが……。頭上ではトンビが低空を、風に乗ってクルクルと旋回している。

西口に出ると、平日なのにおそろしいほどの人波。それを避けてロータリーには近づかずに、線路際へと進む駅舎脇の北の小道に入り込む。喧噪は一瞬のうちに遠退き、自転車置場と緑のある地元的裏道となる。そのまま北に歩き、左手にもはや格式があるんだかないんだかわからぬ風情のホテルニューカマクラを見たら、二、三階建ての建物が並び始める。その内のビル一階の漆器屋などが入った端に、細い縦格子のドアがひっそりとあった。

見上げると洋風袖看板に「古書」とある。視線を落とすと「古本屋さんがOPENしました」という立看板。変わった勇気ある店名である。いささか気づき難く入り難

くもあるドアを開けると、狭い急階段が待っている。二階の廊下にはガラス窓鉄枠のドアが二枚並ぶ。手前がごはん屋さんで、奥が目指す古本屋さんである。

重いドアを開けてワンルーム的店内に滑り込むと、文学的シブヤ系な青年が「いらっしゃいませ」。縦長白壁のシンプルなお店は廊下から続く板張りで、左壁にこれもシンプルな六段の棚を擁し、奥壁には棚が続くと共に帳場が置かれている。右側には大きな机がひとつあり、壁面はミニギャラリーとして使われ、現在は写真が飾られている。机上にはデザイン性の高いショップカードと共に、洋書絵本や石津謙介が飾られている。

壁棚には、児童文学、猫、旅、食、ファッション、絵本、雑誌、七〇年代カルチャー、植草甚一、クラフトエヴィング商會、堀江敏幸、フランス、パリ、音楽、アメリカ、ニューヨーク、幻想文学、セレクト文庫、哲学、詩集、建築、村上春樹、海外文学、ブローディガン、ディラン、古本、中上健次が並ぶ。店主の思考と嗜好が、純度高く顕現しているようなセレクト棚である。

ハイブロウに男子と女子の両面を近づけ混合中で、値段はしっかりめ。棚の上がまだ空いているので、蔵書数を増やしても強固な純度を保っていくのか、それとも純

度を低めて柔軟に裾野を広げるのか、今後の鎌倉の古本屋さんとしての変化が楽しみである。

海野弘『モダン・シティふたたび　1920年代の大阪へ』(創元社)を購入したところで、あっけなく正体を看破される。それもそのはず、店主は二〇一三年の「第七五回西荻ブックマーク」でのトークを聴かれていたとのこと。しかもそこで買った単行本『古本屋ツアー・イン・ジャパン』の識語に「古本屋さんになってください!」と書かれていたため、「よし、なってやろう!」と古本屋さんになったのだと、おそるべきことを告白された。

そんなバカなことが!　まるで格闘家・須藤元気が、トイレに入った時に便器の上に、「一歩前へ」と書いてあったので、「よし、人生を、一歩前へ出よう!」と格闘家を辞め、アーティストに転身したような閃きの決意ではないか。驚愕し恐縮!　嬉しいことだが、激しく責任を感じてしまう。いやもうこうなったら、この線路際の隠れ家のような古本屋さんを、喜んで応援させていただきます。開店おめでとうございます!　なんだか仲人でも務めたかのようなお祝い気分になり、お店を後にしたのでした。

茅ヶ崎で古本の夢をひとつ叶えてしまう

ちがりん書店――神奈川・茅ヶ崎◉二〇一四年六月一日

昨晩、酔っ払いながら大映映画『七つの顔』を鑑賞していたら、ヒロインの轟由起子が事件に巻き込まれ、解放されて入院しているところに、片岡千恵蔵演じる冴えない探偵・多羅尾伴内が、フラッと現れる。そこで交わされた会話に、

「あなたは、探偵小説を愛読しますか?　ホームズ、ルコック、ソーンダイク博士、チャーリー・チャン、フィロ・ヴァンス、クィーン……」

「あら、ルパンが欠けてますわ」

うぉ!　一九四六年に、片岡千恵蔵がこんなセリフを喋っていたとは。思わず、酔眼をカッと見開き、背筋をピッと正してしまう。

明けて本日、蒸し暑くピーカンの空の下で立っていたのは、向かいに使われぬホームのある相模線の厚木駅。ここから畑とヤードばかりの郊外風景を南下して、潮っぽい空気の終点・茅ヶ崎駅にたどりつく。南口ロータリー

東側に出て、モザイクタイルを蹴りつけて、ほぼ線路沿いに東に歩いていく。ちょっとした商店街を抜けて、荒涼とした元パチンコ屋の前を過ぎ、コンビニを過ぎ、平屋のお洒落カフェ・酒場横の脇道を北に入ると、線路際に一棟の黄色いマンションが建っている。

　奥の入口に回り込み、サザエのような胎内に入り込むと、エントランスに古本屋さんの小さな看板を発見。勇気づけられて二階に進めば、足下に新たな小さい看板が現れ、暗い廊下の先にある行政書士事務所を指し示していた。ここはＮＰＯ法人が、行政書士事務所の一角を、水曜と日曜の週二回借り受け、寄贈された古本を販売している、変わったお店なのである。暗い廊下に飛び込み、勇気を出してサッシ扉のノブに手を掛ける。そこは八畳ほどの簡素な空間で、四方の壁際にそこそこ本棚が置かれ、中央に大きなテーブルと丸テーブルが置かれている。そこには、洋書を読みふける富野由悠季的紳士が腰掛けていた。

「いらっしゃい。ここに並んでいるのは全部一〇〇円ですから、好きなだけたくさん持っていってください」

　と、けれん味なく素直に大きく出られてしまう。面食らいつつ、

「一〇〇円ですかっ？」

　と、声を高くして慌て、並ぶ本に視線を向ける。するとそこには、予想外の古書の波！　これは、すごく幸せなことになるかもしれん！　と、頭に血を上らせ、茶色になった背を厳しくチェックしていく。古書（政治・ジャーナリズム・文学・スポーツ・郷土など）、大判美術書、絵本、文学復刻本、『シナリオ』、レコード、文庫少々、雑誌、和本、児童文学、講談社世界名作全集が、ある程度のまとまりを持ちつつ並んでいる。壁にはセロハン袋に入った古い地図や紙物も多数飾られている。

　それにしても、こんなにも古書が多いのは、ちょっと

した奇跡じゃないか！　そんなふうに大いに興奮し、紙物と合わせてあっという間に一四冊を、掻き集めるようにして丸テーブルに差し出す。すると、

「一冊一〇〇円だよ。いくらになる？」

と、精算は自己申告方式。目の前で一冊二冊と数え、合計一四〇〇円であることを告げる。代金を支払い、いただいた袋に本を詰めていく。

「ここにあるのはね、ブックオフで値がつかなかったものなの。処分するのはもったいないから、読む人に渡そうと思って始めたんだよ。だから値段も一〇〇円！」

その大英断に惜しみない万雷の拍手を！　いや、だからこそ、とてつもなく掘り出し甲斐のあるお店になっているのだ。仕入れるがごとく、剝ぎ取るように、際限なく買ってしまいそうになるのが、われながらおそろしい。

苅田・白木・大下共著『プロ野球放談』（京北書房）、利根水源探険隊『處女地征服　大利根水源紀行』（精華堂書店）、小牧近江『フィリップ物語』（山の木書店）、西條八十『民謡の旅』（書き出しが、「短い夏の夜の夢を、朝七時二十分、北陸線津幡の乗り換へで破られた私は、白砂の松林を……」と誠にハードボイルドな文章となっている。西條センセイ！　朝日新聞社）、『うちゅうのひみつ』（学研）、乾信一郎『コント横丁』（代々木書店）（背補修）、内田百閒作・谷中安規画『王様の背中』（ほるぷ出版）、『廿一大覺記者傳』（大阪朝日新聞社）、『武藏野話』（武藏野話刊行會）、"Concordia & Culture in Manchukuo"（MANCHURIA DAILY NEWS、一九三八年刊の満州グラビア洋書！）、『哈爾濱』（滿鐵鐵道総局）、他地図二点に復刻雑誌附録一点。全部まとめてどひゃっほう！

▶古書古書古書！　それに戦前の地図！

◉二〇一四年七月六日

今や古本屋さんが激減してしまった小田急江ノ島線沿線には、古本と化した在庫が棚に並ぶ街の本屋さんが二軒あるという。そんなコメントタレコミに心を動かされ、小田急線で神奈川県の中央部に切り込んでいく。

南林間駅西口に出ると、モニュメントである銀の林があるロータリーで、北側の昭和な景色がうずくまる方面に足を向け、カクカク曲がって線路際に出る。すると先の踏切手前に、これも昭和過ぎる街の本屋さん〈柏文堂書店〉がしっかりと営業中。むぅ、面構えは古本屋さん的で非常に好ましいが、並んでいる雑誌類はもちろん新刊なのである。

店内は古い什器が三列の通路を生み出し、主にガイド、

実用、雑誌、文庫、コミック、アダルトを並べている。なんとなく古本的気配のある右端通路の奥に到ると、壁棚に茶色に変色した岩波新書が二段、教育関連に南伸坊と立原正秋を交ぜた二段が存在していた。

本は古びて焼けている。せっかくなので何か買いたいところだが、定価販売なのか値引き販売なのかはわからない。欲しい本ならまだしも、仕方なく買う本が定価なのは何か釈然としない。ということで妥協案として新刊の集英社文庫『谷崎潤一郎犯罪小説集』を購入し、お茶を濁す。美声の老店主に精算していただく。

再び江ノ島線に乗り込み、六会日大前駅で降りて、次のお店をテクテク目指したが、残念なことにお休みであった。う……、う……、突然心の中に、古本を見たい触りたい囲まれたい欲求が、モキュモキュと膨れ上がってしまう。どうすればこの狂暴な欲望を鎮められるのか。そうか、今日は日曜だ。ならば〈ちがりん書店〉が営業しているはずだ、と茅ヶ崎駅に急行。線路際の静かなお店に入ると、今日はうら若き女性が店番をしてるじゃないか。居住まいを正して棚に注目すると、やっぱり古い本が多めで、早速初恋のように、ときめいてしまう。

前回来た時よりは、多少落ち着いた感のある並びだが、

それでも見るべきところは多い。順調に本を抱え込んでいく。すると、おぅうわぁ〜っ！　長年探し求めていた児童文学創作シリーズの佐藤暁『だれも知らない小さな国』（講談社）があるじゃないかっ！　佐藤さとるの漢字名時代のメジャーデビュー作で昭和三九年重版である。ちゃんと美しい函もついている。

表面上はあくまでクールに、心中はギャアギャア喚き散らしながら、そっと腕に抱え込む。以前、静岡〈水曜文庫〉で状態の悪い函なし本は手に入れていたのだが、ついに、ついに念願が叶ってしまった。〈ちがりん書店〉よ、ありがとう！

そしてその他に、堀口大學訳『毛蟲の舞踏會』（札幌青磁社）、木村毅『明治建設』（読売展望社）、石森章太郎『まんが研究会』（小学館マンガくんコミックス）、斎藤守弘（肩書きが「前衛科学評論家」って……）『なぞ怪奇　超科学ミステリー』（学研ジュニアチャンピオンコース）も合わせ、計五〇〇〇円で購入する。

函絵の美しくはかない水色。椿の鮮やかな赤。名探偵カッレくんに匹敵する少年の伸びやかな肢体。若菜珪のイラストワークは、本文挿絵も含めエクセレント！　そして正真正銘、どひゃっほう本である。［▼休業中］

週末だけの一〇〇均ひゃっほう

古書店　楽々堂――神奈川・鴨宮◉二〇一五年一月一〇日

青春18きっぷのラストで、東海道線に乗り込む。神奈川県の湾岸沿いを流れ落ちるように進み、湘南や別荘地帯を駆け抜け、小田原の一歩手前で下車する。

駅の周囲には低層の住宅が建ち並び、南には西湘バイパス越しの相模湾のきらめきがチラリと見え、北と西に迫りくる丹沢山系の勇姿を望む。

北口に出ると小さなロータリーで、そこから雰囲気は古いが現役な鴨宮北口商店街を北進する。途中に、横尾忠則が喜びそうなY字路が見事に向かい合ったX型の部分が現れるので、そのまま北へ東寄りの道を選び、殺風景な東海道新幹線高架にぶつかったらそれをなぞるように一直線に北東へ進む。

やがて車通りの多い「巡礼街道」の菊川ガード下信号に出る。街道を松の木の生えた美濃里橋交差点まで東に進み、橋は渡らず酒匂堰《さかわぜき》の左岸を北に進んで高架を潜り、後はひたすらまっしぐらに行くと、駅から約一・五キロ

メートル、左側に「本・CD・DVD」「古本市」などの幟を翻す、広い敷地が現れる。

奥を見ると倉庫然とした巨大な建物があり、その中央の一部が、小さな古本屋さんとしてシャッターを遠慮がちに開けていた。ここは、本体の買取専門店〈ネットショップGAKU〉が倉庫の一角を利用して、週末だけ開けている一〇〇均のお店なのである。存在だけでもはや嬉しい、ひゃっほうなお店。もしかしたら、何か出物が「しれっ」と並んでいるかもしれない。いつものようにそんな都合のよい期待に勝手に震え、ちょっと薄暗くうすら寒い、棚で仕切られ造られた八畳ほどの空間に潜り込む。

すると目に入った貼紙により、ここが無人販売店であることを知る。入ってすぐ右に文庫棚があり、下には廉価コミックの列。そして奥の下部に、無人店の要である料金箱が取りつけられている。左にはムック・雑誌ラックがあり、裏には同様に一〇〇均のCD棚が立っている。

中に進むと左にフロアが広がっており、正面の五本の棚には旅・ガイド、児童文学、実用、ミステリ・エンタ

メが収まり、下には括られた安値の全集やお香が端然と並ぶ。フロア中央には、コミック、辞書、写真集、DVD、VHSを並べた棚やラック、入口側にはCD棚、絵本、パンフ類、ムック、図録の並ぶ大型ラックがある。

そして左壁は、嬉しい「古書、なつかし本」棚となっている。ここまでキレイで新しめの本が多かったのが、まるで嘘のように茶色く長い時を潜り抜けてきた本ばかりを揃えている。美術、詩集、復刻、児童文学、野球、日本文学、仙花紙本、学術書、文化、ハヤカワポケSF、政治・社会など、少し硬めな傾向である。だが、おぉ一〇〇円、と貪るように本を積み重ねていく。

藤沢桓夫『誰も知らない』（ロマン・ブックス／大日本雄弁会講談社）、ヴァレリー『詩學敍説』（小山書店）、『現代婦人手藝全集 欧風刺繍篇』（三瀬商店）、関保義編『ポケット続冗談辞典』（荒地出版社）、コナン・ドイル『六つのナポレオン像』（学研）、大町桂月『筆の雫』（文禄堂書店）、『サンえかきうたテレビえほん バビル2世』（サン企画）、デニス・ホイートリー『マイアミ沖殺人事件』（中央公論社）、『明治・大正・昭和 日本の作家一〇〇人』（文藝春秋）。

そして本日一番の獲物は、大阪の出版社、巧人社の松山敏訳『ヴェルレームの詩』。函から本を抜き出すと、表紙に立体的なレリーフ装が施されているのだ。その立派な存在感は、まるで映画『死霊のはらわた』のネクロノミコンのようである！ おまけに「ヴェルレーム」が誰のことかと思えば、ポール・ヴェルレーヌのことなのである。扉や本文は「ヴェルレーヌ」なので、函や表紙の「ヴェルレーム」はやはり誤植なのでは……。以上でぴったり一〇〇〇円。定点観測をしなければならぬお店が、また新たに出現してしまった。

▼ヴェルレームかヴェルレーヌか、それが問題だ。

せっかくなので小田原まで出て、コインロッカーに本を預けて〈高野書店〉。郷土色が増した小さな店内を一周し、服部博『トーマス栗原』（夢工房）を七〇〇円で購入する。続いて〈お濠端古書店〉にも足を延ばすが、電光掲示板はキラキラしているのにシャッターダウン。しばらく入れていないので非常に残念である。

その憂さを晴らすために守谷製パン店に急行して甘食を買おうとするが、まだ午後二時なのにもう売り切れだった。悄然として、代わりにおはぎのような形状のピーナッツとレーズンのクッキーを買うことにする。帰りの電車でむしゃぶりついてみると、ザクザクポロポロで、これがちゃんと美味しいのであった。

三条一帯に古本をジャカジャカ供給してください

古書　真昼造船――新潟・北三条◉二〇一〇年二月二二日

今日は気ままに上越新幹線で北へ。未踏の古本屋さんを残す長岡を通り越し、次の燕三条にて下車。ここから弥彦線に乗り換えて一駅、のはずなのだが、次の電車が来るのは五〇分後だった。とても待ってはいられない。走るか。乗車時間が三分ほどなので、二～三キロメートルといったとこだろう。という訳で、私は新潟の大地をタッタカタッタカひた走る。

路面は、なぜだか赤く錆色に染まり、遥か東にはまだ雪を被った山々が聳え立っている。幹線道路から川を越え、建物も赤茶が多い市街地に入り、巡り会えた弥彦線の高架下を疾走。およそ二〇分ほどで、小さな北三条駅に到着。激しく消耗し、汗だくになる。

駅前から北三条駅通りをまずは南に下る。古い建物が並び建つ、かなり渋い雪国の街並である。三〇〇メートルほど進むと信号があり、歩道に屋根の架かる陰鬱な商店街が現れる。ここを東に進んでいくのだが、ほとんど

のお店がシャッターを閉ざし、開いているお店も妙に古い。スゴイとしかいいようがない。途中にある閉店した巨大スーパーも、壮絶で素敵である。

縦横に街中に伸びる小路たちは、それぞれちゃんと名前を持っており、風情ある姿で人を誘惑している。本町二・三丁目交差点を過ぎ、さらに東へ。目の前に五十嵐川を渡る昭栄大橋の陸橋部分が現れると、歩道の屋根は姿を消した。陸橋を潜ると道は北東に一時進路を変えて、すぐに交差点。東側の信号の向こうでは、再び歩道に屋根が出現。そこには足を踏み入れず、「かどいち」と壁に縦書きされた建物脇から北に進むと、右手奥の木造三階建て一階に、爽やかで若くオシャレな息吹を感じ取る。上階はブリキ板の外壁なのだが、一階はピカピカガラス張りのアンバランス。暗いが営業しているのだろうか。おそるおそる近づくと、ガラスの扉は全開となっていた。えぇい、とにかく入ってしまえ、とオシャレ空間に飛び込むと、すぐに奥からジャケットを羽織ったセミフォーマル的な青年が現れた。

「いらっしゃいませ。ゆっくりご覧ください」

「あ、お邪魔します」

「ただ今電灯を消しておりますが、今点けますね」

「あ、このままでも大丈夫ですよ」

「ありがとうございます」

結局電灯はペカペカっと点灯。店内はガラスと白と木の本棚で構成されている。入口右側には木の細長いテーブルがあり、その奥にさらに大きなテーブルが鎮座。右壁沿いにはアップライトピアノが置かれている。

右壁真ん中からは八列×六段の木製棚が突き出し、その裏にはガラスケースと壁棚あり。入口左横には椅子も備えた机が置かれ、その横にラックとフレームワゴンが一台ずつ。左壁は三段の造りつけの棚が、三つ設置されている。その下には小さな棚や小ベンチの姿。

奥は長いカウンター・帳場になっており、背後にも壁棚が設置されている。額の汗を拭って落ち着いたところで、本を見始める。テーブル上には、セレクトされた翻訳絵本が面出しされ並んでいる。八×六のボックス棚は、セレクトコミック、海外文学、コミック評論、思想、山本夏彦、山口瞳、野坂昭如、食、吉行淳之介、ちくま文庫、中公文庫、旅などが、細かく少し把握し難く並ぶ。下には空きスペースあり。裏側もしっかり棚として機能しており、内田百閒、日本文学、荒俣宏、三〇〇均『広告批評』、海外幻想文学。ガラスケースには、ブローディガン、サンリオ文庫が飾られている。右壁棚には、美術図録、写真集、荒木経惟、美術、デザイン、カルチャー雑誌、音楽、映画、テレビが収まっている。

入口左横にはラックにもフレームワゴンにも雑誌が置かれている。壁棚の並びはこれまた把握し難く自由奔放で、サブカル、猫、日本文学、吉田戦車、若手日本文学、コミック、古本、書店、出版、セレクトラノベ、思想、社会、女流作家、暮らし、エッセイと、ジワジワ滲みながら並んでいく。下には一〇〇均文庫・単行本・雑誌棚や、絵本群あり。

カウンターの背後には、児童文学、文庫、海外文学が並んでいる。古い本はあまりなく、現代のカルチャーを中心に構成されている。そこから過去に向かって触手を伸ばしているようで、文化的若々しさ現在進行形なお店なのである。値段はちょい安〜普通で、ビニール梱包本以外は、スリップのように本から値段札が飛び出している。二冊を手に帳場前に立つと、青年は本を見ながら、

「一條裕子さん……」

「えっ？」

「お好きなんですか？」

「いえ、これが評判いいんで前から読んでみたくて」

「そうですか〜面白いですよ〜。今三巻まで出ていて、私も二巻まで読んでいます」

「新刊で買おうと思ってたんですが、見つけてしまったもので……」

「いや、これは新刊じゃそうは売ってないですよ。ほとんどのお店でIKKI COMIXは見かけませんよ」

「えっ、そうですか？」（……ハッ！　そうか、この辺りではマニアックな本は、注文しない限りあまり入荷しないのかも。東京とはずいぶん事情が異なるようだ……、と会話の途中で気づく）

「これを機にぜひとも三巻まで追っかけてください」

むぅ、燕三条辺りの書店は、やはり大型店舗が基本となっているようで、その入荷は広く浅くということになるのだろう。ならばこのお店のように、新しく狭く深いお店は、必ず必要とする若者がいるはずである。

赤い大地でこれからも、入手し難いマニアックな古本を、三条一帯にジャカジャカ流し込んでください。あ、今回はエールとは裏腹に東京に持ち帰ってしまいました……すみません。内田百閒・一條裕子『阿房列車1号』IKKI COMIX（小学館）、難波功士『創刊の社会史』（ちくま新書）を購入。

小鳥のような雪岱本がわが手に飛び込んできた

英進堂ふるほん座――新潟・新津◉二〇一四年一二月二九日

午前六時前に家を出て、今日は青春18きっぷで初乗りの区間に怖々向かう。色々乗り継ぎ、午前九時半の水上駅は、もう先に進むことが不安でいっぱいの、上越線未知の領域なのである。

線路の先には高い絶壁しか見えず、車内は意外にも混み合っており、車内検札で18きっぷを出す鉄道ファンが多いのに目を丸くする。辺りはすでに雪景色で、つららも下がる峻険な山肌の底を、列車が走り抜けていく。

小さな集落をつなぐように、「積もる」というより「載っている」という感じの重そうな雪の中を、力強く疾走する。やがて山間を抜けて平野部に脱出すると、積雪は次第に薄く斑になり、濡れた灰色の街が剝き出しになっていく。水上から三時間弱で長岡駅に着いた。次の電車まで五〇分の空白があるので、街に飛び出し古本屋さんに向かってみる。小雨の中を早足で移動し、今にも開きそうだが店内は暗いままの〈雑本堂古書店〉に肩を落とす。

続いてタッタカ踏切際まで移動し、〈有楽堂〉へ。

石油ファンヒーターの暖かさが身にしみる、小さな店内を時間に追われながら探索。野呂邦暢『草のつるぎ』（文藝春秋）、樹下太郎『颯爽』（報知新聞社）、博文館講談雑誌新年號附録『戀と劔・讀切傑作小説集』（チャンバラ小説と現代恋愛小説が交互に登場する変な本）を計八〇〇円で購入し、余裕を持って駅に戻る。

さらに上越線で残り一時間強を走破して、怒濤の八時間をかけて新潟駅にたどり着いた。スゴいぞ！　普通列車ばかりでも、日本海側に出られるんだ！　と妙に浮かれて、ちょっと強くなった雨の中を歩き出す。しかし歩き詰めて探し当てた、素晴らしいロケーションのお店は、なんと「12月〜1月」は通常の定休日に月曜日がプラスされてしまっていた……ギャーッ！　要再訪＆調査！

結局濡れ鼠になって、這々の体で駅まで戻り、駅前の〈古本小屋〉が消滅していることも知り、打ちひしがれて駅頭に立ち尽くす。

「もう、このまま帰ってしまおうか。一応古本も買ってることだし」……そんな弱い自分が頭をもたげてくるのだが、せっかく八時間もかけて来たのだから、やはりお店はどうにかしてツアーして行きたい……とここで、夏葉社「本屋図鑑」に載っていた、古本も売っている新刊書店があったことを思い出す。よし、時間はかなりギリギリいっぱいだが、チャレンジする価値はあるぞ。そう決心して、上越線上りに、ドキドキしながら飛び乗った。

新津駅西口を出ると、ロータリーの向こうには、低層の静かな住宅街が、大きく広がっている。冷たい空気を吸い込みながら、駅前通りを西に三〇〇メートルほど行く。信号で南に折れて、小さな完全に護岸された川沿いに歩いて行くと、五〇〇メートルほどで「山谷交差点」。ガスタンクや工場を見ながらさらに道なりに進むと、巨大過ぎる秋葉区役所が現れる。
その先の、車が次々と吸い込まれ吐き出される、二つの郊外型ショッピングタウンに挟まれた通りを西に入り、次の信号で再び南へ。やがて右手に現れた「タウン403」の一角に、巨大な箱型の〈本の店 英進堂〉が建っていた。流れ込む車と共に敷地内に入ると、奥には〈ブックオフ〉もある、こちらもショッピングタウン。お店の正面に回り込むと、大きなガラス窓に取扱品目やメッセージが大きく書かれているのだが、「絵本」「鉄道」などとともに、同列で大きく「高野文子」とあるのに度肝を抜かれる。

そうか、ここは彼女の出身地なのか。いや、それにしてもスゲェ！　クレージーだ！　思わずワハハと笑ってしまう。そして入口空間に進むと、中古レコード群と共に、一〇〇均の漫画雑誌箱が置かれている。新刊書店なのにアナーキーだな。おそろしくだだっ広い店内を見回し、新刊の海に潜む古本の影を探す。するとレジの左横に「古書あります」の看板が掲げられた二〇〇均文庫巨大ラックがあり、さらに横にはラノベやコミックのセットも置かれている。文庫は旅や遠藤周作、小沢昭一、井上靖、吉行淳之介などが目立っている。……まさかこれだけなのか。とりあえず一冊つかんで店内をさらに徘徊する。すると左奥の壁際に中古レコード島があるので、その辺りが怪しいと睨み、最奥の通路へ近づく。奥にたどりついて通路を覗き込むと、レジ側の本棚一島と、さらに隣の端っこの一本が古本で埋め尽くされていた。

これは壮観ではないか。多少興奮しながら本を手にして行くと、棚を造っているのは大形の〈ブックス・バザール〉であることが判明する。道理で妙に古い本が多いわけだ。そして期待できるぞ。講談社文芸文庫、岩波文庫、絶版文庫、田中小実昌、日本文学、映画、美術、歴史、思想などが、意味ありげに煽るように並び続ける。少しずつ本を確保していくが、通路を挟んだ日本近代文学、純文学、文芸評論、近代思想、海外近代文学、探偵小説の茶色い古書棚にたどりつき、あたふたしてしまう。どれも背文字が読み難いので、丁寧に引き出し一冊残らず確認していく。値段はしっかりめだが、相場より安いものや、隙も大いに見られるので、見ていてワクワクと楽しい。レジ横の文庫一冊と合わせ、ここでは安売りの三冊を選んでレジにて精算。岡本嗣郎『孤高の棋士』（集英社文庫）、田中小実昌『また一日』（文化出版局）、竹森一男『下町立志伝』（光風社）、そして本日一番嬉しかったのは、里見弴『山手暮色』（春陽堂）。函ナシ、裏の見返し切れだが小村雪岱装釘本で八〇〇円！

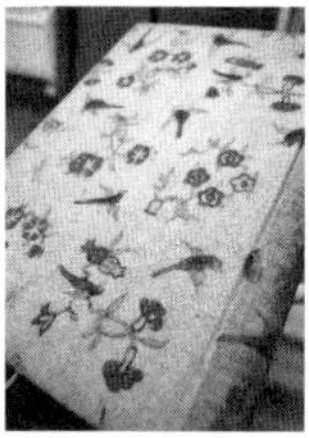
▶可愛く美しく艶やかな雪岱本

小鳥と朝顔に彩られた表紙布、見返しの紙の色ではなく白い紙に塗られた赤色の鮮やかさ、扉絵の震えるような瀟洒さ。そして見返しには下北沢〈白樺書院〉の古い古書店シール。新潟に苦労してたどりついた末に、わが手に小鳥のような雪岱本が飛び込んでくるとは。

あのまま帰らなくて本当によかった。しかし浮かれている場合ではないのだ。表ではすでに夜がグングン迫ってきている。これから心は急いていても、電車はゆっくりガタゴト、山を越えて帰らなければ……。

【古本の隙間に――04】

古本紳士からの贈り物

ヒラヒラと雪が舞い散るある日のこと〈盛林堂書房〉で店主から、未知の方からの預かり物をそっと渡され、雪の中を家へと戻る。その預かり物……いや私への贈り物は、使用済みの封筒に詰め込まれた、さまざまな判型の小冊子類だった。うわっ！　これ、全部古書店地図じゃないか！　しかも見たことのない、各地の支部や組合が発行した簡素な造りの物ばかり！ ひょ〜ぅ。

　表紙の取れてしまった西東京電車路線別の地図（年代不明だが、ページ下の無記名「古本屋ひとくちメモ」という蘊蓄が華麗に面白い）、『東京南部地区 古書店地図帖』（一九九八）、『かながわ古書店地図帖』（一九九三）、『世田谷 小田急・京王沿線 ［ふるほんマップ］』（一九九五・一九九六）、『中央線古書店地図』（二〇〇四）、『埼玉県古書店地図』（一九九四）、『群馬県古書店地図』（二〇〇二）、『みやぎ古書店地図』（一九九八）、『北海道古書店ガイドマップ』（一九九八）、『古書マップ 愛知・岐阜・三重』（一九九七）、『京都古書店巡り』（一九九六）、『大阪古書店案内』（一九九八）……。これはスゴい！ 一九八八〜二〇〇四年の古本屋業界を窺える貴重な資料である。

　埼玉と京都の本は店舗の外観や店主の写真も掲載されており、その微妙に古い写真群が探究心にビシバシ鞭を振るう。ページを捲り続けると、現存する古本屋さんと、すでに退場した古本屋さんの共存した地図が、夢のような世界を出現させているではないか。しかしこれは、かつて本当にあった光景なのだ。たった一〇年や二〇年ほど前のことなのに、激変ぶりは凄まじい。

　地図には細かく定休日や営業時間帯や閉店情報や気になった本、訪問日などが書き込まれている。地図のへたり具合と合わせ、これを使っていた方が日々足繁く古本屋さんを訪ね歩いたことが、ジワジワと伝わってくる。

　同封されていた手紙を読むと、この贈り物をくれた方はなんと古稀を迎えた「古本紳士」であった。当ブログを読まれており、今も元気に古本屋巡りをしているとのこと。感謝感激し、喜んで拝受させていただく。

［二〇一三年二月一九日］

富山湾で古本屋蜃気楼を見る

典誠堂書店——富山・電鉄石田◉二〇一三年七月三日

来週はバタバタ忙しくなりそうなので、昨日受け取った〈古本ナイアガラ〉での売り上げを懐にねじ込み、やや後ろめたく平日に遠出する。ところがまるで罰が当たったかのように、中央線は遅れ、上越新幹線の車内に一時間缶詰にされ、特急はくたかは遅れに遅れ、と、まるで不運のドミノ倒しである。

車内で気分をドロドロ腐らせながらも、当初の予定を大幅に組み直して、まずは蜃気楼と埋没林の街・魚津に午後二時に降り立つ。険しい立山連峰は黒雲に隠れ気味で、海辺の白い街では熱気と湿気がタッグを組み、ドロリとした空気を充満させている。まずは電鉄魚津駅近くにある〈桑山書店〉の調査に向かう。

しかしそこにあったのは、雄大な山系を背後にし、悠々とシャッターを下ろした古本屋さんの姿であった。シャッターの縁にはブロックが数個置かれ、がたつかぬよう押さえつけられている……つまり営業していない雰囲気満点である。

そしてとても不安になる。目指すもう一軒が開いていなかったら、私はただ「古本屋蜃気楼」を見に来ただけに終わってしまう！　ドキドキしながら駅へと戻り、富山地方鉄道、略称「地鉄」電車のシートに腰を下ろす。

レールを激しく軋ませながら、八分で電鉄石田駅に到着する。古く小さな駅舎は木造モルタルだが、表から見ると三角屋根と三連の縦長スリット窓を持ち、車寄せと柱がタイルで化粧された昭和モダンなスタイル。魂がプルッと震えてしまう。ロータリーは灰色で箱庭のように小さく、短く荒涼とした駅前通りが西へと延びる。

そこに数歩踏み入ると、左手に割と大きな住宅兼店舗の古本屋さんが出現する。お願いだ、やっていてくれ！　左には古いミッフィーと川崎のぼる『てんとう虫の歌』のイラストが入った、黄色い「小学館の学習雑誌」看板が掛かり、右の軒下に「古書籍全般売買　新刊書籍　雑誌」とある店名看板が下がる。

中は薄暗いが、サッシ扉に手をかけると、軽くカラリと開いてくれた。しかし誰もいないので、「すいませ〜ん」と声を上げてみる。するとすぐに左奥にあるガラス戸が開き、ご婦人がダラッと姿を現した。

「ハイ、なんでしょう？」

「あの、お店はやってますか？」

「やってますよ」

「では見させていただきます」

「どうぞ」と電気を点けてくれた。ちょっとご婦人が面倒くさがってるような感じなので、素早く手早く見ることにしよう。お店は横長で、右半分は壁棚に囲まれ、フロアにはちょっと背の低い木製平台付き棚と、大きなこれも木製の旧式な平台が置かれている。通路にはダンボール箱がいくつも置かれ、主に文庫が詰められている。

左半分には板の間が広がり、そこには横積み本タワーと額装浮世絵がひしめいている。奥壁と左壁の一部に本棚、入口左横には和本の入ったガラスケースと本棚が置かれている。入口右横には一〇〇均文庫。素早く見ているつもりなのだが、古めの文庫と八〇年代ソノラマ・コバルト文庫がそのスピードを次第に鈍らせる。

さらに七〇〜八〇年代コミックが続き、そのまま右壁にも。フロア平台には、雑誌、児童書、ビジュアルムックが置かれ、フロア棚には色褪せたノベルスがズラズラと並ぶ。右壁奥には文学全集が集まり、奥壁には児童文学、児童書、ノベルス、実用ノベルス、日本文学・大衆文学、社会、学術、辞書、歴史、文学評論と続く。

向かいには学術本を中心にしながらも、所々に日本文学や児童文学、実用などがチラホラ。左半分の板の間ゾーンは、壁棚に富山、立山、黒部、魚津などの箱入郷土本がギッシリ。入口左横には主に美術と歴史が並んでいる。

右と左でその性質を大きく異にしたお店である。右は時間が少し止まり気味で、八〇年代前後の本が多く並ぶ。左は格調高い歴史郷土の古書店といった趣き。値段も左はしっかり値で、右はもっぱら安値となっている。素早く素早くと、とにかく考え込まずに本を抱え込み、板の間に座るご婦人に精算をお願いする。すると一抱えの本を目にして、

「あら、ありがとうございます！　今計算しますね」

と、声のトーンが高くなる。そして、

「お店、いらしたの初めてですよね？　どちらから？」

東京から来たことを告げ、

「開いていてよかったです」

と、本心を伝えると、

「ホント、私も開けてなかったりするんで、よかったわぁ〜。また近くに来たら寄ってくださいね」

と、最終的にはとてもフレンドリーに。苦労して来て、

よかった。
『名探偵ホームズ』シリーズ六冊（ポプラ社文庫）、城昌幸『若さま侍捕物手帳　五月雨ごろし』（春陽文庫）、田村隆一『ウィスキー讃歌』（平凡社カラー新書）、阿佐田哲也『雀鬼五十番勝負』（双葉新書）、牛次郎『釘師放浪記』（桃園新書）、多岐川恭『濡れた心』（ロマン・ブックス）、加納一朗『ショック！　夢見る機械』（ソノラマ文庫）、村島一郎『ぼくらは少年探偵団』（ひばり書房）を購入。

帰りは、一時間に一本ペースの地鉄が行ってしまったばかりなので、一キロメートルほど東のＪＲ黒部駅までテクテク歩く。途中の長い一本道で、小学生女児三人に、結わえた頭をガン見される。よほど珍しかったらしい。

そして本日の珍品収穫はこの『ぼくらは少年探偵団』一九七六年刊で二〇〇円。こういう本は、えてして探偵クイズなどでお茶を濁した本が多いのだが、なんとこの一冊は本格的に「少年探偵団」を結成するための指南書なのである！　入団試験、組織編成、適性・詳細な役割分担、捜査・情報収集方法、警察機構の説明などなど、本当に正義として、悪の犯罪に対抗するための本。……ここまでしっかりやっている探偵団があったら、とても恐いと思います……。

金沢で古本屋と好きな絵を天秤にかける

文学堂書店――石川・金沢◉二〇〇八年六月一五日

金沢は毎年のように仕事で訪れているが、いつも石川県立美術館をついでに訪ねている。鴨居玲の『1982年　私』を見るためである。しかし今年は大好きな絵画と古本屋を天秤にかけ、古本屋を取ってしまったのです。

賑やかな片町の交差点から三〇〇メートルほど進むとその店はある。看板は出ておらず、かろうじて店前に出ている均一台（ちっちゃい……）で古本屋とわかる。その姿はさながら「白い荒野に建つ古本屋」である。

周りは駐車場、そして金沢の道は白い。店の外観も白い。店内は台形、右側に文学や趣味、海外文学、ノベルス（背文字に「殺人事件」という文字が躍りまくり）。左側は技術書、学術書、新書、文庫など。それほど古い本はないようだ。

レジに人はいない。どこからか咳き込む声とテレビの音が聞こえてくる。

「すいませーん」と声をかけると、誰かが壁の向こう側で立ち上がる気配がする。ノソリとレジ横の出入り口から店主が姿を現した。

その瞬間、私を見ながら、「あれ？　なんでここにいるの？」というニュアンスを含んだ表情を見せる。店主は、チュートリアルの福田が枯れた感じに見えなくもない。いい味である。清家清『家相の科学』（光文社）を購入。

明治堂書店――石川・金沢◉二〇〇八年六月一五日

ここも片町の交差点から、先ほどとは逆方向に四〇〇メートルほど進むと、武家町の近くにお店が見えてくる。通り沿いの古い建物で、二階の磨りガラスがかっこいい。店内は正方形で右側の一部を壁で囲い、倉庫にしているようだ。

本はパラフィンがかかり、棚の中は整然としているが、通路と棚下部分の平台は本の山。あらゆるところに溢れ、時間の経過と共に山が高くなってきているようだ。無秩序が秩序を侵食する寸前、という形容が正しいように思う。文学、美術、工芸、思想、風俗、文化、文庫が並ぶ。本棚の枠には、手書きのおススメ本名と値段が貼りつけてある。眺めているだけでも楽しい。

そしてレジの後ろも本の山。レジに座る店主はさながら古本の王である。その店主が一冊の本を探している。

「ネットで売ったんだっけ……ここか？　あ、ある。もう一冊ある！」

どうやら店主も侵食寸前のよう。本をレジに出すと、

「あぁ！」

と、なぜかビックリ。愛すべきお茶目なオヤジさんである。乾信一郎『小さな庭のウォッチング』（ハヤカワ文庫NF）を購入。

金沢は離れた場所に店が点在している。時間が少ないのもあったが、今回はダッシュで二店が限界でした。

風情のある店構えに心躍る古都・金沢

広坂書房――石川・金沢◉二〇〇九年三月九日

金沢を訪れると、白っぽい街という印象を受ける。まずは手近な所を回ろうとしたら、一軒目の丘の上の店が見つからない。その場所に見当たらない。「ふぅ」とため息をつき、眼下を流れる犀川と金沢市街を見下ろしてみる。時間のある限り、行けるだけ行ってみようと、急な石段を駆け下り再び街中へ！

金沢市役所横の広坂商店街にある。古く、そしてなんだか軒が低い（そう感じるだけなのか？）店構え。店頭左のショウウィンドウ前では、店のご婦人と通りすがりのおばちゃんが「本への愛」を熱く語り合っている。その横に一〇〇円均一台。一般の実用書系が多い。ガラス窓にはオススメ本の広告が何枚も貼られている……ん？　これは本のタイトルではなくキャッチコピーなのか？

入口を潜ると、右に斜めに置かれた棚には最近の文学書、左には文庫やノベルスの小さな棚。店内は正面奥と左方向に伸びる逆「L」字型。壁際はすべて本棚、左スペースの真ん中に背中合わせの棚が一本、正面奥スペースには真ん中にワゴンが二台置かれている。入口右前にレジ。左の窓際は、地元の人の歌集、美術、句集、角を曲がりノベルス、その後は日本文学がエッセイや一般書、歴史などと混ざり合いツラツラと続く。同ジャンルで角を曲がり、棚の終わり部分に金沢本が少量集まる。

真ん中の棚には、時代小説・日本文学作家五〇音順・雑学の各文庫、エッセイ本が並ぶ。壁際の隅に、教育、児童文学が固められている。正面奥のスペース、真ん中のワゴンには新しめの本。ちなみにこのスペースは「文庫スペース拡大！」と銘打たれたビラが貼られている。左の壁際はその文庫から始まり、文学文庫の続き、コバルト文庫、海外文庫が少し並び、後はコミックス。

右の壁際には資格試験の専門書がズラリ。レジ横の二本の棚は、上に「ＳＯＮＹ」のロゴが取りつけられたもの。以前は電器店で、ビデオかカセットが並んでいたのだろう。表の見かけとは裏腹に、中はいたって普通の街の古本屋さん。八〇年代〜現代の本が中心で、値段は安め。本を買うと好みの栞（既製品）をセレクトできます。そしてとどめは「ありがとーありがとー」のやさしい言葉。司馬遼太郎『歴史を紀行する』（文春文庫）を購入。

近八書房——石川・金沢◉二〇〇九年三月九日

武蔵交差点近く、横安江町商店街の入口にある。新しく整備された街路と同様、店のファサードは復元された商家のよう。正確には古い建物をリノベーションしたといったところだろうか。屋根の上に飾られたピカピカの木の看板には、店名と共に「創業寛政元年」の文字が……。ところで「寛政」って何年だ？　左のウィンドウには古い和本や手紙が飾られている。

格子風サッシを開けて中へ。そこは静かに古本の匂いが充満する茶褐色な空間である。目の前には積みあがった全集類、入口両脇には一〇〇円均一の文庫棚、両壁際は本棚、真ん中に背中合わせの棚が一本、左奥には四面が棚のタワーが一本、奥に行き止まりの通路とガラスケース、正面奥に畳敷きの居心地よさげな帳場がある。

右の壁際は文学評論から始まり、歴史、戦争、日本文学、辞書が並び、下には雑誌『銀花』が広がっている。向かいには、美術、文学、伝統芸能、漢詩、古典などの古い箱入り本。下には『國文學』がズラリ。帳場横には図書館関連の本が集められていたり、なぜか『怪傑ハリマオ』の漫画が飾られている。その他には、色紙や紙物なども。左側の通路棚には、石川、金沢の本が集合。『白山の虫たち』とか、おぉ、荒木経惟の『石川ノ顔』もある。

入口近くには、映画、演劇、食、下には新書の詰まった箱が四つ。向かいには文庫棚と宗教本。そして通路の真ん中にそびえ立つ本棚タワーには、古い本がどっさり。全集端本、文学、児童文学、紀行本……特に『黒人大陸』の帯コピー「腐った南部の白人め!!」が刺激的過ぎる。奥の通路はすべて宗教書。仏教を中心にキリスト教関連も並んでいたりする。

ガラスケースの中には貴重な和本がディスプレイ。古い本多し。値段は普通でしょうか。後で調べたら「寛政元年」は一七八九年！　すでに二二〇年も古本屋を！　ただただスゴイというしかありません。安原顯編『私の貧乏時代』（メタローグ）を購入。

時間内にどうにか二軒回ることができた。段々走る距離が長くなってきた気がする……。それにしても金沢の古本屋は風情のある店構えが多いので、それを目にしただけで心がヒートアップしてしまうのでした。いいなぁ。

初の福井県ツアーもダッシュで

古書　好文堂――福井・福井◉二〇一三年五月一日

GW中はなんだかんだで交通機関が混雑しそうなので、本日早めの遠出を決行することにする。目標は古本屋ツアーでは初となる福井県である。米原で特急しらさぎに乗り換えて一時間。まだ見ぬ古本屋さんの夢を見て、さらに前進するための第一歩を踏み出す。

福井駅の西口に出ると広々と抜けのよいロータリー。タクシーが溜まる左端から西に向かうと、中州のような土地にビル群がひしめき、その足下の歩道をアーケードが守っている。左前方を見ると、早速大きな「古書」の文字を発見する。正真正銘の駅前店である。

入口は小さく、巨大な看板と電光掲示板に囲い込まれている。「現代風古書」とはいったいなんだろう。お店は斜めに奥に向かって続いており、途中から広くなっているようだ。壁際は最初の通路的部分も奥もすべて壁棚となっている。中央には列島のように、ワゴン二台、本棚、平台付き本棚二本、ワゴン二台が縦に連なっている。

フロアが広くなる部分の右側に帳場があり、奥様がひとりで『ビブリア古書堂の事件手帖』を見て、『のらくろ』シリーズを売りにきたお客さんの応対をしている。福井弁は堂々としていてとても可愛らしい。

帳場前には細く隠された通路があり、アダルトゾーンとなっている。右側の通路はコミック・絶版漫画ゾーンで、奥に行くほど絶版度が高まる。レジ脇には少女漫画絶版棚もあり、また揃いも多く並んでいる。左壁は福井・全国郷土誌からスタートし、食、五〇〇均単行本、宗教、文学、評論、日本純文学文庫、古典文学、新書、歴史・時代小説、山岳、建築、美術、工芸、書、日本文学、詩歌句集と続き、奥壁の郷土誌、宗教、福井本とつながる。棚上部には重々しい全集群が積み上がっており、棚下平台には背を上にして並ぶ本の列の上に、ミニ横積み本タワーが間隔を置いて連続する。

真ん中のワゴン本棚列島は、入口側から一〇〇均の文庫・ノベルス・単行本、児童文学、囲碁・将棋、近現代史、ノベルス、日本文学文庫、時代小説文庫、美術書、雑誌、歴史、コンピュータ、福井本と続く。ちょっと大きな街の古本屋さんに、絶版漫画と郷土誌が目立った感じである。値段はちょい安から普通。交通費の足しになるわけもないが、安値の本を見つけ出し、とにかく嬉しく思う。橘外男『ナリン殿下への回想』(現代教養文庫)、横溝正史『金色の魔術師』(少年倶楽部文庫)を購入。

バラバラと冷たい雨が降り始める。コンビニで傘を買い、強風に逆らいながら市内を駆け回る。駅から二キロほど離れた西北にあるはずの〈矢尾商店〉は跡形もなく、近くの〈松村古書店〉は「年中無休」とあるのにカーテンが閉まりっ放し。駅の北一キロメートルほどにある〈メアリ書房〉に駆けつければ定休日。北陸本線の高架を潜って〈アテネ堂古書店〉を見に行くと、どうやら空きテナントに。フゥ、疲れた。それにしてもこの都市には、セメントと木で造られた塵芥箱があちこちにあって懐かしいな。

中央書林——福井・福井◉二〇一三年五月一日

残った力を振り絞り、駅東口から南に下り、豊島交差点から城の橋通りを東に向かう。荒川を越えて一キロメートルも歩き通せば、勝見交差点手前の小さな三階建てビル一階にお店を発見できる。立看板が出ていなければ、ちょっと古本屋さんとは気づきにくい佇まいである。

早速中に飛び込むと、小さな店内に懐メロ歌謡が流れまくっている。奥の帳場で新聞を読む奥様に挨拶。骨董・アンティークと古本のハイブリッド店だが、素っ気なく飾り気がない。右壁沿いにはアンティークカメラや陶器の飾られたガラスケース。壁には掛軸がかかっている。

真ん中には背中合わせの本棚が一本立ち、絵画、陶芸、工芸、書画、浮世絵、煙草、懐かし物、骨董、美術図録、風俗、福井郷土誌、越前、鯖街道などが収まる。左壁は一面本棚で、詩歌、中野重治(福井出身)、福井郷土誌(文学、産業、文化、自然、偉人)、眼鏡(福井名産)、民俗信仰、郷土誌と並んでいく。棚下には額装絵画やホーロー看板が、わりと無造作に重ねて置かれている。

美術書と地方史が豊かで、骨董たっぷりのお店である。値段はしっかりな高め。思わず『右門捕物帖』のパチもの『左門捕物帖』を買ってしまいそうになるが、何をやってるんだ、と己を叱り、平木国夫『日本ヒコーキ物語 北陸信越篇』(冬樹社)を購入する。

短時間でエネルギーを使い果たしてしまったが、福井駅周辺の現状を一気に把握できたのは、大きな収穫であった。次は水曜日以外に〈メアリ書房〉に突撃しなければ。そして東京に帰るとこちらも雨。福井で買った傘を役立て、家路を急ぐ。

甲府で大き過ぎる信玄像に見下ろされながら

古書肆　明文堂――山梨・甲府◉二〇〇九年五月四日

昨日の小田原に続き、思い切って甲府盆地でのツアーを敢行する。GWの祝日で開いているかどうかさえ不安なのに、山梨は古本屋が少ないようなので、失敗したら目も当てられない。いや、たとえ開いてなくてもお店が存在していれば、満足して引き上げるつもりっ！

甲府駅南側、遊亀通りをひたすら南へ歩く。突然射し込んでくる日の光が、盆地の温度を急上昇させていく。郵便局を過ぎた川沿いにあるお店の看板には「週刊現代」「小学館の学習雑誌」とある。元は新刊書店だったのだろうか。それにしてもまず開いているのか？

歩道が狭く車道が間近に迫っているため、店前まで行かないと確認できない。カーテンは開けられており、店の中は丸見え。これはやっている、と扉に手をかけるが、ビクともしない。一瞬、嫌な予感が背中を走ったが、一番端の扉に手応えがあった。

そのまま中に入ると、ドアチャイムが鳴り響く。すると奥の住居部分から、サスペンダーをした老店主が現れ帳場に座った。その奥から、テレビの音と犬の鳴き声が聞こえる。店内は古めかしく、棚もすべて年季の入った焦げ茶の木製。壁は一面本棚で、左側に平台つきの背中合わせの棚が一本、右側に背中合わせの棚が一本、奥に帳場とガラスケースがあり、入口前に一〇〇円コミック（日焼け中）の棚が二本置かれている。

左壁棚は文学全集類から始まり、日本文学、復刻本、さらに全集、角を曲がりエロ・性愛、文学プレミア本という並び。足元には単行本、文庫、全集類。向かいには棚に雑本的文学とノベルス、平台に推理小説、SF、ハヤカワポケミス、ハヤカワポケSFがゾロッと並んでいる。

店主は時折軽く唸りながらパソコン操作中。ガラスケースには古いパンフレットや和本などが飾られている。真ん中の通路には日本文学や新書、仙花紙文学本、戦争関連、コミック、辞書。その時テレビから、「今日は本の街・神保町からレポートします。八木福次郎さんを〜」と聞こえ、店主は奥にテレビを見に行ってしまった。

奥の通路、壁際は山梨・甲府本から始まり、美術、文学評論、詩歌、実用、児童文学と続く。いい佇まいとそれにマッチした棚揃えのお店である。古い本多し。しかし前が車道のためか、本が少し砂っぽい。そして値段は高め……でも今日開いていてくれただけで感謝。M・スピレイン『裁くのは俺だ』（ハヤカワポケットブック）を購入。

古書 風雪堂——山梨・甲府◉二〇〇九年五月四日

同じ甲府駅南側、平和通りより西側の舞鶴小学校の近くにある。ほぼ住宅街といっていい地域。……開いてないだろうなと思い近づくと、戸が開き、中の横積み本が見えている！ こっちも開いていたぁ！ それにしても味のある店構えだ。横長で所々トタン張り、壁は土壁！ ガラスの向こうには文学全集が見えている。

扉の前に立つと、まず見えたのは軍手をしてLPレコードの山と格闘しているおじさん。店の人だろうか。タイミングを見計らって入店すると、右から「いらっしゃい」の声。こちらが店主で向こうはやはりお客さんのようだ。中も横長で壁はグルリと本棚、真ん中には棚と積み上がった本の山で島ができている。通路はおそろしく狭い。右に帳場的スペースがあるが、レコードプレイヤーと巨大なオープンリールがものすごい存在感を放っている。そして店内には荘厳なオペラが響き渡る。

目の前には大量のLPレコード、島部分には紐で括られた句集が積み重なる。入口横には美術図録やムック。右奥の壁には山梨本が集められ、武田信玄関連も多い。正面壁はそのまま山梨・甲斐・甲府関連本が続き、学術書、資料本、郷土誌、地方文学・自費出版・私家版本などが大量多岐に渡り棚を占領している。途中からはガラッと句集に変わり、左壁際も同様となっている。入口左横には日本文学や詩集が集まり、ここにも山梨ゆかりの本は多い。おぉ、木々高太郎先生の本も！ この時ちょうどレコード演奏が終わり、店主は針を上げながら、

「こういうテノールもいいね」

と、感想を漏らし、先ほどのお客と雑談している。山梨本がスゴイ。気持ちいいぐらい集まっているが、値段は中々高めである。でも買う時値引してくれました。ありがとうございます。壇一雄『夕日と拳銃』（蒼洋社）を購入。

甲府、開いていてくれてありがとう。甲府、夏はさぞかし暑かろう。甲府、駅前の武田信玄像はデカ過ぎる。甲府、でも武田神社からの眺めは最高！

山梨・月江寺で心も身体も擬似タイムスリップ

PONI——山梨・月江寺◉二〇一一年六月二九日

大月から富士急行で四〇分。古本屋さんの少ない山梨での、危険な賭けである。ホームの向こうに溶岩石がゴロゴロと転がる駅から出ると、そこはゴーストタウン化が進みつつある、昭和三〇年代の街。シャッターを下ろした店舗がほとんどだが、街が風雪に晒され続けた看板建築と木造建築で構成されている。

先日の秩父行でも似た体験をしたが、こっちの方がかなり衝撃的だ。コンビニもまったく見当たらない。おぉ、顧みられずに、朽ち果ててゆく文化遺産たちよ。嘆きながら興奮し、駅から中央通りを南東に下って行く。脇道には驚くほどの大量の小飲食店が集まり、街全体が「新宿ゴールデン街」のような猥雑な姿となっている。もはや心も身体も擬似タイムスリップしながら、目指すのは古本が置いてあるチベット料理屋さんなのだが……。

中央通りの坂を下り、水流の速過ぎる川を越えてテクテク。すると小さな交差点が現れるので、北東に坂を下

る西裏通りへ進む。とにかく壮絶な建物が続くのに目を奪われながら二〇〇メートルほど歩くと、左手にある小道が目に入る。行く手には飲み屋街と、その入口に「ミリオン通り」という小さなゲートが見えた。おぉ、ここにお店があるはずなのだが。

昼間の白けた飲み屋通りに入る……しかしお店がないっ！　どこにもないっ！　これはかなりキツイ空振りだぞ。小さな通りを何度往復してみても、やっぱりお店はなかった。肩をガックリ落としながら、昭和三〇年代的街路を、当てもなく一時間ほど散策する。ひたすら網の目のような飲み屋街と、次々と現れる倦怠感溢れる商店街を巡り、もしかしたら古本屋さんが、と期待するが、そううまくいかないのが世の常である。

午後三時二〇分。いつの間にか迫った帰りの電車時間ではあるが、諦め切れずにもう一度だけ「ミリオン通り」へ。すると先ほどまで閉まっていた、通り入口横のハンドメイドアクセサリーのお店が開いていた。古着や雑貨も売っているようだ。道より低くなったお店の中を覗き込むと、ほわぁ！　奥に細いが本棚があるぞ！　これこそ「地獄に仏」ではないかっ！

即座にお店に飛び降りるように入り込むと、カウン

ターにいた若い女性が、目を丸くして驚きながらも「いらっしゃいませ」と迎え入れてくれた。飲み屋の造作そのままに、右は年代もののカウンターバーで、左は一段高くなったアクセサリー売場。古本は正面奥の扉と仕切りに挟まれた、六段ほどの細い壁棚に並んでいる。真っ直ぐその棚前に進んだ私を見て、女性は、

「電気点けますね」

と、オレンジ色の白熱電球をパチリ。「ありがとうございます」と言ったものの、古本への飢えと予想外の出会いに我を忘れて、心はすでに棚の上。そこにはしっかり「USED BOOKS」の紙札があり、水族館、アジア、旅、ファッション、大宅歩、宮城まり子、小林紀晴、竹久夢二、海野弘、荒俣宏、泉麻人、片岡義男、枝川公一などなど。冊数は少なく、女子方面に寄り気味だが、決してただ不要な本を並べているのではなく、店主の個性と息遣いと心遣いを感じとれる棚である。値段は普通〜高め。

「これをください」とカウンターに本を出すと、女性は古本購入に驚き、「おっ！」と小さな叫び声。精算中に、件のチベット料理屋について尋ねると、やはり閉店されたとのこと。

「でもイベントに出店したりするので、どうか注目しといてください」

と、元隣人を守り立てる優しい一言。いや、それよりも、古本を売ってくれていて、本当にありがとうございます！　小坂一也『メイド・イン・オキュパイド・ジャパン』(河出書房新社)を購入。【▼移転】

月の江書店——山梨・月江寺◉二〇一一年六月二九日

街を所在なく彷徨っている最中に、月江寺大門商店街で見つけたお店である。古本は売っていないが、とにかくこの姿でここにあるのがワンダフル！　年代物の軒看板と店名書体とその擦れ具合に心震わせ、脇にある「春陽文庫」の文字に心撃ち抜かれる。

かすかに波打つ板ガラスの六枚の引戸の向こうには、薄暗くそれでいて華やかな昭和三〇年代的商品陳列風景。本棚や平台はすべて昔そのままで、ここが古本屋さんであったなら……と、その妄想は止めどころなく回り続ける。奥では首にタオルを巻いたご婦人が、番台のような帳場で、正座をして店番中。たっぷりと店内を回遊して、『ふじよしだ歩楽百景ガイドブック　下吉田編　上吉田・下吉田編』(まちミュー友の会)を購入する。

◀月の江書店は古本屋ではなく新刊書店。映画の撮影に使われたこともある。

不思議な富士山グッズに囲まれて

不二御堂――山梨・月江寺◉二〇一二年六月二日

岡崎武志氏からの密命を帯び、緑が爆発したかのような山中を通り抜け、三たびの月江寺。ついに、この緩い斜面に広がる昭和三〇年代的風景の中に、一軒の古本屋さんが誕生したのである。おめでとう、月江寺！

乗って来た富士急線の車掌さんに切符を渡し、小さな駅舎から寂れた月江寺駅前名店街を南東に下る。通りは中央通りとなり、急流の宮川を越えて、シャッターで鎧った商店の間をさらに先へ。やがて左手に、北東へゆっくりと長く下り続ける西裏通りが現れるので、様々な意匠の酒場建築を楽しみながら、坂下へ水が流れ落ちるように歩む。

ようやく行きつく月江寺大門商店街をまたもや南東に進んでいくと、カフェ向かいの四角い店舗兼住宅に、新しい古本屋さんができていた。ここは「富士吉田一箱古本市」の時に、会場のひとつとして使われていた所だ。

一階部分はタイルで化粧され、入口のウィンドウ上部には「インテリア　石川表具」と前身店の看板文字が見える。入口のガラス戸に富士山型（上が白で下は緑）の店名看板があり、両側のウィンドウには妙なすだれが……なんだこれ？　規則的にたくさんの穴が穿たれているようだが、パンチカードみたいだな。この辺りは、機織りが盛んだったから、織機のパンチカードを再利用したのかも。

ガラス戸を開けて中に入る。静かで誰の姿もなく、左右の両壁に七段の本棚が設置されている。奥壁にも同様の飾り棚があり、右奥の開け放しの扉がお店のバックヤードへと繋がっている。入口左横にはオルガンとテーブルと低い平台。右横には低い丸テーブルが置かれている。フロア左真ん中には四角い柱がドンとあり、小さな棚や椅子が囲まれている。店内のそこかしこに、廃材を使ったアート作品や、空き缶や鉄棒で作った富士山グッズ、富士山トートバッグ、トタンポストカード、金子光晴肖像写真などが置かれ、独特な雰囲気を充満させている。

柱下棚にはちくま文庫、新書がキッチリ収まり、左側ウィンドウ周辺には音楽本が集められている。左の壁棚には、絵本、児童書、女流作家、教育、美術など。入口右横テーブルには、雑誌『思想の科学』と共に、なぜだか缶ビールがディスプレイされている。右の壁棚には、東海林さだお、食、落語、スポーツ、近現代思想・人物、東京、大阪、名古屋、各地郷土、赤瀬川原平、南伸坊、映画、役者、タレント、サブカル、日本文学、文学評論、エッセイ、建築（藤森照信多し）、夏目漱石、詩などが丁寧に並んでいる。好みなのか「路上観察学会」関連に力こぶ。

そして奥壁棚に、写真集、山梨関連、『鳩よ！』、金子光晴、富士正晴、竹中労、色川武大と共に、富士山グッズ、手書き短冊とパラパラマンガ（?）、『快傑ライ◯ン丸』や『ドラ◯もん』のパチもん茶碗が並んでいる。絵柄が凶暴に愉快なので、思わず茶碗を買いそうになってしまった。不思議な富士山グッズの多いお店で、脱力できる感が非常に好ましい。しかし棚はピシッと背筋が通り、店主の見つめているものたちが、ボワッと浮かび上がっている。値段はちょい安〜普通。

▲あまりにヒドくかわいい柄に、勝手に「地図」と命名する。およそ一年後に月江寺を訪れたときにも再会できた、この街の猫なのである。

もうすぐ棚を見終わりそうなところで、女子客二人がご来店。「わぁ〜」と感嘆の声をあげながら、奥壁の棚に駆け寄った。するとこの時、店主が奥から初めて姿を現し、「いらっしゃい」と横向きの椅子に腰かけた。モコモコと何やらたくさん着込んでいるので、古本屋さんというよりは、山小屋の主のよう。

寺島珠雄『私の大阪地図』（たいまつ社、六〇〇円とは！）、丸木俊『女絵かきの誕生』（朝日選書）を購入する。同じ通りにある驚異の新刊書店〈月の江書店〉と共に、末永く営業していただければっ！

帰りにミリオン通りに入り込むと、道の真ん中にプリティーな飼い猫。しかしこの柄は、素敵にスゴい！　まるで地図のような虎柄だ！

悠然たる茶トラが店内に導いてくれた

日米書院――長野・松本◉二〇一四年三月二二日

空は明るいのに、小雪が所々で舞う中央本線で、長野県入り。ドアが開いてホームに降り立つと聞こえる、「まつもと〜まつもと〜」の女性アナウンスは懐かしい空気をまとい、改めて旅情を掻き立ててくれる。お城口（東口）に出て、ロータリーから蜘蛛の巣のように広がる道の中から公園通りを選択し、東北東へ歩き始める。

パルコ手前の道を北に進み、中央大手橋で流れの清冽な女鳥羽川を渡る。通りは西堀通りとなり、西堀公園前交差点で東に向かい、一本目の細い観光地の裏通りを北に入り込む。板塀が沿い、木造家屋が続く、気持ちのスッとする通りである。しばらく歩くと左手に、一際古い木造の二階建て商店長屋が登場する。三軒続きの一番奥のお店だけが営業しており、店頭に生花や野菜を並べている。

ここは去年、古本さんぽ・街歩きをしていた岡崎武志氏が偶然見つけ、その陰鬱な店内に本棚があるのを確認するも、「どうも入れなかった」というお店なのである。

「キミなら入れるはずだ」と、お鉢が回ってきたのを長らく放置していたが、本日ようやく駆けつけた次第。

確かに薄暗く天井の低いコンクリ土間の店内には、半ば放置されたかのような本棚が見えている。それにしても菓子類やパン粉やホットケーキミックスが陳列されているので、一見何屋か判然としない珍妙な店先が展開している。その渾然一体な不可思議な状況が、店内に入るのを躊躇わせる。しかしその時、店内から一匹の茶トラ猫が舌をペロペロさせながら、悠然と登場した。

「ア、アオ」と一声鳴いたので、こちらもしゃがんで挨拶する。そして決心。よし、入るぞ。

トラ猫とすれ違うようにして中へ。途端に時間の質がくるっと変化してしまう。土間に置かれた縦長の平台に置かれたお菓子類以外は、停滞したような店内。奥には広い上がり框があり、そこに立つ短軀の村長さん的口髭老店主が、訝しがりながらも「いらっしゃい」とボソリ。

「あの〜、この本は売ってるんでしょうか？」

「はっ？　えぇ。一応、売ってますよ」

「そうですか。ではちょっと見させてください」

　それにしても「一応」ってなんだ？　左壁には様々なタイプの本棚が並び、宗教、心、全集、児童文学、絵本、料理、『銀花』、美術がカオスに並ぶ。一九八〇～二〇〇〇年くらいが中心か。お店の古さに比べて割と新しめな印象ではある。棚の前には雑誌の山、CD、レコードなどが積み上がり、間には完全に忘れ去られた地形図を収めるマップケースが埋もれている。奥の古めかしい造りつけの本棚には、エッセイ、ノンフィクション、実用、文学などが並ぶ。それにしても、どの本もスリップが天から頭を覗かせているようだ。これはみんな新刊なのか？　よく見ると、平台のお菓子の下には横積み文庫の列が隠れていた。右壁の重厚な造りつけ本棚には、大判美術書、美術全集、豪華写真集、ガイドブック、文学、信濃郷土、山岳、実用などが二重にごちゃごちゃと並んでいる。店内の光景に圧倒されながらも、一冊を手にして「これを下さい」と差し出すと、

「古い本だけどいいの？　じゃあ半額でいいよ」

と、なった。お礼を言いつつ、尋ねた。

「ここは古本屋さんなんですか？」

▼これが店内に招いてくれた茶トラ猫。ペロペロ真っ最中。

「ここはね、元は新刊書店だったの。松本ではかなりの老舗店。でも店を畳むことになっちゃって、それをそのまま俺が引き継いだの」

「あぁ、そうだったんですか。棚は以前のお店、そのままなんですね」

「前はもっといい本があったんだけどね。古本屋さんがみんな持っていっちゃった。俺もいい本隠してるし」

「隠してるんですか！」

「読みたいからね。倉庫にもまだまだあるんだよ」

「うわ～、見てみたいッス。ところでお店の名前は何ていうんですか？」

「日米書院。ほら、そこに看板があるでしょ。もう出せないけど。ガッハッハッハ」

　確かに、雑誌やガラクタの中から、「日米」とだけ見える立看板が、頭を覗かせている。というわけで、山田稔『北園町四十三番地』（編集工房ノア）を購入。店主はニコニコしながら、

「もう来なくていいよ。来ちゃダメだよ。あまりここの空気を吸うと、病気になっちゃうよ。ガッハッハッハ」

　来るなと言われると、逆に来たくなるのが人間の性。じゃあ次は、お菓子でも買いにくることにしようか。

不純物なし、下諏訪のカルト&マニアック店

正午の庭——長野・下諏訪◉二〇一五年一月一二日

どうしてか遠くに行きたい虫が、腹の底でモゾモゾと這い回っているようなので、中央本線でグングン信州へと向かう。四時間近くを車中で過ごすと、鏡のような冬の諏訪湖の輝きに目を射られて、万次の石仏のレプリカと御柱が二本屹立する氷結した駅前に立つこととなる。

下諏訪で下車したのは初めてだが、上諏訪より神域感の強い街となっている。足を滑らせぬように、シャッターの下りた古い商店が並ぶ駅前通りを北へ真っ直ぐ。下諏訪駅前交差点で東に折れ、次の大社通り交差点で再び北に入る。街道は一層古くなり、昔の道幅と古い商店群が、身と心をちょっとした異空間に滑り込ませてくれる。

小さな御田町交差点を過ぎると、左手に目的の〈cafe Tac〉を発見。ここの二階に古本とレコードのお店があるはずなのだが、どこにもお店の出入口は見当たらない。

途方に暮れてカフェの店員さんに助けを求めると、表通りに面した、まんま普通の家の玄関がお店の入口だという。お礼を言って表に回り、どう見てもただの民家の玄関にしか見えぬ引戸を半信半疑に引き開ける。そこはまさに靴を脱いで上がり込む玄関なのだが、手書きの紙看板が多数壁に飾られ、面妖な洋楽がデロデロ流れ落ちてくる左の階段上を指し示しているのであった。

スリッパを履いてミシミシと二階に上がれば、トランクに詰められた一〇〇均文庫・単行本が廊下にあり、右に不気味なイラストで飾り立てられたお店らしきものが姿を見せる。入口を潜ると、六畳ほどの空間は主に赤と黒で装飾され、天井ではガレ風電灯が存在感。中央に

DJブースとコックピット的帳場があり、その周囲と壁際を棚が埋め尽くしている。

　主である長髪眼鏡のお洒落な好青年が「いらっしゃいませ」と席につく。まるで彼のエキセントリックな自室に入ったみたいだ。入ってすぐ左には、文庫、ムック、サブカルの棚があり、右にはエロ漫画や怪奇漫画を含むカルトコミック棚。左奥には澁澤龍彥、『夜想』、映画、ペヨトル工房、『ガロ』、それに山本直樹一列や『血と薔薇』なども続く。中央部分にはブローディガン、人食い人種、音楽、アングラ・ディープサブカル、音楽雑誌、特殊同人誌新刊などが揃う。右奥スペースは、CD、レコード、DVD、VHSが多くを占めるが、最下段の隅に丸尾末広などのイラスト作品集やアート作品集もあり。

「特殊」に偏重した、サブカルメインのカルト&マニアックなお店である。このこだわりの品揃えは、店主にとっての不純物は一切含まれていないはず。志向としては〈パックレコードとしょしつ〉、〈凸っと凹っと〉、〈五っ葉文庫〉、〈マニタ書房〉などが親類と言えよう。値段はしっかりと隙がない。『死者のカタログ――ミュージシャンの死とその時代』(ニューミュージック・マガジン社)を購入する。


　一駅上って上諏訪に向かい、次の電車までの待ち時間を利用して、古本と古道具を置いている喫茶店〈石の花〉に腰を据える。優雅にロイヤルミルクティーを啜りながら、入口部分左に移動した古本棚を漁り、瀧霧州『面白い歴史偉人のお話 織田信長と明智光秀』(富永興文堂)、『趣味の昆蟲記』(刀江書院)を計一五〇〇円で購入。うむ、やはりここは定期的に見なければならぬお店であることを、再確認する。

静岡・三島でチキチキマシン「古本オープン」!?

北山書店——静岡・三島◉二〇〇九年六月六日

ぐずついた天気の東京を脱出し、普通列車で三島へと向かった。およそ二時間、車窓を眺めながら過ごす。長い丹那トンネルを抜けると、突然の青空が広がる。山を越えたら初夏となっていたのである。改札を出ようとすると「SUICA」では通れない。ここは「TOICA」のエリアだったのか。そこに互換性のないことを初めて知る（のちに相互利用が可能になった）。

南口から「富士山」（作詞は巌谷小波！）のメロディが流れる横断歩道を渡り、三島駅前通りをひたすら進む。少し右曲がりの商店街を八〇〇メートルほど進むと、観光地で古本屋に巡り会える。歩道のアーケードから下がったネイビーブルーの看板は一部が破損している。店頭のガラスウィンドウ前には、台車に載せられ紐でつながれた棚が、八台ほど並んでいる。出し入れに便利なのだろうが、みなチキチキマシン猛レースの「岩石オープン」みたいだ。いや「古本オープン」か!?

中身は、文庫・単行本、美術本、ハーレクイン、戦前本、雑誌、児童文学など多種多様。ムックの棚の前でひとりのおばさんが電話をしている。

「今、三島の古本屋にいるの。ビーズの本がたくさんあるのよぅ。今から読み上げるから、メモして欲しいのがあったら後で電話して。いい？『ビーズアクセサリー』……」と話し続け、ひたすら書名を伝え続けている。店内に入ると圧倒的な本の量が襲いかかる。奥行きもある。天井からは「店内が本の森の様に狭いのでリュックは手にお持ち下さい。又はお預かりします」と書かれた紙が下がっている。「本の森」って狭いのか？広いかもしれないじゃないか、などと心の中で揚げ足を取りつつ店内を見回す。壁は左右とも奥まで本棚、真ん中に背中合わせの棚が手前と奥に二本ずつの計四本、頭上にも所々棚が渡され、それぞれの棚脇にも小さめの棚が置かれている。左端手前の通路棚はガラスケースの部分も。入口右横には老店主がドッカリと座ったレジ。そして各通路は大量の本が縦積み横積みされ、人ひとり横になってようやく通れる幅の、古本ケモノ道と化している。

　入口近くには大判の写真集や美術本が集まる。左の壁際は海外文学文庫から始まり、大量の日本文学作家五〇音順（一応）文庫、岩波、海外文学ＳＦ・ミステリ、再び日本文学、戦争関連文庫、怪奇ノベルス、ノベルスなどが並んでいる。そして下から積み上げられた大量の本が、胸元まで迫りくる。絶版文庫や古い文庫も多く、ツワモノのお客は複雑に積み重なる文庫の発掘作業に熱中している。右の通路棚手前には、歴史、江戸本が集まり、ガラスケースには切手やコインが収められている。

　奥には、実用、趣味、手品、将棋、囲碁が並び、最後に紐で雪崩防止策を施された新書となっている。店最奥の壁には、ノベルスの続き、学術・技術書が並んでいる。真ん中の通路、手前左には戦争関連と日本文学、右には実用本と大量の辞書。奥の左側には、旅、紀行、文学、宗教、書道など。

　右側には、新しめのミステリ、時代小説、戦記が並ぶ。この右の棚脇手前には官能小説や性愛に関わる本、棚脇奥には海外文学とキリスト教関連が並ぶ。右端の通路、左側の通路棚はすべてアダルトで埋まっている。右の壁際に、静岡、三島、伊豆を中心とした郷土書・地方史、動植物、書道、その後には箱入り学術的な宗教、歴史、文学、美術、詩歌と硬めな棚が続く。同ジャンルが所々に見られるのは、本の形態や学術的深さによって分けられているようだ。全体に本が多く、古い本も多い。コミックセットのファイルもあり。値段は安い。そして店舗の形状も棚並びも奥の深いお店である。

　しかしお客さんが次々と入ってくると、困ったことが発生する。通路はひとりでいっぱいになってしまうため、擦れ違うことがほぼ不可能なのである。迂回するか、横道のある所まで下がってもらうか、お願いしてムリして擦れ違うか……。

　私がレジへ向かおうとしたところ、すでに店内には五人のお客さんがいる。何とかたどり着こうと通路を進むのだが、行く先々でお客さんが立ちはだかる。あぁ～、ゲームの「パックマン」みたいになってきた。もたもたしてたら通路の前後で挟み撃ちされ、しばらく身動きとれず。ゲームだったら食われてました。富野由悠季『破乱万丈　薔薇戦争』（ソノラマ文庫）、Ｒ・ラッカー・黒丸尚訳『空を飛んだ少年』（新潮文庫）、神西清『灰色の眼の女』（中公文庫）を購入。［▼店舗閉店］

沼津で巨大リアルジェンガに挑む

古書 平松書店――静岡・沼津◉二〇〇九年一〇月一八日

久しぶりに何もない日曜なので、気を大きくして東海道線に乗り込み沼津へ向かった。ところが事故続きのダイヤの乱れに巻き込まれ、予定時間を大幅に過ぎて現地に到着する。

駅南口ロータリーから南へ延びる「さんさん通り」から、〈古書 長島書店〉を経由して、大手町の交差点で西側歩道に移動して、そのまま南へ。交差点から二本目の脇道を西へ進む。アーケードの終わりの尻尾部分を潜り抜けると、右側にホテルとパーキングが合体した大きな建物がある。しかし経年劣化が激しいようで、ホテルは閉鎖中のようだ。

そんな建物の一階にお店はある。一階軒には黄色い大きな日除け、その下右側壁に洋風ランプ、その下には室外機の上に置かれた辞書と郵便受け、路上にはベンチが置かれている。左側には巨大な正方形の黄色い看板と、一〇〇均平台が二台。それぞれに単行本が古い本を間に挟んで詰められている。入口から入った左側にも文庫の平積み特売台が置かれている。

中は、奥行きが深く天井が高い。その下半分の通路には本が激しく積み上がり、通路はかろうじて人が擦れ違える幅となっている。両壁は本棚、真ん中に背中合わせの本棚が一本、奥に帳場と一本の本棚。首にタオルを巻いた好々爺然としたオヤジさんが座り、その周囲は危険な本の崖に囲まれている。そのため左右両壁の下半分は、積み上げられた本しか見ることはできない。

右壁には写真集、アダルト雑誌、ビジュアルムック、美術図録、日本文学(沼津名誉市民、井上靖多し)、文学評論、随筆、美術、工芸(日本刀関連多し)と並ぶ。下の本の山も古い文学書が平気で紛れ込んでいたりするので、充分なチェックが必要である。向かいには文庫がズラッと並び、再びの日本文学、骨董、京都本、外国文学。オヤジさんとアダルト棚前を通り右側通路へ。壁棚には郷土関連本、学術・資料本、歴史、古典、映画、戦争、経済と続き、下には未整理本やミリタリーなどが積み上げられている。

向かいには、ハーレクイン、囲碁、将棋、新書、ノベルス、実用と並ぶ。乱雑だが見応えはバッチリ。少し硬めと言えども、うまく本の波に乗りさえすれば、時を忘れて楽しめます。棚前の山の中に欲しい本を発見してしまう。上から六冊目くらいの位置だが、左右からナナメに本がしなだれかかり、抜き出すのに一苦労。上の本を左右の山を崩さぬように、一冊一冊抜き取って行く。ちょっとの動きが本の山をユラユラと動かしてしまう……これじゃあまるで巨大なリアルジェンガ！　ようやく目的の本にたどり着き、慎重に手元に引き寄せる。苦労して手にした本の裏見返しには二つの値段……帳場に向かい「これ、値段が二ついてるんですけど、どちらが本当の？」と聞くと、店主はニカッと微笑み、

「あぁ、これはこっちですよ」

と、優しく安い方の値を指差す。即座に購入決定。本を包装中に店主が本を見ながら「これ……」と一言発したが、後には何も言葉が続かない。何？　えっ何？　この本がどうかしたんです？　中谷宇吉郎『寺田寅彦の追想』（甲文社）を購入。ここまで来た甲斐があった。古本ではなく、まさに古本屋さんに出会うための沼津行となった。よし次は静岡を目指してがんばるぞ。

新刊書とアダルトの山を突き抜ける

渡井書店——静岡・本吉原◉二〇一〇年一二月一八日

富士山が見事なフォルムを見せてくれる、東海道線・吉原駅ホームの西端から、跨線橋を渡って岳南鉄道のホームへ移動。ローカル色満点の電車を待っているのか、大勢の鉄道ファンがカメラを手にしてウロウロしている。

緑色でガラスの汚れた二両編成の電車に乗り込み、三駅先を目指す。電車は製紙工場の間を進み、到着した無人駅は、崖のように高い工場の壁の下に張りついた、日陰の駅であった。ホームから下りて踏切を渡り、北の大通りへ。どこまでもついてくる富士山は、やはり美しい。通りを西に向かって進み、ひとつ目の信号「和田町公園」のある脇道を北へ入る。

二〇〇メートルほど進むと、渋い街の商店街の道に突き当たるので、そこを西へ。素敵な古いパン屋のある十字路を過ぎると、右手に「本」の文字が見えてきた。あれか～、とお店の前に仁王立ち。しかしなんだか古本屋さんっぽくない。店頭には「ゆうパック」「年賀ハガキ」の幟

が翻り、窓には新刊雑誌のポスターがペタペタ、おまけに見えている店内は新しい雑誌ばかり。……うわぁ、こんなとこまで来てやっちゃったなぁ、とお店の前を力なく離れ、ちょっと先の交差点で対策を考える。

『古本屋名簿』を見ると、ちゃんと「古書一般」って書いてあるけどなぁ。仕方ないからちょっと戻って、〈weekend books〉に行ってみるか。

しかし、その前にもう一度確認しておこう。そうだ、静岡の地図を買うことにして店内を偵察すれば、と未練たらしく再びお店の前。意を決してサッシを開けると、奥深く天井の高い店内。その最奥に立っていた、老齢の神代辰巳風店主と視線がガッチリ。少し気圧されたので、頭をちょっと下げるふうにして右側通路へ避難する。入口の左横にレジがあり、壁は本棚、フロアには右に長い背中合わせのラックがあり、左に天井までの背中合わせの本棚が一本ある。

新刊雑誌、アダルト雑誌、コミック、文庫、ノベルスなどで、ラックも棚も埋まっている。新刊ばかりと思ったが、よく見ると所々に色褪せた本が顔を出している。

う〜ん、古本にも見えるし、棚晒しの新刊にも見える。奥まで行って真ん中通路をレジ前へ。そして左端のアダルト通路に入り込むと、右側棚と奥の部分に古本たちが集まっていた。

よかった！　古本だぁ〜。こりゃ入ってみないとわからないな。難関を乗り越えた達成感に包まれながら、右側棚から視線を動かして行く。充実の静岡関連本（文学、歴史、自然、民俗学、鉄道、地理など）、歴史、日本刀、江戸風俗、箱入り資料本、そして奥壁に書、心霊、映画、演劇、骨董、陶芸、日本文学、文学評論が並んでいる。

新刊書店とアダルトの山を突き抜ければ、古本と対面できるお店である。ジャンルは硬めなので、値段も高めな傾向。神代店主に精算していただき、ホッと一息。

お昼ゴハンをまだ食べていないことに気づき、先ほどの素敵なパン屋「日東ベーカリー」で、アンパンとカレーパンとお土産のドーナツを買い、帰りの電車の中でムシャムシャ。口を動かしながら車窓を眺めると、鉄道ファンのカメラの砲列がそこら中に出現している。なんだかスゴイことになってるなぁ。みなさんの写真に、パンを食ってるオッサンの姿が写り込んでいないことを願ってやみません。遠藤秀男『日本の首塚』（雄山閣）を購入。

焼津では半次のテーマが脳内リフレイン

焼津書店　焼津店——静岡・西焼津◉二〇一一年一月二三日

静岡駅を過ぎると東海道線は、海に落ち込む山裾をしばらく進む。最初の目的地は焼津で、着いた途端にテレビ時代劇『素浪人 花山大吉』の焼津の半次のテーマ（正式タイトル『風来坊笠』）が、頭の中で激しくリフレインする。痛快な脳内ミュージックをBGMに、船員御用達の古本屋さんを探し当てると、あぁ、なんと哀しみの定休日……。がっくりと肩を落としながらも、「半次のテーマ」は相変わらず脳内ヘビーローテーション中。

海を見ることなく駅へ戻り、売店で買ったおにぎり（美味）を食べつつ隣駅へ移動。北口を出ると小さなロータリーで、客待ちのタクシーは、運転手がみんな車内で横になっている。駅からまっすぐに北に進むと、すぐに小石川が現れる。その川に沿って北東へ行くと「古本」と大書された、巨大蝿叩きのような真っ赤な看板が、頭を空に突き出している。店前に駐車場を完備した、キレイでしっかりとしたお店である。その佇まいは簡素なギリシア建築のようで、もろにリサイクル古書店風……。

明るく広い店内に入ると「いらっしゃいませ」の声が降りかかり、BGMにはひたすら嵐が流されている。う〜ん、コミックと新しい本ばかりだな。右奥の古本ゾーンへ向かう。右壁際に、児童文学、絵本、女性実用、旅行ガイド、趣味・カルチャー雑誌群が並ぶ。

向かいの通路棚は一〇五円均一で、文庫、ノベルス、新書、単行本、ムックがズラリ。文庫には絶版が少々と、古い文学も交ざったりしている。しかしそれほど目ぼしいモノはナシ。右端から数えて第二第三通路も古本で埋められており、雑学文庫、一〇五円岩波文庫、新書、一〇五円新書、ハーレクイン、ラノベ、ティーンズ文庫、BLノベルス、海外文学文庫、日本文学文庫、時代小説文庫など。文庫は定価の半額が基本となっている。

奥壁に進むと、右からスポーツ、趣味、辞書、自己啓発、精神世界、サブカル……、ほぉ、よく見ると古本は左端まで続いている。映画、日本文学、文学評論、全集類、海外文学、ミステリ・エンタメ……おっ、野呂邦暢！これは持ってるが、あまりに安いから買おう。チョコチョコ古めの本も顔を出すので、ちょっと目が離せない。

最後に左端通路へ。ここは古い本が多いな。左壁際に美術、陶芸、ビジュアルムック、民俗学、書、少量の紙物が並び、あとはアダルトがレジまで続く。向かいの通路棚は、歴史、静岡郷土書、全国各地郷土書、そしてあとは絶版漫画と古い少年漫画誌の構成。お店の外周通路が古本で埋まっているのである。基本はリサイクル古書店だが、古い本も扱い、捨て難い雰囲気。値段は安め〜普通となっている。そしてこのお店、隣駅にも支店が二店ある。残り二店も訪ねることにしよう。

『野呂邦暢作品集』（文藝春秋）……この本は前は沼津で購入した覚えがある。静岡、ありがとう！　柞木田龍善『日本の秘境』（読売新聞社）、豊田有恒『日本SFアニメ創世記』（TBSブリタニカ）を購入。

この後、清水駅で途中下車し、以前訪れて入店叶わなかった〈山一書店〉を再訪する。ところが今日もお店は開いていなかった。おじいさんが出入りしていたので、しばらく張り込むように離れた場所から様子を窺う。辛抱強く一五分ほど耐えたが、やはり開く気配はナシ。このお店は、いつか絶対入ってみたい！　それにしても、今日も八時間あまりの電車移動。連日はさすがに身体にこたえる。

谷川俊太郎から鳩山郁子まで、セレクト大人ファンタジー

weekend books——静岡・大岡◉二〇一一年四月二日

新宿から、小田急線・東海道線・御殿場線と乗り継ぎ、コンクリ杭に囲まれた屋根もない駅。ポカンと長閑である。改札を抜けて長閑な駅前から踏切を渡って、駅の南側へ出る。そのままうねった車通りの多い道を、道なりに南方面へ進んでいく。やがて現れるセブン-イレブン手前の小道を東へ入る。ここからは住宅街である。ズンズン進んでいくと、道はやがて石垣に挟まれた坂道となり、東海道線の下を潜ることとなる。

そのまま今度は南に進むと、直線が一キロメートルほどキレイに続く長閑な田舎の道。道端に多い道祖神や、大きな家々の様子を楽しみながらテクテク。緩やかに上下している道には、この陽気のせいかユラユラ逃げ水が出現している。久々に見たな。

やがて先には旧国一通りにぶつかる信号が見えてくる。お店や事務所がチラホラ目につくようになると、右手に駐車場を備えた二階建ての横長なお店が現れる。軒には

木枠で地が桜色の店名看板、一階右側はガラス張りで入口があり、左はショウウィンドウで古いピアノや椅子が置かれている。田舎道に忽然と現れた立派なお店である。

入口左側には安売棚があり、雑誌、文庫、単行本、音楽CDがざっくりと収まっている。入口右脇には「10:00～16:00、休みは水曜、古本・雑貨・CD・焼菓子・コーヒー」と書かれた黒板。戸を引いて中へ入ると、白を基調としたお洒落で抑制の利いた余裕のある空間……き、緊張。正面と右側がカフェ・雑貨スペースで、左の漆喰壁に囲まれた空間はCD・ギャラリー的スペースとなっているようだ。正面のテーブル前には大きな階段状になった、アンティークっぽい平台があり、絵本関連本や暮らしのビジュアル本が並べられている。正面奥は一段高くなり、床はオイルの染み込んだ板張り。壁には大きな本棚が設えられている。胸くらいの高さの書架用梯子あり。右奥がカウンター帳場となっており、白髪の紳士と若奥様な女性の姿があり。

左壁に飾られた多数の谷川俊太郎本を眺めてから、本棚の前へ。並んでいるのはキレイな本ばかり。セレクトコミック、外国、暮らし、生活、デザイン、美術、女流文学、セレクト日本文学、セレクト海外文学、食、エッセイ、随筆、大人ファンタジー、絵本・児童文学（海外翻訳中心）、鳩山郁子……。上品で清楚で美しい棚造りである。女子・乙女から美しい母へ、な流れ。野溝七生子、尾崎翠も並び、しっかりとした根深さも見せたりしている。値段は普通～高め。途中、車で駆けつけた女性は、棚の前でカクッとしゃがみ、本の背を追いながら「ハァ～アァ」と悩ましいため息をついていた。お店に相応しい丁寧な応対で精算を済ませる。外に出ると先ほどと何ら変わらぬ、長閑な田舎道。くしゃみを連発しながら、帰りは沼津まで徒歩で戻る。『私が1ばん好きな絵本 100人が選んだ絵本』（マーブルトロン）、鳩山郁子『青い菊』（青林工藝社）を購入。

行きのコースを逆にたどり、小田原で小田急線に乗り換える際、街に出て〈お濠端古書店〉を訪れるが、店主が外出中で入店叶わず。そのまま帰るのも癪なので、「守谷のパン」というお店で甘食を購入する。空気が多めのフワフワ、半分パンのような弾力で、ほどよい甘さだった。美味しい！

港の書店、もしや漁船員にSF好きが⁉

港書店――静岡・焼津◉二〇一一年一二月二六日

　仕事のギャラが小切手で送られてきた。こんなこともあるのかと、人生初めての出来事に面食らいながら、苦労して現金化する。むぅ、現金を手にしたら浅はかにも気が大きくなり、遠くへ行きたくなってしまった……。

　気づけば、停電のためにダイヤが大混乱・大混雑の東海道新幹線に乗り込み、自由席で一時間半。私はカツオのおつまみ「ツナピコ」発祥の地に到着。ここを古本屋さん目的で訪れるのは三度目なのである。一度目は定休日に来てしまい、二度目は午後からの臨時休業にぶち当たった。今日こそは三度目の正直だという思いを胸に南口方面へ出る。

　ロータリーには下りずに、細い通路からつながる空中歩廊を渡り、駅正面の駅前通りに出る。潮の匂いが流れてくる、港をモチーフにした寂しげな商店街である。途中の橋の欄干にある、巨大なタツノオトシゴがなかなか不気味である。なんだか銚子と感じが似てるな、と考えながら強風に抗いつつ、商店街の先を目指して東南へトボトボ進む。

　五〇〇メートルほどで商店街が終わり、本町二丁目交差点に到着。クロスする国道一五〇号に入って、次は南へ。左半身に見えない海の存在を感じつつ、本町三丁目交差点を経て一キロメートル弱で焼津五丁目交差点である。進路を東にとって、ひとつめの信号で人魚と時計を備えた鉄製のゲートが迎えてくれる、神武通り商店街に足を踏み入れる。きれいに整備されてはいるが、たっぷりの地元感と、通り沿いに現れる空地が寂しい商店街……果たして今日は開いているのか。祈るような気持ちで眩しい陽光に目を細めながら、南に歩いていく。左手に二店続きで庶民的に味のある商店建築が見えてきた。

　二階壁面には「with／週刊現代」の看板があり、窓下には二店共通のオレンジ色の日除け……やった！　開いてるぞ！　さらにその下には、「こどもの本の」とあるお店の看板があり、さらにその下に緑のテント看板が張り出し、「ミッフィー」……いや、この場合は「うさこちゃん」と呼ぶのが相応しいイラストが描かれている。ここは焼津港にほど近いため、漁船員用の古週刊誌も扱う新刊書店なのである。古本は果たして並んでいるのか。

おや、店頭右端に、古い木製一〇〇均ワゴンがあるではないか。それほど大きくはないが、近づいて何度も視線を走らせてみる。中途半端に古いコミック・古めの文庫・単行本少々・大判ムック。文庫はカバーなしが三分の一あるが、創元推理文庫のSFが多い。もしや漁船員にSF好きが!? 私は三冊を手にして店内へ。

サッシ戸を開けると同時にチャイムが鳴り響く。古びた町の新刊書店である店内に、人の姿はない。しばし物憂げで静か過ぎる、私だけの時間が店内に流れる。

コミック・雑誌・文庫、それに町の書店にしては充実した児童文学と絵本……そして、右奥角に新刊書店とは異なる棚を発見。その時、奥から老店主が姿を見せ、「いらっしゃい」と言いつつ入口裏の帳場へ座った。

右隅に進むと、そこにあるのは横積みされた週刊誌と漫画雑誌で、七〇円と一四〇円で販売されている。一部に地方出版の詩集や古い本も少々。児童用の「あめのひぶんこ」一揃いのようなものも置かれている。まぁ古い本を探すとしたら、表のワゴンに期待するしかないようだ。値段は激安。唐十郎『戯曲 少女仮面』(角川文庫)、フレドリック・ブラウン『スポンサーから一言』、『73光年の妖怪』(創元推理文庫)を購入する。

お店を出たら商店街を抜け出して、おそらく今年最後の海を見にいく。青黒く、風が強いのに静かな海と青空を見ていると、雄大さを感じるより先に、畏怖の念を抱いてしまった。早々に引き上げて、駅前通りの遠州屋で「一本釣りもなか」を買って帰路に就く。あぁ、やっぱり遠征はとてつもなく素敵で楽しいなぁ。

てのひら島は静岡にあった

あべの古書店――静岡・静岡◉二〇一二年四月九日

片付けなければいけないことが多数あるのだが、青春18きっぷの使用期限が翌日四月一〇日に迫っている。なので、今日はどうしても遠くまでいかなければ、と無理矢理東海道線で西へ向かう。行き帰りの時間の読みやすい所として選んだ、七か月ぶりの静岡駅に降り立つ。

街はとても華やかに飾り立てられており、桃色の提灯がブラリブラリと風に揺れている。どうやら今日は、「静岡まつり」のクライマックスらしく、午後には中尾彬扮する徳川家康が、駅から駿府城まで練り歩く予定だそうだ。幸いまだ午前中だ。混雑や道路封鎖の前に、お店にたどりつかないと。もうすぐ始まる盛大なお祭りへの期待感溢れる街を、切り裂くように歩む。

北口から御幸通りを黙々と北西へ、とにかく進んでいけば、桜咲く石垣が美しい駿府城のお堀端だ。県庁や市役所に挟まれた通りを、さらに先へ先へ。一キロメートルほど進んでくると、真っ赤で巨大な鳥居がヌッと立ちはだかり、それを潜って観光地的商店街の浅間通りに入る。直線道の彼方にある静岡浅間神社を目指していけば、左手に四〇度ほどの鋭角で曲がり込む脇道が現れ、そこには以前訪れたことのある〈古本ブックスランド〉が見える。今回はそちらには足を向けずに、神社方面へちょっと進むと、左手に古本屋さん……が閉まってる。が、店頭には本が！

これはいったい、と慌てながら近寄ると、放置された

▲店頭のみ放置開店バージョン

無人販売本であることが判明。本は一〇〇均と一〇均で、代金はシャッターの真ん中にある郵便受けに入れるシステム。……お店が開いていないのは痛手だが、とにかく本を見ていこう。シャッター前右側に、文芸雑誌の並ぶ小さな本棚・白い格子の単行本と箱入り本ワゴン、雑誌縁台が並んでいる。左側に、文庫（谷崎潤一郎と田辺聖子多し。店内の「た」の棚に何かあったのだろうか……）・新書・単行本ワゴン、雑誌・図録縁台、『俺は直角』箱。

少し離れた左に、一〇均単行本・カバーなし文庫という配置である。きっとお店を開けても、店頭はこのままなんだろうなぁ。あまり期待せずにワゴンに闘いを挑んでいると、奇跡的に欲しかったカラーブックスの発掘に成功、やった！　ちょっとだけ報われた気分になる。一通り漏れのないよう念入りに眺めてから、では代金を支払うか、と財布を取り出すと、うっ、百円玉がない。かろうじて、十円玉五枚と五十円玉一枚があったので、支払いは可能だ。六枚の小銭をコンパクトに重ね、金属のハネを押し開けて郵便受けに落とし込む。

ジャラジャラパシャーン！　うわ、店内の床に直接落ちたみたい。受け皿、用意してないんだな。アバウトな……。内田邦夫『クラフト入門』（カラーブックス）を購入する。次回こそはお店の中にしっかり突撃したいものである。早々とタイムリミットなので「静岡まつり」を見ずにとんぼ返り。夜は「ぴっぽＴＶ」に出て、「パンの會」について熱く、軽薄に語らせていただく。

◉二〇一二年一二月二七日

昨晩飲んだお酒のためか、朝五時半に目覚めてしまい、そのまま眠れなくなる。ならばと、もう起きてしまって仕事に取りかかる。ひとつやっつけて、もうひとつは目鼻のつくところまで。いつの間にか陽が昇り、午前一〇時を回っていた。よし、ちょっと遠い所に行ってしまおう。早くも三回目の使用となる、青春18きっぷをポケットに忍ばせて、今年最後の遠征ツアーへ旅立つ。

東海道線をちょこまかと乗り継いで、三時間半で静岡駅に到着する。北口に出て地下道に入り、御幸通りに出てグングン北西へ向かう。近代建築県庁・区役所の間を早足で過ぎ、一キロメートル弱で巨大な赤い鳥居の立つ、久しぶりの静岡浅間通りである。二〇一二年四月九日に訪れて、放置店頭台しか見ることの叶わなかった〈あべの古書店〉を目指す。

商店街をタッタカ進むと、左手にたくさんの黄色いプラケースを積み上げたお店が見えた。前回は閉じていたシャッターが、ぽっかりと口を開けている。車道ギリギリに、ラックが一本、雑誌・ムックケース、ベビーベッドのような一〇〇均単行本ワゴンが二台、コミックケースが二つ並んでいる。店頭右側には和本や古い教則本などの入った箱、古い雑誌箱、安売り単行本棚が一本。

熟成された古本屋の雰囲気を漂わせるコンクリ土間のお店は、古めかしく奥深く、左右の壁は天井まで棚で、真ん中には背中合わせの長い本棚が一本。その奥側半分には箱型平台が設置されている。奥の棚脇にはガラスケース、入口側には大映の妖怪映画VHS三本が寂しく並んでいる。また左壁棚裏には、狭く短めの行き止まり通路が一本隠されている。棚下には所々に本タワーや箱が置かれ、整然と雑然が同居している。

右側から店内に入り、壁棚に熱い視線を注いでいく。最初は結構細かくジャンル分けされた文庫棚で、日本純文学文庫、海外文学文庫、岩波文庫と続き、棚下にも横積み文庫タワーが立っている。さらに民俗学、江戸、風俗、探検、旅、自然、科学、地震、映画、演劇、落語、海外文学、幻想文学、吸血鬼、魔術、性愛、マイノリティー、ペヨトル工房本が並んでいる。古い本が多く、自然と真剣に見入っていくこととなる。

向かいは児童文学、絵本、児童文学研究、実用、食、ちくま文庫、探偵・推理小説、日本七〇年代近辺文学、本関連、日本近代文学、文学評論、古典文学、日本文学。こちらもやはり古い本が多く見られ、ついつい本を取り出す回数が多くなっていく。左側通路は、壁棚にSF文庫、探偵・推理・ミステリ系文庫、官能文庫、時代小説文庫、戦争、京都、美術と並ぶ。向かいには、絶版漫画、古いノベルス少々、美術図録、古い少年漫画雑誌、女流作家文庫、新書、時代小説、東洋文庫、歴史、詩歌句集、宗教、オカルトが収まる。

プレミア物が積み重なるガラスケースと、その上に並ぶ思想・社会科学系の古い本を見てから、頭より上の高さを誇る本の山脈の横を擦り抜けて左端の通路へ。ここももちろん本棚や木箱に囲まれており、文明、法律、社会科学、学生運動、アダルト、建築、思想、心理学、静岡、富士山、東海道、映画と音楽の文庫・新書が詰め込まれている。

ここは芳醇で、楽しく棚にのめり込めるお店である。古い本や見かけない本も多く、並びに深みがある。値段は安め～普通で、よい本にはプレミア値がつけられているが、余裕のスキありな本も多いので、あっちがダメならこっちがあるさ、とめげずにアグレッシブに攻め続けることができるのである。

六冊を抱えて、奥の番台帳場にたどりつくと、帳場正面の土間にポツンとサンダルが脱ぎ捨てられている。あぁ、店主はここから机を乗り越えて出入りするのだな。座っているのはニット帽を被り、マスクを着けた鈴木慶一風男性。まとめた金色の長髪が肩にパラリと掛かっており、この古いお店の店主とは思えない風貌なのである。丁寧に優しく精算していただく。

▲完全開店バージョン

『スティーヴンソン怪奇短篇集』(福武文庫)、仁賀克雄『ロンドンの恐怖』(ハヤカワ文庫)、高畑勲解説『ホルスの映像表現』(アニメージュ文庫)、後藤明生『挟み撃ち』(集英社文庫)、内堀弘『ボン書店の幻』(白地社)。

そして恐らく今年最後の「どひゃっほう」に値する本が、佐藤暁作・池田仙三郎絵『てのひら島はどこにある』(理論社)。これは童話作家「佐藤さとる」の漢字名表記時代の本である(奥付を見ると、他に他社の五冊の本が確認できる。また気持ちを新たに探さねば)。長らく探していた一冊なのである。カバーはなく二刷だが、そんなこと構うもんか(ちなみに帰りの車中で読了したら、思わず胸が熱くなってしまった。オッサンなのに……)!

あぁ、今日奮い立って、ここまで来た甲斐が本当にあった。青春18きっぷよ、ありがとう！　そうこうしていたら、時刻はいつの間にか午後四時になろうとしている。もう、戻らなければ。また来ます、静岡。

古本を持ったまま日が暮れ、私は帰れなくなってしまうのか

清水書店——静岡・桜橋◉二〇一三年三月一九日

早くに家を出て、みどりの窓口で青春18きっぷを購入したなら、そのまま電車に飛び乗って東海道線で三時間半。草薙駅で静岡鉄道に乗り換えて、古庄駅で降りる。北口から町中に入り込んで、県道七四号を北西へ。沓谷五丁目交差点で西南に向かい二キロ強。唐瀬街道にようやく入って、そこからさらに北西へ二キロメートル。片道五キロの行程である。こんな距離を歩かねばならないのは、唐瀬街道と至近の駅の間に谷津山が横たわっているためである。

とにかくヒドい遠回りをして、目的のお店である〈福代書店〉にたどりつくと、ノゥッ！　お店は市議立候補者の選挙事務所となっていた。なんとムゴい。たくさん歩いて来たのに……。激しく打ちのめされながら、来た道を力なく引き返していく。そしてズタズタに引き裂かれた古本心を癒すために、街道沿いにあった〈リサイクルバンク館〉に飛び込んでみる。

店頭に古道具を並べたワゴンが多数展開しており、「もしや古本も……」と希望を抱かせてくれる店構えだったのである。入口近くに座って煙草をふかす、イナガキタルホ風おばあさんに挨拶をし、店内の古道具迷宮に彷徨い入る。そしてどうにか箪笥の片隅に置かれた、カルタなどと共に一〇冊ほど古本が並んでいるのを発見する。ペーパーバック、岡本かの子、源氏鶏太、児童文学……。選択肢は極端に少ないが、川端康成『少女世界名作全集　日本編』（東西五月社）を手にして通路をさらに彷

徨うと、イナガキおばあさんが、

「何かお探しですか？」

と、声をかけてきた。すかさず持っていた本を掲げ、

「こういう古い本がないかなぁと思って……」

と、彼女の方に近づくと「古本はたくさんあるけど、今店に並べてないのよ。この間たくさん並べたら棚が落ちちゃって、〝古本はダメだ〟ってことになったの」

と、残念なエピソードを語る。

「少しずつ出すから、また見に来てちょうだい」

と、言われて、見には来たいが二度と来ない可能性大。意外にしっかりした値を告げられ、前述の本を購入する。


一応古本は買えたのだが、どうも収まりが悪い気がする。ヒイハア駅まで戻り、再び静岡鉄道に乗って桜橋駅で下車。駅上にある桜橋交差点から県道一九八号をひたすら南に下っていく。駅からおよそ一・五キロメートル。バーミヤンを過ぎて庄福町交差点で西に入ると、もはや夕陽の照り返しが眩し過ぎる、緩やかな坂道の間延びした商店街風な通り。ここを二〇〇メートルほど進むと清水からそのまま曳家して来たようなお店が建っていた。

二〇一〇年五月四日に訪れたお店である。だが清水店はいつの間にか閉店し、この駅からとても離れた地で営業を継続していた。早速緑の日除けを潜って中に入ると、スッキリして素っ気なく、なおかつ奥の帳場には誰もいなかった。近くに店主はいるのだろうか？　すぐに戻って来るのだろうか？

左右両壁は天井までの本棚で、真ん中には足下が広がった天井までの背中合わせの棚が縦に二本置かれている。入口側と帳場側、共に脇棚が設置されている。また左側通路の入口側には、棚と脚立あり。広さは清水店の半分くらいか。右壁一面はコミックで、奥にアダルト。通路棚にはミステリ・エンタメ、海外文学、ミステリ文庫、ノベルス、コミック、アダルト。棚脇には、入口側にハーレクインと児童文学ノベルス、帳場側に海外文学文庫と美術図録が並んでいる。左側通路の通路棚には、児童文学、実用ノベルス、カルチャー雑本、日本純文学と海外文学文庫。入口側棚にも海外文学文庫が並び、左壁に戦争、ノンフィクション、東洋文庫、歴史、文学、思想、科学、天文学、自然、時代小説文庫、日本文学文庫、新書が収まっている。

以前と同じように、本に値段はつけられていないので、その場で値づけするシステムなのだろう。しかも嬉しい

安値で。しかし私は、古本を手にして途方に暮れている。結局誰も姿を見せないのだ。

とりあえず「すいませ〜ん」と帳場の背後のサッシ扉方向に呼びかけてみる。何度も何度も。次第にボリュームを大きくし、かなりの大声で叫んでいるのだが、なんの反応もない。おぉ、買いたい古本を持ったまま日が暮れて、私は帰れなくなってしまうのか。

このお店は家の前に建っているので、いったん外に出て家のチャイムを押すべきか、それとも伝言メモとある程度のお金を置いて立ち去るべきか、などと考えつつも、「すいませ〜ん」を間歇的に発し続けていたら、ようやく店主がサッシの向こう側に顔を出してくれた。

「す、すいません。洗濯物を取り込んでいたので。あの、誰もいない場合は、裏の家のピンポンを押すか、この電話で〝1#〟を押せば家とつながりますので」

……書いておいて欲しかった。

ようやく本を差し出し精算してもらう。店主は一冊一冊評しながら、値づけしていく。ほとんどが一〇〇〜二〇〇円。お宝本が交ざっているので、やはり店主に値づけしていただいて、本当によかった。

竹中労『タレント残酷物語』(エール出版社、一〇〇円！ 連日のどひゃっほうである)、竹中労『仮面を剝ぐ』(幸洋出版)、田邊茂一『遊ばない人間に仕事ができるか』(大和出版)、『札幌青春街図』(北海道教育社)、島内剛一『ルービック・キューブ免許皆伝』(日本評論社)、連城三紀彦『戻り川心中』(光文社文庫)を購入。

ここまで来てよかった、そう思わせてくれる収穫であった。しかし今日はたくさん歩いた。後は最後の一歩きで、JR清水駅までトボトボ……。あっ！ メーターを振り切った古本屋さん〈エンゼル書店〉が看板を下ろしてしまっている。ショックだなぁ……。【▼移転】

「街の古本屋稼業」のあり方

古書　百寿堂――静岡・八幡◉二〇一三年八月二五日

新浜松駅から赤いローカル線・遠州鉄道に乗り込み、駅間短く三駅目。車掌さんに切符を渡し、高い高架ホームから階段を下ると、道路の西側は灰色で巨大なヤマハの工場が、広く高く街の一角を占めていた。

西側歩道に下り立ち、工場の敷地をなぞるように信号のある脇道に入り、西へスタスタ向かっていく。最初は住宅街のようだったが、小さな交差点を過ぎると、なんだかうらぶれた飲食街の雰囲気。四〇〇メートル弱進んで二俣街道にぶつかったら、カーブを曲がりつつ北へ行く。やがてヤマハ工場の西端沿いに出るので、工場のノコギリ屋根を眺めながら、まだまだ北へ。

工場西門を過ぎ、左手に縦長オレンジの郵便局看板が見えてきた。その手前には、店頭駐車場にブルーシートを張り、簾を置いた、おぉ、こんな所に古本屋さん。二階窓には「和本　古文書　書画　骨董」の貼紙があり、店頭には『太陽』や芸術系の雑誌・ムックが並ぶラックがひとつ、蕎麦猪口の詰まった箱、骨董と陶器の並ぶショウウィンドウがある。ちょっととっつきにくそうだが、実は骨董や書画類は二階に集められているようで、小さな一階店内に入ると、そこはれっきとした古本屋さんなのである。

両壁には白木の本棚が設置され、真ん中にも同素材の背中合わせの棚が一本。左壁と真ん中は低い平台付きとなっている。入口横には金属製ラックが置かれ、奥にはマイルドな梶原一騎風店主の座る帳場があり、なんと両耳イヤホンで何かを聴きながら『竜馬がゆく』を読みふけっている。……自由だ。

右壁はビジュアル大判本・音楽、手塚治虫、矢口高雄、歴史、古代史、釣り、茶道、刀剣、骨董、陶芸、柳宗悦などが並ぶ。釣りと茶道には古い本多し。

向かいには日本文学、歴史小説、松本清張、司馬遼太郎、石川啄木、実用、心関連、浜松関連。入口左横には少なめの文庫と美術図録類。左側通路は、壁棚に日本語、幕末、詩集、児童文学、小林多喜二、宗教、思想、政治、哲学、静岡郷土本が収まり、下には紙物や和本の姿も確認できる。向かいは辞書、実用、山岳、出版・本・古本関連が並ぶ。

　基本は硬めであり、奥底に固い意志の流れを感じさせる棚となっている。値段は普通〜ちょい高だが、所々に隙もあり。二冊選んで店主に声をかけるが、司馬遼太郎の世界にどっぷり浸かっているようで、まったく気づいてくれない。多少大きめの声で「すいません！」と言うと、イヤホンを慌てて外しながら、

「あっ、おっ、こりゃすいません。いらっしゃい」

と、照れ笑い。そして精算しながら、

「あの〜、お時間はありますか」

「えっ？」

「よかったらコーヒーでも」

と、いうことで、奥の平台を利用したベンチに腰を落ち着け、嬉しい古本屋さんの歓待を受ける。熱いコーヒーを啜りながら、お店の成り立ちや店主の様々な憂い、それに古本屋さんを開いて（開店三年目とのこと）人と出会いつながりを持つ喜びについて拝聴する。照れながら語る、志の清く正しい「街の古本屋稼業」のあり方に賛同し、お店の継続を強くお願いしておく。

　表に出て、日曜なので不気味に静まり返る巨大工場に見下ろされ、差し出された手をがっちり握る。古本屋さんと握手……。今日もまた面白い古本屋さんに出会ったもんだ。井上光郎『写真事件帖』（朝日ソノラマ）、佐藤史生『阿呆船』（新書館）を購入し、なぜか新品ノートも一冊いただく。

　そしてお店の近所でおそろしいものを見かけてしまう。駐車場で遊ばぬよう注意を促す看板なのだが、人物のイラストが不気味この上ないのだ。杉浦茂タッチに見えなくもないが、手が、手がっ、キャーッ！　……これは完全なるアウトサイダーアートです……。

▲ここでは絶対に遊びません！

斬新！　薄暗いときは棚脇に吊るされた懐中電灯を使用

八月の鯨――静岡・遠州病院◉二〇一四年四月六日

最後の春の青春18きっぷを使い、いつものごとく長時間移動して、まずは浜松。そして赤い旧丸ノ内線風の遠州鉄道に乗り換えて、合計所要時間二分弱の二駅をガタゴトガタゴト。車掌さんに切符を手渡し、無人の高架駅から地上に下りる。

地方都市の街中ではあるが、住宅街と交ざり合った光景が広がっている。駅の西側に出て、まずは高架沿いに北に歩き始める。真っ直ぐ進めば、石垣とコンクリで護岸された小さな新川にぶつかるので、高架と別れて西に家と家の間を進み、最初に現れた小さな橋で北に川を渡る。後はこの川沿いに、静かだが生活感のある街中を、西へトボトボ歩いていく。冷たい風が、空の雲を勢いよく吹き流し、日向と日陰が目まぐるしく入れ替わる。

道がうねったり細くなったりしようとも、小さな川沿いに歩き続ける。元浜橋を横切り、川の上の古い小さな広場のような元浜大橋を渡ると、道はいつの間にか左岸となり、白い箱型ビル浜松市元目分庁舎の裏手へと出る。ここまでは駅から五〇〇メートルほどで、庁舎西側の中華料理屋さんの隣のブリキ張りビル風建物の一階に、目指すお店がオイル引きの木材を鈍く輝かせていた。ここは今年になってできた、古本と珈琲のお店である。小さく店名の入った扉の向こうは暗く、大きな窓にも緑の簾が下げられているので、中の様子は窺いようがない。

この店名は、やはり映画から採ったものだろうと思いつつ中へ踏み込む。シックに木材を基調にした店内。左が喫茶スペースで、奥に短いカウンターとフロアに数席のテーブル席、壁には藤原新也のポスターが飾られている。カウンターの奥から、ヌッと立ち上がって「いらっしゃいませ」とボソリと言ったのは、和風ジャン・レノ（若干崔洋一寄り）的なお洒落で渋いオヤジさんである。そして右側がちょっと薄暗い古本屋スペースで、右壁から三本の本棚が生え出し、三つの小さなスペースを造り出している。本棚脇には、斬新な薄暗さ対策として懐中電灯がぶら下がり、本の背文字が見えにくい時はこれを使用するらしい。

入口右横スペースは「コ」の字型に棚が集まり、詩、言葉、日本文学、ノンフィクション、海外文学、現代思想

などが向かい合う。真ん中には向かい合う棚に、新書、宗教、老い、死、反戦、反原発、自然、民俗学が集まる。棚脇のインド棚を上から下まで眺めてから奥に進むと、手前側に料理、映画、アート、ビートニクス、サイケデリック、医療、精神医療が並び、最奥の他より長い棚には旅、ガイド、鉄道旅、登山、音楽、漫画評論、本関連が収まる。

　本の値段は、主に背に貼られた金、銀、赤のシールで分けられているようだが、値段のアナウンスはどこにも見当たらない。シールのない本には、わりとしっかりした値がつけられている。フロアの大テーブルにも、安売り洋楽ＣＤの山とともに絵本が集められている。

　カウンター上にも、整然と音楽や哲学の本が並ぶが、これらは果たして売り物かどうか。閲覧用かもしれないな。ハッ、ふ、『古本屋ツアー・イン・ジャパン』が紛れ込んでいるじゃないか！　心臓がドギンと跳ね上がり、嬉しくはあるがなぜだかとても恥ずかしい。本当に思わず赤面し、本から目を逸らしてしまう。古本屋さんで自分の本に出会うのは、夢のひとつであったのに、なんという情けなさ……。本は多いわけではないが、少数精鋭ジャンルのオヤジさんの気骨がドッと注入されたお店である。

　銀色シールの貼られた、朝日新聞社『紀信快談　篠山紀信対談集』を差し出すと、シールを確認して「三〇〇円」と一言。安いじゃないですか。ということはシールの値段分けは、一〇〇・三〇〇・五〇〇か三〇〇・五〇〇・七〇〇のどちらかであろう。

倉庫で古本アスレチック！

太田書店　倉庫――静岡・静岡◉二〇一四年六月一五日

すでに昨日のことになってしまったが、梅雨の晴れ間に古本神・森英俊氏と連れ立って静岡古本屋ツアーへ。氏がメフィストフェレスよろしく、連絡しなければ入れない場所へと、気弱な私を誘ってくれたのである。

「ぷらっとこだま」（運賃が割安だが乗車する列車が決まっている）で午前七時二六分に東京駅を旅立つはずだった。しかし中野駅で慌てて逆方向の中央特快に乗り換える大ミスを犯したため、乗り遅れてしまったのだ。俺のバカ！　焦りつつ東京駅に駆けつけ、三〇分後のひかり号のチケットを買い、気持ちだけは前のめりに森氏を追いかける。氏の携帯番号のメモも忘れていたので、少ない知恵をギュウギュウに絞って、車掌さんに前を走るこだま号への伝言をお願いする。というようなドタバタがあり、午前九時六分。静岡駅の新幹線改札口で、氏に頭を下げながらツアーを開始した。

北口ターミナルから水梨東高線のバスに乗りこむ。市内を北東へウネウネと二〇分ほど走って下車する。辺りは郊外の住宅地で、竹の生い茂る低山が迫り、とても古本屋さんがあるような気配は感じない。旧街道的な道を、北に三〇〇メートルほど進むと、右手の電柱に〈太田書店〉の看板を発見する。矢印にしたがって進むと、緑の山裾の広い砂利敷きの広場に、「機動警察パトレイバー」第二小隊が駐留しているような建物があった。

これは……。思わず言葉を失ってしまう。ここは最近、静岡駅近くに新店をオープンした〈太田書店〉の本拠地なのである。大量の古本を内蔵した倉庫ということだが、連絡してお願いすると、入場と購入が可能となるのである。メラメラと闘志を燃やし、駐車場をジャリジャリ進み、裸電球の下がる実用一点張りの木製エントランスに上がり、倉庫の中へ。するとそこは、結束された本の束やダンボールや梱包材が迫りくる、古本迷宮の入口だった。忙しく立ち働くひとりのご婦人に案内を乞い、来意を告げる。見たところ、建物内も実用一点張りの大工仕事が施され、二階が増床されている。

一階には手前側に事務所や大きな作業スペースがあり、奥側半分に古本棚が林立。二か所ある急階段（ひとつには手すり代わりのロープが設置され、まるで古本アスレチックの様相）

のどちらかで二階に上がると、そこは真の古本棚の林で、暗闇を通路に抱え込んだ、まさに幻想的と言える光景が広がっている。この空間に響くのは、森氏と私の互いの足音と、裏の山で風に揺れる竹の音と、階下で流れるサッカー中継の音声だけ。そんな中で、懐中電灯を手にして、次々と素早く通路に潜り込んでいく。

一階も二階も、スチール棚でできた一六本の通路が並列し、一階は二本、二階は三本の四〇メートル級の縦通路が貫く構成である。一階には漫画と文庫が多く、他にジュニアミステリと奥に単行本が集まっている。ほとんどの本に値段はつけられておらず、後ほど顔を出していただける社長さんに値づけしてもらう方式となっている。

欲しい本は次々と見つかるのだが、値段がわからないと安心して手が出せず、やたらと臆してしまう。それに比べて森氏は、なんの躊躇もなく、次々と古本を抱え込んでいく。恐るべし古本神！　二階は単行本と大型本がメインで、しっかりジャンル分けされた文庫コーナーもある。一階と違い、それぞれに分類コードがつけられているので、こちらの値段はすぐに判明しそうである。

光の輪の中に、数え切れないほどの古本の背を浮かび上げ、一時間半があっという間に経過してしまう。社長さんが現れ、挨拶を交わし、本日のお礼を述べる。後で新店にも向かう約束をし、早速本の値づけに取りかかっていただく。

担当者でないとわからない本もあったため、それらは後ほどメールでお知らせということになり、この場では昭和二三年刊の西東三鬼『夜の桃』（七洋社）を購入。一ページ目を開いた途端に力強く大きめな活字で、大好きな句「水枕ガバリと寒い海がある」が飛び込んできたのだ。これを買わなければ、男が廃るじゃないか。

倉庫にお別れした後は、バスに乗って静岡駅方面に舞い戻り、〈栄豊堂書店古書部〉と向かい合う〈水曜文庫〉に飛び込み、慌ただしくも楽しむ。

さらに静鉄に乗って狐ケ崎へ向かい、〈はてなや〉に至る。ここでは色々と楽しく話し込み、後学のためにと特別に倉庫まで見せていただく幸せタイム。それにしても一日で二軒の古本屋さんの倉庫を見ることができるなんて……。中では純度の高い品揃えに衝撃を受け、ただただ眼の保養・眼の毒。世界の広さ深さを、今さらながら思い知る。〈はてなや〉さんにはこの後も静岡市内まで送ってもらい、大変お世話になってしまった。今朝の

JR東海に引き続き、感謝である。

太田書店　七日町店——静岡・静岡◉二〇一四年六月一五日

駅北口ロータリーから両替町通りを西北へ突き進む。続いて、四〇〇メートルほどで行き当たる七間町通りを南西に突き進むと、七間町交差点手前の左手ビル一階で、華やかな古本屋さんが賑わいを見せていた。五月末に〈太田書店〉が久々に打ち出した新店舗なのである。看板の「古本・古書」の文字が目立ち、白い日除けの下の店舗は、通りに向かって開かれた印象である。

店頭には店内に半分食い込む形で、三段のフレームワゴンが連なり、一〇〇均本の花を咲かせている。右端には三〇〇均の小棚もある。店内はウッディに統一され、優しげにシンプルで、壁棚に囲まれたフロアには、通り側に横向きにボックス棚が置かれ、その奥に縦に背中合わせの棚を三本潜ませている。また右奥に大きなガラスケースがある。

右壁に文学、趣味、鉄道、自然、音楽、映画、コミックが並び、ガラスケースにプレミアジュブナイルSF・探偵、日本文学が飾られている。開店祝いの花が飾られ

たボックス棚には、表側に充実の児童文学、絵本、子供関連、裏は食、料理、ファッション、暮らしなど。

通路棚は、右端通路に美術図録・作品集、第二通路に美術、建築、戦争、社会、風俗、歴史、第三通路に日本文学、海外文学、哲学、思想、宗教、科学、ミステリ研究・評論、性愛、創元推理文庫、左端通路が講談社学術・ちくま・中公・岩波の各文庫となっている。左壁には日本文学文庫、探偵・SF文庫、時代小説文庫、戦争文庫と並び、奥壁の新書、ノベルス、ポケミスと続く。

よい本が多く交じり、棚造りにさり気ないながらも強靱な芯を感じ取れる。〈音羽館〉や〈コンコ堂〉に近い、センス、ビジュアル、ディスプレイの新世代雑本店の薫りが漂っているのだ。値段はちょい安~普通で、一部の良書には相場より安い価格がつけられている。楽しいぞ！　大下宇陀児『奇蹟の扉』(春陽文庫)、殿山泰司『日本女地図』(カッパブックス)、眉村卓『まぼろしのペンフレンド』(岩崎書店SF少年文庫6)を購入する。遅ればせながら、開店おめでとうございます！

写真集、食、旅、手塚治虫が不思議に尖る

古書　壁と卵――静岡・静岡◉二〇一五年二月一日

昨夜は戦場のような過酷な写真撮影に従事して、大いに疲弊する。寒い今朝、布団から重い体を引き剥がし、この疲れを癒すには古本を買い漁るしかないはずだと、東海道線で西へ下る。青空の三倍濃い青のきらめく海面を眺めて、去年の梅雨の晴れ間以来の静岡駅に到着。

こっちの方が少しは温暖なのかと思っていたら、東京と変わらぬ寒さが身にしみる。北口に出て、デッキのようなロータリーを、地下道には入らずに、線路沿いに南西に向かう。そして国道一号の東海道に出て、さらに真っ直ぐ南西へ歩き続ける。駅前の繁華街はすぐに遠退き、人影のない車ばかりの幹線道路をひたすら進む。

駅から一キロメートル弱、天王町交差点を越え、次の吉野町交差点で北西に進路をとる。低い家並が広がる静かな街をテクテクと人に出会わずに駒形通りの交差点に到達。東側を見ると、閑散とした、商店らしきものが途切れ途切れに続く商店街らしき姿があり、この辺り特有の歩道に掛かるトタン屋根がポツポツとつながっている。交差点脇のお店にもその屋根が掛かっており、そこが小さく静かな古本屋さんであった。まずその鄙びた佇まいに歓喜する。

シンプルな店名が入る簡素なサッシの前には、里痕鮮やかな立看板、額、雑誌箱、全集壁などが広がっている。戸をスラッと開けて中に入ると、棚の肉迫する小さな店内。左はキレイに組まれたボックス壁棚で、真ん中には背中合わせの本棚と両脇も本棚で固めた四面棚があり、右は壁棚。そして奥がカウンター帳場と一本の本棚と、回すのにかなりの力がいる回転式本棚で構成されている。店主の姿はまだ目視できない……。入ってすぐの正面は一〇〇均の文庫・単行本・コミック・雑誌棚。右に進むと壁棚は、椎名誠、東海林さだお、小泉武夫、嵐山光三郎、玉村豊男、開高健、池波正太郎、山口瞳などに分かれているが、これはほぼすべて食関連の本がセレクトされ、こだわりをヒシヒシと感じる。

奥には水木しげる、旅、村上春樹が集まっている。向かいには食全般、ガイド、静岡、建築、言語。奥へ進んで回転式本棚を力一杯回してみると、そこには吉本ばな、長嶋有、奥田英朗などの現代日本作家がたっぷりと

詰め込まれている。

頭上の壁には岩合光昭の猫写真オリジナルプリントあり。カルチャー雑誌棚と寺山修司、吉本隆明、サブカル、オカルト、現代社会棚が向かい合う極短通路を過ぎると、下にCD棚があり、カウンター上にミニ四駆の箱が積み上がった帳場にたどりつき、ここでようやく店主と対面する。田宮模型のロゴステッカーが貼られたガラス障子を背にして、浅野いにお漫画キャラ風の青年店主が、「いらっしゃいませ」と声をかけてくれた。

左側通路は、壁棚に和洋写真集やアート関連が存在感たっぷりに並び、平台には古い映画雑誌や薄手の古パンフレットが積み重なる。それに動物本が棚下に揃っている。

向かいには写真カメラ関連と、手塚治虫が多く集まる。不思議なこだわりに満ちた古本屋さんである。何がどうなったら、写真集、食、旅、手塚治虫が尖るのか、興味は尽きない。値段は普通。リチャード・マイルス『雨に濡れた舗道』(角川文庫、カバーなし)、セバスチアン・ジャプリゾ『寝台車の殺人』(創元推理文庫)を割引フェアの一割引で購入する。

そのまま勘に頼って街を彷徨えば、しっかりと〈太田書店 七間町店〉のある街角に到着し、賑わう店内を楽しんで三冊ほど買い込んだあと、〈あべの古書店〉に向かおうとするが、今度は見事に方向感覚を失い、ありゃりゃりゃ駅前に来てしまった。仕方なく〈あべの〉は諦めて、〈栄豊堂書店古書部〉と〈水曜文庫〉に立ち寄り、一冊ずつ購入。〈水曜文庫〉店主の市原氏が私のことを覚えていてくださり、感激ののち恐縮。近辺の古本屋さんの話や、最近開いた古本市イベントのお話などうかがう。

静岡の古本屋さんが、力を合わせて奮闘しているようで、実に頼もしい限りである。東海地区にこれからも濃厚な古本を！　再会を約してお店を後にし、まだ午後四時だが開いているかな、と南口の〈一冊萬字亭〉にも足を延ばしてみる。やった、開いてる！　いつものように誰もいない店内に飛び込み、棚や本タワーを凝視物色する。さりげなく所々で本が入れ替えられていることに驚きつつ、七冊購入する。おかげで疲れがだいぶ吹っ飛びました。

セルフの移動式書架をガーガッチャン

空の鳥文庫――愛知・名古屋◉二〇〇九年三月二二日

御器所駅を出て山王通を東へ進み、西友前の広路通1交差点を左へ入る。すると三店舗長屋の右端にお店が……青い。空色だ。店頭の袖壁と足回り、それに雨樋まで青く塗られている。ガラス戸には店名の他に、「ワープロ文書作成」「カラーコピー」などの文字が躍っている。古本屋以外にも何やらやっているようだ。

そのガラス戸の中には、本と本棚以外にも回転式の印鑑ケースが二台置かれている。多少の不安を抱きつつ店内へ。むむ……狭い。ほぼ半分倉庫状態である。通路も極細だ。そしてこの右側の見慣れぬモノはいったい!?……おぉ、これは移動式書架！　こんな大そうな仕掛けを見るのは〈魚山堂〉以来かな。ん？　よく見るとその書架の脇に紙が貼り出してある。

「この棚はセルフサービス式の移動書架です。側面に向かって左右の方向に手動操作してご自由にご検索下さい」

これを自分で動かしていいのか。へへへへ、ワクワクするなぁ。使用方法の図解(手描きでカワイイ)も示してあり、他のお客への注意も促してある……そりゃ挟まったら大事ですから。その書架の前には小さめな棚が一本置かれ、その間に身体を滑り込ませ閲覧する仕組み。左側の壁はすべて本棚、真ん中に背中合わせの棚が手前と奥に一本ずつ、通路にも所々に本が積み上がっている。

奥にレジがあり「ザ・古本屋」なオヤジさんが、作業着を着込んでパソコンに熱中している。移動式書架にハートを連射されながらも、落ち着きを装い他の棚から見始める。小さな棚二本には絵本や『こどものとも』が詰まっている。向かいの通路棚には大量の児童文学と海外文学。奥の棚には、詩、文学評論、古典、少量の文庫、古い広告図案集などが収まる。棚の裏側には手前に教育、児童、思想、奥に哲学、日本文学となっている。

壁際には、脚立、新書、岩波文庫、科学全般、美術、実用、民俗学、歴史、宗教と並んでいる。そしていよいよ右側の移動式書架へ！　書架は全部で七本、入り込める場所は二か所。入れる場所が限定されるために、事前の書架の移動調節が不可欠である。

空きスペースに見たい棚がくるように、パズル気分で

移動する。文庫棚は簡単に動くが、単行本の棚はさすがに重い。ゲームの『倉庫番』実写版のようである。

棚の中には、楽譜、ビジュアル本、海外文学文庫、ミステリ・SF文庫、日本文学文庫、教養・雑学文庫、技術書、戦争関連などが並んでいる。

本って重いなぁ、と今さらのように思いつつ「ガーガーガチャン」と古本屋らしからぬ音を響かせ、質量を感じさせる重労働。しかしこれが結構楽しかったりする。この手前の小さい棚がなかったらもっと動かしやすいのだが。そして動かした書架の中から一冊抜き取ってレジへ。本を渡すと、カバーに貼りつけてある値段と分類シールを手早く剥がし、しばし本を眺める。そして、

「〇〇〇円でいいわ」

と、突然の値引。反射的に、

「ありがとうございます」

と、軽く頭を下げる。すると今度はお釣りを渡しながら店主が、

「ありがとうありがとう」

と、気さくで丁寧なお礼。古い本も多く、値段も安い。そして目玉は何と言っても、セルフの移動式書架！　ここまで来てよかった！　北川民次『メキシコの青春』（光文社カッパブックス）を購入。

今回の名古屋、本来は鶴舞の先を訪ねるはずであった。しかし別な所にもチャレンジしたく、今回は御器所（ごきそ）周辺に焦点を定めたのだった。しかし〈空の鳥文庫〉以外はみんな臨時休業しており、そこには「名古屋大市のため……」という貼紙が。くぅ、タイミングが悪かった。

なぜ私は右を振り向いたのか。岡崎で空振り三振の末に振り逃げ

いこい古本店――愛知・三ヶ根◉二〇一二年九月二七日

昨日思った通り、ちょっと遠くへ出かける。仕事がこれから混乱期に入りそうなので、魂の栄養を前借りしておこうという寸法なのだ。豊橋駅を出た東海道線は、左に静かな三河湾を見せながら、タタンタタンと西へ走る。「三」がやたらとつく駅を次々と通過し、海から離れたと思ったら、すぐに目的駅に停車した。

西口に出ると、小さなロータリーの向こうは、緑陰濃い神社の小山である。そのすぐ前に横たわる、たくさんのトラックが行き交う県道を、北西に向かってひたすら進んでいく。さしたる特徴もない、長閑な田舎町の風景を眺めながら、まっすぐテクテク。長閑過ぎて、古本屋さんがちゃんとあるのかどうか疑ってしまうが、とにかく歩を進める。

信号をひとつふたつと過ぎて、駅から一キロメートル強の地点で、左手に「本」の文字が見えて来た。おぉ、こんな所に、と近づくと、あまりに素朴な自宅合体型店舗で、軒に黄色い日除けが少し張り出し、ボロボロになって店名の文字が欠け、「いくい古本占」と成り果ててしまっている。

サッシ扉には何枚かの貼紙があり、「九月二〇日に雑誌など入荷しました」「文庫小説（時代小説）お譲りください」「お店が狭いので三人以上での入店は……」などと書かれている。二段のコンクリステップを上がって、カララと店内へ。

ほぉ、コンクリ土間の、古くたびれたお店である。左奥の帳場に座る老婦人が、「いらっしゃ〜い」とにこやかに迎え入れてくれた。小さな空間は壁棚に取り囲まれ、入口左横には仕切り棚があり、左に小空間を生み出している。土間の真ん中には、下が平台、上が二段棚の木製什器がドデンと置かれている。そして棚に入っているのは、八〇〜九〇年代コミックの揃いなのである。他には平台や小空間にアダルトが集合している。

入った瞬間はコミックだらけの印象なのだが、落ち着いて棚を見ていくと、目指す古本もしっかりと所々にあった。入口右横奥に雑本棚が一本、平台に一〇円文庫、その上の二段棚に日本文学文庫と時代小説文庫、そして奥壁

の四段ほどに実用単行本、日本文学。あくまでも街の古本屋さんである。この田舎町と共に生き続けているお店である。ほとんどがちょっと古めの雑本なのだが、値段は激安となっている。文庫は一〇均以外は五〇～一五〇円。単行本も五〇〇円以下で、コミックバラは一〇〇円、コミック揃いでも一〇〇〇円は稀である。そんな中で計四冊を手にして、老婦人に捧げるように帳場に差し出す。

「ありがとうございます〜。あら、古い漫画ね。これって二巻で終りだったかしら？」

フレンドリーなコミュニケーションが嬉しい。

「いえ、あと一巻続きがあるはずですよ。こんな漫画をよくご存知で」

「フフフ、漫画は結構見てきたのよ〜」

などと楽しくやり取りしていると、単行本の「四〇〇円」の値段を見るや否や、

「あら高い。安くするわね」

と、鉛筆を持ち「二〇〇円」に書き直してくれた。ありがとうございますっ！　先客のオジサンも、アダルト雑誌を大量購入していたら、一冊無料サービスに！　おぉ、三ヶ根の「いこい」の場よ！　いつまでもこのままお元気で！　平川陽一『世界の秘宝マップ』（ワニ文庫）、奥瀬早紀『低俗霊狩り』、『低俗霊狩り 其の二』（白泉社）、津原泰水『ペニス』（双葉社）を購入する。

続いて岡崎に向かい、西に北にとお店を求めるが、虚しく空振りが続いてしまう。最後に東にある『西友』内のお店を、ワクワクしながら目指したのだが、たどりついてみると三階建ての二フロアを〈ブックオフ〉に占領された、もはや「西友」というよりは〈ブックオフ〉が目の前に。これじゃあ生き残れるわけがない。

一応店内を探索してみたが、お店の姿はどこにも見当たらなかった。三たび虚しく、熱い日射しを顔に受け、悄然として駅に向かう。疲労困憊した身体を前へ運び続け、ようやく駅舎が見えてきた。そしてこの時、なぜ私は右側を振り向いたのか。それは、古本の神が「ニヤリ」と微笑んだからではないのかっ!?

古本販売専門　読書人——愛知・岡崎◉二〇一二年九月二七日

東口に出て、ロータリー左側を回り込んで、駅前の大通りを北へ行くとすぐに羽根町東ノ郷交差点に着く。ここで左の交差点際を見ると、暗いガンメタ色のコンテナ

群が角地を取り囲んでいる。どうやらどれも、改造され事務所やお店として使われているようだ。

先ほど振り返った時に、道路際の一台のコンテナ脇にある立看板が偶然目に入ったのだ。「本all 1冊100円」「マンガall 50円」などと書かれている。これは、古本屋さんでは？　このコンテナが？　コンテナの間から中庭のような敷地内に入り、コンテナの前面らしき所に回ってみると、中央にドアがあり中の本棚が見えていた。

古本屋さんだっ！　突然の予期しなかった出会いに大いに感激する。店名と共に「知識の無いのは心の病」と書かれた扉を開いて中へ。お店はもちろん横長で、奥側に一三本の壁棚が並び、手前側には左に四本の本棚、そして右側に低めの棚が続き、その奥に帳場が設えられている。帳場前には、白髪黒眼鏡白髯を蓄えた恰幅のよい仙人的オヤジさんの姿があり、鼻歌を中断して、「いらっしゃいませ」。礼儀正しく会釈して、店内精査の態勢に入る。

それにしても、コンテナの中とは思えないほど、キレイな内装である。入口左横には歴史小説、時代小説文庫が並び、最奥に美少女コミックと同人誌が少々。入口右横は児童文学、児童書、絵本が集まっている。

奥壁は右奥から、書の本、官能文庫、日本文学文庫、コミック、ミステリ・エンタメ、実用、ビジネス、ノンフィクション、食、新書、日本純文学文庫、絶版文庫少々、海外文学文庫、暮し、自己啓発など。足下の平台にはオススメ本や美術ビジュアル本などが置かれている。
新しい本がメインで、古い本は少ない。ただし漫画は絶版が目立つ。本の背には色違いのシールが貼られ、一〇〇～五〇〇円の値を表している。ということは「all一〇〇円」じゃないのでは？　ちょっと疑問に思いつつ、一冊を手に仙人の元へ。すると二〇〇円の値を即座に一〇〇円にしてくれた。疑ってすみません！　ありがとうございます。この幸運な出会いと値下げに、感謝の念を捧げる。G・マクドナルド『リリス』（ちくま文庫）を購入。
岡崎で見事な空振り三振をしたと思ったら、嬉しい振り逃げが成立。まさかあんな古本屋さんがあるとは。しかしこれはあくまでも氷山の一角で、まだまだ様々な所に、古本が潜んでいるのだろう。夢のごとき全国制覇の道のりは、相変わらず厳しく険しいのだ……。
あとで調べたところによると、「西友」のお店は、「西友」の裏手にあることが判明する。不覚！　これはまた調べに行かなければ。

古本通路！古本通路！

椙山書店――愛知・犬山◉二〇一二年一二月九日

名鉄の犬山駅西口から真っ直ぐ西に進み、謎の「忍術道場」前を興味津々通り過ぎて本町交差点。ここから南に折れると、道の両側は歩道屋根の掛かる商店街である。しかしそのほとんどはシャッターを固く閉ざしており、プラスチックの飾り花だけが寂しく風に揺らめいている。

東側の歩道を進み、いったん屋根が途切れて再び屋根が復活すると、まるで洞窟のような古本屋さんが姿を現した。

ここ、これはっ！ 入口の奥に薄暗く、妖気を発する古本通路が見えているのだ。はやる気持ちをぐっと抑えて、まずは二本の五〇均店頭文庫棚に目を凝らす。うっ、本が二重に並んでいる。時間がないので表側を見るだけに留めておく。その周囲には、すべて五〇均のノベルス、雑誌、BL、ノベルスの箱などが置かれている。

よし、本番だ。勇んで中に飛び込むと、右に一一本の高い天井まで届く日本文学文庫棚が並び、表の棚同様ここも二重に本を並べている。品切れや絶版が多く目につき、自然と心臓の鼓動が速まる。

左の壁棚はポケミスから始まり、海外ミステリ・SF文庫、海外文学文庫、一〇〇均単行本、実用、オカルトノベルス、趣味、タレント、文化、辞書類、日本文学、歴史小説、プレミア文学・郷土本、斎藤茂吉、詩集、そして後は少女漫画ゾーンとなり、最奥の部分は大量のLPレコードと音楽CDが並んでいる。ポケミスが安い

ぞ！　天井近くの棚が見えない。気になるところは時間の許す限り奥もチェックだ、などと次第に深みにはまり、時間がどんどん過ぎていってしまう。

　文庫棚の裏には、二本の長く歪な古本通路があり、真ん中は少年・青年コミックだらけ、右端は美術、鉄道、雑誌各種、映画パンフ、アイドル系写真集が集まっている。正面奥（本当に遠い）帳場前には、音楽CDと共に絶版漫画、貸本漫画が並ぶ棚があり、コミック文庫棚の裏にはアダルト空間が隠されていた。

　部屋のようなカウンター帳場では、壮年夫婦が斜め上のテレビを見上げ、楽しそうに笑いながら番組に突っ込みを入れている。だがその周囲には、ビニールに入れられた高額絶版漫画や映画パンフが、無数に飾られているのだ。プレミア絶版漫画やプレミア映画パンフ以外はみんな安く、古めの本も多くドキドキワクワク楽しめる。

　単行本は数が少ないが、文庫に見果てぬ夢がありそうだ。それにポケミス棚がなかなか魅力的だ。

　結局、ハヤカワポケミスのロバート・ブロック『気ちがい〔サイコ〕』、ジャン・ブリュース『O・S・S・117号　ガラスの眼』、A・A・フェア、田中小実昌訳の『笑ってくたばる奴もいる』、『カラスは数をかぞえない』、さらに井伏鱒二編『若き日の旅』（河出新書）、山村正夫『裂けた背景』（春陽文庫）を購入。

　あぁ、文庫棚の奥側を、すべてじっくり見てみたい……。

孫がプリティーな人文・歴史に強い老舗店

都築書店——愛知・東岡◉二〇一三年六月三〇日

今日は何がなんでも行ったことのない古本屋さんに行くのだ。遠出だワッショイ！　とムダな勢いにまかせて、まずは豊橋へ。そこから赤い名古屋鉄道の特急に乗れば二駅で三〇分。半地下通路から北出口に出ると、駅ビルは岡ビル百貨店という名のボロいが好ましい三階建て。

徳川家康の手形がある、これまた古臭いロータリーから目の前の駅前通りを西に進んでいくと、三〇〇メートルほどで電車通りとぶつかる交差点。かつては市電がガタゴトとここを行き交っていたのである。今は車だけが走る味気ないアスファルトを眺めつつ、北へと向かう。すぐに水量豊かな乙川に行き当たるので、親柱の立派な殿橋で川を越える。

この、駅近くの街中に自然豊かな川が横たわる感じは、盛岡や広島の景色を思い起こさせる。街自体は、新しさと古さがモザイク状に入り交じっている。さらに北に進み続けると、井桁型に武骨な歩道橋の架かる康生南通交差点。その手前右手に赤い小さなビルがあり、おぉ一階が古本屋さん！　軒に黒々とした看板文字があり、だんだら日除けの下には、一〇〇均新書棚、安売りの全集・単行本、そして大雑把な文庫入一〇〇〇円ダンボール箱。……逆に売れない気が。

店内は縦長だが、両壁は本棚、真ん中に背中合わせの棚、奥に島式帳場のオーソドックスなスタイル。ただしどこの棚下も帳場回りも、二重の本タワーに取り巻かれており、下半分を見ることができない。通路はキレイに広めに確保されているので、乱雑さと不自由さを感じることはない。奥には車だん吉をちょっと思い起こさせる老店主と、娘さんとお孫さん。つまりは店内がものすごくプライベートな空間と化している真っ最中なのである。このプリティーな孫は、店内を「アワ～ッ！」と一周し、その度に私の足にタックルをかましウヘヘと笑いかけて来る。店主が、

「これこれ、やめなさい。どうもすみません」

と、謝るのだが、その顔は孫が可愛くてたまらないえびす顔。私もすでにお孫さんに悩殺されておりますので、なんの問題もありません。

さて、古本に集中しなければ。右壁は科学、文明、思

想から始まり、古代史、日本史、民俗学、古典文学、辞書など。ほとんどが箱入本で硬い印象だが、足下タワーは同ジャンルでも通常の単行本がメイン。向かいは尾張・名古屋・岐阜の郷土学術・資料と宗教。棚脇には能や伝統芸能の本タワーもあり。入口左横は文庫棚で、岩波文庫、講談社学術・文芸文庫、ちくま文庫、福武文庫、文庫揃い。

左壁は時代小説文庫、一般文庫少々（足下にも広がる）、中公文庫・新書、歴史小説、戦争、日本純文学、探偵小説復刻本・叢書・全集、幻想文学、古本関連、性愛、漫画評論、文学評論、日本近代文学と続く。通路棚には、趣味、自然、園芸、登山、映画、音楽、書、美術、工芸。帳場の背後には強固な郷土誌の壁が控えている。

歴史書と郷土書に強いお店であるが、文庫や本タワーに意外な本あり。しかも全体的に安いのが嬉しいところ。ここはよい老舗店です。

表の一〇〇均新書を見た時はどうなることかと思ったが、孫はプリティーだし店主は紳士的だし、とニコニコしながら山村修『遅読のすすめ』（ちくま文庫）、洲之内徹『気まぐれ美術館』『絵の中の散歩』（以上、新潮文庫）、小川知佑『伊東静雄』（講談社現代新書）、伊藤俊也『幻の「スタヂオ通信」へ』（れんが書房新社）を購入。

この後はさらに北にあるはずの古本屋さんを目指したが、そこにあったのは普通の集合住宅だったので、どうやら事務所店の模様。ツラツラと駅に戻りがてら、名前に惹かれて伊賀八幡宮にお参りしたり、街の片隅に小さな安倍晴明の社を発見したりして喜び、私は岡崎で何をしているんだか……。

駄菓子とスロットカーレース台

ヤマザワヤ書店――愛知・二川◉二〇一三年八月三日

午前六時に出立し、青春18きっぷで東海道線を西へ、西へ。ところが途中、遠州灘で震度四の地震が発生し、駅でしばらく運転を見合わせたり、乗り継ぎがうまくいかなくなったりと、ダイヤの乱れに巻き込まれてしまう。それでも午後一時にどうにかたどりついたのは、豊橋のひとつ手前の駅。東海道五十三次中、三三番目の宿駅でもある。

北口に出ると小さなロータリーと東海道の向こうには、緑濃い岩山が、低く東西に横たわっている。脳天を焦がすほどの陽を浴びて、東海道を西へテクテク歩き始めた。途中クロスした立岩街道に入ってさらに西へ。一キロメートルを過ぎたところで、国道一号とぶつかる岩屋下交差点。岩山頂上にスックと立つ観音像に見下ろされながら、行く手が陽炎のように揺らぐ国道を、北西へ無心に歩き続ける。人影はなく、ただ暑く、周囲に広がるのは空の広い郊外の街の景色である。

古本屋さんがあるのかどうか、不安要素はたっぷりだが、気にせずがむしゃらに歩き続ける。ひとつ歩道橋を潜り、さらに二つ目の歩道橋（日本橋から二九二・二キロメートルの表示あり）まで来たら、脇の細い路地に入って南東へ。すると目の前に年月を経た住宅街の中の小学校が現れる。その外周路を北西に曲がり込むと、右手にアーミーグリーンのロッジ風住宅兼店舗が出現した。おぉ、これは完全に、学校近くによくある小中学生のためのお店ではないか。

まず店の両脇に立つ自販機は、両方とも「チェリオ」である。入口上の三角破風には、古いスタイルのレーサーをモチーフにしたマークと、ローマ字で〈YAMAZAWAYA CIRCUIT〉とある。これは窓ガラスに「古本高価買入」「コミックレンタル」「プラモデル」と共に「スロットカー」の文字があるので、あの子供の憧れでもある懐かしいレース台が完備されているのだろう。側壁と入口ドアには書店名が入っている。

三段のステップを上がって、天井の高い店内に入ると、左側半分には予想通り巨大なスロットカーレース台が鎮座していた。おそるべき重量感と存在感だ。右側が売場となっており、壁際に「コ」の字に造りつけの棚が設置され、上には色褪せた箱のモデルガンやプラモデルが積み重なる。中央には帳場、駄菓子と玩具の台、古雑誌とビジュアルムックのラックが集まる。エプロン姿の老店主が「いらっしゃい」とゆっくり立ち上がった。むむぅ、パーフェクトな「駄菓子屋のおじいさん」である。

店内に子供の姿はなく、とても静かな夏休み中の空間となっている。本は中途半端に古めなコミックがメインだが、七本の棚それぞれに文庫の列が一列紛れ込み、一本はしっかりと単行本・ノベルス専用棚となっている。ラノベ、ティーンズ文庫、SFが雑本的に多い。値段は安め～ちょい安。しかしこういうところで、人知れず古本が売られているのは、とても刺激的である。

大いに興奮しながら、ラッキーなことに梶龍雄の単行本を発見する。東京から二九二キロメートル、駅からは二・五キロメートル強、はるばる探し訪ねて来た甲斐があったというものだ。梶龍雄『龍神池の小さな死体』（講談社）、宮脇昭『人類最後の日』（ちくま少年図書館）、A・ミス『いたずらの天才』（文春文庫）を、一五〇円引きで購入。さらにお店の好感度がアップする。駄菓子＋スロットレース＋古本……大好きだっ！［▼店舗閉店］

コスプレシティ尾張一宮で二店

福田書店——愛知・尾張一宮◉二〇一三年九月一五日

土砂降りの早朝に東海道線に飛び乗る。案の定ダイヤは乱れている。途中で「ええぃめんどくさい」と、さらにダイヤの乱れた新幹線に乗り換え、乗車率一二〇％のために洗面台スペースに立ち尽くして、護送されるようにして名古屋へ着いた。おぉ、こっちは雨が降っていないのか。

東海道線新快速で北へ一〇分ほど行くと、中型の地方都市尾張一宮である。東口のロータリーに出て駅舎を振り返ると、こつ然と未来のビルが現れており、そこだけまるで秋葉原のようだ。おまけに街には衣装も髪もカラフルなコスプレイヤーがあふれ、あちこちで写真撮影が行われている。なんだか不思議な街に来てしまった。

ロータリーの南端から脱出して「伝馬通り」を東へ進む。歩道にアーケードの架かる商店街になっている（開いているお店は三分の一ほど）。途中、商店街と車道をも覆うアーケードを持つ本町通り（ちょっとニューヨークの高架下に見えなくもない)の東端を掠め、おかしな所から切断される「内部図解」のようになってしまった廃ビルの前を過ぎると、「古本」とある嬉しい立看板に出くわす。アーケード下にはシンプルな店名看板文字、お店の中が丸見えのサッシ扉の前には、疎らに雑誌の並ぶラックと立看板が二つ。中に見える本棚の本は、ずいぶん斜めになっている。店内はコンクリ土間で通路は広く簡素。古本屋さんというよりは、問屋さんのような趣きである。

奥の横長な帳場に座る、小さな断髪のおばあちゃんが「いらっしゃいませー」とプリティーな笑顔で迎え入れてくれた。三方は木製の壁棚、真ん中には背中合わせの頭くらいの高さの本棚が二本置かれている。ちょっとブランクが目立ち、本が斜めになっている所が多い。しかし棚の数が多いので、本の量はしっかりある。

右壁には実用、カルチャー、ビジネス、ノンフィクション、エッセイ、歴史、郷土誌関連が並んでいるが、そのほとんどが真新しいバーゲン本や特価本のようだ。しかし時折昔からの在庫なのか、古い本がポツリと挟まっていたりするので、油断は禁物である。

向かいは新書と文庫が並び、真ん中通路はビジュアルムック、日本文学文庫、時代小説文庫、官能文庫。左壁棚にはコミック、BLノベルス、ミステリ・エンタメ、日本文学、全集類。向かいには一般単行本と時代小説文庫が並んでいる。三〇冊に一冊くらい現れる古い本は大体一〇〇~三〇〇円で、新しめの本たちは定価の半額ほど。ただし文庫は安めである。

う~ん、う~んと、ちょっとお店の外観とはギャップを感じる新古書店的な棚に苦しみながらも、丁寧に棚を見ていくと、やった! 三〇〇円の宮本幹也発見に成功! 宮本幹也『燕小僧浮世草紙』(桃源社)、丸山薫『詩集 十年』(創元社。こっちは一〇〇円だ!)を購入。おばあちゃんはとてもしっかりしているのだが、動きが超スローモーなのだ。加速装置のスイッチを誤って押してしまったのではないかと思うほど、時間が突然ゆっくりとなる。そんなゆっくりな包装をゆっくり待って、お互いにニッコリしながら本を受け取る。愛知の一都市で、魂の交歓を見た刹那であった。

大誠堂書店——愛知・尾張一宮◉二〇一三年九月一五日

そのまま通りを東に進み、「本町交差点」を越えたら、通りは「城崎通り」と名を変える。楽しそうな脇道の誘惑に耐えながら、すぐの「大江3丁目交差点」を越えた左手マンションに「古書」の黄色い看板を発見する。それはよく見ると三階ベランダ部分から飛び出しており、その横には看板文字も取りつけられている。しかしお店は一階のみで、店頭には四台の自転車と傘立てと回転式の印鑑ラック。店内は三本の通路を持ち、各棚下で横積み本タワーが幅を利かせている。

奥の帳場の前面もズラリと横積み本で覆われている。そこには老婦人が店番中で、家の子供たちが本の通路を通って出入りを繰り返している。実家が古本屋さんって、いったいどんな感じなんだろうか。古本修羅としては、年甲斐もなく憧れてしまうなぁ。左壁は二〇〇均単行本・文庫から始まり、ハヤカワポケSF七五冊の下に、函入り本を中心に日本文学、日本文学・時代小説文庫、岩波文庫、風俗、古い本、古典文学、アダルト。

向かいにハヤカワポケミス、ハーレクイン、大判美術書、海外文学文庫、写真集、辞書類。真ん中通路は、左に文明、エッセイ、日本現代文学、歴史、民俗学、美術、右には新書とムックラック、それに週刊誌の置かれた平台がある。右端通路は、通路棚に実用と宗教、壁棚は児童文学、絵本、趣味、美術図録、コミック、ヨーロッパ、文学評論、郷土史と続いていく。街に必ず一軒はあって欲しい、オールマイティなタイプの古本屋さんである。棚の下半分が見られないのは残念だった。

左端の古い本コーナーに光あり。値段は安め〜ちょい安。小川未明『赤い蠟燭と人魚』(冨山房百科文庫)、東スポ探検隊編『東スポ伝説』(ピンポイント)を購入。雨がひどくなる前に、早めに東京に帰った方がよいのだが、少し街をブラブラ。相変わらずコスプレイヤーが多いなと思っていたら、商店街の外れに「コスプレコミュニティスペース」なる建物を発見。ふむ、やはりこの街はコスプレに力を入れているのだろうか、などと上っ面な考察をしていると、隣にある「鉄道模型喫茶」が激しく気になってしまう。何気なく中の様子を窺うと、壁際に設置された横長テーブルの上には、鉄道模型のジオラマが見事に広がっており、その前に男性客が横一列にズラッと座っている。やはりここは不思議な街だ……。

【古本の隙間に――05】

川甚と寅さん

柴又といえば人気映画シリーズ『男はつらいよ』である。今日はツアーのついでに帝釈天裏の川魚料理「川甚」で昼食をとることにした。

ここは『男はつらいよ』第一作（一九六九年）で、さくらと博が披露宴を開く場所なのだ。写真の玄関に、タコ社長がスーパーカブで飛び込んでくるシーンは、そのテンパリ具合に加え、ありえない場所にカブという絶妙の名カットだった。

実はこの寅さんシリーズにも古本屋さんが出てくる。第一七作『寅次郎夕焼け小焼け』（一九七六年）で、ひょんなことから世話をして、老人（宇野重吉）から、お詫びにと、その場で紙に描いた絵を託され、こう言われる。

「神田の大雅堂という古本屋さんに持って行きなさい。神保町の交差点近くにある」

そうして寅さんが神保町に現れるのだが、あぁ、映画のこのシーンはどこだろう？　大雲堂ビルの前を歩いてるようにも見えるが。そしてどこのお店でロケしてるんだろう？　むぅ〜まったくわからない。

ちなみに大雅堂主人を演じるのは大滝秀治。ある意味いやらしいことこの上ない。提示される金額に、果てしなく不当な感じが漂っている。完全にアウェーの寅さんは、お店の中では借りてきた猫状態なのであった。

話を「川甚」に戻すと、値段は張るが、やはり美味だった。

帰りの柴又駅、ホームに川甚の大きな看板があった。そこには夏目漱石の『彼岸過迄』に描かれたお店の描写が引用されていた。他にも、谷崎潤一郎、幸田露伴、尾崎士郎、林芙美子、松本清張の作品にも登場しているそうである。私が案内されたのは、真新しい新館だった。機会があればぜひ旧館にも入ってみたいものである。

［二〇〇九年七月二二日］

熱田神宮初詣客に紛れて古本ウキウキ

伏見屋書店――愛知・熱田◉二〇一四年一月三日

お正月三日目にして弛緩の泥沼から浮かび上がり、青春18きっぷを手にして午前五時発の電車に飛び乗り、東京→沼津→浜松→豊橋→刈谷と東海道線を細かく乗り継ぎ、正午にぐったりして名古屋駅一歩手前の目的駅に運び込まれる。

湾岸に広がる地方都市の中の、割と殺風景な駅で、駅前もこぢんまりとして引き続くように殺風景……。しかし改札からは大量の人が流れ出し、街路は人出で引きも切らない。これは熱田神宮を目指す、初詣客の群集なのである。誰も彼もお正月の華やかさを身にまとい、ウキウキとしている。

こちらもその人波に何食わぬ顔で紛れ込み、ウキウキと古本屋さんを目指して歩く。駅前から西に進めば、すぐに大きな熱田駅前交差点であるが、ここで北側右手の高架道路前に目を凝らすと、今は使用されていない感じの広いバスケットコートの向こうに、「古本買います」「古書買います」の看板を掲げた胴の長〜い平屋店舗に気がつくだろう。しかも店頭にはしっかりと本が出ているではないか！　頼もしい正月営業！　この頼もしさを求めて、遥々東海の地にやって来たのである。

歩道の流れから離脱して、左右の五〇均文庫棚・一〇〇均コミック棚・二本の二〇〇均単行本壁棚の前に滞留する。至近である背後を通る人々が、「ほら、古い本」「古本屋だー」などとささやくのを耳にしながら、壁棚の面白さに思わず引き込まれて二冊。左側の出入口から店内に進むと、入口側中央に括られた未整理本に取り囲まれた広い帳場があり、洒落たメガネをかけた壮年紳士が、絹のような声で「いらっしゃいませ」。店舗は奥深く、少しだけ気持ち良く雑然としている。帳場前から奥に延びる五本の通路。それぞれの足下は小さな平台になっており、雑誌・レコード、それに地図類・チラシ類などの紙物が箱に丁寧に詰められて並んでいる。

左端通路は、壁際に充実の鉄道、乗物、戦争、美術、美術図録と続いて行く。向かいは自然、実用、名古屋、日本近代文学、日本文学、詩集、書、建築、芸術、風俗、文明。奥壁棚にはグラビア雑誌とアイドル写真集が大集合している。二番目の通路には、左に名古屋、東海、政治、経済、宗教、オカルト、右に辞書、歴史、趣味、スポーツ、武道、カメラ・写真が並ぶ。

中央通路がアダルト、官能文庫、美少女コミックをメインとしており、左側手前に全集類、奥に歌集と山岳を確認する。四番目の通路は、左に時代小説文庫と一般文庫、右に新書、岩波、講談社学術・文芸文庫、中公、ちくま、絶版、探偵小説の各文庫、海外SF・ミステリ文庫、映画が収まる。右端通路は主にコミックだが、右壁手前に絶版漫画、付録漫画、児童書、中間に二〇〇均単行本棚三本、そして奥に漫画、アニメ、特撮の評論、ムック、資料、雑誌が固められている。

帳場横には縦長のガラスケースが置かれ、大正時代の本や春陽堂日本小説文庫が飾られている。また店内の所々にある本棚の隙間や棚脇には、二〇〇均単行本コーナーがチェックポイントのように設けられており、古い本が鈍い光を放っている。

普通の棚にも古い本が意外に差さっており、棚造りは少しカオスで幅広く奥深い。つまりは、油断のならぬ探し甲斐のあるお店ということである。本棚だけでも手一杯なのに、平台の紙物に手を出したら、時間がいくらあっても足りないこととなるだろう……。値段はちょい安～普通。探し甲斐があるということは、一生懸命探してしまい、結果多くの獲物を手にすることとなる。計八冊を帳場に差し出すと、オヤジさんは相好を崩し、

「あぁ、これはすみません。ありがとうございます」

と、まずは立ち上がってお辞儀。そして一冊ずつ手に取り、値段をレジに打ち込みながら「ありがとうございます」「恐れ入ります」を丁寧に優しく連発していく。本を紙袋に入れながら、「こんな袋ですみません」「古書市の案内を入れておきます」「またいらしてください」と、もはや天上の微笑み。精算中にすっかり心を蕩かされて、重い紙袋を手にして表へ。手塚治虫『まんが専科　初級編』（虫プロ）、秋吉茂『美女とネズミと神々の島』（河出書房）、佐藤春夫『日本探偵小説代表作集2』（生活百科刊行會）、額田六福『諸國捕物帳』（日本小説文庫）、『横瀬夜雨詩集』（改造文庫）、柳原良平『船図鑑』（徳間文庫）、小栗虫太郎『二十世紀鉄仮面』（扶桑社文庫）、鈴木和幸『ものがたり円谷英二』（歴史春秋社）を購入。

あぁ、本当に頼もしいお店だった。一時間の滞在を噛み締めつつ、またも七時間の復路に心を嫌々ながら引き締めて、立ち向かう覚悟をどうにか固めて、すぐさま駅へ！

「古本です。見ていってください」

名文堂――愛知・神宮前◉二〇一四年一二月二六日

濃尾平野上空に群れ浮かぶ雲が、地上に昏い影を斑に落としている。青春18きっぷを使い七時間かけてやって来た、およそ一年ぶりの熱田である。

人影の少ない駅から離れるようにして西口を出ると、すぐに熱田神宮の東側に沿う大津通に出る。北側に見えている〈伏見屋書店〉には後で立ち寄ることにして、昭和の澱を溜め込むようにして煤けた、小商店がゴチャリと連続する神宮前商店街のアーケードを駆け抜ける。

三〇〇メートルほどで、大きな名鉄神宮前駅のロータリーにたどりつく。その前をさらに南に進むと、神宮東門バス停前にある小さな古本屋さんが視界に入ってくる。店頭には二〇個ほどのダンボール箱が流れ出している。そしてその間に、キャップを被ったジャンパー姿のオヤジさんが、ポケットに両手を突っ込み、身を傲然と反り返らせ、鼻歌を歌いながら、寒さに抗うようにして立ち尽くしている。

立ち居振る舞いは高倉健そのものだが、ルックスは平沢勝栄風である。店頭に近づくと、

「古本です。見ていってください」

と、ボソリ。会釈して居並ぶ箱に視線を落とす。そこに詰まっているのは、九九円の雑誌、コミック、廉価コミック、単行本、ビジュアルムック、大判本などで、入口横には三冊一〇〇円の文庫台もある。

小さいがわりと天井の高い店内に進むと、左奥に帳場があり、三方の壁は造りつけの頑丈な木棚で覆われた、昔ながらの小書店スタイルだった。中央には平台つきの木製棚が据えられ、両脇にも本棚が置かれている。

店頭に店主と顔見知りのご婦人が現れると、

「バスまだ来ないから中に入ってな」と言い、一緒に中に入ってきた。左側は入口横から、鬼平・ゴルゴ廉価コミック、一〇〇均日本純文学文庫、雑学系文庫、そして壁際のコミック、自然、絶版漫画と流れる。棚下には児童絵本、文学、絵本が積み重なる。向かいにはコミックと児童文学。入口正面の棚脇には、一〇〇均・三〇〇均・五〇〇均の単行本が収まっている。

右側には壁際に実用（ペット、美術、健康、生活、スポーツ、料理など）、エロス、アダルト、官能小説が並び、向かい

に定価半額の文庫が揃っている。奥壁棚には仏教、詩歌句集、日本文学、日本史、時代小説がそれなりに揃っている。

値段は安く、果てしなく雑本的で、なんだか好感が持てる。ひたすらに街の人のための古本屋さんである。ゴチャゴチャした店内に潜り込む楽しみあり。本はだいたい七〇〜八〇年代以降が中心。源氏鶏太『麗しきオールド・ミス』(春陽文庫)を買い、味覚糖・純露のハチミツ味をひとついただく。

気持ちよくお店を離れるが、気が急いて駆け足になり、ずーっと来たかった〈伏見屋書店〉前に到着する。外棚で五〇円文庫と一〇〇円本の成果を挙げてから、店内の長い古本通路に分け入っていく。あまり時間はかけられないので、二〇分ほどですべての棚に目を通したつもりで、黒岩重吾『青い火花』(東方社)を購入。真鍋博の装幀が青く美しい一冊である。帰りの電車で読み切ったのだが、所収の「病葉の踊り」は傑作ではないだろうか。富ノ澤麟太郎や萩原朔太郎、乱歩の『踊る一寸法師』、初期谷崎潤一郎などに始まり、京極夏彦・京極堂シリーズの関口君や、津原泰水・幽明志怪シリーズの猿渡君へと続く、病的文学・病的キャラへの進化系統の中間にピタリと当てはまる気がする。

他にも高垣眸『銀蛇の窟(海の巻)』(ポプラ社)、『洲崎パラダイス』(集英社文庫)、学研『5年の学習・科学読み物特集号』(須知徳平のユーモア冒険小説、福島正美のSF、大石真の座談会、F・ディクソンのジュニアミステリあり。一九七一年)を計2150円で購入する。よっしゃ、帰ろう。

「オカトーク!」のあとにひかりとこだまで

Shinnosuke.O――愛知・豊橋◉二〇一四年二月二二日

午前一一時半から始まるイベント「オカトーーク!」に出演するために神楽坂へ。司会の岡崎武志氏と共演者七人が力を合わせ、古本買いと蔵書の扱いと行方と本棚について話すと、一時間半は光のように過ぎ去っていった。聴きに来てくださったみなさま、ありがとうございました。

その後、みんなで打ち上げご飯を食べながらも、今日のツアーをどうしよう? ということで頭がいっぱいになる。もちろんそんな問題は、神保町に足を向ければ瞬く間に解決するのだが、すでに明日はツアーに行けぬことがわかっているので、今日はどうしても面白い所に行きたいのである、と漠然と考えてムシャムシャ……。

ハッ! 気がついたら私は、ひかり号に乗って西に向かっていたのである。午後三時五八分に豊橋駅着。目標は午後三時から営業を始める「地ビールと古本」のお店である。東口に出て池のある空中広場から、路面電車の走る絶景の駅前大通りを見下ろす。いつまでもいつまでも路面電車が行き交うのを眺めていたいところだが、広場の右端から地上に下りて、大通りを東南へ進む。

駅前大通り交差点で南に入り、古い問屋商店を楽しみながら歩いていくと、道路なのに橋の欄干が設置された交差点。橋の両側には、古めかしい同タイプの低層ビルが、アリの行列のように縦列している。これはどうやら用水路を暗渠にして、その上にビルを建てたようである。

おぉ、列を成すビルの名は、どれも「水上ビル」となっている。それらに沿うようにして西に進んでいくと、一階は歩道屋根の掛かる「大豊商店街」で、駄菓子・花火・玩具の問屋が多く並んでいる。

さらに歩き続けると、ビルはC棟→B棟→A棟となり、そのA棟の真ん中辺りの、表にテーブル席を出しガラス窓に本の影を見せたお店に到着する。しかし外観は完全に飲食店なのである。古本を探し求めるだけの身としてはやはり入りにくいのだが、もはや躊躇している場合ではないので、木枠ガラス扉の金ノブを回す。

右に斜めのカウンター席があり、左にはテーブル席。「いらっしゃいませ」とカウンターの中から、お洒落でハンサムなさかなクン的若者に声をかけられる。

「あの〜、本を見たいんですが……」

と、言うと、一瞬「えっ」と間が空いた後、

「大丈夫ですよ。本は全部売り物で、二階にもあります。値段は最終ページに書いてありますので」

「ではまず本を見ます」と訳のわからぬ宣言をして、周囲をキョロキョロ。まずは入口両側の窓際に、サブカル、テレビ、東京文藝社の横溝正史など。コミックや風俗も紛れ込んでいる。カウンター上にもビールについての本や、ジャンプコミックス『シティーハンター』……。テーブル席の奥には一メートル弱くらいの高さのボックス棚があり、旅、料理、名古屋、性愛、文学が並ぶ。

階段脇には絵本・車雑誌・飛行機などが飾られたボックス棚。階段を上がって夕陽の飛び込んでいる二階へ。テーブル席・ソファ席が揃う中、左壁が一面の木棚になっており、面陳を基本として絵本、アート、コミック、性愛・エロ系写真集、日本文学文庫、写真集(自然・旅・風景)が収まる。古い本はなく、本の数もそれほど多くはないが、コンセプトはしっかりまとまっており、芯の強い棚造りが頼もしい。値段は安め〜普通。二階で実兄より探書依頼されていた、小学館少年サンデーコミックス楳図かずお『漂流教室』全一一巻(小学館少年サンデーコミックス)を発見したので、安価だったのをこれ幸いとがっしり抱えて下に運ぶ。カウンターの上に置くと、

「購入ですか?」

と、少し驚いた様子。

「ビールも飲まずに本だけですみません」と謝りながら精算する。

さぁ、すぐに東京に戻らねばならぬのだが、やはり豊橋に来たらと駅西口に抜け出して〈東光堂〉を急襲。先客とおばあちゃんの話す心地よい方言を耳にしながら、洲之内徹『気まぐれ美術館』(新潮社)を七六〇円で購入。こだま号に乗って東京に帰還する。

……それにしても車中でつい読み始めた『漂流教室』。何度読んでも弩級に面白い。物語が決して色褪せず、その力強さが半端じゃないのだ。小学生のようにグイグイ引き込まれてしまう。

探偵推理文庫・SF・アート・サブカルがドロッと

古書店BiblioMania――愛知・伏見◉二〇一四年三月八日

来週はバタバタしそうなので、今のうちに遠出しておかなければと、青春18きっぷを発動させる。東海道線での乗り継ぎ長時間移動も段々と慣れてきたというか、もはや感覚が麻痺しているともいえる。宇野浩二『藏の中』を車中の供にして、七時間で名古屋駅に到着する。ホームの立食いきしめん屋で、昼間から酒精を喰らい、懐かしのテレビ番組を肴に怪気炎を上げるオッチャン軍団に交じって腹ごしらえをし、地下鉄東山線の駅に向かう。狙うは先日の名古屋行で、無様に閉め出されてしまった地下街の古本屋さんである。たくさんの人を運ぶ地下鉄に乗って、藤が丘方面に一駅だけ進む。

鶴舞線に乗り換える流れに背を向けるようにして、ホーム東端の東改札口を抜けると、何百メートルも先に延びていく、古臭くうらぶれた通路が、そのまま「伏見地下街」となっていた。地下街といっても、長い通路の片側だけに、およそ五〇の小さな店舗が連なるシンプル過ぎる商店街である。

定休日なのか空き店舗なのか、結構な数のお店がシャッターを下ろしたままである。チケット屋、洋服問屋、床屋、カフェ、マッサージ、画廊、薬局、通路はアートプロジェクトで飾り立てられてはいるが、昭和な異次元は隠しようもないほどに、強力な取り残されオーラを放っている。

そんな光景にジ〜ンと感動しながら、有線が虚しく流れる通路商店街をヒタヒタ歩んで行く。およそ通路の半分である「D出入口」を通過すると、いよいよ前方にチラっと、通路にはみ出した古本が見えてきた。商店街の店舗番号は18番で、配管に囲まれた入口上には簀子で作られた店名看板、二台の平台付きラックと店頭棚が通路に向かって開いている。この核シェルターのような通路に、このように古本が並んでいることを、まずは大いに祝福しよう。

後ろを振り返ると、向かいの壁には薄いショウウィンドウが埋め込まれており、古本が飾られているのだが、右隅に多数の新書『バカの壁』が積み上がっている。説明を読むと『バカの壁』で「バカの壁」を建築中らしい。その数ただいま一五六冊。プロジェクトとしては楽しいが、完成後の大量の同一本の行方が、今から激しく気になってしまう。

店頭に戻り、右の小さなラックには八冊五〇〇円コミック福袋、横溝正史文庫、ＳＦ文庫、そして足元の箱にはマッチ箱が詰まっている。正面本棚には、探偵推理文庫、カラーブックス、箱入旺文社文庫、サブカル、澁澤文庫、コミックなどが収まる。左のラックにはフィギュア・おもちゃ類と共に大判のビジュアル本が並ぶ。店内は左壁・入口側・右壁に本棚を巡らせ、足元には薄く低い平台が連続。奥壁は一部が本棚で、左側が帳場となっており、椅子が壁沿いに数脚置かれて、何やらマニアックなサロンとして機能しているようだ。

真ん中には平台と本棚で造られた島がひとつ。帳場に座るのは、髪を長くした明治天皇の玄孫風青年で、不思議なハイトーンで「いらっしゃいませ」と迎えてくれた。左壁棚にはサブカル、漫画評論、セレクトコミック、絶版漫画、児童文学文庫。入口右横には、思想、歴史、教養系文庫が並び、奥ではハヤカワ文庫・創元推理ＳＦ文庫、ＳＦが待ち構えている。

フロアの島には、人形、ゴシック、グロ、魔術関連、映画、音楽、ポケットブック、児童入門書、大百科、アート、写真、澁澤龍彥、永井豪。右壁に日本文学、幻想文学、海外文学、ペーパーバック、宗教、オカルト、児童文学。奥壁には美少女コミック、エロ、ロマン文庫、ＳＭなどが固まっている。帳場前には探偵小説文庫の小さな棚あり。探偵推理文庫・ＳＦ・マニアックアート・サブカル・オカルトに力こぶの入ったお店で、欲望剝き出しにドロッとしている。

若くいかがわしい〈アスタルテ書房〉といったところだろうか。値段はスキなしのしっかり値。朝山蜻一『真夜中に唄う島』(扶桑社文庫)を購入し、一方的に先日の「地下街休日閉鎖」への意趣返しに成功する。私はこのために名古屋にやってきたのだ！　帰りの車中のお供は、横溝正史『蝶々殺人事件』であった。

ハッ!! ネコがこちらをガン見している

古本屋ぽらん――三重・宇治山田◉二〇一〇年一月二五日

大阪での仕事を無事に終えて、本日は帰京のみのはずが、仕事先の口車に乗せられ「お伊勢参り」に同行する羽目になった。ならば私もとことん楽しくいこうじゃないかと、途中から別行動で古本屋ツアーを決行する。この神道と祝祭の街にも古本屋さんがあったのだ。

壮麗で悪夢的に横長のヨーロッパ城砦風駅舎を出ると、西口のロータリー。目の前の「八間道路」をウネウネと北へ。するとすぐにJRの踏切が見えてくる。そこを渡りさらにその先の近鉄の高架を潜り、すぐの脇道を東へ入る。そこを道なりにウネウネ進むと、左に風情ある家が並ぶ、一方通行の道が現れる。

駅前の地図には「河崎のまちなみ」と書かれていた。「勢田川」沿いの寂しい裏通りではあるが、時間を遡行したような街並みは、私を一瞬のうちにセンチメンタル・トラベラーに変身させるほどである。昔のままのもの、空家になっているもの、店舗として再利用されているもの

と様々である。

そんな通りを二〇〇メートルほど進むと、右手についに「古本」の文字が見えてきた。新しく手を入れた感じはあるが（説明には一八〇六年建造の廻船問屋→医院→古本屋とある）、街道にしっくりと馴染んでいる。店頭台などはなく、右壁に子猫の里親募集など様々な貼紙、左隅にはチラシ類が貼られた立看板、そして真ん中に店名入りの藍染帆布がピンと張られている。昔の街道に立つ旅情気分そのままに、軽い引き戸を開けて中に入ると、いきなりネコと目が合った。なぜなら棚上の目の前のダンボールに、薄茶トラのネコがすっぽりと収まり、こちらをクールにガン見。しかし逃げる気配はまったくないので、これ幸いとなでまくる。ふぅ〜幸せだぁ〜。

店内はちょっと横長で広く余裕のある構成になっている。左右両壁は本棚、真ん中には左に背中合わせの棚が一本、右は並んだ棚の左側が特殊な構成になっている。入口右横には小部屋的小スペースがあり、テーブルと椅子も置かれている。所々に小さい棚がある。

右の小部屋には、入口に美術・グラビア誌の詰まった棚が置かれ、部屋内には映画、伝統芸能、芸術、漫画評論、写真関連、児童文学、絵本が集められている。ハッ!?

ネコがこっちを見ている！　再び近づき、なでまくる。

右壁には、自然、植物、動物、民俗学、歴史、古代史、神道、郷土資料と続く。向かいの通路棚には……あぁっ！　また見ている、というか、アイツは私から視線をまったく逸らさないのだ！　さらに近づき、なでまくる。しかしこのままでは検分が遅々として進まないので、心を鬼にして手を離す。棚に集中だ！

通路棚には教育、心理学、精神世界、自然、女性、現代史、哲学、思想。移動しながらちょっとだけネコをつつき、真ん中の通路へ。右側の棚裏には様々な紙物や資料も。そして奥の方には、三重県に所縁のある著名人のリストとプロフィールが大量に貼りだされ、その下に関連本が並ぶという、嬉しい「三重棚」が展開している。おぉう！　北園克衛もたくさん並んでいる。値がついてないのもあるので、非売品も一部あるようだ。

向かいには時代小説や大衆文学の文庫、細かい棚造りがされた教養系ジャンル別文庫がドッサリと並ぶ。左側通路に移ろうとすると、奥の帳場の上に寝そべる、新たなネコを発見！　今度は白黒だ。店主が奥に入った瞬間を見逃さず、ちょっとだけなでる。

左の壁際には、辞書、古典文学、海外文学、女流文学、日本文学、詩歌、文学評論、本関連、音楽と収まる。向かいには、歴史文庫、海外文学文庫、中国関連文庫、女流文学文庫、純文学文庫と並んでいる。

入口側の壁にはレコードラックが置かれ、水谷豊の『やさしさ紙芝居』の笑顔が絶大な輝きを……ってうわっ！　ここにもネコが！　クロネコが！　すかさずなでながら、このお店にはいったい何匹のネコが潜んでいるのかと考えてしまう。店に入ってきた業者さんが何かを「ガタガタン」と落としてしまい、ガン見トラネコが店の奥へ一目散に逃げてしまった。そして、「あっ、ネコちゃんを驚かしてしまいました。すみません！」と謝っていた。とまあ、ネコがたくさんいるお店である。三重関連本、教養系文庫、歴史が見応えあり。値段は普通〜ちょい高。ネコと本に埋もれて暮らす、優しいオヤジさんに精算してもらい外に出ようとすると、足元には店内に入ろうとする三毛猫！　私を見上げるネコをよく見ると、リードつきである。ということは……とそのリードをたどると、ケータイ片手の若者がペコペコと二度ほど会釈。というわけで、初の三重ツアーは、古本よりネコが印象深いものとなってしまった。『巨匠たちの風景　みえシネマ事情』(伊勢文化舎)を購入。

今日は滋賀、大津でよいのだ

古今書房――滋賀・大津◉二〇一一年九月二四日

昨日のフラストレーションを吐き出すように、弁償費用を資金の一部にして新幹線の人となる（『古本屋ツアー・イン・ジャパン』二〇五ページ「取調室の出来事」参照）。米原で降りて久々の琵琶湖線を堪能しつつ、琵琶湖の南端・大津に到る。考えればここは京都まであと一歩の街。京都に行けばよかったかなぁ、いやいや、大津！　今日は大津でよいのだ！

現役のリアル伝統建築店舗の〈ふる本や〉に立ち寄ってから、国道一六一号を琵琶湖へ向かって北へ進む。御幸町交差点を通過してダラダラと下っていくと、次の信号で道路は左から合流してきた線路と合体した。道路の上には架線が連なり始め、真ん中にはピカピカのレールが埋まっている。おぉ、電車が入ってきた。これは京都から来た「京阪電鉄京津線」なのか。ダイナミックでノスタルジックな光景だ。電車に目を奪われながらも、大きな交差点を二つ越えて、中央一丁目交差点まで来る。

ここで右を見ると、低層ビルの間にアーケード商店街がポッカリと口を開けており、さらに上に視線を移すと「ひき山ストリート　丸屋町」の大きな文字。躊躇なくアーケード内に潜り込むと、左手前ビル前に均一台らしき姿がっ！　トトトと近寄るとビルの右側は奥への通路となっており、その端にひっそりと「古本處」の木製灯明看板が置かれている。軒には陶板の店名看板。

右端角が面取りされたウィンドウ前には、五〇〇～一〇〇〇円台、一〇〇均の文庫台と文庫ワゴン、廉価の浮世絵や読本棚で、なかなかシブい本が紛れている。早速一冊抜き出して店内へ。入ってすぐ左には併設の二階ギャラリーへの階段、右壁は奥の帳場まで本棚が続き、フロアには背中合わせの棚が縦に二本一列に並び、左奥の階段下前にも背中合わせの棚が一本、そして階段下壁際に本棚が連なり、帳場左横にもフレーム棚が一本据えられている。帳場にはジャンパー姿の佐々淳行似の店主が座り、ラジオをガリガリとチューニング中である。

まずは階段横の一〇〇均新書棚や、面取り裏の全集端本・地図棚を見て右端通路へ。右壁棚は新書から始まり、歴史系文庫、科学系文庫・新書、岩波文庫青、思想、日本文学、俳句、短歌、本・出版、京都、郷土、大津・滋賀と続き、足元の平台には硬めな壁棚と相反するアダルト雑誌がズラリ。まことに柔軟な古今的姿勢ですな。

向かいは新書、仏教、仏教関連文庫、教養系文庫、官能文庫、辞書。左側通路は、民俗学系新書、時代小説文庫、大量の保育社カラーブックス、囲碁、日本文学文庫、旅・冒険系文庫。階段下の仕切り棚は、山、登山、自然、鉄道、三〇〇均の山の本、園芸、食、宗教などが収まる。

左壁には雑誌、美術、骨董、戦争、歴史が並び、足元の平台には雑誌、和本、古い大判の『アサヒグラフ』。帳場横には切手帳、郷土本、岩波写真文庫などが置かれている。各棚の上部には、安価の全集バラ売り本がある。本の並べ方が少し独特で、単行本、文庫、新書をジャンルごとに並べているのだが、時々つかみにくいカオスな部分も出現する。山の本、俳句、宗教、歴史に持ち味あり。値段は普通。

相性がよいのか、次々と欲しい本が見つかってしまう。なんとか四冊に絞り込んで精算する。店主は袋に入れた本を「タン」と置き、料金トレイに釣銭を「パッ」とばら撒く小気味よい動きを見せる。草森紳一『イラストレーション』(すばる書房)、野田宇太郎『詩歌風土記 下 西日本篇』(中央公論社)、佐久間英『珍姓奇名』(ハヤカワ文庫)、中野正夫『ゲバルト時代』(ちくま文庫)を購入。

大津駅に戻り、お土産を物色するつもりで、すぐ横にある「A.L PLAZA平和堂」に入店しようとしたとき、〈100円の本屋さん〉の青い幟を見つけてしまう。新書サイズに微妙な面白い本が多く、結局一回りしたら四冊の本が手につかまれていた。

駅に戻る前に、やはり琵琶湖をちゃんと見ようと、京阪大津駅方面へ向かう。すると角の交差点で、『けいおん!』と『日本まんが昔ばなし』のラッピング電車が交錯する、異次元な街角に入り込んでしまう。そしてそれを激写する少年たち。

道の向こうに見える琵琶湖は、満々と水を湛え、青く深く光り輝いていた。大きいなぁ……。

琵琶湖畔で百万ドルの笑顔

半月舎――滋賀・彦根◉二〇一二年七月六日

いろいろあって近畿に出動することになった。もちろん古本屋ツアーもビシッと決行。とにかく見知らぬ所をうろつきたくて、何かありそうな琵琶湖東岸辺りに狙いを定めることにする。

改札を出ると、予想通り「ひこにゃん」が迎えてくれる。西口に出ると「ひこにゃん」と同型の兜を被った井伊直政像が、寂しく雨に濡れていた。ロータリー正面から西北に延びる駅前お城通りを進む。道の先には彦根城のある、こんもりした緑が見えている。旭町西交差点で南西に曲がり込むと、裏町の渋い佐和町商店街。どこにでもいる「ひこにゃん」に見守られながら通りを進む。

途中から、白壁と格子の商店が続く城下町の色合いが濃さを増し、新しい建物も景観保全のためか、城下擬きファサードとなっている。パチンコ屋も例外ではない。外観と中から聞こえる騒音のギャップが凄まじいな。四〇〇メートルほど進むと京町交差点にたどりつく。この交差点際にも白壁・格子の建物……おぉっ！　その一軒がなんと、古本屋さん！　瓦屋根に木の格子、そして薬局の看板が二階壁に下がっている。これは以前のお店のものだろうか。

軒上には白い日除けが張り出し、下には六枚のガラス戸が並んでいる。そのうちの一枚に儚げな書体の店名があり、半月のマークも描かれている。あ、「半月」ってお月様の半月なのか。てっきり「半月板」から取ったのだと……。ガラス戸を開けて中に入ると、左にある広い帳場に座る女性と目が合い、互いに「こんにちは」と頭を下げる。店内は横長でちょっと薄暗く、オシャレシンプルな空間である。左には帳場を囲むように三面あるカウンター棚、その前の壁際にチラシ類が置かれた棚と、丸ストーブの上にストンと置かれた文庫箱。右壁から奥壁にかけては、白い造りつけの棚が設置され、カウンター棚の形状に呼応するように、こちらも三面の構成となっている。フロアにはテーブル席が二種あり、奥壁の前に棚が一本置かれている。テーブル横と奥壁近くに文庫箱あり。壁棚は面陳を交えた細かいディスプレイが為され、つながりを少しつかみ切れない流れ……んん、難問。

古い美術全集、足下に古雑誌やカラーブックス、歴史、女性運動、女流作家、写真集、美術、旅、世界、趣味、海外文学、音楽、日本文学、思想、全集類。とりあえずジャンル分けするとこんな風なのだが、真意はもっと深い所に潜んでいそう。一部に地元の読書家に提供した貸し棚コーナーもある。フロア棚は、裏側にデザイン、建築、「宝島」などが並び、表はミニコミやリトルプレスのラックになっている。

　カウンター棚には絵本や新刊本の類いがキレイに飾られている。古本屋さんというよりは、アート系の若者のサロン・情報発信基地のようである。もちろん古本屋さんなので、棚造りは硬軟取り交ぜしっかりしており、冊数はそれほど多くはないが見応えはたっぷりとある。値段は普通〜ちょい高。文庫箱の中から、このお店の埒外であろう創元推理文庫・白帯の初版(三〇〇円!)を見つけ出してホクホク。カウンターで精算をお願いする。本を受け取りつつ、テーブルの上にあったオリジナルショップカード兼栞を「いただいてもいいですか?」と聞くと、「もういくらでも持ってっちゃってください!」と、百万ドルの笑顔。ありがとうございます。G・K・チェスタトン『ブラウン神父の童心』(創元推理文庫)を購入する[▼二〇一四年四月移転オープン・彦根市中央町二―二九]

さざなみ古書店――滋賀・長浜◉二〇一二年七月六日

再び琵琶湖線に乗り込み、今度は北へ、と呑気に思っていたら、停電で電車がストップし、しばし足止めを食らう。復旧を待ち、米原駅に戻ってさらに北へ走る。左の車窓に、空よりちょっとだけ灰色な、それでも白い琵琶湖の水面が見え出した。

　駅では先ほどの「ひこにゃん」の足下にも及ばぬ「三成くん」がお出迎え。湖とは反対側の東口に出て、左奥隅から東に延びる駅前通りに入り、地方都市的街路をテクテク歩む。二〇〇メートルほど行けば、右手に「開知学校」という、屋根の上に八角形の櫓が飛び出た擬洋風建築が出現する。これに見とれながら進路を北へとると北国街道である。古い町屋が道の両脇に連なる風情溢れる一帯……と思いつつ進んでいたら、そのほとんどが外身だけの観光地ショップばかりなことに愕然とする。そうか、長浜はとても栄えた観光地なのだな。そんなことを思いながら大手門通りを突っ切り、さらにその先の「ゆう壱番街」へ。ここで再び東に足を向ける。

　この辺りから古い商店も姿を見せ、少しだけ昔につながることができる。途中から現れる古いアーケードを抜け、まだまだ続く町家風景を突き進む。右側に並ぶお店を注意深く見ていくとその中に「古書店」とある、開け放たれた扉を発見。しかしその奥に続いていたのは、長い通路なのである。扉の上には重々しい「御堂前会館」とある扁額まである。ここで大丈夫なのか。と、それでも通路に入っていく。壁には古書店の案内や、額装された引き札が飾られている。ズンズン奥に行き着くと、靴脱ぎ場があり、さらには大きなガラス扉が出迎える。

　奈良美智の「NO NUKES」イラストの向こうに、本棚が見えている。靴をワタワタ脱ぎ捨てて、ガチャリと店内へ。古い診療所の待合室のような可愛いお店である。入ると同時に、ちょっと高めのカウンターの向こうから、ベレー帽に丸眼鏡のマダムが身体をぐいっと傾がせて「いらっしゃいませ」。

　絨毯を踏み締めて四方を見回す。左壁面は大きな木製ラック、入口右横には四本の本棚、右壁から奥壁、カウンターにかけて棚が連続していく。左のラックには古い絵本、海外絵本、写真集、美術が飾られている。入口右横には、詩集、美術、海外文学、絵本、児童書、心理学、歴史、歌集、本・出版、日本文学、ミステリ・エンタメ、暮し、セレクト女流作家、一般文庫。右壁から帳場カウンター下まで、アフリカ、アフリカ民芸品、シモーヌ＝ヴェイユ、映画、京都、エッセイ、文庫（値段のついてないものは一〇〇均）、リトルプレス、雑誌が収まる。

ちょっと硬派な女性的（決して女子的ではない。あえて言うなら〝女史的!〟）棚造りが格好よく、独特なセンスに満ちている。値段は普通（お買い得品あり）。熊王徳平『甲州商人 のれんの巻』（五月書房）、本間洋平原作・森田芳光脚本『シナリオ 家族ゲーム（付シナリオ の・ようなもの）』（角川文庫）を購入する。
　以前訪れた草津と大津を思い出すと、これまで琵琶湖沿岸には、ひとつとして似たような古本屋さんがないことがわかる。まぁ数が少ないからというのもあるのだが、最近できた今回の二店とともに、琵琶湖を囲んでこれからもがんばっていただきたい！　果たして未踏の北側の方には、いったいどんなお店が待っているのだろうか。

せかせかと慌ただしく京都ツアー

古書　尚学堂書店──京都・京都市役所前◉二〇〇九年九月五日

奈良から東京へ戻る途中、無理矢理時間を捻出し、京都にて途中下車。せっかくのこんな機会を逃すまいと、昨日に続きまたまたせかせか古本屋へ……。

まずは京都駅北口にそびえ立つ、ビルの上の白亜の塔を攻める。ローソクのような山田守設計の「京都タワー」に古本屋があるというので行ってみるが、古本屋さんというよりは、「古本販売コーナー」で、残念ながら私が買える本は見つからなかった。

続いて、村上開新堂のロシアケーキをお土産に買うため、地下鉄に乗って市役所前へ向かう。御池通から寺町通に入り、北上する途中で古本屋に出会う。場所は市役所裏の脇道一本目を通り過ぎたところである。これはぜひとも寄らねばなるまい。まずは買い物を済ませ、急いで通りを戻る。途中にある一月に閉店してしまった「八百卯（梶井基次郎がレモンを買ったお店である）」の可愛いブドウの看板を見上げ、再び店前に立つ。

町家風の新しめな店舗で、二階部分に店名縦書きの木製看板。瓦屋根の下に薄い小豆色の日除け。さらにその下には、左端にショウウィンドウ、左右に二か所の出入口、日曜大工感溢れる多様な店頭台が置かれている。左にはドッサリと横積みされた安売りの和本……。私にはその価値はまったくわからないが、ある意味単純に京都にいることを実感させてくれる光景である（私が単純なのであろう）。真ん中には不思議なカタチの二〇〇円均一台があり、単行本や新書が収まっている。中には『迷走王ボーダー』の14巻も……和本とは真逆な一冊が私に勇気

を与えてくれる。

右から中に入ると、細い通路に天井まで続く本棚……店内の棚もなんだか日曜大工風で素敵である。両壁は本棚、真ん中に背中合わせの棚、左スペースには手前と奥に平台が配置されている。右壁には、文庫、新書、日本文学、全集、歴史、文化、映画、復刻本、雑誌付録、仙花紙本と、奥に進むに従って本が茶色く古くなっていく。

面白いのは入口近くの文庫・新書部分に設置されている、ミニミニスライド棚。棚手前の小さい箱棚（二つある）を横に動かすと、後ろの本が万遍なく見られるようになっている。これも手作り感満点でプリティー。この機能がつけられているのはここだけ。ご来店の際には、ぜひ動かしてみることをおススメする。天袋を開ける時の感じに似ているかな……。棚下には文庫本や雑誌付録が積まれている。向かいには、歴史、日本文学、文学評論、思想、宗教など。左スペースに移動。左壁には美術図録や作品集、奥には和本が横積みされている。

右の通路棚は、美術関連本・京都本が収まっている。平台手前には、古い写真や絵葉書類、表具を外された掛け軸などの絵、平台奥には和本がまたも山積みとなっている。

古い本や和本が目につくが、見かけほど入りにくいお店ではなく、普通に楽しむことができる。外国人客も古い本を物色していたりする。値段は普通〜ちょい高。奥の帳場では店主が色々作業中。帳場回りの、「本」「ほん」と染め抜かれた尚学堂オリジナル暖簾が、可愛いことこの上ない。京都新聞社『京都の映画80年の歩み』を購入。

京都滞在時間は移動時間も含めておよそ一時間。相変わらずの忙しないツアーとなってしまったが、立ち寄れたことに満足感を覚える。久々の京都……おぉ、もっとお店を訪ねたい……。

悪夢のように天界に続く階段

ありの文庫――京都・烏丸◉二〇一四年二月二日

最初は今出川近辺でツアーするつもりだったのが、当てが外れて右往左往する。結局、今出川通りを西に疾走し、さらに千本通りを南に駆け抜ける。ここまで来ると、京都らしさはしっかりあるが、観光地ではなく、ほぼ地元民の街。通り沿いにひたすら続く古い商店が、あまり見たことのなかった、京都の日常を垣間見せてくれる。千本中立売交差点の〈あっぷる書店〉に立ち寄り、岸田劉生『麗子像』ばりの見事なおかっぱ頭のご婦人に、ミヤコ蝶々のような喋り方と声音で精算していただく。

続いて、阪急烏丸駅の「21番口」の階段を上がると、豪壮な花崗岩ビルの足元から烏丸通りに飛び出す。北へそのまま足を向け、すぐの信号から狭い錦小路通りに曲がり込む。駐車場に入る車の流れに気をつけながら五〇メートルも進むと、左手に紅茶屋と焼き肉店が一階に入った雑居ビルが現れる。その真ん中に近づくと、左右に上階への通路と階段が見えている。さぁ、左を選ぼうではないか。

▲どうか、目を凝らして見てください。中央上部の白い所が、五階となっております。

青い階段におずおずと接近し、その行く手をナナメ四五度に見上げると、驚愕としか言えない光景が、嘘のように展開していた。それは五階までの一直線の階段！ 一応各階に小さな踊り場が付属してはいるが、どう見てもありえない階段なのである。転げ落ちたら、死！ そう直感するほど、悪夢のように、超芸術のように、天界への階段のように、長く長く延び上がっていく。神保町の〈うたたね文庫〉も相当なアプローチだったが、これはそれを遥かに凌駕している。そんな誰も考えないことを考えながら、エッチラオッチラ階段を上がり続け、どうにか四階に到着する。五階への領域には、小さな一〇〇均文庫箱と一〇〇均単行本箱、それに小さな「飛び出し小僧」の絵のついた「OPEN古本」の立看板が出されている。

力を振り絞ってあと一階。開け放たれた入口を潜ると、小さなワンルーム事務所のような店内。奥の小さな帳場に座る吉岡秀隆風店主が、顔を上げて飄々と「いらっしゃいませー」。「こんにちは」とお返しし、巧みに配置された小さな本棚たちに挑みかかる。

　左壁沿いには三本の棚が並び、セレクト日本文学文庫、詩集、日本文学、アングラ系文学、海外文学、海外文学文庫が収まる。右奥にはこだわりの音楽＋こだわりのCDが並び、さらに建築、美術、ファッションがそれに続く。帳場を隠すように取り巻く本たちは、東京、文庫揃い、児童、本・古本、思想、映画、演劇、食など。

　ちょっと離れた帳場横には、ヨーロッパとセレクトコミックの並ぶ棚もある。小さく狭く、標高の高いお店である。しかし、その小ささ故に、棚造りに煌めきがあり、不純なものが入り込むのを防いでいるかのよう。キモとなる本がしっかり現れるので、見ていて気持ちがよい。値段はちょい安〜普通。

　真鍋博・星新一『真鍋博のプラネタリウム』（新潮文庫）、真樹日佐夫『世界怪奇スリラー全集4　世界の謎と恐怖』（秋田書店）を購入。吉岡風店主は、近所の面白い古本屋さんを教えてくれる、フレンドリーな方であった。［▼ネット販売へ］

一七四八年創業の超老舗店に徒手空拳で挑む

竹苞書楼――京都・京都市役所前◉二〇一四年二月三日

所用で訪れた京都は本日が最終日となった。しかも自由に動けるのは午前中のみである。ホテルをチェックアウトし、ここ二日でめっきり重くなってしまったリュックを背負い、近代建築の翼を広げる京都市役所前へやってきた。目の前の御池通りから南に延びる寺町通りのアーケード商店街に入り込むと、左手にはもはやビルの中庭のようになった本能寺の厳めしい門が現れる。

　しかしその斜め向かいには、現代的な商店街に紛れ込んだ、さらに厳めしい古本屋さんがあったのである！いや、一七四八年の創業なので、紛れているのではなく、周囲が激変してしまったということか……。しかもここは町家をリノベーションして使っているのではなく、最初から「町家の古本屋」さんなのである。二六六年に渡り営業を継続していることに、多大なる敬意を表し、自然と頭を垂れてしまう。

　瓦屋根の庇の下には、左右に木枠のガラス窓があり、中央右寄りに大きな板ガラスの嵌った横幅のある木の引き戸がある。手擦れで、丸みと柔らかみを帯びているのが、時の積み重ねを気づかせてくれる。左右にある縁台のような平台は、大判の全集、ビジュアル本、美術雑誌・ムック、図録類、和本（書蹟・印蹟など多し）などが平積みになっているが、値段は普通に四桁値となっている。

また平台の両脇には「古本売買」の文字が掠れた古い木箱が置かれ、これはどうやら和本を入れる箱のよう。ザ・老舗の印象が、ここでも深く刻み込まれる。もはや驚愕を通り越して、畏怖の念を抱きながら、コンクリに埋め込まれた踏み石の上に立つ。アーケードの屋根から下がる、商店街共通看板に店名はあるが、入口の周囲では確認できない。代わりに恐ろしく黒ずんだ「佐々木惣四郎」とある表札。なんとこの名は、代々の店主によって受け継がれてきた名前なのである。つまりお店を継いだその日から、その人は「佐々木惣四郎」の名を襲名するのである！ うぉぉぉぉっ！ それはいったいどれほどの重さなのか！ なんて格好よい古本屋さんなんだ。

大きな引き戸を、慎重に力を少しずつ込めて動かし、店内に小さくなって入る。すると、左奥の和本の崖に囲まれた、洒落たセーターを着た初老の店主が、チラリとこちらに視線を寄越す。彼が現在の「佐々木惣四郎」氏なのか。緊張しながら会釈して、とりあえずはリュックを背から下ろす。ぬぅ、材質の柔らかい本に包まれた空間だが、なんて硬質で堅固なんだ。

店内はそれほど広くないが、それなのに壮大でとにかく古めかしい。右側に壁棚がチラリと見え、美術や書の函入本や全集本を確認できるが、その前には大量の仏教美術、日本美術、書、日本建築、庭園、工芸などの大判本・豪華本が、縦に横に組み合わさって積み上がり、迂闊には手を伸ばせない状況を作り出している。

入口左横には、美術全集・浮世絵、それにB6版ほどの色刷りが美しくヘナヘナな絵草紙や、和本の図案集が集まったスクエアな古書島がある。右奥は短い行き止まりの通路になっており、地層のように積み上がる和本揃い（書、謡曲、狂言など）や、刀・庭園の本が見える。

上を見ると、古く煤けた扁額が掛かり、筆記体の英文と共に「和漢洋」の三文字が浮かび上がる。さらに暗い天井を見上げると、梁の上に板が据えつけられ、そこにも本が並んでいた。左奥には、履物を脱いで上がり込む、小さな低い番台的帳場があり、奥壁と左壁には様々な大きさの和本が、縦に面陳され、梁の近くまで見事に飾られている。

和本たちは決してへたらず、居住まい正しく立体的に、整列している。京都・土地案内・食紹介など、ガイドブック類の目立つのがなんとも楽しい。左には日本美術関連が主に集まる。しかし、まったく歯が立たない。まずこちらの心構えがなってない。それに懐が不如意である。さらには知識が絶対的に不足している。これでは主に五桁以上の値がつく本に、手を出せるわけがない。

と、そこへ、和服を着た若旦那のような青年が立ち寄り、サラッと五桁値の本を購入していった。続いて研究者然とした男性が和本を何冊か購入している。あぁ、私はこのまま京都に完全敗北してしまうのか……。勇気を持って帳場に近づき、台上の地図や紙物が素敵なので手にしてみるが、やはり気軽に購入できるものではない。

ええぃ、こうなったら最後の手段だ。いったん表に飛び出して、店頭台を真剣に漁る。そして重く積み上がった『別冊太陽』を手にして、店内に再突入。帳場に本を渡したところで、初めて「いらっしゃい」と迎え入れていただく。ふぅ〜〜。本当は豊国の絵草紙が、買えればよかったんだが……。『別冊太陽　城市郎の発禁本人生』(平凡社)を購入。

おかしな体勢から パスティーシュをつかむ

中井書房——京都・京阪三条◉二〇一五年三月二二日

急用で朝から京都に赴き、祇園の街をウロウロキョトキョト。己の身の丈に合わぬ、白昼に晒された夜の街から解放されたあとは、北上して古本屋さんに急行する。急げ。残り時間は、あと一時間だ!

京阪三条駅の11号階段から、春の陽光降り注ぐ京都盆地に姿を現すと、横で鴨川がきらめく川端通りに出る。そこから北上して、川端二条交差点で二条通りに入って東へ。京都らしさはあるが、わりと平凡な郊外の趣きをである。南側の歩道を進み、鈍いカーブをクリアすると、行く手に「本」の文字を掲げ、黄色い日除けを張り出した、二階建ての小ビルが見えてきた。

近づくと一階に三店が入居しており、右端に「古書・古典籍」の〈水明洞〉、真ん中に「蔵書一代」の〈中井書房〉、そして左端にまたもや〈水明洞〉……これは一体。しかし右端の〈水明洞〉に人影は見えない。

まずは順当に真ん中の〈中井書房〉に突入する。端正で整頓が行き届き、右奥が通路のように延び、高校野球の中継が流れ、見事なまでに古本屋然としたオヤジさんが、帳場からチラリと頭を覗かせている。入口右横には安売り単行本ワゴンがあり、左横には美術図録・作品集棚が一本あり、本棚でフロアに生み出された通路は三本。

右端には、壁際に食、料理、京都、文学評論、日本近代文学、文学古書・仙花紙本、詩集、本関連、言葉、動植物、自然科学、建築と、なかなか踏み込みにくいバックヤード的な通路の奥まで棚は続く。向かいには海外文学、音楽、映画、辞書類。真ん中には性愛、幻想文学、岩波文庫、中公文庫、一般文庫、新書、宗教、民俗学、日本刀、文明が集まる。

左端には、壁棚に美術、短歌、中国、韓国、歴史、郷土史、大型美術本が続き、帳場背後のプレミア大型本ガラスケースにつながる。向かいの通路棚には思想、社会科学、哲学、心理学、ちくま学芸文庫、講談社学術文庫、カメラ写真関連が収まる。

折目正しく背筋正しく、硬めで幅広く知を司った古本屋さんである。むぅ、真面目だ。値段は普通。

結構通路をうろつき悩み、真ん中通路から函入りの藤田元春『伊能忠敬の測量日記』（ラジオ新書）を取り出し、古道具も飾られた帳場で精算する。「おおきに」と本を手渡され、一万ドルくらいの優しげな古本屋さんスマイル。気持ちよくお店を後にする。

水明洞――京都・京阪三条◉二〇一五年三月二二日

そしてすぐさま隣店店頭に視線を落とし始める。ビジュアル本が並ぶラックがひとつ、単行本の入った箱が三つ、和本や反古や古書の入った箱・カゴが八つほど。下赤塚〈司書房〉に雰囲気が似ているなと感じながら店内へ入る。そこは雑然とした古書と紙物の世界だった。床には箱や横積み本が並び、その箱の中を高速でチェックする紙物修羅の出現にたまげてしまう。

入口右横に古道具、紙物、駄玩具類の並ぶショウケースがあり、右壁沿いの紙物軍団、掛軸、扇、絵葉書などにつながっていく。右奥が少し広くなっており、左壁から奥壁までが壁棚に覆われ、フロアに通路は三本。奥の広くなったスペースに、やや雑然とした机がふたつあり、そのひとつにご婦人が腰かけて店番をしている。

左壁は作家五十音順文庫から始まり、古書が交ざった文学・一般本棚、大型美術本棚となる。向かいには古典文学、仏教、神道。真ん中通路は大型本がメインで、図録類、書、郷土、自然科学も揃える。

右端通路は、戦争、日本刀、文学、建築、都市、美術などが入り交じる。しかし見所は奥の壁棚スペースで、古書を中心として、歴史、文学、思想、社会、趣味、風俗。奥に少し固まった探偵小説・児童文学に魅せられてしまう。しかし本棚の前には大量の物が積み重なり、おいそれと手を伸ばしにくい。そこでご婦人に声をかける。

「あの〜、ちょっと頑張って取ってみますんで、奥の本を見せてもらってもいいでしょうか？」

「あら、すみません。じゃあ……」

と、積み重なる物を少し退かしてくれた。

そして、

「ここに足を突っ込んで入ってみてください」

喜び勇んで左足をガサガサと物品の山の隙間に差し入れて、棚に少し近付き、古本を吟味する。少女小説、甲賀三郎、『紅ばら團』（二冊！）などに興奮。どれもわりとしっかりした値段が……と、おかしな体勢のまま思い悩んでいると、棚の隅に作者不明『キング叢書 凄惨実談ピストルの響』（榎本書店）を見つける。

昭和二年発行、文庫サイズの分厚い本で、「実談」とあるからには猟奇事件実話物かと思っていたら、中をめくるとこれがなんと怪盗ジゴマのパスティーシュだった。フランスで死んだはずのジゴマが蘇生し、満州、朝鮮、日本と暴れ回る愉快な展開！　ぐむむと興奮し、値段も手頃だったので帳場に差し出す。すると「探偵小説ね」と言われて精算。

この表紙を見ただけでは、ジゴマ物とは到底わからない。そしてこの本について調べてみても、何の情報も浮かび上がらない。いわゆる「日本ジゴマ」とは別物のようだし……。ちなみにジゴマは日本では、警視庁の鬼探偵、島田刑事に追っかけられます。

あっという間の京都滞在を終え、素早く帰京。あぁ、一度でいいから、心置きなく京都の古本屋さんを巡り倒してみたいものだ。ただ古本を買うために、何日も何日も。

昭和初期のビルディングの一室に

Berlin Books——大阪・心斎橋◉二〇〇九年二月二〇日

急遽大阪で仕事をすることになり、新幹線で二時間半移動の後、仕事場に向かう前にこっそりがっちり古本屋へ。早く仕事場に行かなければと思いつつも、棚に吸いついた目が中々離れてくれないのです……。

駅を出て長堀通から三休橋筋を北上すると左の角に大阪農林会館という古めかしい昭和初期のビルディング。端の方のビル入口に種々雑多な個性あふれる看板たちが集まる。その中に目指す古本屋の赤い看板を見つけた。

エレベーターホールに足を踏み入れると、内装はほぼ当時の面影をしっかりと留めている。格好よい。ビル内案内板も昔ながらの渋いもの。しかしそこに書かれた店名は、ほとんどがカタカナか英語表記で、近未来的カオスを感じる。アールデコ調の木製手摺りを頼りに二階へ上がる。ここにも木札で作られた案内板があった。

白く入り組んだ廊下を奥へ進む。廊下から見えるお店は、みな今時な内装で、ここが外観とはかけ離れたお洒落なファッションビルと化していることを教えてくれる。案内板に従って角を曲がり、奥の奥に行きつくとシンプルなお店の扉である。部屋に入ると左のレジから「いらっしゃいませ」の声。壁際はレジと窓以外には本棚が置かれている。真ん中に背中合わせの棚が一本。シンプルでほどよく緊張感の漂う、それでいて居心地のいい空間だ。右の壁際には、写真、デザイン、映画、美術、建築、図録、雑誌が収まる。

角を曲がり窓の下には絵本が並ぶ。そこからレジまでは、写真、文学、アート全般の新刊棚となっている。向かいには、写真集、画集、美術手帖などが。手前の通路に古本が集まっていて、背中合わせの棚には、新書、日本文学文庫、海外文庫がキレイに並ぶ。

壁棚には単行本がビッシリだ。生活、暮らし、日本文学、海外文学、ＣＤなどが。新しめの本中心のアート系古本屋である。レジにはおっとりとした感じの若い男女が座っている。値段は普通だが、アート系のお店にしては安い方だろう。日本文学も中々の充実っぷり。本を買うと、買取作家と買い取れない本のリストを同梱してくれる。『カメラの前のモノローグ　埴谷雄高・猪熊弦一郎・武満徹』（集英社新書）を購入。［▼店舗閉店］

桜ノ宮大川端で「奇跡」といわれる

古書 三鈴書林――大阪・桜ノ宮◉二〇一一年一〇月二二日

大阪・京橋の〈古書 山内書店〉と〈立志堂書店〉を回り、街の雰囲気や大阪言葉を肌で楽しみつつ、次なるターゲットへ向かった。国道一号を西へ進み、大川端の道を北進する。左に桜之宮公園を見て、右にラブホテル群を迎え、ズンズン北へと進んでいく。

五〇〇メートルほど進んで野球場を過ぎると、……うん？ あれが目的のお店なのか!? この辺りまで来るとJR大阪環状線の駅桜ノ宮駅の方が近く、左手にはクズ鉄屋や古紙回収屋の小屋が連なっている。しかしこの古本屋さんも負けてはいない。灰色の煤けたモルタル二階家で、路上に縦長の立看板がポツリとあった。

半開きのサッシ戸にも店名のある紙が貼りつけられているが、これは本当にお店なのか、と躊躇してしまう店構えである。しかしここで尻込みしては、私の生きている意味はないっ！ とサッシに手をかけてガタガタ中へ。電気は点いており、一応本の詰まった木箱が出迎えてくれるが、ほとんどダンボールで埋め尽くされた倉庫的空間だった。誰もいない。入ってよかったのだろうか……。

入ってすぐ通路が左右に広がり、左は二階への上がり口、右は九〇度曲がって奥へと続く道。本を見られる所は、入口正面から右に折れる通路手前までで、とにかく後はすべてダンボール箱の嵐なのである。

本は、映画、社会運動・思想系文庫、英語文庫、文学評論、選書、風俗、歴史、幕末、古典文学、山岳、思想、宮澤賢治など。左傾の本が多く、値段は高め。そして一冊を手にしたはいいが、誰も出てくる気配はない。まずは右奥に向かって、何度か「すいません」と声をかけるが反応ゼロ。

続いて左側の階段下に立ち、上に向かって声をかける。すると二度目で「ハイ」と返答があり、ミシミシと階段を軋らせて男性が姿を見せた。白髪痩身の笑顔こぼれる方で、私が本を差し出すと、

「ウワッ、買ってくれるんですか！ ありがとうございます。奇跡だ！ スゴイ!!」

と、何やら身を捩じらせ感動している。ちょっとあっけにとられながら、

「あ、あの、入ってよかったんですか？」

「えぇえぇ、大丈夫ですよ」

と、話しつつ代金を支払う。するとおもむろに、

「いや〜、本が売れないからね。川向こうの店を畳んでこっちに来たんですよ」

「えっ！　そうなんですか？」

「今はもうネット販売と大学の古本市で売ってるの。でもそこの棚だけは、意地でも残しとこうと思って……」

と、木箱群を指差す。

「あ〜、本を買いに来てくれる人がいるなんて。ホントに奇跡だよ」

……はぁ、もう古本屋さんにそこまで言われたら、奇跡と思っていただけるなら、今日ここまで古本を買いに来た甲斐があるというものです！　ツアー冥利に尽きます。こちらこそ、まだ本をお店で売っていてくれて、ありがとうございます。これからも古本屋さんに光あれ。

小此木真三郎『ファシズムの誕生』（青木文庫）を購入。

〈三鈴書林〉を出て、すぐに大川端に出ると、なんだかフランスのような水辺の景色。大阪は現在の東京よりも、遥かに親水性の高さを感じさせる都市である。ここをちょっと下れば、対岸が有名な造幣局の「桜の通り抜け」になるのか。私は古本を抱えて、どこまでも河岸をトボトボトボトボ……。

後ろめたく時間と戦いながら
カメレオン均一セール！

天牛堺書店　船場店——**大阪・堺筋本町◉二〇一二年一二月八日**

まだ暗い午前六時に、車にギュッと押し込まれて大阪への出張である。東名・新東名・名神とたどり、六時間半をかけて、午後一時前、半年ぶりの大阪に到着した。

腰を下ろす間もなく仕事に取りかかり、広い建物の中を右往左往……。しかし私は、まるで脱獄を企む囚人のように、タイミングを見計らっている。そして、隙を見て脱走！　気取られぬよう、ゆっくりした落ち着いた動きで仕事場を抜け出し、あとは古本屋さんに一直線だ。姿を消せるのは、せいぜい三〇分くらいなので急がなくてはならない。う〜ん、この後ろめたい緊張感、久しぶりだ。目指すは地下鉄・堺筋本町駅の上に伸しかかる船場センタービル　3号館である。1号館から10号館までが直列し、上には高速を走らせ、地下には地下鉄を走らせる、異様な飾り気のないファッションビル群！

この中をひたすら通り続けていると、人間には服飾品が必要なのだということを、嫌というほど思い知らされてしまう。洋服・カバン・服飾雑貨のお店が、これでもかと並んでいるのだ。こんな中に果たして古本屋さんは存在できるのだろうか。

気持ちを多少揺るがせつつ、3号館にたどり着いて北通りを東に進む。駅からは、地下二階から一階に上がるだけ、それだけでいい。おぉ、通路を進み切ったどん詰まりの自動ドア前に、古本屋さんが両翼に広がっているではないか。左翼のお店はよく見ると、メインは新刊を扱っているようで、通路際に一〇〇均文庫ワゴンが四台、一〇〇均新書ワゴンが一台、一〇〇均コミックワゴンが二台並んでいるのだ。

ワゴンには隙間なく本がぴっちりと詰められ、空きができるや否や、紺色カーディガンがユニフォームの店員さんが飛んできて、たちまち新しい本で隙間を埋めてしまう。むぅ、間違いなく職人芸の手技である。時間と闘いながらも、なるべく丁寧に見ていき、なかなか豊かな並びを楽しむ。

続いて右翼に足を向けると、こちらは完全に「古書専門店」となっている。通路際には、値段白帯を巻かれた通常値の沖縄本ワゴンが二台、半額新刊ワゴン一台、三八〇円均一単行本ワゴン（一台は箱入り本専門）が五台並んでいる。

店内は三方が壁棚となっており、左壁から半額新刊、洋書、美術豪華本、落語、文楽、浄瑠璃、映画、辞書類、法律、社史、宗教、世界史、日本史、大阪本と続いて行く。後半は箱入りの硬めな学術本中心である。

右壁前に帳場があり、隣には『在りし日の歌』や、ロシア・ソヴィエト探偵小説などが並んだプレミア本ガラスケースが置かれている。フロアには右に細長いコミック揃い島。続いて東洋文庫、岩波文庫、プレミア教養系文庫、三八〇均ビジュアルムック・美術図録・単行本のワゴン島。左端にまたもや三八〇均ワゴン島と新しめな和本の山……。

とにかく両フロアには三八〇均と一〇〇均文庫が溢れており、見応えあり。雑本的ではあるが、しっかり探せばよい本がピカリと光るので、適当に流すと後悔するのは必定である。

この均一セールは、日によってその値を変えるようで、レジに置かれた細かいスケジュール表に目を通すと、文庫、新書、コミックは一〇〇・二〇〇・三〇〇・一五〇・二五〇・三三〇と変動し、単行本は三八〇・四八〇・五八〇・七八〇・九八〇・一三〇〇に変化するようだ。おぉ、これではまるでカメレオン均一！　もちろん値によってワゴンの中身は大きく変わるのだろう。店員さんは大変だな。それにしても「一三〇〇円均一」っていうのは、見たことも聞いたこともないぞ。

『近代建築ガイドブック　北海道・東北編』（鹿島出版会。どひゃっほう！）、山田風太郎編『ホームズ贋作展覧会　上』、鮎川哲也編『ホームズ贋作展覧会　下』（以上、河出文庫）、中島河太郎編『モダン殺人倶楽部』（角川文庫）、『ユリイカ　1989年1月号・特集＊夢野久作』（青土社）を購入。
この特殊なビル内には、もしかしたら他にも古本屋さんが……と妄想を働かせつつも、もはや仕事場に戻らねばならぬ。急いで大阪の街を駆け抜け、何喰わぬ顔で自分の持ち場に戻る。ふぅ、どうやらバレていないようだ。

初の和歌山ツアーから大阪の陣

さかえ堂――和歌山・神前◉二〇一三年七月一七日

足が出るのもなんのその、気持ちだけは勇ましく「みちくさ市」の売り上げを懐にして、新大阪から特急くろしおに乗車する。この特急列車の終点、中上健次の故郷・新宮まではなんと四時間である。いつの日か訪ねようと願っていたまだ見ぬ土地に思いを馳せていると、電車は駅から颯爽と滑り出した。

目的地までの所要時間はわずか六〇分で、大阪の市街地と住宅地をギュンギュンと走り続け、最後に一五分ほど水田地帯と山間を走り抜けて紀ノ川を渡ると、あっけなく和歌山に到着した。ツアーとしても個人的にも、初めての土地である。

まずは、和歌山駅西側にある「まさ書房」を見にいくが、店内に電気は点いておらず、ドアには鍵が……。なに、まだ正午だ。きっと午後一時頃に重い腰を上げ、開店してくれるのだろう。そう楽観して、JR紀勢本線の下を

潜って東側に出る。今度は単線、わかやま電鉄貴志線に乗り込む。ものすごく揺れる二両編成で、終点の貴志駅まで行くと、あの有名な三毛猫「たま駅長」に会えるらしい。終点まで行ってしまいそうになるのをグッと堪えて、民家の裏手にある神前駅で下車する。ホームから出て小道を東に抜け、南北に走る田舎道へ。交通量が激しい上に、ほぼ歩道のない道を四〇〇メートルほど進むと、建ち並ぶ建物の上に頭ひとつ出た「古本」の看板が見えた。

慌てて近づくと、そこには扉を開け放ったペパーミントグリーンの倉庫が一棟建っていた。なんだこれは。夢か、それともただの倉庫なのか。あのグルグル回る黄色のパトランプは何を意味しているのか……。恐る恐る扉に近付き中の様子を窺うと、手前左側にスチール机を集めて造られた明け透けな事務所スペースがある。そこではアロハ姿の禿頭のおじいさんが、完全に就眠中である。その奥に林立する白い本棚が見えたので、非常に不安ではあるが古本屋さんである可能性は大きくなった。

しかし、この倉庫の右半分には疎らにスチール棚が置かれ、ダンボール箱も散乱し、化粧品のような商品が多数放置されている。奥には車の影までもが見えているのである。静謐で蒸し暑いアウトローな空間は、まるで北

野武映画のワンシーンを見ているようだ。
　おじいさんが寝ているのを幸いと、こそ泥のように左奥に侵入して行く。白い本棚と巨大な平台で四本の通路が造られ、疎らにやる気なくコミックが並んでいる。三列目左側に一応古本の姿を確認する。雑本文庫・ノベルス・ハーレクインの燃えぬ三本柱……。うう〜んと悩みながら川上哲治『悪の管理学』（カッパビジネス）を手にする。他にも何かないだろうかと平台を探る。古い雑誌とゲーム攻略本がドッサリ……。注意していると、よっ！『真・女神転生2』（小学館）を発見。これは『真・女神転生』から続くクオリティ高い攻略本で、名著と読んでも差し支えない。値段はよくわからぬが、おじいさんを優しく起こして精算してもらう。すると二冊共九〇円也。ありがとうございます。

　またもわかやま電鉄に乗り込み、もう開いていると信じて〈まさ書店〉を見にいく。しかし開いていない。だがどうしても入りたい！　勇気を奮い起こし、扉に書かれた電話番号に電話をかけてみるが、哀しみが止まらない直留守電……あぁ、俺はまた、この地に来なければならぬのだな……。

　ではめげずにもう一軒と、南海本線沿いのお店に向かおうとしてみるが、接続悪く一時間待ちであることが判明。こんなに待ったら大阪に帰れるじゃないか！　そうと決まれば特急くろしおに飛び乗り、大阪の古本屋さんを見に行くことにする。
　この特急は和歌山駅を出たら、天王寺と新大阪にしか停まらないので、未知の天王寺駅で下車。しかしそこで待っていたのは、古本屋さん全滅地帯だった。駅周辺の古本屋さんの入っていたビルが、ことごとく新しくなってしまい、哀れ、お店は一掃されていたのである。まさか古本屋がひしめく大阪で、こんな目に遭ってしまうとは……。己のあまりの運の悪さを罵りながらも、心はまだ折れずに次なるお店を目指して北へ向かった。

古書 ゆうぶん——大阪・大阪◉二〇一三年七月一七日

　南口に出て東に歩道橋を二度渡って、阪急百貨店を突き抜けてアーケード街の阪急東通りに入っていく。グングン進んで一度横断歩道を渡ると、通りには、やや猥雑な雰囲気が漂ってくる。今はなき〈末広書店〉を思い出しながらアーケードを抜け切ると、雑居ビルの谷間の道の先右手に、「古書」の文字が見えてきた。雑居ビル一階のこじんまりとしたお店である。

白い看板の下には白い日除けがあり、その下には木の扉と映画ポスターが貼られたウィンドウ。店頭には台車に載った一〇〇均文庫、二段の一〇〇均文庫台が二つ、ダンボール箱に載った一〇〇均単行本と、単行本の入ったプラケースが置かれている。

地面に「ゾゾゾゾゾ」と引っかかる扉を開けて店内へ。冷房がキンキンに効いている。両壁に本棚、真ん中に背中合わせの本棚、奥に帳場のスタンダードな空間だ。店主はハスキーボイスの芦屋小雁似で、お客さんと映画の話をしてゲハゲハと笑っている。雰囲気からして趣味性の高い一本筋の通ったお店のようだ。

右壁はSF・ミステリ・探偵小説の文庫とコミックの混合棚から始まり、邦画、洋画、映画全般、探偵小説、幻想文学、写真、隠秘学と並ぶ。足下には平岡正明タワーや映画パンフの箱も置かれている。また奥の帳場横は

プレミア本棚らしく、岡本喜八、吉田兼吉、表現主義、建築古書、映画古書などが固まる。

向かいは棚脇が一〇〇均文庫棚で、落語、役者、芸能、日本文学、詩、文学評論、絶版漫画、カルトコミック、アニメ関連と続いていく。入口左横にはカバーなし岩波文庫、左壁に国書刊行会、時代小説文庫、官能文庫、新書、文学・歴史系文庫、民俗学、文明、哲学、思想、そして帳場脇には美術書。さらに向かいは音楽、近現代史、歴史、古代史。

風俗街の片隅の文化的薫りの高いお店で、映画書に見所あり。値段は普通で、よい本には油断のない値づけがされている。野村宏平『ミステリーファンのための古書店ガイド』（光文社文庫）、酒井潔『悪魔学大全』（桃源社）を購入。木床を踏み締め、再び毒々しい街の中へ出る。

初めての和歌山県ツアー、とにかくこの地で古本を買えたことを、まずはよしとしておこう。しかし必ずや再訪し、この仇は討たねばなるまい！　大阪では、天王寺での全滅騒ぎで狼狽えてしまったので、次回はしっかり計画を立て、このビッグシティにも再び挑みかかるつもりである。……財布の中身をなけなしにして、ようやく帰り着いたら、東京は雨だった。［▼店舗閉店］

神戸で半七買って「グッド・バイ」

ロードス書房――兵庫・三宮◉二〇一三年八月二三日

やはりいてもたってもいられない。八月でお店を閉める〈ロードス書房〉と、九月には〈海文堂書店〉の閉店に伴い消えるであろう〈元町・古書波止場〉を、この目に焼きつけにいくことにする。ちゃんと「グッド・バイ」して来なければ……。

木曜夜一一時新宿発の夜行バスに乗り、いざ神戸へ！　おそろしく窮屈なシートに身を沈ませ、遮光された車内で息を潜め、それでも外灯の光がカーテンの隙間を潜り抜け、貧弱なミラーボールが回っているような、長い長い夜の七時間。そして朝を迎えたら、それはまるで外界から隔絶された護送車のようで、事故渋滞に巻き込まれたりしながら刑罰のような、さらに長い五時間の道のり。都合一二時間かけてたどりついた神戸は、燃え上がるような灼熱で身体を包み込んでくれたのだった。

人々が激しくクロスする駅構内から東口に抜けていくと、屋根の高いアーケード街となり、それが尽きる交差点には、大きく曲がる「ポートライナー」路線と「ダイエー」が待ち構えている。信号を渡ってダイエーをなぞるように東に進み続けると、ヌッと巨大なサンパルビルが姿を見せた。エスカレーターで二階へ上がる。

案内板でお店の位置を確かめ、中央エスカレーター北側へズンズンとちょっと時代遅れなショッピングモールを進んでいくと、左手に間口の小さなお店と古本が見えてきた。アプローチは「中野ブロードウェイ」、〈古書うつつ〉の前身〈古書だるまや〉のようである。廊下天井からは小さな店名看板が下がり、入口両脇には均一棚が三本置かれている（値段は自分の目を疑う謎の一五五均）。単行本・文庫・新書と手塚コミックなど。

そしてあぁ、壁には赤い「半額」のビラと、「閉店のため、8月末日まで店舗在庫をすべて半額セール致します」のビラがある。ふぅ、最初で最後のお店探索となるわけか。店内は縦に細長く、右は壁棚が奥の帳場まで続き、左は手前側に棚とガラスケースと木箱で造られた小空間があり、奥は背中合わせの本棚が置かれ、壁棚と共にもう一本の通路を造り出している。

帳場ではパキパキしたご婦人が、次々と現れるハット

＋チェックシャツ＋スラックスという、ほぼ同じ格好の老古本修羅たちを手際よく捌いていく。むむ、負けていられないぞ、と早速不躾にも目玉を素早く走らせる。

右壁は時代小説文庫、雑学文庫、日本文学文庫・海外文学文庫、岩波・ちくま・中公・古い文庫がまずは並び、ほどよく絶版文庫が見つかるよい眺めである。足下にもミニ文庫山が築かれている。そのまま奥へ進むと、壁棚と通路棚がつながり、文学評論、歴史、兵庫・六甲・近畿郷土関連本が並ぶ。入口左横は三一五均棚から始まり（なぜか奇術と手品関連の古い本多し）、ガラスケースには『キンダーブック』、絵葉書、地図類、洋書などが飾られ、下には文庫の詰まった木箱がガンガン置かれている。

さらに囲碁、将棋、映画、趣味、酒が続き、クイッと曲がって左奥通路へ。壁棚には全集、全集端本、文学、風俗、思想、科学、芸術、和本などがカオス気味に。向かいには戦争、社会運動、各種闘争、ハヤカワポケSF、新書、天皇など。お店の半分は文庫だが、奥に文学、郷土、社会運動の古い本が待っている。値段は安めで、これからさらに半額になるとは、おそろしくも素晴らしいサービスである。岡本綺堂『半七捕物帳 11』（日本小説文庫）、夢野久作『瓶詰の地獄』（角川文庫）、『立原道造詩集』（角川文庫）、石黒敬七『ビール物語』（井上書房）を計四九七円で購入。ありがとうございます。そしておつかれさまでした！ ギリギリ出会えて嬉しかったです！ 閉店まであと一週間！［▼店舗閉店］

古書波止場——兵庫・元町◉二〇一三年八月二三日

駅南口の信号を渡ったら、元町穴門商店街を〈ちんき堂〉を左に見ながら、南に下る。すると大きなアーケードの元町1番街に出るので、ヒタヒタ西へ進む。大きく優雅な商店が多く連なり、商店街というよりは、日本風なガレリアと呼ぶのがふさわしい。左の脇道の先に赤が眩しい「南京町」を認めながら、祝祭的誘惑に負けずにズンズン歩き続ける。すると通りが「元町商店街3」に変わるので、左に注意してさらに進むと、石板パネルで化粧された大きな〈海文堂書店〉が見えてくる。

ここの二階には、四店の古本屋さん共同の古書モール〈古本波止場〉が設営されているのだ。正面入口から入って、新刊台とレジの横を通って、奥の階段を上がっていく。すると通常の書店ではありえない、海事・船舶・船グッズのコーナーが出迎えてくれる。その左奥に本棚で

囲われた、小さな波止場が目に入った。自称「良書の集まる港」である。もしや「良書」と「漁師」をかけてはいないだろうか……。

手前ゾーンに〈イマヨシ書店〉、右奥が〈やまだ書店〉中央奥は〈一栄堂書店〉、そして左側に〈あさかぜ書店〉と、四店が港を形作っており、壁棚と本棚に囲まれた空間に、二本の背中合わせの棚を縦置きしている。映画、演劇、芸術、歴史、文学、古典文学、戦争、探偵小説、兵庫関連、一〇〇均文庫、レアコミック、実用、海、人文、児童文学、絵本、一般文庫、兵庫絵葉書などが置かれ、お店それぞれの得意分野を前面に出し、硬軟とりまぜ、古本修羅の寄港を待っている。値段はお店それぞれだが、私は値も安くおかしな本も多い〈イマヨシ書店〉を大いに気に入る。でも〈一栄堂書店〉の並べていた『横溝正史と東川崎町』は欲しかったなぁ。視点がミクロかつご近所過ぎて面白いのだが、値段が二五〇〇円……。というわけで、神代辰巳『四畳半襖の裏張り』（映人社。八〇〇円だ！）、川端長一郎『港の死角』（見たこともない昭和三十年代のご当地ミステリー。のじぎ文庫）、岡本綺堂『半七捕物帳（6）』（日本小説文庫）を購入。……私は『半七捕物帳』を買いに神戸にやってきたのだろうか。しかも〈ロードス〉さんで買ったものと巻数は違うのに、載っている話は同じときた。なぜだっ！

〈海文堂書店〉の閉店に伴い、この波止場の運命は、と気になっていたのだが、レジにあった「海文堂通信　海会　2013　8–9」を手に取ると、そこには「2階〈元町・古書波止場〉の営業も9月30日（月）で終了致します」の悲しい文字が……。閉店まで、あと一か月と一週間！

波止場を出たら〈海文堂書店〉を回遊。やはりガラスブイまでが売られる、海コーナーは素晴らしい。乗ってきた夜行バスは港側からのアプローチだったのだが、商船・海事・海運会社の多さを目にしてきたので、このコーナーがこの街にとって必要なものであることを少しだけ理解する。ついつい『見て塗って楽しむ　柳原良平の「船・12ヶ月」』（海文堂）を購入……これ、もったいなくて絶対に色なんて塗れない！　階段途中で、いしいひさいちのバイトくん色紙に目を細め、さらに一階で豊田道倫『たった一行だけの詩を、あのひとにほめられたい』（晶文社）を購入。カッチリ形よく力強くかけられた書皮に、本を買った喜びを感じとる。［▼店舗閉店］

聞きしに勝る混乱と意外の店内

街の草書店――兵庫・武庫川◉二〇一三年一二月二六日

一二月いっぱいでお店を閉めるという天神橋筋六丁目の〈青空書房〉でシャッターに貼られた「ご挨拶」を確かめてから梅田に戻る。阪神電車に乗り込んで、一五分ほど高架線から街並を見下ろして西へ。いくつもの川を越えて武庫川駅に着くと、大きな武庫川の上に、木造屋根のホームが跨がっていた。ここはもう兵庫県である。

改札を出ると、線路沿いに坂になって、東に向かって寂しげな商店街が下っていく(古本屋もあるが開いていない)。その坂をダラダラッと歩いて二〇〇メートルほど。駅前の踏切道から数えて五本目の脇道を南に折れると、昭和な八百屋さんの先には、道路に架かって闇を生み出している、年代物のトタンアーケード。そこを潜り抜けて東に入ると、右手に本の塊を露出させ、大きな緑のだんだら日除けを張り出した古本屋さん!

ここが噂の「街の草」か……。聞きしに勝るハードなお店だ……。寂れた商店街の裏通りにある、住宅兼店舗の二軒長屋の左側で、店頭にはブルーシートを被せた未整理本の山が連続している。その間々に、謎の大量の未使用紙袋、雑誌ラック、一〇〇均廉価コミック、絵本、ノベルス箱が散らばっている。

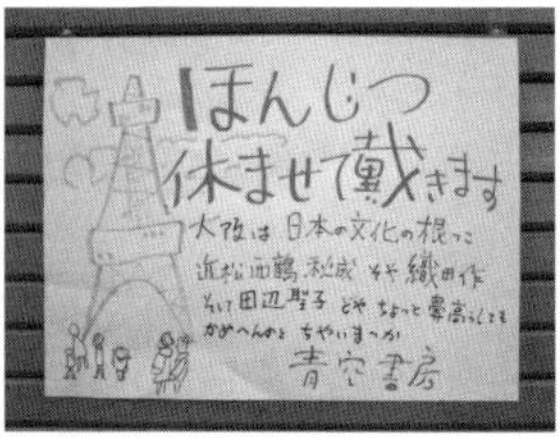

▶青空書房名物の、楽しく朗らかな貼紙。

大きく開けっ放しの入口から中に入ると、それほど広くはない店内に本が積み上がっている。しかし通路は一応確保され、胸から上の見通しはよい感じである。左右の壁には造りつけの棚があり、入口両脇には小さな本棚、そして真ん中に本と厚い合板でできた大きな島があり、奥の帳場回りの本の山とドッキングしている。

本の影では、たくましい富山敬のような店主が、立ったままで色々作業中である。通路には紐で括られた未整理本の山脈が築かれている。そして、鋭く軋む木板の床が、部屋の中央に向かってたわんでいる気がするのだが、気のせいだろうか……。

入口右横には高橋輝次氏の新刊と共に、近刊単行本やビジュアルムックが収まる。右壁に新しめの文庫が並び、下部にちくま文庫と岩波文庫、そして時代小説文庫が広く続き、女性実用、海外文化・文学、写真、美術(今和次郎の商店スケッチ集が!)、思想という構成。中央の島では未整理本、コミックと共に、一〇〇均箱をいくつか確認する。

入口左横近くはコミックで固められ、自然、児童文学、絵本、辞書、ミステリ、幻想文学、上質日本文学、海外文学、詩集と続いていく。おそらくこれでは、お店の表面しか見ていないことになるだろう。なぜなら、奥や通路の本タワーのほとんどが古い文学や詩関連で構成されているようなので、強者はここに挑みかかる。私にそんな蛮勇はとうてい湧き上がらず、優等生のように棚を眺め、タワーの上部を盗み見ることしかできなかった。

手前側は大衆ゾーン、奥側が文学ゾーンに分かれたお店である。文学や詩の棚造りは、なんだか胸をワクワクさせてくれる。そのワクワクに気を大きくし、ちょっと高めな、欲しかった一冊を手にしてしまう。値段はちょい安〜普通。良い本にはプレミア値がついているが、相場よりサービスされている印象。

横田順彌『古本探偵の冒険』（学陽文庫）、野々上慶一『文圃堂こぼれ話』（小沢書店）、稲垣足穂『新風土記叢書６　明石』（小山書店。お手頃とはいえないが、それでも割安なので喜ぶ）を購入すると、店主がにこやかに優しく、

「遠くから来られたんですか？」

「びっくりしたやろ。この店、グチャグチャやろ」

「兵庫のお店、回って行かんのか？」

「わざわざありがとうな。また来てな」

などと話しかけていただいた。言われなくとも、また来ますよ！　今度は勇気を奮って、タワーを漁りに。ついでに兵庫県古書組合『兵庫の古本屋 平成25年版』のリーフレットを手に入れる。

帰りに駅前の立食い蕎麦屋で、蕎麦らしからぬ名をつけられた「スタミナそば」三六〇円を注文すると、オバちゃんに、

「じゃあニイちゃん、三六万」

と、言われた。……三六〇万じゃないとこが、逆にイヤです。

古都奈良で商店街筋ツアーと謎のお店

智林堂書店――奈良・奈良◉二〇〇九年九月五日

仕事と遊びを兼ねて、地獄の深夜バスに飛び乗り、奈良へ旅立つ。中学修学旅行以来の再訪になるこの土地では、どんなお店が待ち受けているのか⁉ 地元在住の知り合いに作成してもらった古本屋地図を携え、いざ古都に出陣。多少駆け足ながらも、古本屋が街にある限り、観光を犠牲にしてでも訪ねずにはいられない。

JR奈良駅から三条通りを東へ、もちいどの通りを南へ行く。途中「せんとくん」や、「まんとくん」、「なーむくん」のキャラクターグッズがひしめく「ならクターショップ」を通り過ぎ、二〇〇メートルほどアーケードの商店街を進むと、右側にお店がある。店頭には巨大なスノコのような立看板。そして期間限定二〇円均一箱（袋なし・お釣りなし）、台車に載った一〇〇均本。そこに文庫、単行本、ビジュアル本などが積み重なる。

お店に扉などはなく、天井の高い店内。壁はぐるりと本棚、真ん中に背中合わせの棚が一本。奥の棚前にレジがあり、ひとりの女性が店番中。右壁棚には、最近刊文学、奈良関連本、世界、食、山岳、戦争、囲碁、将棋、思想、オカルト、科学、辞書と並ぶ。

向かいの棚脇に洋書、通路棚にノベルス、女流作家文庫、教養・雑学文庫（映画、食、山岳、戦争、骨董など含む）、新書、ちくま、大量の中公文庫。レジ後ろには美術書や大型本。左壁棚は、社会、美術、映画、音楽、歴史、文学評論、詩歌句集、日本文学、古典、海外文学と収まる。向かいには、洋書、海外SF・ミステリ文庫、時代小説文庫、日本文学文庫、岩波文庫が並ぶ。

棚列の隙間には、搭乗券、引換券、土鈴など、古い紙物や雑貨類が貼り付けられている。街の古本屋さんとは一味違う、多ジャンルかつ教養的雰囲気が漂う棚である。真剣に棚と向き合えば、その真剣さに必ず報いてくれる予感が。値段は普通。奈良ファーストコンタクトは優等生的お店でした。ジャック・フィニイ『ゲイルズバーグの春を愛す』（ハヤカワ文庫）、巖谷大四『人間 泉鏡花』（福武文庫）を購入。

朝倉文庫——奈良・奈良◉二〇〇九年九月五日

もちいどの通りをさらに南に進むと、通りがしもみかど商店街に変わる手前にお店がある。白くのっぺりとした軒には、巨大な本の写真（？）の上に、青い文字で店名が書かれた看板が設置されている。その下にはごちゃごちゃとした店頭カゴ・ラック・ワゴン……いろんな場所に「古本」と書かれた紙が貼り出され、これ以上ないほど古本屋さんであることを主張している。

うしろを通りかかった修学旅行生が、

「あっ！　本屋だ！　古本屋さんだ！」

と、叫び、無邪気に素通りしていく。扉がない代わりに、左右の出入口端には薄い布が下げられている。左の入口から中に入ると、ちょっと薄暗く、棚の本はパラフィンに包まれた姿を見せている。両壁は本棚、真ん中に背中合わせの棚が一本のシンプルな構成だが、なんだかただならぬ雰囲気である。

左の壁棚は、歴史、海外文学、日本SF、SFエッセイ、資料本、探偵小説と、潔く濃い棚が展開。向かいも

負けじと、新書、教養文庫、探偵・推理文庫、岩波文庫、下には推理ノベルスや単行本と非常に偏向的な棚造り！　絶版文庫も多いようだ。というか中心か⁉　奥の帳場下にも『幻影城』などが並んでいる。右側の通路へ行くと、壁棚には日本文学、随筆、評論、詩歌、美術、写真。向かいには、映画、演劇、推理文庫、ちくま、中公、旺文社文庫が並ぶ。

探偵、推理、幻想、SFに特化したお店である。日本文学も中々の充実ぶり。お店は広くないが、方向性をビシッと定めていることで、スカッと爽やかに濃厚一直線の嬉しいお店となっている。途中ゴルフクラブを持ったおじいさんが、

「ゴルフカントリークラブの資料はありませんか？」

と、尋ねていたが、当然この品揃えのお店にあるはずはなく、ないことを告げても結構ガッツを見せて食い下がるおじいさんに、店主もちょっと困り気味。でも親切に応対しております。宮川一夫『キャメラマン一代』（PHP）を購入。

十月書林――奈良・奈良◉二〇〇九年九月五日

もちいどの通りからつながる、さらに南のしもみかど商店街へ。ズイズイと先に進み、緩い小坂を上がった所にある白いビルに、お店の壁看板を確認する。商店街の終わりにお店はあった。木材で飾られた店頭。ちょっと小さめな店頭看板、「古本」と書かれた看板に下がる「古本買イマス」「開店指導致します」と書かれた回覧板風板。どうやら古本屋ビジネスの教授を行っているようだ。

店頭の足元には、五〇円文庫、五〇円コミック、一五〇円ノベルス、一五〇円雑誌、一〇〇〇円均一大判ビジュアル本がカゴや台車に載っている。

出入口は左右二つ。左入口の上には再び店名、右入口の上には節穴の開いた板がはめ込まれている。左の入口から中に入ると、そこには本がみっちりと並んだ、時の経過を感じさせる店内。壁は左右とも本棚、真ん中左側に天井まで届く背中合わせの棚が一本、右側に背の低い背中合わせの棚が一本。棚はすべて厚めな力強い木材で統一されている。

通路には低めにだが本が積み上がっている。奥に帳場

があり、若めなポロシャツの男子店員が店番をしている。店内BGMはニール・ヤングの『アフター・ザ・ゴールドラッシュ』である。左の壁棚には、エッセイ、ノンフィクション、映画、演劇、戦争、囲碁、将棋、そして茶色く染まる絶版・初版文庫。その後には一〇〇均コミック、二〇〇均美少女コミックが続く。

向かいには著者名五〇音順日本文学文庫、女性作家文庫、出版社別文庫、海外文学文庫、岩波文庫、新書と続く。足元の通路本は捨本などではなく、重要な棚の続きとなっているので注意が必要（しっかりとジャンルを示す札が置かれている）。値段の明記されていない本は定価の六割引となっている。

帳場では店員さんとお客さんが話しこんでいるので、いったん外へ出て右側のスペースへ。左の棚には、日本文学、幻想文学、文学評論、詩歌、海外文学、中国が並ぶ。右の背の低い棚には、古典全集と児童文学。その裏側には美術、食、建築、宇宙。右の壁棚には、美術、歴史、古代史、科学、思想、角を曲がり宗教と収まっている。レジ横には手塚漫画も置かれている。

ちょっと広めな店内に幅広いジャンルを集めたお店である。古い本も多く、棚にグイッと顔を近づけ、手にし

て見なければ済まない確率高し。値段は安め～ちょい高め。商店街の外れなのにお客が次々と訪れ、しんがりをしっかりと務めている。店員さんの物腰は超柔らかである。『宮内康建築論集　風景を撃て』（相模書房）を購入。

やすらぎ書店——奈良・奈良◉二〇〇九年九月五日

奈良駅の南東、バス停・綿町停留所の一本北の裏道にあるお店である。店の名前とは裏腹に、ちょっと邪悪な印象を受ける。入口は一か所しかなく、他の部分はアルミサッシに覆われ、そこには大量のアイドル・タレントのポスターや雑誌切抜きが貼りつけられている（中でも近藤真彦が異彩を放つ！）。そしてその間に交じって、営業時間や取扱品目の書かれたグシャグシャの紙、ナゾの英語・韓国語の初級会話（手書き）、「青春は人生だ！　人生は勝利だ！」というさらにナゾの檄文……あぁぁぁ。入口横にはカラーボックスが置かれ、紐で括られた雑誌、コミック、文庫が入っている。未整理本なのか、と思いきや、「一冊一〇〇円」と書かれているので、売り物のようである。買う時は自力で紐から外せということなのだろう。

さて店内をと思ったが、入口に立ちはだかる巨大な人影。ひとりの男性が先ほどから必死に紐で括られた漫画週刊誌を物色中、無我夢中である。仕方なくその後ろから店内を覗き込むと、大量の本が乱雑に積み上がり、人ひとりがやっと通れる通路が奥へと続いている。

周りには、紐で括られた漫画週刊誌（表紙がクシャクシャ……）、紐で括られた文庫本、紐で括られたコミック、紐で下げられたアダルト本……。ひも、ヒモ、紐っ！　相当な紐好きと推測するっ！　しかし店内には入れない……。その時、地元の女子中学生がお店を見て、

「あ！　開いてる！」

「でも入りひんよ……」

と、入りたそうにしながらも、入口に殺到している巨大男性と私の姿を見て、断念して立ち去っていく。私も時間がないので、結局入店せずに引き上げる。次の機会に入店を目指します！

奈良のお店は、なかなか手強く、奥深く、面白い。不思議なお店も路地裏に多数発見した。まだまだ未踏破なお店が多過ぎるので、いずれしっかりと再訪したい。その時は観光も行い、古代の雰囲気を存分に味わいたいものである。

人のすれ違えない古本けもの道

南天荘書店——岡山・岡山◉二〇〇九年一月一九日

岡山駅東口近くに数軒ある古本屋を訪ねる。早い時間のせいか、閉まっていたり定休日であったので、急遽西口へ、地下通路を通り抜けダッシュ！　駅西口、北へ延びる西口筋から奉還町商店街の〈映画の冒険〉を訪問して午前の部は時間切れとなる。

そして夕方。四〇分の空き時間を利用し、岡山大学医学部周辺を攻める。しかし行けども行けどもお店が見つからなかったり定休日だったり、そうこうするうちに四時をまわってしまう。もうだめか……。そうだ！　最初に行ったお店に「四時から開店します」と書いてあったはずだ。よし！　と、踵を返し、雨の中を猛ダッシュ……。

駅東口方面にある表町商店街をひたすら南へ進む。もういいだろう、というくらいまで進むとぶつかる、西大寺町商店街の一本手前を左へ折れると……、やった！　開いてる！　明かりが点いている！　店頭は閉店時と変わらぬ、ビニールシートに覆われたたくさんの平台。道路には「古書」という文字と、店であることを示す赤い矢印が書かれた立看板がひとつ。その矢印に導かれるように、喜び勇んでサッシの引き戸に近づく。

そこから見えた光景は、ちょっと入るのに二の足を踏むようなものだった。縦長の店内に本棚が複雑に置かれ、その周りを本の山が取り囲んでいる。窓にはまだ「四時開店」の貼紙があるが、入ってしまおう。古本の匂いが襲いかかる。パッと見でも古い本が多いことがわかる。なにせ店内が茶褐色なのだ。

通路はかろうじて人ひとりが通れるくらい。その通路にもボトボト本が落ちていたりする。店主の姿は見えず、店内はシンとしている。壁は一面棚、真ん中には多数の棚が複雑に迷路状に入り組み、大体四つのエリアを作り出している。手前右（入口あり）・手前左（カーテンのかかった窓あり）・奥右（レジあり）・奥左……とここで奥の通路から老店主が顔を出した。私を見つけるなり、

「いらっしゃい」

と、声をかけ、スタスタこちらに近づいてくる。むっ！

ここは人のすれ違えない古本けものみち。私は棚のへこみに身体を滑り込ませ、店主をやり過ごした。入口まで来た店主はガラス戸に手を伸ばし、「四時開店」の貼紙をピッとむしり取る。

「へへっ、これはがし忘れてるね」

と、会釈して引き返す。このすごい店の店主とは思えないほどフレンドリーだ。

さて、店内の様子だがかなりのカオス状態である。元々のジャンルは本の山に隠れた棚を見れば想像がつくのだが、はみ出してしまっている本の量がとにかく多く、むしろこちらがメイン状態になっている。文学、文学評論、美術、社会、政治、思想、歴史、風俗、文化、雑誌、新書、文庫、洋書、各種学術書……、古い本、戦前の本、仙花紙本も多い。

そして店内の主要通路である「古本けものみち」が、意外にしっかりと整備されているので、どの棚にも一応たどりつけるようになっている。この構造にはちょっと感銘を受ける。なぜならたいてい、これほど本が増えると、奥の通路をつぶして倉庫状態にしてしまうからだ。ただし通路の向かう先はすべて行き止まり。引き返す時は本の山を崩さぬよう慎重を要する。途中「入ります」と声をかけ、礼儀正しく入店して来た中年男性。棚を眺めながら、突然背文字を読み上げ始めた。そして一冊ずつ短いコメントを発していく。

「資本論か……、書いたのはマルクスだな」

静かな店内に緊張が走る。しかし、

「よし、これをください」

と、これまた元気に礼儀正しく本を買い上げ、風のように去っていった。全部の棚を見ないと気が済まない私より、よっぽどマトモかもしれない。

本はかなりお安め。だが店内の全貌を明らかにするには、もはや学術調査並みの綿密な発掘と分類が必要と思われる。勇気と体力と時間のある方は是非！　高橋たか子『高橋和巳の思い出』(構想社)を購入。

というようなわけで、なんとかカタチになった岡山ツアー。危うくシャッター祭の二の舞になるところだった。そのシャッターを閉ざしていたお店たちは、どれもよさげな雰囲気を感じとれたので、次の機会は日曜以外に来岡したいものです。

巨像〈万歩書店〉に挑む!!
全店スピードツアー

万歩書店　津山中之町店——岡山・東津山◉二〇一五年一月七日

昨日本日と、『本の雑誌』「おじさん三人組が行く」の新企画「岡山・万歩書店ツアー」に便乗して、およそ二年ぶりとなる岡山へ向かった。新幹線で三時間半の移動、そして観光など一切せずに二日間を〈万歩書店〉内のみに蠢く!!　端折って書いたつもりが、やはり大作になってしまったので、心してお読みください……。

一月七日午前一一時。岡山駅改札で同行して来た編集M氏と共に、昨日から別件で前乗りしていた編集長H氏と営業S氏と合流し、すぐさまレンタカーで津山へと旅立つ。津山といえば、三十人殺し、八つ墓村、横溝センセイ!!　と、連想しながら、昭和なドライブイン文化が花開き続ける山間の街道をウネウネと

▲津山中之町店

二時間走る。

いつの間にか雨が降り出した陰鬱な空の下に、津山の城下町が吉井川沿いに栄えていた。風情ある横溝ワールドな町中を進んでアプローチした、憧れの〈万歩書店〉への第一歩は、わけもわからず地下駐車場に進入してしまい、その全貌がなかなかつかめない。

車が停まると同時に車外に飛び出し、スロープを駆け上がって川沿いの街道に顔を出すと、平屋に見えるが実は土手の高低差を利用した、二階建て三角屋根の大きなお店が出迎えてくれていた。

最初のお店は、津山中之町店。限られた時間の中、正式なツアーは望むべくもないが、とにかくこれが、記念すべき万歩への第一歩なのだ！　と大きな喜びを携え、「業者・マニア大歓迎」とある広大な店内に突入する。

入口は二階に通じており、そこにはコミックやゲーム類が並んでいる。それらには目もくれずに、レトロな映画ポスターや雑誌創刊号に飾られた中央大階段を下ると、見事なまでの古本世界が広がっていた。

およそ六本の通路が切れ切れに全フロアに広がり、多ジャンルが棚や床上に並ぶ中、目を惹き付けるのは

やはり茶色い古書群!! 中戸川吉二のボロボロの本を発見したり、ショウケースに飾られた下村千秋『天国の記録』の竹中英太郎装に目を奪われたりする。

全体的によい本の値は手強いスキなしの構え。しかしこれが万歩。こちらも積極的に介入し、江戸川乱歩『三角館の恐怖』(春陽文庫)、国枝史郎『神州纐纈城』(六興出版)、デビッド・ノット『失われた世界へ』(金沢文庫)、渡部雄吉『海外旅行撮影のすべて』(最近『張り込み日記』で名を馳せたカメラマンのハウツー本。朝日ソノラマ)を購入し、景気をつけて気合いを入れる。この二日間で、古本をたくさん買うぞ! 続いて川沿いに西に引き返して、街中街道沿いの二店目へ。

万歩書店 津山店——岡山・津山◉二〇一五年一月七日

赤く滑りやすい地面に囲まれた平屋のお店である。とは言え通常の古本屋さんよりは、やはり遥かに広い。二〇メートルほどの通路を九本備え、コミックやラノベを中心に、わりと通常寄りなリサイクル店の様相である。それでも文学や郷土誌の棚はあるので、しっかりとそこに食らいつき、また五〇円文庫を愛でたりしながら、田中角栄『自伝 わたくしの少年時代』(講談社)、『武林無想庵盲目日記』(後妻・武林朝子の識語署名入。記録文化社)を購入する。

◀津山店

ここでは店員さんに声優で同姓同名の小山力也氏と間違われ、恥ずかしいやら申し訳ないやら……。赤面しながら東に一時間弱移動して、道に迷いながらもどうにか日の暮れる前に美作のお店に到着する。

万歩書店 美作店——岡山・林野◉二〇一五年一月七日

平成二一年に開店した一番新しい支店で、自称「一番小さな万歩書店」。外観から察するに、元はパチンコ屋ではないだろうか。先の二店から比べたら確かにコンパクトだが、十本の通路は偉大である。

ここでは隙間的な本を目ざとく見つけ、城昌幸『若さま侍捕物手帖』(秋田書店)、島田一男『古墳殺人事件』(徳間文庫)、『岡山文学アルバム』(地元でこういう本を買うのは特別な喜びがある。日本文教出版社)を購入する。外灯の少ない横溝ワールド夜道を疾走し、命からがら岡山市街に逃げ帰る。

目まぐるしかった第一日目の総括をする前に、ちょっと本店にも一瞬寄ってみようということになり、夜の帳に包まれた、待望の〈万歩書店〉総本山に、ロッカーに荷物を預けて仮突入してみる。……その瞬間、すべての古本屋既成概念と知識と経験がホワイトアウトし、次元の捩じれたような超現実のような長大な通路に、たちまちノックアウトされてしまった。

今までの三店を見て、確かにスゴいが〈ブックセンターいとう〉や〈ほんだらけ〉に似ているなと思っていたのだが、これは想像を遥かに超えまくる光景！ とてもじゃないけれど、体調がどれだけよくても、時間がたっぷりあっても、ツアーで太刀打ちできる代物ではない。

古本を探すにしても、的を絞りに絞らなければ、集中力がもたない。ならば俺は、茶色い古書に、この瞬間のすべてを賭けよう！

中央通路に連なる三〇〇均古書ワゴンや、恐るべき中央右寄りの古書棚にべったりとマンツーマンマークを施していると、浦島太郎的に現実の世界ではあっという間に二時間が経過していた。

▶美作店

見たことのない本のオンパレードに魂を奪われっ放しで、とりあえず、小林信彦『監禁』（角川文庫）、北町一郎『僕は会社員』（東方社）、江戸川乱歩『第三の恐怖』（ポプラ社世界小説推理文庫）、早坂一郎『地と人』（日本圖書出版株式會社）、高村暢児『砂漠の国ジャングルの国』（牧書店）、以上はすべて裸本。そして、野村あらえびす『音楽は愉し』（日本音楽雑誌株式会社）を怒濤の勢いで購入してしまう。

一通り買ったところで、後ろ髪を引かれまくりながらお店を後にする。しかし、とても気になる本が、高値なのだが気になる本が、いやそれでも買ってしまおうと心に誓った本が一冊……。あぁ、あれを早く我が物にしなければ……。

明けて一月八日。午前九時にホテルを発って、ほぼ隣町の倉敷へと向かう。一時間ぴったりで到着した場所は、いわゆる倉敷感は皆無の、市民球場の隣にある二フロアの広いお店であった。

万歩書店 倉敷店——岡山・倉敷◉二〇一五年一月八日

まだお店の前を掃除している店員さんを尻目に、一番

5253
古本屋ツアー・イン・ジャパン それから

愛読者カード 小川力也 著

＊より良い出版の参考のために、以下のアンケートにご協力をお願いします。＊但し、今後あなたの個人情報（住所・氏名・電話・メールなど）を使って、原書房のご案内などを送って欲しくないという方は、右の□に×印を付けてください。 □

フリガナ
お名前 男・女（ 歳）

ご住所 〒 -

市 町
郡 村
TEL （ ）
e-mail @

ご職業 1会社員 2自営業 3公務員 4教育関係
5学生 6主婦 7その他（ ）

お買い求めのポイント
1テーマに興味があった 2内容がおもしろそうだった
3タイトル 4表紙デザイン 5著者 6帯の文句
7広告を見て（新聞名・雑誌名 ）
8書評を読んで（新聞名・雑誌名 ）
9その他（ ）

お好きな本のジャンル
1ミステリー・エンターテインメント
2その他の小説・エッセイ 3ノンフィクション
4人文・歴史 その他（5天声人語 6軍事 7 ）

ご購読新聞雑誌

本書への感想、また読んでみたい作家、テーマなどございましたらお聞かせください。

郵便はがき

料金受取人払郵便

新宿局承認

2696

差出有効期限
平成28年9月
30日まで

切手をはらずにお出し下さい

160-8791

344

東京都新宿区
新宿一－二五－一三

（受取人）

原書房

読者係 行

1608791344 7

図書注文書（当社刊行物のご注文にご利用下さい）

書名	本体価格	申込数
		部
		部
		部

お名前　　　注文日　　年　　月　　日

ご連絡先電話番号（必ずご記入ください）
□自　宅　（　　　）
□勤務先　（　　　）

ご指定書店（地区　　　）（お買つけの書店名をご記入下さい）

書店名　　　書店（　　　店）

帳合

乗りで店内に雪崩れ込む。一階はコミックやフィギュア、アダルトがメインなのだが、入口右横奥にある古漫画雑誌・貸本漫画・雑誌附録漫画たちがひときわ異彩を放っていた。一〇〇〇円〜一〇万円という値段の幅にも度肝を抜かれる。そこで古本魂を吸い取られてしまったのか、二階の「ブックセンターいとう」的古本フロアに向かうも、全員が何を見て何を買うべきかわからぬ状況に陥り、絶望的に広いフロアを右往左往し、時間だけがいたずらに流れていってしまう。

　ここでもやはり古書に注目するが、狙いが定められず値段との折り合いもつかず、結局、横溝正史『幽霊男』（ロマンブックス）、柴田錬三郎『幽霊紳士』（光風書店）、黒岩重吾『ぜいたくなホテル』（東方社）を購入。ここに来て、岡山でようやく横溝本が買えたことに安堵する。柴錬の本と合わせ、謎の「幽霊」コンボになったのも微妙に嬉しかったりする。続いて少し北上し、『悪魔の手鞠唄』の舞台でもある、山に囲まれた盆地の総社に向かう。

万歩書店　総社店――岡山・総社◉二〇一五年一月八日

　交通量の激しい交差点近くにある、窓のない倉庫的な

▶倉敷店

◀総社店

お店は、万歩にしては小振りな部類である。店内は二フロアだが、二階からは一階の棚が所々見下ろせるほど、ちょっとワイルドな空間となっている。コミック・ゲーム・玩具類がメインで、一階に一〇〇均本と一般本が少々と、二階のコミック空間の端に文庫通路が一本あるのみ。その規模の小ささに、なぜかちょっとだけホッとしてしまう。

　南條範夫『戦国残酷物語』（角川文庫）を購入。ロッカーにカバンを忘れて店をあとにするという愚かなアクシデントを乗り越え、午後二時。この旅のラスボスである、憧れの「万歩書店　本店」に満を持して再突入する。

万歩書店　本店――岡山・岡山◉二〇一五年一月八日

　書店首脳メンバーと挨拶を交わし、取材を終える（詳しくは『本の雑誌』2015年4月号参照）。ここでは事務所ぐるみで声優・小山力也氏と勘違いされており、その釈明に必死にならざるをえなかったのが、哀れなピエロ的でどうにもこうにも……。

　さて、いよいよ本腰を入れて、再度古書棚に挑みかかる。そして昨夜から目をつけていた一冊を、勇気を持っ

▲本店、隣にはエンタメ館がある。

て誇り高く抜き取り、昨日は足を踏み入れる暇もなかった二階へ向かう。そこでは奥の壁棚にドババッと揃う、仙花紙文学本にただただ垂涎!! 祈るように棚の前に跪き、戦中戦後の世界に耽溺する。

値段は八〇〇〜二五〇〇円で、大変にジャストな値づけがされている。やはりとても時間が足りぬ焦燥感にかられながらの一時間半。橘瑞超師『新疆探険記』(民友社)、牧野吉晴『飛燕合気道』(報知新聞社)、宮下幻一郎『たぬき尼僧』(山ノ手書房)を購入。

橘瑞超の大正元年オリジナル本発見はうれしかった。まさかこんな物に出会えるなんて! 値段は四〇〇〇円とそれなりではあったが(県外訪問者割引で一〇%オフの三六〇〇円となった)これは絶対にそれ以上の価値がある、そう信じて手に入れた大満足の一冊なのである。

今回の万歩ツアーは、本を買うことに主眼を置いた、ふだんとは精度の異なるものであるが、印象としては「とにかく古書がスゴい!」の一言に尽きる。

文庫などは量も膨大で絶版も交じるが、それほど色めき立つ発見はなかった。全体的な値段もわりとしっかり目なので、所々でブレーキがかかり、欲しい本は次々と見つかるが「バカ買い」という域には達しなかったのである(それでも初日に作ったスタンプカードは見事にいっぱいに……)。

しかし見たこともない古本に多数出会えたのもまた事実で、非常に激しく興奮しっ放しの、スピードツアーとなった。この旅を提供してくれた本の雑誌社に感謝しつつ、岡山の地で巨大でアナクロな古本屋さんとして根づき奮闘する〈万歩書店〉全店に、さらに大いなる感謝を!

雨の広島を路面電車を横目にダッシュ

アカデミイ書店　金座街本店——広島・広島◉二〇〇八年六月二八日

お店は広島市中心部のＰＡＲＣＯ近く、人びとで賑わうアーケードの繁華街にある。店内は老若男女、お客さんがよく入っている。店頭には一〇五円均一の雑本、その後ろに「ほとんど新刊」というコーナーがあり、新しめの本がワゴン内に置いてある。

店は二フロアあり、一階は文庫、文学、評論、実用書、美術、大判の美術豪華本、戦記、ノベルスなど。文学は古めの本や署名本が奥にまとめてある。入り口左側のショウウィンドウには金子光晴の肉筆画などが飾ってある。店内は非常に整理が行き届いているが、店員が始終棚を整頓・チェックしているので少々せわしない。

棚の本にも「ほとんど新刊」という帯がかけられたものが。古本屋なのに中々逆説的である。新書で埋まる階段を二階に上がるとちょっと硬めのフロアとなる。広島の郷土誌・原爆関係（『はだしのゲン』もあり！）、宗教、哲学、オカルト、医学、アジア関係など。ＣＤも窓際にまとめられている。

本を買うとポイントカードの作成を勧められる。一〇〇〇円で一ポイント、二〇ポイント貯まると一〇〇〇円の値引きになる。全体的に安めといえるが、まぁ堅実な値づけである。長谷川尭『建築旅愁』（中公新書）、『藤本四八仏像を撮る』（朝日ソノラマ）を購入。

アカデミイ書店　紙屋町支店——広島・広島◉二〇〇八年六月二八日

先ほどの本店からさほど離れていないところにある。こちらの方が古書率が低く、新古書店といったおもむきである。ちなみにポイントはこちらでも有効。文庫、漫

画、プレミアマンガ、児童書、ハーレクイン、文学、スポーツ、哲学、思想、ビジネス、オカルト、美術、音楽など。

　古い本はあまりないが、「プレミアマンガ」などと分けてあるとおり、時々見かける珍本にはプレミア値がしっかりとつけられている。珍しいところでは、バンド系のファンクラブ会報なども扱っている。しかし、この店で特筆すべきなのは「広島カープ」関係の充実ぶりだろう。色紙やサインボール、雑誌、LP、グッズ、湯呑など、まさにこの土地ならではといえる素晴らしいコレクションである。これを見るだけでもここに来る価値あり。喜多村拓『古本迷宮』（青弓社）を購入。

北九州で魔女を見つける

古本センター　珍竹林　黒崎店——福岡・黒崎◉二〇一三年一〇月一四日

　朝から九州自動車道で九州を縦断して、四時間で北九州市の黒崎に到着する。駅の北側には港湾工場街が広がり、南側はパリのように放射状に道が広がる繁華街である。縦道はアーケード商店街や幹線道路だが、横道には果てしなく飲食店と風俗店が連なっている。

　街全体は妙な気怠い熱気に包まれており、どことなくアナーキーな雰囲気を醸し出している。ホテルにチェックインすると、ぬぬ！　道路を挟んだビルの一階に古本屋さんの姿があるではないか。

　ＪＲ鹿児島本線、黒崎駅南口の空中広場から南西に向かい、地上に下りて国道三号の南側歩道を西へ出る。するとすぐに、「黒崎バスセンター停留所」の向こうに、「閉店」「半額」「続行」「消費税払えません」などの文字が躍る、古本屋さんが見えてきた。

　立看板には印刷したチラシが貼られ「北九州Ｂ級古書店No.1の広さと在庫　珍竹林閉店セール開始!!」と大書

されている。まずは二一年間買い集めた在庫の半減を目指すとのこと。非常に堅実な閉店への第一歩である。白い日除けの下の外棚には、本が縦横にギュウギュウに詰まり、足下にはポスター、下駄、ボタン、お椀、陶器、ガチャポンなどが箱に詰められ売られている。街と同様にアナーキーな雰囲気である。

本は一冊五〇円・三冊一〇〇円だが、全品半額はここにも適用されている。入ってすぐのところには、文学復刻本、地図、歴史小説、廉価コミック、安売り古書、それに竹内栖鳳の掛軸(四〇万円! つまりはこれが二〇万円に?)などが並ぶ通路だが、奥にはすでに広く複雑そうなフロアが見えてしまっている。……こいつは手強そうだぞ。通路を進み切ると空間が広がり、目の前には横向きにご婦人のいる帳場が展開している。

通路の裏側には三本のコミック通路があり、右奥には横向きに児童文学、絵本、ゲーム攻略本、絶版漫画の並ぶ行き止まり通路。やっ! 探していたポプラ社の『黒い魔女』を発見。値は一〇〇〇円とつけられているが、それでも安い。そしてこれが半額! 物質感のある子供用ハードカバーを鷲づかみにする。

レジ前の古道具島を擦り抜け、奥の通路群を見渡すと、通路幅は均等ではないが、八本の通路が確認できる。その多さに一瞬心が折れそうになるが、すぐに心の体勢を立て直し、果敢に立ち向かう。

一番右の通路二本は独立した「U」字型で、児童文学との仕切り棚と共に、大量の古書コーナーを形成している。郷土誌、文学、風俗、実用、技術、ガイド、歴史などビニールに入った茶褐色の本が、わりとカオスに微笑みかけてくる。読みにくい背文字を見落としてなるものかと、大興奮しながら棚にべったりと張りつく。

続いての二本の通路は極狭で、人が擦れ違うのはほぼ不可能である。カオスに雑本的に、ここ二〇年ほどの人文、文学、社会、エッセイ、ノベルス、政治など、オールジャンル的に並んでおり、郷土誌、歴史、ビジネス、コンピュータ、戦争、詩歌句集などに大きくまとめられている。

五本目の通路は、右に美術図録や作品集、芸術全般を揃え、左にハーレクイン、趣味、スポーツ、山岳、園芸。六本目は右に海外文学文庫、映画、選書、新書を集め、左に岩波文庫、女性作家文庫を揃え、棚下には大量の着物が並ぶ（もちろんこれも半額である）。ちなみにどの通路にも、足下に本や古道具、紙物が置かれている。

　七番目は右に官能文庫と日本文学文庫、左に戦争文庫、多作家文庫、時代小説文庫と続き、そのまま奥壁の時代小説文庫が続き、辞書、動物・ペット、実用、宗教と流れて行く。左端通路は、古道具、写真集・アダルトの行き止まりとなっており、お子様の出入りは禁止されている。

　それなりの広さの店内に、本をたくさん詰め込んだお店である。通路に入り込んでいく楽しみと、探す楽しみに満ちているので、時間経過がとても早い。いずれ迎える閉店は残念だが、半額セールはとにかく嬉しいものである！

　江戸川乱歩『黒い魔女』（ポプラ社）、シムノン原作・藤原宰太郎訳『死を呼ぶ犬』（秋田書店）、岡本綺堂『綺堂探偵集巻一　狸尼』（蔵書印あり。利根屋書店）、真鍋博・星新一『真鍋博のプラネタリウム』（新潮文庫）を購入。半額で一三五〇円也。もう一店ある「引野店」にも、閉店前にどうにか駆けつけたいものである。

日本一狭い!?市場の古本屋

市場の古本屋　ウララ――沖縄・美栄橋◉二〇一三年一〇月二一日

なんと一泊二日の取材で、沖縄へひとっ飛びという事態になった（『古本屋ツアー・イン・ジャパン』『古本屋ツアー・イン・ナハ』参照）。那覇市内の古本屋さんをゲハゲハと巡りつつ、沖縄訪問記念の初ツアーも断固敢行する。今日は「市場」に関わるお店をターゲットとし、観光客の間を眼光鋭く擦り抜け、古本を求めてウロウロキョロキョロ……。

　沖縄都市モノレール「ゆいレール」で、那覇市街の頭上を滑りゆく。高架駅から地上に下りたら、すぐ東に横たわる大きな「沖映通り」を南下。暖かい風に吹かれて五〇〇メートルも歩けば、たいそう賑わう那覇のメインストリート国際通りにぶつかる。

　すると大小の長いアーケード商店街が並列して、口を開けているのが目に入るだろう。「市場中央通り」を選択して、物産や土産物や珍しいパンや服飾を並べる、小さなお店群に目を輝かせながら入り込んでいこう。色彩豊かな商品の遥か上には、白いアーケードの骨組みがハッキリと浮かび上がり、行き交う観光客の顔には、笑みがクッキリと浮かび上がっている。

やがて右手に「牧志公設市場」の看板と分かれ道が現れるが、そのまま南下すると、左手の小さな漬け物屋、右手の小さな婦人洋品店に挟まれた、小さな古本屋さんが現れた。おぉ、ここがあの〈ウララ〉か！　と、歓喜がジワッと込み上げてくる。小さいけど、思っていたより大きく、しっかりとしたお店じゃないか。

奥の店舗自体は確かに小さいのだが、通りにお店の一部が迫り出すことにより、およそ二倍の容積を確保しているのだ。この感じ、大阪・天神筋橋六丁目の〈青空書房〉に似ている。軒にはふくろうの絵が大きく描かれた大きな看板が掛かり、什器や床は焦げ茶のアンティーク調に統一されている。

表には、正面に文庫・新書・単行本棚と、沖縄本平台・一〇〇均箱、それに沖縄本を飾る壁ラックに見守られた帳場があり、クールビューティーな女性が座っている。左には一般文庫棚と新書・暮し・児童文学、絵本の棚が縦列し、漬物屋との仕切りのようになっている。

奥に上がり込むように進むと、左に極細の、もはや挟まってしまうような行き止まりの通路が一本あり、見るのにちょっと苦労する壁棚に本の本、夏葉社本、リトルプレス、海外文学、現代思想、哲学、心理学、精神科学、柳田國男、文明、詩集が並ぶ。

ズルリと身体を引き出して、右隣の小部屋へ。三方ともう一方の二分の一を壁棚が覆い、沖縄本がびっしりと収まっている。沖縄と琉球の、歴史、自然、文化、社会、昔話、民俗学、沖縄関連文庫、沖縄児童絵本、戦争、沖縄出身作家、沖縄が舞台の小説、郷土詩人、山之口貘……。なんだか朗らかな店名とは裏腹に硬派なお店で、沖縄本が充実。特に郷土詩人についてはきめ細やかである。

観光客も地元の人も、よく足を止めてお店を覗き込んでいく。値段は普通。せっかく沖縄に来たのだから、関連本を買うことに決め、池原貞雄監修、比嘉源和原案、日下部由紀代作画『まんが　イリオモテヤマネコ　ケイ太飼育日誌』(沖縄出版)を購入する。

古本屋さん巡りに疲れ果て、目をつぶれば本の背がまぶたの裏を流星のように流れてゆく……。そんな那覇の夜。明日は台風の接近が気になるところだが、今はベッドの上に戦利品を並べてニヤリニヤリ。

南の島でマニアックの海に溺れる

ちはや書房——沖縄・美栄橋◉二〇一〇年二月二二日

翌朝、モノレール駅の階段を下りたら、潮渡川沿いに西北へと歩いていく。帰りの飛行機に乗る前に、どうにか古本屋さんを調査していこうと、短い旅の最後の悪あがきである。

護岸された川は、エメラルドグリーンに煌めいているが、透明度はさほど高くない。途中、国道五八号を越え、六〇〇メートルほど白い街路を歩き続けると夫婦橋があり、若狭大通りを通している。西南に曲がり込んでちょっと進むと、那覇中学グラウンド前に、昨日は定休日で入れなかった古本屋さんが、早くもお店を開けてくれていた。

黄土色の小さなビル一階にカーキ色の日除けが掛かり、扉は大きく開け放たれ、歩道と直結しているよう。店頭左側に、五〇均の雑誌、単行本、文庫を詰めた木箱が並ぶ。ほんの少しだけ低くなった店内に踏み込むと、薄暗いが広く、整然と複雑に古本の通路が繋がり合っている。入口左横の帳場に座る、BEGIN系の男性店主が「いらっしゃいませ」。

三方は高い壁棚で、右側には手前から行き止まり通路、「コ」の字型通路、行き止まり通路三本が続く。左側は大きなラック棚を中心に「コ」の字型通路・行き止まり通路の構成。フロア真ん中には小さな台がひとつあり、雑貨や新刊などを並べている。右側手前には児童文学と絵本が集まり、おぉ！　壁棚には水木しげるが大集合しているじゃないか。

下の方には、一緒に妖怪やアートも並んでいる。次は暮らし、日本近代文学、日本文学、海外文学、幻想文学。古い本が多く、沖縄で初めて戦前の本をまとめて目にした気がする。真ん中には絶版漫画と時代小説文庫が固まり、奥の低い棚には創元SF、岩波文庫、ちくま文庫などが並ぶ。

さらに奥は、壁棚に日本文学、全集類、低い通路棚には創元推理文庫、探偵・推理小説文庫。向かいの高い棚には、セレクト海外・日本文学文庫、SF文庫、春陽文庫など。ここまでだけでも、棚に目が釘付けになってしまう。

次の通路は日本純文学文庫、一般文庫、セレクト文学、詩集、サブカル、探偵小説、ジュブナイル推理・SF、落語。最奥は、哲学、心理学、宗教、歴史など硬めな本がひっそりと収まる。

お店のバックヤードから通り抜けてくる風が、この上なく気持ちいい。奥壁は芸術全般、建築、映画、音楽、図録類がドドッと並び、左奥の行き止まり通路には風俗、性愛、艶笑、犯罪、科学、新書が肩を寄せ合う。ここは風俗関連に古い本が多い。

帳場前から続く壁棚は、他店同様気合いの入ったきめ細やかな沖縄本コーナーとなっている。ラックは左側が沖縄本、右がビジュアルムック類とカルチャー雑誌を、飾り並べている。

棚脇には創元SF、ハヤカワポケSF、桃源社SFを並べたミニSFコーナーもあり。店頭在庫のほぼ三分の一は沖縄関連書だが、ほかにも文学やミステリ、SF、水木しげるにも力を注いだお店である。

値段は普通で、よい本にはほとんど隙なしのしっかり値がつけられている。それでもこの確固たる宇宙観と品揃えは魅力的で、南の島でマニアックの海に溺れるのも悪くないと考えてしまう。『城昌幸集　みすてりい』(ちくま文庫)、岡本綺堂『近代異妖篇　綺堂読物集』(叢文社日本小説文庫。なんで?　なんで春陽堂じゃないの?)をお店の人に差し出すと、

「城昌幸、私も好きなんですよ。買ってくれるなんて嬉しいです」

と、突然嬉しく通じ合う。

この後は三本目の裏通りにある、沖縄民家改造古本屋さん〈言事堂〉も見に行くが、開店時間の午前一一時になっても扉は開かず、残念だがタイムリミットとなる。飛行機の時間を逃すわけにはいかないので、昨日古本屋さんを巡るうちに手に入れた『全沖縄古書籍組合地図ver0.5』を握り締め、いつかの再訪を誓う。

特別編

古本屋ツアー・イン・旧江戸川乱歩邸&土蔵

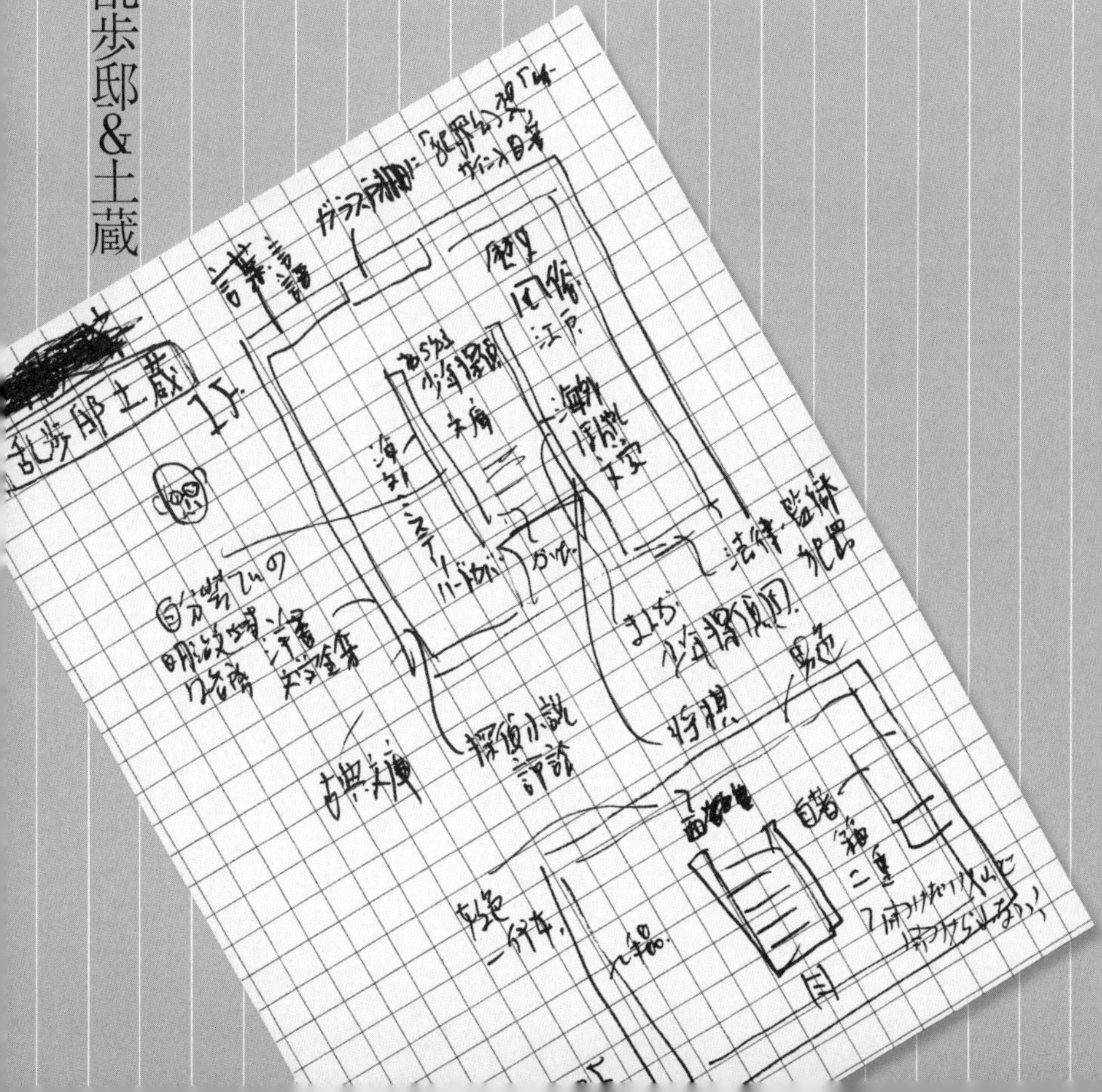

究極の書庫ツアー

時々、古本屋のツアーだけではなく、人の書庫を見せていただくツアーも行っていた。元々はツアー先不足を補うための窮余の策であったが、個人古本屋の棚と、他人の私物の本棚は、スケールの大小はあれ、どこか似ているところがあると思っていた。なぜならともに、その持ち主の思考と嗜好が、如実ににじみ出てしまうものだからだ。

見やすさや手に取りやすさや厳めしさやコレクション性などを追求していくと、販売するしないは別として、どうやら似た境地にたどりつくらしい。その上、個人の書庫はある意味秘中の秘でもあるので、そこを見られる優越感は、貪欲な好奇心を大いに満たしてくれた。もちろん書庫の本は私物なので買うことはできないのだが、開陳された書庫の、棚造り、ジャンル、収蔵方法、荒れ具合などを見るのはとても刺激的で、常に古本購入に匹敵する興奮が、そこには明確に存在していた。

　そこで今回、その書庫ツアーの延長として、本書制作の機会を最大限活かし、ふだんなら自分一人の力では絶対に入れない場所を調査できないものかと考えた。まっさきに思いついたツアー先が、旧江戸川乱歩邸と、あの土蔵だった。子供の頃から心酔していた、日本探偵小説界の偉大なる巨人の書庫に、究極の書庫に、ダメ元で挑戦というわけである。

　ところが意外なことに、こんなおかしな単行本の取材でも、旧乱歩邸は懐深くOKを出してくれたのであった。そして七月某日夕方、ついに狂乱の一時間がスタートした。

旧乱歩邸到着

池袋に向かう車中、今日という記念すべき日の気分を盛り上げるために、乱歩の処女作『二銭銅貨』を昭和二七年の春陽文庫で読み始める。気分が高揚しているので、まともに読めるわけはないと思っていたが、古く軽く儚い文庫のページを開き、パラフィンを指に貼りつかせ、酸化した粗悪な紙の匂いを嗅ぎながら、「あの泥棒が羨ましい」の一文を目にした途端、たちまち妖しい大正の世界に引き込まれてしまう。やはりおそるべし、江戸川乱歩！

　無事に二八ページ分の短篇を読み終わり、メトロポリタン改札口で編集のH氏と落ち合う。炎天下の中を立教大学に向かって両者とも口数少なく歩き、大学へは南の裏側からアプローチ。まずは現代的な建物の地下にある広報課を訪ね、受付を済ませる。編集H氏が紫の取材腕章を着け、若者あふれる眩しいキャンパス内をともに歩く。

　やがてアイビーの絡まる、有名なレンガ造りの校舎を抜けると立教通りに出る。北側の対岸に渡り、大学敷地を分つ細道に入ると、左手に四角い洋風建築が見えてきた。あれは、乱歩邸の増築洋館部分！　ざわつく心を見透かしたように、目の前に一本の門柱が立ちはだかる。そこに埋め込まれた表札には、「平井太郎」「平井隆太郎」の名が、黒々と輝いていた。あぁ、ついに来てしまった。

　門内に進むとそこは小広場のようになっており、右に弧を描く玄関へのアプローチが、左右から植栽に迫られながら続いている。そこを進んで行くと、開け放たれた、

ガラスブロックと大きな木の扉で構成された、広い玄関ポーチが現れた。

旧江戸川乱歩邸と土蔵は、二〇〇二年に遺族より立教大学に譲渡され、現在は立教大学江戸川乱歩記念大衆文化研究センターにより保存管理されている。本邸のすぐ横に建てられた住宅建築が現在大衆文化研究センターの事務室である。玄関内部は、展示コーナーとして一般開放されており、女子学生のスタッフが笑顔で迎えてくれた。

ガラスケースや戸棚には、少年探偵本、広告用黄金仮面、乱歩愛用のベレー帽や眼鏡、BDバッジ、複製原稿などが飾られ、展示としては小さなものだが、旧乱歩邸の玄関でこれらを陶然と見られるのだから、贅沢な時間を味わえるのではないだろうか。しばらくして、事務室から出てきた学術調査員の落合教幸氏と挨拶を交わし、いよいよツアーがスタート。

いよいよ土蔵へ

まずは本邸左手から庭の方に回る。すると実は庭側でも、バルコニーや庭に面した窓を利用した展示が続き、数種の複製色紙、愛用の八ミリカメラや乱歩撮影の映像が流されていたりする。しかし展示よりも何よりも、庭に出たならば、すでに奥に巨大な存在感を放ち鎮座する土蔵に、気持ちと視線はたちまち吸い取られ、もはや心に落ち着きはない状態となる。

乱歩が造った防火用水池や、

「今はないですが、あの辺に乱歩が掘った防空壕が……」

といった落合氏の丁寧な説明を聞きながら、土蔵を激しくチラ見し、心の中で
「キャァ〜ッ！」と絶叫し、

「乱歩先生！　乱歩先生！」

と、その名を連呼し、すでに多少の錯乱状態といってよい。落合氏はそんな人間をこれまで何人も案内して慣れているのか、あくまでも静かに日常のごとく、

「では、土蔵の方を」

と、ようやくその入口に導いてくれるのであった。

黒というより墨色の土蔵である。細い通路に入り、蔵の入口前に立つ。一階の床が高い。厚く嚙み合わせる部分が階段状になった扉は、観音開きに全開され、さらに内側の木戸も引き開けられ、新たに設置された土間から立ち上がる三面のガラス窓で守られ、内部がそこからうかがえる造作になっている。一目見ただけでしっかり「保存されてる感」が伝わってくる。通常の一般観覧はここまでとなっている。

「では、こちらからどうぞ」

と、左側の扉が解錠され、とても無造作にあっけなく、乱歩の土蔵に足を踏み入れることとなった。

一階通路はあまり広くなく、中央の二階への階段を中心にして、コの字型に展開している。左壁側の本棚は重厚で、捩じれた

▲さあ、ついに来ました。蔵の扉が開かれます。

意匠の柱が六段の棚を美しく渋く装飾している。かたや階段を囲む本棚は、非常にシンプルな木棚となっている。使い込まれた床板を優しく足裏で踏みつけ、まずは熱く感動。その後、棚に集中。

　入口左横には洋書が収納され、一部に意外な『古典文学文庫』や、探偵小説評論、探偵関連の本が集められている。後はひたすら洋書のディケンズやポーなどの文学全集類が左壁に厳めしく続いていく。これは丸っきり洋書古本屋さんの雰囲気と一緒。向かいにはハードカバーの洋書探偵小説が、正統派文学の厳めしさとは違った、歴史の重みをにじませてみっしりと詰まっている。

　本はきちんと作家ごとに分類されている。ここではクイーンの献呈署名が入った本にのけぞり、書庫お約束ともいえる、人に貸した本の場所に挿しておく、書名・年月日・貸出人の書かれた木板に微笑み、ジワジワと楽しんでいく。

　奥壁棚には言葉や言語関連・文章・辞書が真面目に並び、小さな戸棚には何冊もの『犯罪幻想』（署名入りもあり）や点字の『心理

▲貸出中を示す木片。エバハート「暗黒の階段」。Tさんはまだ返していないのだろうか。

▲探偵小説資料と洋書コーナーの一角。

▲階段下1階中央付近は少年探偵ものなど自著がたっぷり。うわぁ、これは大変だ！

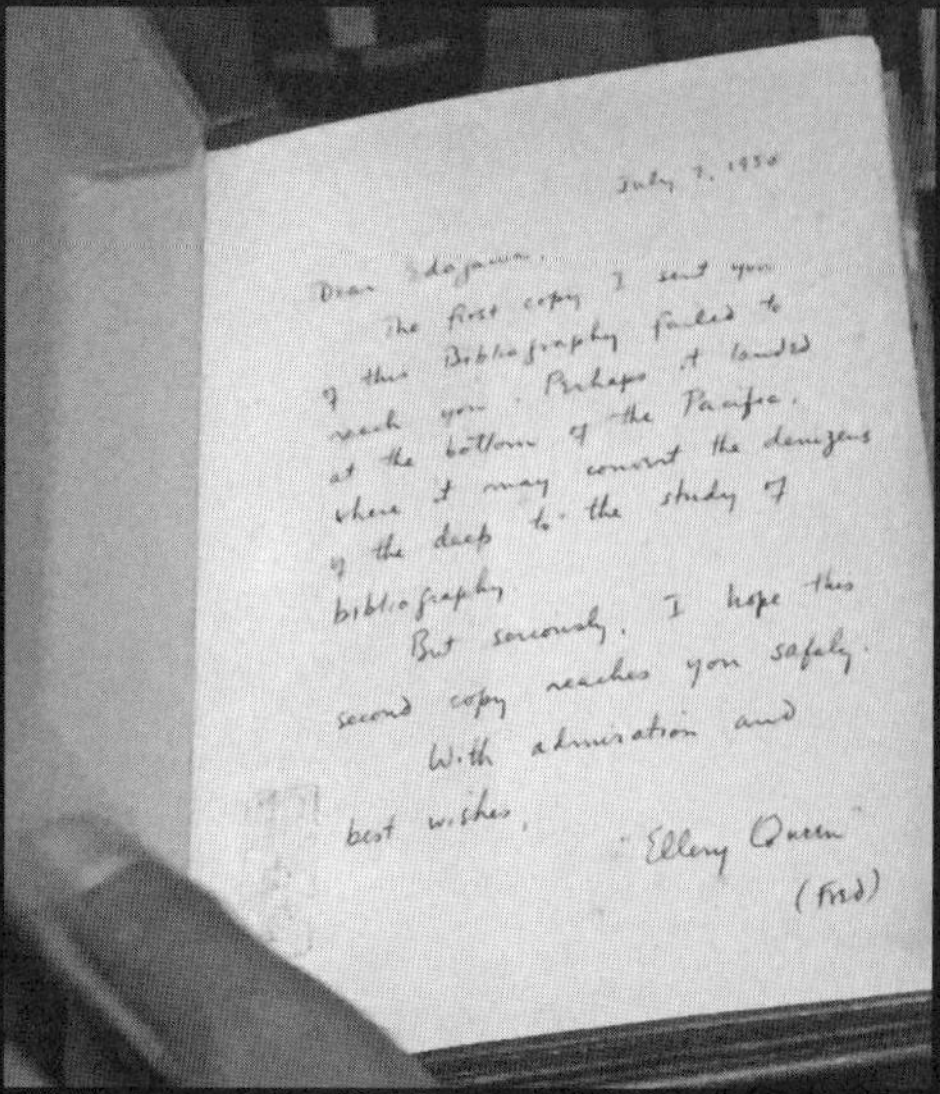

▲エラリー・クイーンが乱歩に宛てた直筆メッセージ。

試験』や署名入りの『続幻影城』など。またさまざまな会社などから届いた小型の手帳などが、小さな山を造っている。

ここで背後の階段下を振り向くと、そこには素晴らしき、おそろしき夢のような光景が広がっていた。階段に合わせて、左右両側階段状になった九段の本棚に、少年探偵ものを中心にして、乱歩の自著が集められていたのだ。

蔵の中に明るく妖しく、少年探偵の花が咲く。うわぁっ！　これはスゴい。これはマズい、これは大変だ！　と大騒ぎしながら、見慣れた本や夢にまで見た本が並んだ驚愕の本棚に、たちまち魂は虜となる。光文社の少年探偵シリーズと少年探偵団全集も、ポプラ社の名探偵明智小五郎シリーズと少年探偵シリーズも世界名作探偵文庫も日本名探偵文庫も世界名探偵シリーズも、講談社の少年版江戸川乱歩選集もある。

「ひゃあひゃあ」となるべく静かに騒ぎながら、全集や文庫や、乱歩お手製装幀の明

治本にも注目した後、入口から向かって右側の下段に視線を落とすと、そこにはおそるべきものが固まっていた。乱歩原作の漫画本である。『江戸川乱歩全集』『少年探偵団シリーズ』がダブりも含め、五〇冊ほどの可愛らしいハードカバーが賑々しく並んでいるのだ。こんな光景今まで見たことがない。全部読みたい！　と大興奮しながら、そこに一冊だけ紛れ込んでいる光文社『鉄腕アトム第1巻』に、昔日の巨匠同士のつながりを、勝手に垣間見る。

興奮冷めやらぬまま右側通路に移ると、

頑丈そうな木棚で造られた、非常に生真面目な空間。歴史、風俗、江戸、将棋、海外翻訳文学、翻訳文学全集、法律、犯罪、裁判、心理学、監獄などが、資料性高く並んでいるのだ。落ち着いて、古い函入り本の背を眺め、ちょうどよいクールダウンタイムとなる。

土蔵の二階へ上がる

一旦入口まで戻り、続いて正面階段へのガラス扉を解錠し、結構急な一一段を上がる。土蔵の二階は白壁で梁も屋根の木枠も丸見えで、四方には簡素な木棚が巡らされている。そこには、乱歩手製の几帳面な字で書名が書かれた帙が、整然とゆったりと並べられ、貴重な古典籍を保存している。

しかし『好色一代男』などの超貴重な和書は、別の金庫に収められているそうだ。昔の土蔵の写真を見る限り、もっとびっしりとこの手製の帙が並んでいる印象であったが、実は当時は反対側には日常的な古道具が詰められていたとのこと。それらを運び出したため、このような余裕のある空間に生まれ変わったというわけである。

ここで一番気になるのは、右壁に大きくがっしりと造られた、自著箱棚である。直接棚枠に貼りつけられた、乱歩の説明を一部引いてみよう。

「保存用自著 表側と裏側に二重に箱が並んでいる。表側には大略年代順に自著全部が揃っている。詳しくはハトロン表紙の自著目録を見よ」

▲はい、二階に上がりました。階段正面は博物館級の近世の和本、写本など。ただし、中身は大学の保存書庫に収められ、ここには収納箱のみが置かれている。

▲これが有名な自著箱。乱歩先生らしい几帳面さが表れています。

▲これは人気のある1番箱の裏側予備箱で、壁棚の上に出されている状態。

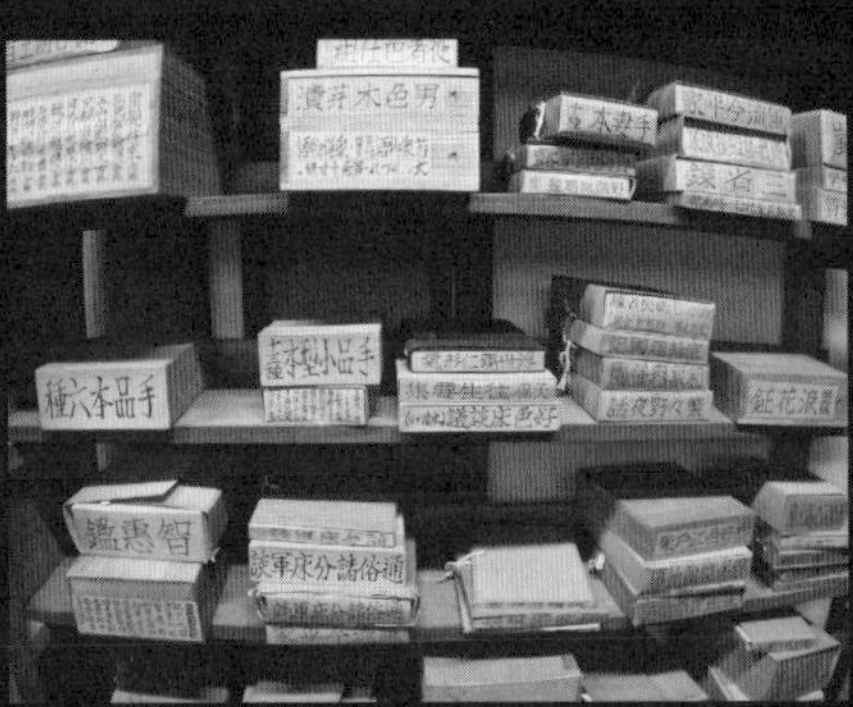

二列×九段の箱棚が並び、さらに右横上には、増設された箱が二つある。一箱で二〜五年分ほどを収納し、大正一四年から昭和三八年までとなっている。あまりガチャガチャと手を触れるのも恐ろしいので、すでに引き出されて、壁棚の上に出されている1番箱の裏側予備箱をじっくりと眺める。春陽堂の『心理試験』、『屋根裏の散歩者』、『湖畔亭事件』、『一寸法師』が燦然と煌めく。あぁ、箱の中を全部見てみたい。そしてすべてを一列に並べ、ニヤニヤと悦に入りたいものだ……。隅々まで目を走らせ、終いには空っぽの茶箱まで覗き込んで、ようやく階下へ。

全体的には、美しく整頓が行き届いているので、資料館的な雰囲気であった。しっかりとガラス扉を施錠して、堅牢さが復活したところで、庭の明るさに目をしばたたかせながら、旧乱歩邸母屋へと引き返す。

あぁ、美しき妖しき虚ろのような白昼夢よ、さらば。

母屋で献呈本に狂喜する

すでにすべてを見終えた気分で玄関に入ると、洋館の応接間ではテレビ局がブツ撮りをしている真っ最中であった。しばらくは入れそうにもない。

「では先にこちらへ」

と、落合氏に静かに導かれ、玄関から日本建築の奥へ進む。

「ここが本来土蔵へと続いていた廊下です」

と、見せられたところに、本棚が並んでいる。

「ちょ、ちょっとここも見せてもらってもいいですか？」

明かりを点けていただくと、奥は最近の乱歩関連本がズラリと並んでいるのだが、最初の棚には戦後の薄手な乱歩仙花紙本が百花繚乱といった感じで、無造作にズラズラズラズラ。うひゃぁ〜、夢のようないかがわしい猟奇的背文字の連続に、思わずクラっとする。それにしてもこの『黄金仮面』

▲おっ、これは『貼雑年譜』か？ いえ、以前撮影用に作られたレプリカでした。

は三〇冊はあるぞ！　と鼻息が俄然荒くなる。

そしてさらに奥の部屋に招かれ、電気が灯されると、そこには揃いのスチール棚が並ぶ二部屋が続いていた。ここには主に土蔵の通路に積まれていた本や雑誌、それに土蔵と母屋をつなぐ廊下に集まっていた献呈本が並んでいるそうだ。

『新青年』や『探偵倶楽部』にドキドキしながら単行本を見ていくと、いきなり北町一郎や蘭郁二郎の探偵小説が目に入り、気絶しそうになる。

▲北町一郎や蘭郁二郎らの探偵小説が並ぶ棚の前で茫然自失となる。

香山滋の棚に岩谷書店の『怪獣ゴジラ』を発見し、おそるおそる引き出す。恐竜みたいなゴジラの絵が可愛いカバーのキレイさに瞠目しながら見返しを開くと、そこには「江戸川乱歩先生　香山滋」の献呈署名がっ！

「うわー！」

と、つい叫び声を上げ、本を持つ手が本当にブルブル震えてしまう。ついでに足も本当にガクガクしてしまう。さらに戦前の探偵小説、海外探偵小説の間に、九鬼紫郎、鷲尾三郎、朝山蜻一、飛鳥高、人河内常平、三橋一夫、楠田匡介など、時代の隙間に流れ落ちて忘れ去られ、いまや古本値が恐ろしいほどに高騰している探偵作家たちの本が、五～一〇冊単位で並ぶのを次々に目にすることにより、乱歩の偉大さを盛大に思い知る。しかもそれらの本は、開く本開く本「江戸川乱歩先生」と献呈書名が入っているのだ。

こうなったらもう笑うしかない、ワハハハハと笑わないと、精神の均衡を保てない

▲鷲尾三郎、鷲尾三郎、鷲尾三郎、鷲尾三郎……。

▲樹下太郎、九鬼紫郎……。

ほどの衝撃が、襲いかかって来た。あぁっ、三上紫郎が一〇冊ほど縛られたまま棚に……ワハハハ。笑い続け、妙な笑顔を顔に貼りつかせたまま、楠田匡介ゾーンで『模型人形殺人事件』に見入っていると、隣にこの場に相応しくない小型の函入り本を発見する。パレット文庫『能率的な事務の執り方』……。これもれっきとした楠田の著作である。探偵小説作家になる前に、事務職だったことを活かし、書き上げた本らしい。しかもちゃんと献呈書名入り！　こんな本も乱歩先生にちゃんと贈っているなんてと、その律儀さにいたく感心する。

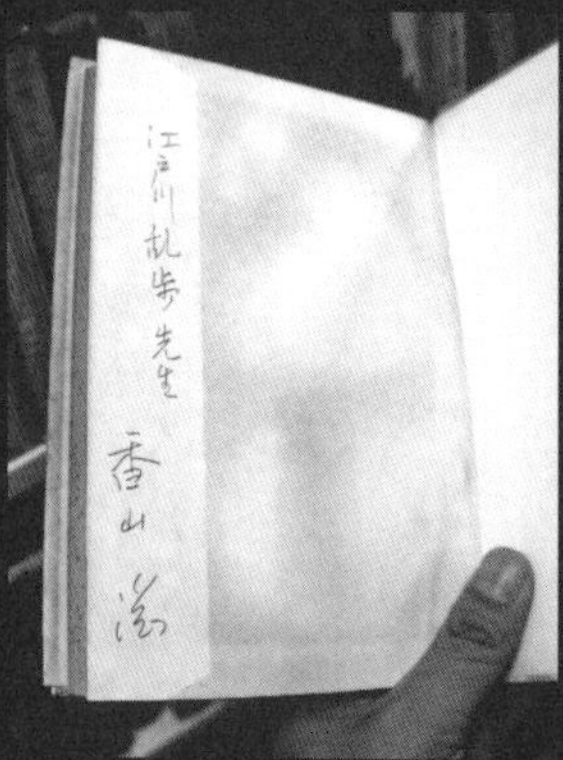

▲香山滋から乱歩への献本。見返しに署名を見つけ、思わず声が出てしまいました。

　別室では、ハヤカワポケミス、春陽堂文庫の黒岩涙香揃い、見たこともない文庫本たち、楠田匡介『地獄の同伴者』、永瀬三吾『売国奴』（ともに春陽文庫）の並びに痺れたりする。トドメに落合氏から、乱歩がペーパーバックのアイリッシュ『幻の女』を読んで、その感動を鉛筆で見返しにしたためた本を見せられ、興奮はクライマックス。まるで感動で寿命を縮めにきたようなツアーとなる。う〜ん、はっきり言って、土蔵より興奮したんじゃないだろうか……。

▲クロフツ、アボット、ビガース、クヰーン、ビーストン……。

▲下の段はルパン全集、カー、クリスティ、ハメット、ベントリー、クロフツなど。

▲『樽』や『ポンスン事件』など雄鶏社のシリーズ。いい眺めです。

乱歩先生が来ている⁉

最後にテレビ撮影が終盤を迎え、応接間にようやく入れそうなので玄関部分で待機していると、一人の女子学生スタッフが落合氏に、

「今日乱歩先生来てる。絶対来てる！　だって二階から変な音がしたり、鍵がガチャって鳴ったり、今日絶対来てる！」

と、素晴らしいんだか恐ろしいんだか判断つきかねることを報告し始めた。き、来ているのか、乱歩先生！　くやしいが、私には見えない感じない。とりあえず乱歩先生、初めまして！

　この精神を麻酔されている状況では、大いに歓迎すべきハプニングである。思わず身を硬くしてついに応接間に突入する。白く大きい格子窓から入る薄い光が、青い応接ソファを妖しく浮かび上がらせている。端に置かれた書斎机は、まだ撮影に使わ

▲先生、来てるんですか⁉

▲乱歩賞のシャーロック・ホームズ像。

れているので、近づくことは叶わなかったが、左壁の暖炉の上を見ると、そこには松野一夫の乱歩肖像画が掲げられ、その下には中尾進の油絵「幻影城」とポーの胸像が二種（一体は「日本探偵作家クラブ賞」のもの）が恭しく置かれている。

　江戸川乱歩賞のホームズ像は、撮影のために玄関に行ってしまっているが、この組

▲実に名残惜しい。ここに住みたい。ここの本を読んで暮らしたい……。

み合わせが見られただけでも、幸せだ。窓から後ろに手を組んで外を眺めたり、ソファにどっかり腰を下ろしたりして、ほんの少しの間、乱歩を間近に幻視する。

　このようにして、乱歩と探偵小説に満ちた、濃密な一時間は、あっという間に過ぎ去ってしまった。しかしそれは、一瞬大乱歩に近づけた気がするような、異様に幸福な時間であった。ますます乱歩先生への畏敬の念を強くして、玄関で落合氏とスタッフさんにお礼と別れを告げる。すると奥から、先ほど乱歩先生の帰宅を察知していた女子学生スタッフが、胸に乱歩賞のシャーロック・ホームズ像を抱き、初期ロット三体のうちの一体である貴重なその像を、己の腕の中でグルグル縦に回しながら、

「落合さーん、これどうします？」

と、グルグルニコリ……あぁ、目眩がしそうだ。乱歩先生、旧乱歩邸と土蔵には、今日もつつがなく、楽しい時間が流れているようです。

【取材協力】
◉学校法人立教学院
◉立教大学江戸川乱歩記念大衆文化研究センター

第二部 東京

棚にみっちり、お話も濃密な二〇分

絵本専門古本屋　B-RABBITS——東京・三鷹台◉二〇〇八年八月二七日

京王井の頭線・三鷹台駅近くにあるお店である。以前ここを通った時には古本屋だとは気づかなかった。店頭入口両脇にはスダレが掛けてあるが、どうやらワゴン用の日除けらしい。絵本・児童書がタテヨコにジェンガのように積み上げられている。引き戸のガラスには、一面に絵本の挿絵が貼りつけられ、中の様子を窺うことはできない。

戸をカラッと開けると、話し声が聞こえる。先客がいるようだ。中はさほど広くなく、ほぼ正方形である。しかし、なんだか情報量がスゴイ！　スゴイというか細かい！　絵本や児童書はたいてい一冊一冊が薄いので、その分、棚にみっちりと収まるのだ。

壁の両側は棚で、真ん中に背中合わせの棚、左奥のレジ横は少し凹んだスペースになっている。本はすべてビニールに包まれキレイである。壁や天井には引き戸と同様、絵本の表紙や、挿絵のカラーコピー、絵ハガキが貼りつけてある。所々に松田優作のフィギュアが置かれている。

サインも貼り出してあり、諸星大二郎作品のキャラクター「紙魚子」のカラーイラスト入りサイン色紙が存在感デカ過ぎっ！　本棚に挟んであるだけの岸部一徳のサインも気になります……。

右の棚には大量の『こどものとも』と『かがくのとも』。そこから作家ごとにまとめられた絵本、児童書、アンソロジーが並ぶ。向かいは福音館書店の絵本をメインとした棚が大充実である。

ずいぶん古いものや絶版書も多く並ぶ。隣は児童書でここも充実している。同じ本が版や時代違いで置いてあるのも嬉しい。児童書を探している人は、自分の読んでいた装丁やイラストの、思い入れのある本を探しているのだろう。

左側の通路は海外本中心。右は美しい原書が並び、左には翻訳絵本・児童書、そして関連雑誌なども置いてある。奥の小スペースには岩波書店の箱入り児童書がドッサリ。まるで子供の頃に夢見た本棚が現れたようだ。ここには戦前児童書の復刻本も一部置いてある。

先客は店主と長々と話し続けている。帰ったところを見計らい、本を手にレジへ。ついでに軽い気持ちで『スイッチョねこ』の絵を描いた安泰《やすたい》について聞いてみると、途端に女性店主がフルスロットル！　マシンガントークを繰り出し、店内を縦横無尽に飛び回り、あらゆることを教えてくれる。話は右に左に枝葉を伸ばし、作家のことから絵本界のこと、棚作りの苦労から売れてしまった本への思い、古本屋稼業のつらさから古本をキレイにする方法や修復法まで披露していただいた。

あの一言のために三〇分……。なんと濃密な三〇分か。なんだか弟子入りした気分である。それだけ刺激的でした。絵本について質問のある方はぜひとも来店するべきであろう。

値段は安くて嬉しい。一〇〇〇円以上買うと絵ハガキのプレゼントもある。そして最後は店の外まで見送ってくれます。槇ひろし『カポンをはいたけんじ』(講談社)、『絵本ジャーナル PeeBoo 4』(一九九一、ブックローン出版)を購入。

[▼店舗閉店]

エキナカ？停留場と一体化

梶原書店——東京・王子◉二〇〇八年八月三一日

都電荒川線「梶原駅」早稲田方面行きホームに隣接するお店……というか、ほぼ駅の一部となっていて、ホームからも入れるし、ホームに入らなくても入れる。そのホームより一段低くなった場所に二か所の入口がある。

店前にはワゴンが三つ。左は古本が縦に重ねられ『悪魔の飽食』が数冊顔を覗かせている。右二つは雑誌が並んでいるが、こちらは新刊らしい。左から中に入ると、暗くちょっと湿った感じ。店内と棚は線路を基準にすると、右奥へ向かってナナメになっており、何だか感覚が乱れがちに。構造がつかめない！

通路には一メートル以上積み上げられた、廉価版コミックと古本の山。壁の棚には色褪せた実用書が多く並ぶ。奥には宗教系のスペースがあり、向かいの背中合わせの棚は文庫本。こちらは新しい本も多く並べられている。

奥の床を見ると、何とそこには排水溝。こんなの古本屋で初めて見たな……。その奥がコンクリから木製の床となり、一段高くなっている。ここは上がっていいのか？ 家スペース？ 店主がドシドシ歩いているので、いいや、上がってしまおう。壁というか角の部分には、コミックと時代小説文庫が収まる。ここでUターン。

こちらの右スペースでは古本だけではなく、タバコやアイス（冷蔵庫が古本に覆われているが、ガラスに霜が付着しているので稼動中と見た）、文房具を販売している。右の棚は文学単行本や少量の岩波文庫が埋めている。左にレジのスペースがあり、駅のホームが目の前に見える。右から出ると、そこはホームへの階段の途中。なるほど、この高さに合わせて、右スペースは床が一段高くなっているのか。

店主は店の前で缶やビンの整理中。そしてその間、ご近所の人達にメチャメチャ声をかけられている。どうやら古本屋の店主であると同時に、梶原駅の主的ポジションにあるようだ。駅のゴミの多さを嘆いたりしており、もはや駅長と言っても過言ではない。いつもご苦労様です。これからも梶原駅をよろしくお願いします！

不思議の入り口

麗文堂書店——東京・市ヶ谷◉二〇〇八年九月一六日

市ヶ谷駅前の橋を渡り、外堀通りを右へしばらく進むと、「近代科学社ビル」の一階に看板が出ている。通りには縦長のオベリスクのような看板。店名と「この先20メートルドア2つ奥」という不可思議な説明が書いてある。ビルのエントランスに入り、さらに進む。

右にあるドアをスルーして、一番奥に見える重厚なドアを目指す。中に入ると静かな薄暗い空間だ。左にはエレベーター、右には管理人室、そして正面にも階段を数段上がったところにドアがあり、開けるとビル裏手の搬入口らしき場所。間違えたかな？ と思い右を見ると、なんとそこに古本屋！

なんだか不思議で素敵な立地条件である。外から見たら、誰もここに古本屋があるなんて絶対気づかないぞ！ う〜ん、何の部屋だったんだろう。絶対店舗じゃないだろう、などと思いつつ中へ入ることにする。

コンパクトな店内には本がギッシリ詰まっている。壁は天井までの本棚で、正面にはレジ。そのレジ前には胸の高さくらいまでの棚が二本。右奥にも空間が続いており、天井までの背中合わせの棚が二本、そして壁も本棚となっている。店内にはラジオのクラシック番組が流れている。

左の棚から見てみると、壁際は宗教・精神医学・心理学・思想・哲学など硬めの本が並ぶ。入口横の棚も、思想関係の雑誌が上から下までビッシリ。向かいの棚にも心理学・社会学などの本。レジ下にLPレコードが並ぶ棚の前を通り、二本目の通路へ。左は文庫棚で、岩波やちくま、古い角川文庫など。主要な作家コーナーが所々設けられ、本がまとめられている。右はハードカバーで、映画関連をメインに、クラシックCDや音楽書もある。

三本目の通路は、左が映画・演劇・戯曲。右は再び天井までの棚となり、内外の幻想文学や人文・歴史書コーナー。ちなみにこの三本の通路はかなり狭く、足元の段を見るときに苦労する。四本目の通路、右には日本文学・評論がコアな品揃え。最近の本も少量並ぶ。

向かいは数学、言葉、出版、詩歌など細かくジャンル分けされ、『春陽堂の歴史』なんて本がある！ 欲しいが……高い。その裏は半分が文庫、半分は様々な本が棚を構成。壁際は時代小説文庫、SF、海外、小説、新書で、絶版文庫も多い。レジ横は芸術本と図録や画集が並ぶ。

　文学の棚から全集の一冊を抜き取りレジへ。レジにはさっぱりとした阿佐田哲也のようなオヤジさんが、カラフルなシャツを着て座っている。本を手渡しながら、

「これ全集ですけど、バラ売りOKなんですか？」

　と、声をかけると、

「そうだよ。これは全巻揃えようとしたんだけど、どーしても見つからない巻があるんだよ。だからあきらめて売ることにした」

　と、破顔一笑。その笑みに引き込まれ、こちらも笑顔になりながら、

「あー、足りない巻ありましたねぇ」

「そう、五巻かな。集まんなかったんだよなぁ」

　と、ひたすら残念がる。本を受け取り、オヤジさんとにこやかな挨拶を交わして退出する。左を見るとひっそりとした裏通り、再びビル内を通り抜けて表へ出る。うーん、やっぱり不思議なところにあるなぁ。まるで、間借りしてる探偵事務所のような古本屋さんだった。『龍膽寺雄全集第十巻　月の砂漠に』（昭和書院）を購入。［▼移転・通販へ移行］

古さの気配が心地よい

夏目書店——東京・目白◉二〇〇八年九月二七日

　目白駅を出て人でごった返す目白通りを、左へ三〇〇メートルほど進むと姿を見せる。通りを挟んで斜め前には金井書店の本店（東京駅八重洲地下街古本屋の総本山）が。さて、こちらのお店だが店名がどこにもない。上にも壁にもガラスにも脇にもない。いったいどんなわけがあるのだろう。

　店頭には文庫均一本と、その後ろには時代物のガラスケースがあり、中には美術関連の古書がディスプレイされている。店の右側には美術図録が収まった本棚。そのさらに横にはショウウィンドウが広がっており、こちらにも美術本が、壁に掛けられ飾られている。出入口は二か所、右から中へ入る。床は入口部分から続く、コンクリートのたたき。壁は作りつけの本棚、真ん中に背中合わせの棚がある。

　店頭・店内ともに時間の経過が、古さと風化だけではなく「気配」として留まっている。うん、いい感じ。通り

を歩く人も、やけにこの店を覗き込んでいくようだ。しかし、店内にも店の名は見あたらない。仕方ない、本を見ていこう。

　左には入口のウィンドウから続く、美術・芸術の評論や評伝。かなり古い本も交ざっている。奥は美術図録がギッチリ。向かいの壁際は、時代、歴史小説から始まり日本文学、ミステリー、自然科学、近代文学・詩歌、古典、映画、音楽、そしてレジ横は海外文学、としっかりキッチリしたジャンル分けされている。棚の前には大判の美術全集がキレイに積み重ねられ、文庫を置く棚となっている。この全集の箱部分が毛羽立っており、上から見ているとなぜか蚕の巣箱の印象。レジで本を読みふけるなんだかシンプルな店主の前を通り左側へ回る。

　レジ横には江戸関連や伝統芸能が収まり、壁際には、民俗学・哲学・宗教・心理学・社会・海外文庫となっている。一冊の分厚い古い本が目に入ってくる。背文字には、パヴロフ著・林髞訳『条件反射学』――「林髞」って、もしや木々高太郎先生!?　だとしたら立派なダブルネーム。木々マニアは当然買いですな。

　向かいは文庫と新書棚で、この棚がとにかくスゴイ。そういう作りなのか歪んでしまったのか定かではないが、本がすべてこちらに向かい、下にうなだれているのだ。つまりはすべての文庫が軽くお辞儀をしているのである。中々ショッキングな光景、大惨事にならないことを祈るばかりです。

　本を一冊抜き出してレジへ向かう。店名の秘密を解き明かすそのために。本を受け取り包装し始める店主。今だ、

「こちらのお店はなんといわれるんですか？」

と、ことさら馬鹿丁寧に質問。店主が上目遣いにこちらをジロリ。そして包装紙を指し示し、

「ここに書いてあるよ」

……なるほど、包装紙に店名らしきスタンプが。しかしまだハッキリと確認はできない。

「もう、直すのめんどくさくてさ、直してないんだよデッヘッヘッヘ」

と、照れ笑い。あの店頭のブリキ板の看板が灰色なままのワケ……めんどくさいからだそうです。おやじさんとこのお店に幸あれっ！　横光利一『家族会議』(新潮文庫)を購入。［▼店舗閉店］

店の人の姿が見えない

根元書房　日芸前店——東京・江古田◉二〇〇八年一〇月七日

古本屋の多い街、西武池袋線の江古田駅の北口から近く、目の前に日大芸術学部がある。店頭は本たちが店内からドバっと流れ出している感じ。ラックと本棚がそれぞれ二種（一つは両面棚）・小さな平台多数。コミック・雑誌・文庫・単行本・CD・ビデオ・おもちゃ・雑貨・EP盤。量、種類ともに盛りだくさん。

学校前の古本屋と言えば硬めになるのが通常ですが、さすが日芸前は一筋縄ではいかないようです。

店内に入ると、目の前には大量の本と極狭な通路。壁は天井までの本棚、真ん中には背中合わせの棚が二本。中央の通路を挟み、店の奥も同じ構成のようだ。各通路には胸の高さまで、本が危ういバランスで横積みされている。ぶつかると、ユラユラと生き物のように動く箇所もあるので、細心の注意が必要である。

左の壁には児童文学、生物、映画、音楽、小唄などの本が並ぶ。その向かいは、日本文学の文庫が棚一面を占めている。

下の方は体を横にしてしゃがみ込まないと見ることはできない。真ん中の通路は、左がSF・推理を含む海外文庫、最奥に絶版文庫が並ぶ。下に古い本が集中。向かいには新書や、さまざまな雑本が収まる。

右の通路は壁際が、山岳、哲学、幻想文学、写真、ジャズなどセレクトされた棚。向かいには日本文学、戦記、歴史小説、詩歌などが並ぶ。各棚には見たこともない本が多くあり、瞬く間に時間が過ぎ去っていく。この右通路と中央通路が交錯する場所にレジがある……らしいのだが、通路と同じ本の山にしか見えない。そして奥のブロック、ここにはもう足を踏み入れることはできない。通路の本が増殖し、ほぼ倉庫状態なのだ。

　中央の通路から様子を窺うと、左側がアダルト、真ん中は雑誌や漫画、右は美術関係のようだ。奥の探索は早々に断念し、レジに向かうと誰もいない。さっきまで忙しそうに働いていたのに……。ちょっと大きな声で、

「すいませ〜ん」

と、言うと、目の前の本の山の中から、

「ハイ!」

ち、近い……。そこにいたんですか。全然気づかなかった。本が気配を完全に吸収しちゃってます。忍法・本遁の術、お見事です!

　山田正紀『弥勒戦争』(ハヤカワ文庫)を購入。根元《こんげん》書房さんは、この江古田に〈本店〉と〈江古田南口店〉がある。駅南側ツアー時に訪ねることとしよう。

複雑な店内は迷路のよう

大学堂書店——東京・本郷三丁目◉二〇〇九年一月六日

江戸時代に「本郷もかねやすまでは江戸の内」と川柳に詠まれた、四〇〇年以上続く「かねやす」(洋品店)が健在の春日通りと本郷通りがぶつかる交差点近く、御茶ノ水側の本郷通り沿いにこの古本屋さんはある。雑居ビルの一階エントランスに広い店頭台が出され、ビジュアル本や文庫がぎっしり詰まっている。

　しかしお店本体はどこにも見えない。そこかしこに「1F奥」、「本の店1Fおく」、「奥で営業中」と表示されており、とにかく奥に足を向ける工夫がなされている。中には小さな店の写真とともに「奥に店があります」という、なんだか宮澤賢治の「下ノ畑ニヲリマス」風な文言も。というわけで導かれるまま、曲がりくねった広めの廊下を奥に進む。中はちょっとした屋内商店街である。

　そして廊下の奥に古本屋……なんとむき出しなお店だろうか。本が、古本が、茶色の塊がものすごい量感で積み重なっている。さらに近づくと、本や本棚が複雑に組

み合わさっているのを確認できる。

　通路からの出入口は三か所。通路に迫り出している棚や台は、もはや店頭台ではなく、店内の一部が見えている感じである。手前にはビジュアルムックや雑誌、入口の一つを入ると歴史関係の大判本。その横は少し奥まっており、台には文庫が並び、後ろの棚には実用ノベルスなど。その横には大型美術本や写真集が詰まったラック。そのさらに横にはノベルス、映画、実用本、手前には雑学文庫のラック。

　二つ目の入口を入ると文学文庫のラック、後ろは揃いの文庫棚。三つ目の入口を入ると通路は行き止まりで、そこに経済・経営などのビジネス本。三つ目の入口から中に入ると、中は複雑怪奇なちょっとした迷路状態。棚が所々入り組んでおり、現状把握に少々時間を要する。

　まず連想するのは、ミノタウロスの宮殿！　もちろんスケールは小さめですが……。店内で客同士が出会うと、お互い死角から現れるので、ちょっと「ビクッ！」とします。

　壁一面が本棚、真ん中に背中合わせの低めで長めな棚が一本、第二第三の入口を作っているのは横に置かれた文庫棚。通路側は本棚が壁を作り上げ、所々「コ」の字状に。第一の入口近くにガラスケースに囲まれたレジ、その横には行き止まりの小部屋的通路、これらの説明で店の状態が把握できた方はスゴイと思います。

　店内のジャンル分けはしっかりされており、通路側には、日本文学や時代小説などの文庫、美術、画集、デザイン、ポップアート、辞書、動植物、雑誌、料理、歌舞伎、音楽、囲碁、将棋など。

　真ん中の棚には、新書、選書、講談社学術文庫、古い紙モノが並ぶ。店の奥側には、日本文学、文学評論（漱石本多し）、古いグラビア誌、古典、歴史、民俗学、海外文学、法律書が詰まっている。

レジ横の通路小部屋には、古代史、政治、宗教、哲学、思想、教育など。レジ前には、江戸・東京、文京区関連本が集合。そのレジ回りには、ガラスケースも後ろの棚も、ビニールに包まれた古めかしいプレミア本が並んでいる。

とにかくよい意味で雑多かつ雑然である（店から脱出する時には「アドリアネの糸」が必要か……）。古い本が多く、本も安めな傾向。レジのご婦人は何やら電話で、

「今日から店開けてるの。がんばっちゃった！」

と、話していたり、姿が消えたかと思ったら他のお店の人と廊下で雑談中。ビル内なのに下町的な感じがいいですな。でも文庫棚が堅固な城壁の石積みのように、一分の隙もなくギチギチに詰まっているので、もう少し緩めてくれたら嬉しいです。長谷川尭『都市廻廊』（中公文庫）を購入。

奇妙なエアポケット感

落兵衛図書園——東京・府中本町◉二〇〇九年三月二〇日

駅前に懐かしい赤い郵便ポストが健在である。鎌倉街道を左へ緩やかに下る。視線の先にある跨線橋は、巻貝のようならせん状で、さながらミニバベルの塔である。それを右手にそのまま道なりに進むと、広場の横に続く数軒のお店が見えてくる。そこに目指すお店があるのだ。

とりあえずは開店していることに胸を撫でおろす。店頭には木製の平台のようなものが置かれ、一二〇円単行本と文庫本、それに上部がバツンと剪定された、枝のような植物が生える植木鉢。ガラス戸の向こうには、ラックに飾られた本や安井曾太郎の油絵ピンナップなどが見えている。店名はガラスに貼られた、退色した紙に示されているのみ。サッシをカラッと開けて中へ。

むぅっ！　なんと独特な雰囲気。店がおかしいのではない。棚から何か妙なものを感じるのだ。迷い込んだ感じ、見つけ出した感じ、滑り落ちた感じ……。わぁ、茶色い古い本でいっぱいだ！

ただならぬ棚たちが、悪魔のように手招きしている。落ちつけ、そんな簡単に尻尾を振ってはいけない。まずは店内を把握しようではないか。壁はすべて本棚で、本を面出ししている部分も多い。真ん中に背中合わせの棚、入口横に小さな文庫棚、棚脇に面出し文庫棚。左側通路の入口側に帳場があり、こちらの通路は右側より少し長くなっている。入口右横には、特撮・アニメの児童書や古い漫画誌が並ぶラック。そして右の壁際は、いきなり古い本のオンパレード！　文学評論、古典、日本文学、戦争関連と続き、奥の角に神道、仏教、キリスト教が集まる。向かいはすべて面出し棚で、ここは最近のミステリー文庫やビジュアルムックなどが並ぶ。下の平台には、雑誌。コミックムックなどがあり、中にはベイシティローラーズのパンフなんてものも顔をのぞかせる。

　左通路への狭間にも棚があり、美術、児童文学、ビジュアル新書などが置かれ、そこを抜けると左側通路。奥の壁際には、地方史、社会運動、歴史、古代史、角を曲がり歴史、鉄道、映画、演劇、自然科学と続く。帳場横の棚にはプレミア本が収まる。単行本はすべてビニールに包まれ、背の下部に値段が貼りつけてある。向かいは、民話や岩波文庫などとともに、おちょこ、ゲートル、古

いコーラ瓶などの古道具が飾られている。岩波文庫の下段には、なぜか大量の石鹸がギッシリ……いい匂い。店内には他にも、サイン色紙、短冊、絵葉書、古い官製葉書、ちらしなど様々な紙物が額装されてある。お店の印象を一言で言うと「古い本！」。懐かしのアニメや特撮関係もあるので、「懐かしいものを売っているお店」感もあるのだが、とてもそれだけでは腑に落ちない、このエアポケット感はいったいなに⁉

　値段はめったなことでは三ケタを超えてません。四ケタものはなんだか見たこともないマニアックな本が多い。昭和初期〜五〇年代の本が核となっており、いい感じで時間がストップしている（お店自体はまったくストップしていません）。帳場ではご婦人が店番をしており、テーブルの上の植物をスケッチ中。店から勝手にイメージしたのは、当然気難しそうなオヤジさんだったので、かなり意表を突かれる破目に。

　それにしても落兵衛恐るべし。場所柄もあるのか、むやみに高揚感が湧き上がる。もし、私の古本スピリットに異変が起こったならば、真っ先にここに癒しに来ます！『私たちはどう生きるか 辰野隆集』（ポプラ社）を購入。

何か見つかる相性のよい店

古本センター——東京・吉祥寺◉二〇〇九年四月二二日

吉祥寺駅の公園口から外に出ると、そこは狭いバス通り。かつて江口寿史が、ホイッスルで喋りながら通行人を注意するバスの誘導員がいることを漫画にしていた通りである。右に行くと賑わう通り沿いに雑居ビルが続き、すぐ右上の看板に「古本買入」の文字がある。この場所にお店があることに違和感を覚えて早や二〇年。明るい通りから暗いビル通路を通り、一階奥の店舗へ。仕切りや扉などはなく、そのまま店内となる。先ほどまで通りで目にしていた賑やかさは消え、時間の重さがまとわりついてくる。

いいなぁ、この異空間の雰囲気。壁は棚とガラスケースで覆われ、奥の方が広くなっている。手前と奥に背中合わせの棚が一本ずつ、奥の棚は壁にピッタリとつけられ、左右に部屋を作り出している。

中央に左壁に接する形で帳場がある。結構大きく高く、周りに本がなければちょっとしたバーカウンターのようである。そこには若者が一人座り、通路では女性店員が棚の整理をこまめに行っている。右壁の棚にはビデオや文学系の本、その横にはガラスケースが置かれ、雑誌や風俗資料、絶版漫画が陳列されている。『オバQ』はやっぱり高いなぁ。

向かいには文庫がズラリと並ぶ。SF・時代小説・海外文学、日本文学、岩波、中公、ちくま、講談社文芸・学術、そして上段に「プレミアム」と銘打たれた（ビールみたい……）絶版文庫が並んでいる。その裏には、科学、歴史、民俗、趣味、東洋文庫などが収まる。左の壁際は、城、日本刀、文化、思想、心理、評論、音楽、演劇、映画、美術、演芸、戦争と細分化された棚。足元には図録類がズラーリ。レジ下には、自然、植物、新書、ノベルス、官能小説が並ぶ。右の壁際続きは、写真集、写真評論が揃い、右奥スペースがコミック専門となっている。ここにも絶版漫画が多く並ぶ。左奥は大人の桃色コーナー。

古い本が多いが専門的ではなく、あくまでも街の深い古本屋さんという感じ。値段は安め〜普通。角田喜久雄

『東京埋蔵金考』（中公文庫）を購入。

◉二〇一三年七月一日

自転車をゆるゆると漕いで吉祥寺へ。八月には閉店してしまう洒落た雑貨屋さんを覗きに来たのだが、期待していた古本はなし。残念。しかし次なる手はすでに考えてある。以前、変貌していたのにさらっと流してしまった〈古本センター〉をツアーするのだ。

現在は普請中の吉祥寺駅公園口。混迷の「パークロード」をちょっと西に進んで、繁華街の雑居ビル地帯に飲み込まれたような、ビル一階奥の古本屋さんへ。貸本漫画や絶版漫画や古書の入ったガラスケース、激安写真集の「処分品」棚、新入荷棚と実用ムック棚の間を抜けると奥に長い店内。入ってすぐ右の壁は、背に値段シールがついた写真集がギッシリ詰まっている。左の番台型帳場ではハリセンボン・春菜風味のおばちゃんと森見登美彦似の青年、凸凹コンビが店番中。左端は広めに採られたアダルトゾーンになっており、数人の男性が忙しく煩悶中である。

古本は右側二本の狭い通路と、左奥の小スペースに並ぶ。本はしっかり棚に収まり、整頓されているので以前のような混沌さはない。右端通路は、壁棚に絶版漫画・漫画評論、通路棚には教養系文庫、落語、ちくま、時代小説、戦争、ミステリ、SF、旺文社の各文庫がびっしり。

真ん中通路はちょっとだけ広めで、右に写真、美術、工芸、映画、音楽、風俗、探検、歴史、左には硬めに人文書、オカルト、妖怪、犯罪、古本・書物、幻想文学、内外の文学、詩集、新書が並ぶ。左奥の小スペースは、写真、美術・工芸などの大判ビジュアル本がメインで、東洋文庫、東西占術、宗教、雑誌などもある。

硬軟よくとり揃えた正統派といえよう。写真集が多めで、値段は普通、プレミア本はしっかりめ。

そして通路棚脇のおススメ棚で、心に引っかかる安値の本を発見する。圓地與四松『空の驚異ツェッペリン』（先進社）。昭和四年刊だが、カバーもちゃんとついてるしとてもキレイな本。中には飛行船の写真が満載……これが一〇〇〇円？　そんなはずはない。飛行船関連の当時の本なんて、軒並み高値で普通は手が届かないものなのだ。なので喜んで買わせていただこう！

うひゃうひゃと小躍りしながら、〈よみた屋〉、さらに西荻窪〈音羽館〉を経由して帰る。

「うふぃ〜」

杉野書店――東京・中目黒◉二〇〇九年六月二五日

家を出た時に、目の前の植木の根元に本の束を発見してしまう。なんと『幻影城』、『牧神』、『奇想天外』などマニアな雑誌ばかり。うーん、いったい誰が。しかし午前中の雨にやられたためか、ビショビショで土まみれな状態。あぁ、もったいない！

中目黒駅の改札を出て東側、中目黒GTプラザの足元を抜けて目黒銀座へ。商店街を南下していくと、三番街アーチ手前にお店がある。店頭にはスーパーカブと、なぜか括られた本が地べたに置かれている。後ろには文学の単行本が中心の五〇円均一店頭台。看板の「ファックス」の片仮名がいい味を出しまくっている。

店内に足を踏み入れると、典型的な昔ながらの街の古本屋さんである。造りつけの木製棚、艶の出たコンクリむき出しの床、通路に積み上げられた未整理本。壁はぐるりと本棚で角もナナメな棚でばっちりフォロー。真ん中に平台つきの背中合わせの棚が置かれている。店奥に帳場があり、店主は奥の住居部分で車椅子に座っている。

左壁にはズラリと大量の歴史・時代小説文庫。隆慶一郎と峰隆一郎がやたら多くて、紛らわしいことこの上ない。続いて、文庫、アダルトビデオ、文化、歴史と並んでいる。向かいの通路棚と平台にはアダルトがズラリ。帳場前を過ぎようとすると、車椅子から店主がサッと立ち上がり、下へと降り立った。

右側通路の壁際は、中国関連本、現代史、官能小説、新書、コミックが収まっている。向かいには、文学単行本を中心とした五〇円均一棚、そしてアダルトビデオ。平台には単行本や全集端本など。七〇年代〜現代の本が中心。毎日五〇円均一棚をチェックすれば、必ずいい本に出会えそうな予感がする。あまりに安いので、買うのが一冊では申し訳ないのだが、「すいません」と本を差し出すと、

「うふぃ〜」

と、気が抜ける独特な受け答え。本を受け取った時も、お礼の意味なのか、同様の「うふぃ〜」。松本清張『柳生一族』（光文社時代小説文庫）を購入。表に出ると夕闇の中を帰路に就く人々。中目黒は多種多様な古本屋があるなと思いながら駅へと向かう。

古本掘りの光景

古書　藤井書店――東京・吉祥寺◉二〇〇九年七月二三日

駅北口から「サンロード商店街」を、ただひたすら真っ直ぐ。五日市街道にぶつかった所で左に曲がり数軒目のお店。昔から変わらない。店舗としては二階までだが、道路を挟んだ対岸からビルを見ると、三階の窓には花魁と粋な町人のポップな現代風イラスト。二階窓の下には古めかしい店名文字。その下には派手な買取の軒下看板、「創業50年」ってしっかり書いてあるけど、毎年書き換えてるのかなぁ。

緑の日除けの下、入口両脇には店頭棚が置かれている。右は絵本、その後ろに写真集の詰まったラック。左は雑誌、その後ろに海外絵本やビジュアルムックが並ぶ木製ラック。そして真ん中にはちょっと高さのある一〇〇均台。台の周りには小型の分厚いレディコミ類が積み上げられ、台の上にも本のタワーが屹立している。店内はちょっと狭めだが、二階も合わせると、お店としては充分な広さである。

両壁は天井までの本棚、真ん中に平台つきの背中合わせの棚。奥に帳場があり、唐沢俊一風な男性がお仕事中。その後ろには二階への階段がある。右壁は上段に日本文学と映画、下段に文庫がギッシリ雑然と並んでいる。探し出すための棚といえよう。奥には官能文庫が集合中。向かいには、新書・美術が並び、平台には美術図録、美術雑誌、アダルト雑誌が積まれている。帳場横にも棚が

あり、宗教、オカルト、写真関連が収まる。

　左側の通路は、壁棚にコミック、文芸近刊、ガイド、建築、文化、社会、囲碁、将棋、自然科学、音楽（充実！）、辞書と続く。向かいには、宗教、オカルト、精神世界、新書、実用、兵器雑誌、ビジュアルムックなど。各通路には踏み台代わりの小さな椅子が置いてある。

　帳場の後ろに入り、二階への階段に足を掛ける。左へ巻き込むように進む階段には、大判ビジュアル本、デザイン、一五〇〜二〇〇円本、新書、美術図録などが並んでゆく。上がりきった所に、岩波文庫、歴史、詩歌。開け放しの扉から部屋に入ると、壁際は本棚、真ん中に背中合わせの棚と小さめの棚が一本。窓際には作業場兼帳場があり、初老の男性が読書中。ちなみに二階の本は二階で会計するシステムとなっている。

　右の壁棚は、思想、民俗学、風俗、江戸、芸能、工芸、古い本が一段と増えてくる。向かいは、最近の新しいコミック、コミック文庫で、この部屋ではなんだか異質な棚である。帳場前には文庫棚があり、揃いや絶版も見られる教養系。左側の小部屋状通路壁際には、資料・学術書が並び、ここも古い本が多い。なぜか間に文学本がちょこちょこ挟まり、不思議な自己主張。向かいには、山岳、登山、戦争関連が揃う。

　一階と二階では雰囲気が違い、ジャンルが多く値段も安くて、見応えがあるお店だ。老若男女問わず、しゃがんでまで本を掘り出す光景が続出。お近くをお通りの際は、ぜひこの「古本掘り」に参加していただきたい。

　あっ、お店のちらしには「創業52年」とある。看板とすでに二年のズレが。おせっかいは承知の上で、やはり看板には創業した年号を書くことを提案します。河村直哉『地中の廃墟から——《大阪砲兵工廠》に見る日本人の20世紀』（作品社）を購入。

絵本や児童書、文学、探偵小説に特色あり

にわとり文庫——東京・西荻窪◉二〇〇九年七月二五日

改札を出たら南口へ。しかし南口の階段は降りずに左側、駅建物とパチンコ屋裏の間に細い路地があるので、そこに身体を捻じ込み、薄暗いロータリーを抜け、横断歩道を渡る。東へ延びる平和通りをそのまま高架沿いに百メートルほど進むと出現し始める店舗群。その中に一際細い建物が一軒。二階は白く、一階の店舗回りには大きめのタイルが貼りつけられている。

壁には鮮やかなブルーのホーロー製と思しき看板が下げられ、ブランコのように風にフラフラ。ガラスウィンドウの前には木が植えられた巨大な鉢と、コミック文庫の並ぶ平台・雑誌ラック・絵本の詰まった箱が並ぶ。中に入ると、さほど広くなく、照明を落とした店内。そしてこのまとまりのある感じは、しっかりと手を入れたお店であることを示している。

左壁入口横にはラックがあり、その後は本棚。真ん中にはガラスケースと、下が未整理本のスペースとなっている背中合わせの棚が一本。右壁は奥まで本棚で、その奥がレジとなっており、レジ台は弧を描く昔ながらのショウケースが使用されている。その横に本のクリーニングを続ける女性がひとり。左のラックには、外国絵本や写真集、村山知義の絵本も並ぶ。その後には、サブカル・大橋歩や鈴木いづみを中心としたエッセイ、旅、民俗学、博物学、芸能、文化、コミック、仙花紙本、雑誌付録と続いている。向かいは文庫棚で、一般文学文庫、講談社文芸・中公・ちくま・岩波・海外文学文庫と並ぶ。

コツコツと右側通路へ。通路棚には日本文学、しかもマニアック。野呂邦暢がこんなにたくさん並ぶ棚は見たことないぞ。その横に海外文学、そして幻想、推理、文学評論が収まる。右壁棚には、児童文学と絵本、おぉ、ドリトル先生が並ぶとやっぱり壮観。そしてリンドグレーンもズラリ。後には、古めの児童文学（復刻本あり）、児童文学評論、中原淳一、少女小説、映画、音楽、美術・デザイン、大判本、写真と続き、合間に紙物や雑誌もある。

レジ台ウィンドウには、古い図案集や雑誌付録、そして「成人映画」なる小冊子。上には無料のキャンディあり。本の量は多くないが、その分徹底的に厳選された棚造り。触れられなかった憧れの世代が、手の届く棚にビッシリと存在している素晴らしさ。しかし、いい本ばかりなので値段は自然と高め。江戸城城壁のような、指をかける隙のない値づけとなっている。

精算を済ませた後、入口近くのウィンドウに置かれた「おに吉古本案内」と言うフリーペーパーを頂く。中の古本地図を見ると、お（荻窪）・に（西荻窪）・吉（吉祥寺）制覇まで後少し。引き続き巡ります。多賀祥介『ATG編集後記』（平凡社）を購入。

◉二〇一四年一月五日

寒い寒い一月最初の日曜日。重々しい銀色の雲の下、自転車を西荻窪に走らせて「古ツアフェア@盛林堂」に補充後、新年の挨拶もそこそこに、自転車を飛ばして〈にわとり文庫〉へ急行する。昨日今日と、店頭全体と店内の一部で「一〇〇円均一大会」が開かれており、昨日は様々な伝説が飛び交うほどの盛況を見せたそうである。

ところが、二日目開始の正午にお店に到着すると、いたって静かな店頭で、少々拍子抜けしてしまう。これはもはや取り返しのつかない大寝坊の大遅刻で、時すでに遅しだったか、と駆け寄ってみると、ぬぬっ、新訳が扶桑社から出たとはいえ、マシスンの『縮みゆく人間』だ。感謝しながら優しく手にする。

店頭右側に絵本箱、ミステリ文庫棚、文庫箱、単行本棚、左にさらに続く文庫棚と茶色絶版文庫箱、地図・紙物・児童書と臨時帳場（おそろしく寒そう）と展開している。店内にはミステリ新書とポケミスと古いミステリ文庫の詰まった箱が、ガラスと壁に立て掛けられている。

じっくりと、電光石火の古本鉄鋼騎士団が蹂躙した跡に目を凝らし、結果リチャード・マシスン『縮みゆく人間』（ハヤカワ文庫）、子母澤寛『逃げる旗本』（日本小説文庫）、水上勉『黒百合の宿』（春陽文庫）を計三〇〇円で購入し、蜜柑もついでにいただく。気づいたら店頭にはたくさんの人影が。今日もたくさんの古本が旅立って行く気配がする。

際限なく怪しい店

こたか商店――東京・野方◉二〇一〇年二月一八日

札幌から戻り、二日間で溜まってしまった仕事を片つける。するともはや夜。となればツアーは夜に営業しているお店しかない。

よし、目をつけていた野方のあの怪しいお店に行ってみよう。野方は以前、何軒か古本屋さんがあったようだが、今では〈DORAMA〉や〈BOOK OFF〉などを除けば古本砂漠地帯である。古本を販売するお店ができたのは嬉しいことだが、心に一抹の不安を抱えながら、先日から異音を発する自転車にまたがり、街を駆ける。

駅から野方駅前商店街を南へ。やがてぶつかる「野方本町通り」を西へ。ちょっと進むと、風景に豊かさを与えてくれる三叉路が現れる。迷わず右の道を選んで進むと、右手にオレンジと白のだんだら日除けを備えた「野方文化マーケット」に到着する。

おぉ、夜なのでシャッターはほとんど閉まっているが、昔はよく見かけた、一つの建物内に商店が集まるミニ

マーケットである。一言で言おう。素敵！

出入口が二か所あり、中では通路が「U」の字を描いている。その西側の出入口脇に、ライトに照らし出された黄色の立看板が置かれている。店名と「リサイクル　古着　古本」の文字と共に、古着、テレビ、似顔絵、偽アンパンマン、偽ミッキー、キリンなどの絵が描かれている……。怪しい、際限なく怪しい。

通路に目を移すと、鮮やかな原色が躍るアフリカのマーケットのような店頭。通路には多数の古着や帽子などが並び、頼りなげな棚に並んだ本も見えている。さらに手前には、店名と巨大な手が描かれた台に『この方法で生きのびろ！』、『お笑い革命日本共産党』などの本が陳列されている。

そして横に「貧乏神」と大きくパッチワークされた、ナゾのオブジェが屹立する。獰猛な不気味さが私の心を齧っていく。軒部分にはブルーシートが張られ、店名看板、お面、扇子、象のジョウロ、そして「BOOK OFFが好き」と書かれた紙が飾られている。

店からは物悲しいジンタの音が響いてくる。は、入りたくない。できれば接触せずにいきたい。入らない方がいいのでは？　もっと自分を大事にすべきでは？　など

とイヤイヤしながらジリジリと牛歩。少しずつ不安を慣らしていく。

　まずは店頭の棚を「あくまでも」さりげなく眺めてみる。メトロノーム（実物）、薬物関連、精神世界、背後霊、サブカル、アフリカ関連などが並ぶのを確認。やっぱり怪しい……。一般的な世の中との接点がほとんど見られない棚造りである。意を決して店内に入ると、古着やカラフルな布が垂れ下がる小さな店内。左側と左奥の階段前に本棚があり、後は雑貨棚や椅子が置かれている。

　店主は左の布の向こうにいる気配。視線を遮る布に感謝し、ツアーを開始する。左には『ヘリウッド』、『薔薇の葬列』、『白昼の通り魔』、『エル・トポ』などのカルト映画ビデオと共に、カルトコミック、ムック、宇宙、UFOの本。

　奥の棚にはサブカル全般、タレント、エロ、宗教、プロレスなどが収まる。テリー伊藤本多し。そのまま雑貨棚に移ると、古本と同じく奇天烈な物品が目白押しだ。まずは「詩吟エレクトロマシーン」。こ、これはかなり気になるぞっ。いったいどのように使用するのか。あぁ、作動させてみたい。

　他にも「何かの金具」「誰かの歌集（手書き）」など、買うには相当の勇気を必要とするモノが陳列されている。そんな中に、監獄関連本やB級映画ポスターが交ざり込む。本はすべてビニールで包まれており、値段は表に貼られている。とにかくサブカルというか、怪しいB級C級テイストの本ばかり。中野ブロードウェイの〈タコシェ〉に近い感じだが、蔵書量も少なくチープで猥雑で、お店の内装と絡まり合い、まるで個人の頭の中を覗いているようである。

　周りのお店はこのお店のことをどう思ってるのかなぁ……。ハッ！　それで一八〜二四時という営業時間なのか？　かち合わないようにするため？　と勝手に妄想しながら、本を手に布の向こうに声をかける。

「ハイ」と黒縁メガネを掛けて出てきたのは、まだ年若い店主。

　これは……立看板の似顔絵は店主の顔なのか……。しかしお店の怪しさとは反比例の丁寧な応対に、ホッと胸を撫でおろす。よし、一回入ればこっちのものだ。面白そうだから、またしばらくしたら覗いてみよう。詩吟マシーンの行方も気になることだし。チャールズ・ブコウスキー『ありきたりの狂気の物語』（新潮文庫）を購入。［▼店舗閉店］

いつまでも あると思うな古本屋

さかえ書房——東京・吉祥寺◉二〇一〇年二月二二日

ネットで〈さかえ書房〉閉店を知る。いつでも行けるとウカウカしてたら、取り返しのつかない事態に。矢も盾もたまらず自転車に飛び乗って吉祥寺へ向かうが、私は果たして間に合うのか。

駅北口のロータリー左端から北に延びる巨大アーケード「吉祥寺サンロード商店街」を五日市街道方面へ進む……が、しかし、お店の前面にはすでにネットが掛かり、内装の工事が始まってしまっている！　間に合わなかったぁー、遅刻だ、アウトだった。まさか伊勢丹吉祥寺店より早く閉店してしまうとは。

ネットの向こうには、本棚がすでに取り払われた、寂しい店内が見えていた。唯一ここが古本屋さんだったと認識できるのは、もはや遥か頭上の二階部分にある、アーケード共通の店名看板のみ。そこには「古書買入 さかえ書房」の文字。道行く人は店舗に一瞥も与えず通り過ぎて行く。あのガラスウィンドウのあるお店で、私が最後に買ったのは、向井透史氏の「早稲田古本屋街」。その時の、金子光晴の書画が印刷された包装紙は、今でもしっかり手元に残してある。そこには、

「書は以って心の糧とすべし」。店前からさらに北へ進み、横断歩道を渡った所にある、商店街の巨大案内地図を眺めてみる。すでにお店の名前は消され、お店の場所は真っ白になっていた。長い間おつかれさまでした。

［▼店舗閉店］

外口書店——東京・吉祥寺◉二〇一〇年二月二二日

悔やんでも悔やみきれないので、すぐ近くにあるお店へ向かう。北口ロータリーから「サンロード」に入り、五〇メートルほど北に向かうとそのお店はある。〈さかえ書房〉とかなり近いので、それほど古本屋さんを意識していなかった昔は、どちらがどちらのお店なのか、この通りにあるのは一店なのか二店なのかが、こんがらがっていた覚えがある。大理石調パネルの外壁、軒に楷書体

の店名。出入口に扉はなく、店頭にはイベントのポスターが三方に貼られた木製ワゴンが置かれている。中には二○○均の文庫・単行本・新書。

左右出入口の左から店内へ。左右両壁は本棚、真ん中に背中合わせの棚が一本、店奥に帳場のシンプルスタンダードな構成。帳場にはパワフルな雰囲気を醸し出す白髪のオヤジさんがひとり。キレイで明るい店内には、通りからお客さんも多く流れ込む。左壁棚は大量の経済、経営、仕事本から始まり、全集、国際社会、科学、宗教、辞書、語学、歴史、風俗、建築、芸術と続く。向かいには、新書、ハーレクイン、ノベルス、岩波やちくまなどの教養系文庫、時代小説文庫、下には雑誌類が平積みされている。店主が両肘を突き、組んだ手の上にアゴを乗せている帳場の下には、左に東洋文庫、右にアジア関連の本棚。

右側通路奥の帳場横には、三○○均のノベルス・文学本の本棚が横向きに置かれている。後ろの壁には写真集や大判本、右壁棚に文学評論、探偵小説、日本文学、人文、外国文学、新し目の文芸・ノンフィクション、サブカル、趣味、実用と、入口に向かって並んでいる。向かいは外国文学・官能・日本文学・ホラー・女流作家の各文庫が収まり、下には箱に詰められた海外文学文庫と雑学文庫。

古い本はあまりないが、しっかり街の古本屋さんとして機能しているお店である。ビジネス関連の充実が特徴的で、値段は普通〜ちょい高。本を買うと、江戸名所図会「井頭池　弁財天社」「小金井橋春景」が印刷された書皮をかけてもらえます。粋！

くらじたかし『マルサン - ブルマァクの仕事』（文春文庫）を購入。

「いつまでも　あると思うな　古本屋」。

時計はジワジワと進んでいる。新しく生まれるお店もあれば、消えていくお店もある、大きな流れから見れば、所詮は瞬きにも等しい出来事。それでもツアーを続けていこう。たとえそれが足跡しか見つからないとしても。時代の瞬間しか切り取れないとしても。そしてなるべく遅刻しないためにも。まだまだ行くべきお店は、この日本に散らばっているのである。

どひゃっほう録——あの日この日出会えた本

「どひゃっほう」とは、思いもよらず安値で値打ちのある本を掘り出せた時に、心の中で密かに発する、最上級の歓喜の雄叫びである。その本をつかんだとき、おそらく目は三角になり、頬を紅潮させながら硬直しているのであろうが、心の中ではこの「どひゃっほう」を叫び、本を頭上に掲げたり、ピョンピョン飛び跳ねたり、獲物に頬ずりしたりしているのだ。ここではそんな、退屈な人生に潤いを与えてくれた本たちを紹介する。

まだまだ古本屋の店先には、大いなる夢が転がっている。それを探し出し救出するのが、古本修羅のひとつの使命でもある。どひゃっほう本を手にする、恍惚と不安の妄想、常にわれにあり。

作者不明『凄惨実談　ピストルの響』（榎本法令館書店キング叢書）

京都〈水明洞〉奥の探偵小説棚から、本の山を跨ぎつつ購入。「凄惨実談」とあるので、単なる実録ものと思ってしまうが、中を開くと驚くことにこれが完全なるフィクション。しかも大怪盗ジゴマが日本で大暴れする、荒唐無稽ないわゆる赤本探偵小説なのである。そうなると2500円は俄然お値打ちといえよう。

『昭和十六年「野球界」五月號附録　野球便覧』『昭和十四年「野球界」十一月號附録　職業野球便覧』（共に野球界社）

戦前・戦中のプロ野球チーム＆選手のデータブック。応召・入營中の選手も網羅。日本プロ野球黎明期のド貴重な小型本である。昭和14年版は池ノ上時代の〈文紀堂書店〉で200円、昭和16年版は上野公園の夜店の古本屋で500円で購入。ちなみに16年版は時局のせいか、大学野球がメインとなっている。

鮎川哲也『白の恐怖』（桃源社書下ろし推理小説全集14）

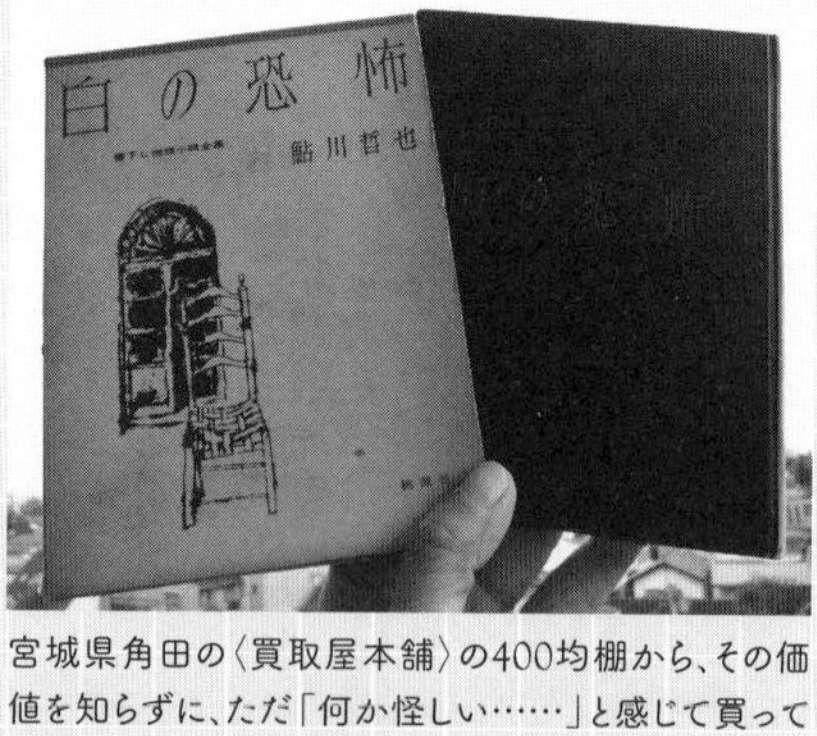

宮城県角田の〈買取屋本舗〉の400均棚から、その価値を知らずに、ただ「何か怪しい……」と感じて買ってきた。夜遅く家に戻り調べてみると、珍しい本だとわかり、疲れが一気に吹き飛ぶ。著者封印の中編推理小説であるが、言われるほどの瑕疵があるとは思えない。物語はちゃんとしている。

中村稔『宮沢賢治』（ユリイカ新書）

田中栞さんの影響で、書肆ユリイカの本にはいつでも敏感に反応してしまう。しかし見つけてもたいていは高価だ。このユリイカ新書は佐原の〈武雄書店〉にて、100円。遠くのお店で徒労の果てに、このような大物を掘り出せるのは誠に幸せである。クレーの表紙画『幽谷の道化』が不気味で素敵。

木村伊兵衛＋伊奈信男『写真の常識』名取洋之助『新しい写真術』（共に慶友社フォトライブラリー）

同シリーズでず〜っと探しているのが、名取洋之助の『組み写真の作り方』。残念ながらいまだに手に入っていないが、他の本が少しずつ手に入ってしまう。『写真の常識』は今はなき神保町〈文省堂書店〉で100円。『新しい写真術』は〈大河堂書店〉で600円。どちらも日本写真史に大きな足跡を残す男たちが書いた、熱のこもった技術書である。

コナン ドイル『ホウムズ探偵 署名事件』（銀河文庫）

ISIL（イスラム国）求人騒ぎであっという間に閉店してしまった、秋葉原〈星雲堂 秋葉PX〉にて200円で購入。怪しい通路の奥のお店は、珍しい本を安い値で売っていることが多く、なかなかの穴場であった。そしてこの銀河文庫も、調べても何も浮かび上がらぬ、怪しい謎の出版社である。

F・W・クロフツ『樽』（創元推理文庫）

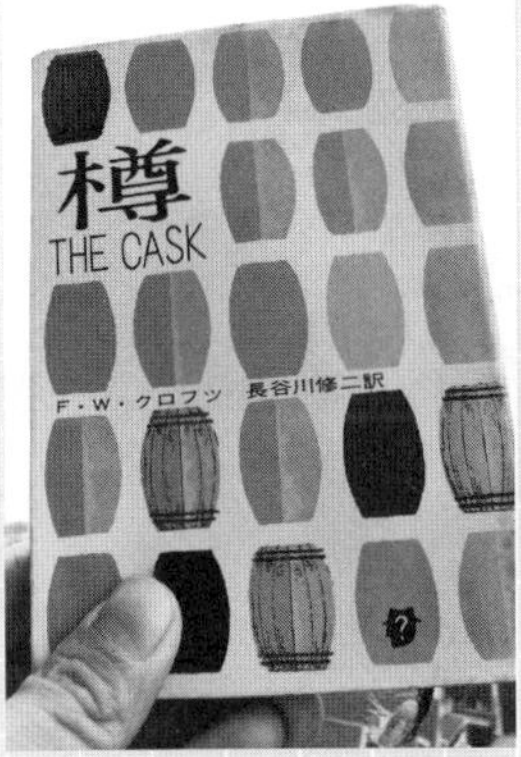

小平のチャリティ古本市で、開場前に妙なオヤジに延々と因縁をつけられ、最低最悪な気分で人波に揉まれ、集中力を欠いた虚ろな視線を本に注いでいる時に発見。あっという間にすべてがバラ色に変化した、30円の魔法の文庫本。旧訳の13〜15版だけが、この可愛いカバーデザインなのである。

野村克也『うん・どん・こん』（にっぽん新書）『プロレス流健康法』（東京スポーツ新聞社）

古いスポーツ関連新書を二冊。『プロレス流健康法』はA・ロッカとザ・デストロイヤーのトレーニング写真満載の、プロレス蘊蓄満載本である。武蔵境〈プリシアター・ポストシアター〉で300円。「うん・どん・こん」は、「月見草」野村克也の、血と涙と苦労と根性の三冠王への道。新川崎の〈若木屋〉にて800円で。

北町一郎『僕は会社員』（東方社）

岡山の巨大古本屋〈万歩書店本店〉中央通路の、300円安売りワゴンから見つけ出す。ユーモア・探偵小説作家として知られた北町だが、彼の本を安い値段で買えたのはこれが初めて。裸本なのでワゴンに放り込まれたのだろうが、夢にまで見た作家の本ならば、もはやそんなことは関係ない。背の青い作家名を見るだけで、いまだにその時の感動を呼び起こすことができる。

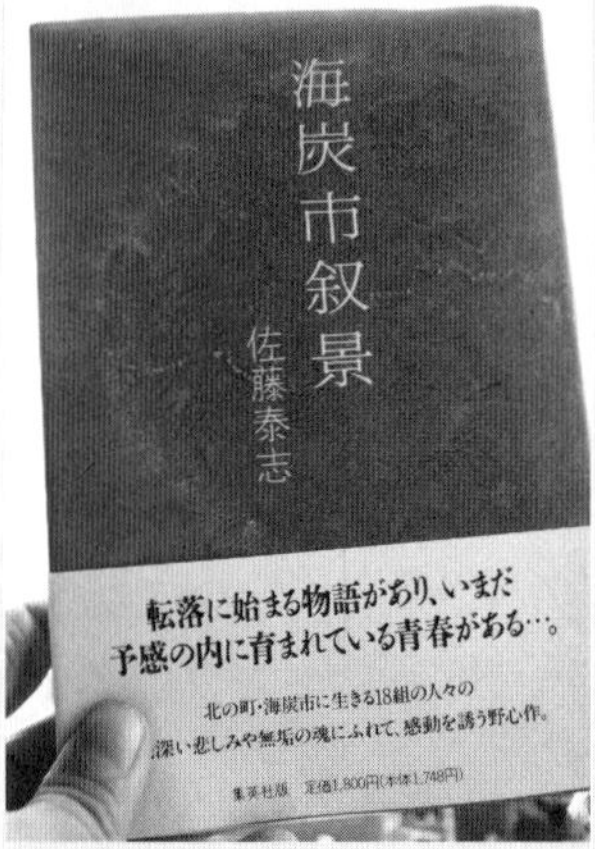

佐藤泰志『海炭市叙景』（集英社）

高円寺のガレージセールで見つけ、値段がついていなかったので、動悸を早めながら店番のお兄さんに聞いてみると、「これはいい本で、ちょっと高いですよ。700円です」と言われ、即購入する。このガレージセール、しばらくは不定期に続いていたが、今は屋台のたこ焼き屋になってしまった。

日夏耿之介『アラビヤンナイト5』（春陽堂少年文庫）

春陽堂少年文庫は、重要な収集対象のひとつである。とにかく安く見つけたら、どんな文庫でも迷わず買うことをモットーにしている。しかし神保町〈春の古本まつり〉で100円で見つけた。この本は、たぶん一生出会えないと覚悟までしていた、稀少な一冊。つかんだ瞬間に、天にも昇る喜びを味わったが、「5」とあることからおわかりのように、このシリーズは全六冊なのである。そして本来は、カバーもついているのである。潤沢な資金がなければ、生きているうちにコンプリートするのは、不可能であろう。

北杜夫『ぼくのおじさん』（旺文社）

世田谷文学館〈セタブンマーケット〉にて200円で購入。函帯完品の逸品であるが、この本を販売していたのが、北杜夫建国の〈マブゼ共和国〉であるところが、この本の価値をさらに高めている。つまりこの本は、北杜夫の旧蔵書。

ピエール＝プロブスト『カロリーヌのせかいのたび』（小学館）

オールカラーの大判読みもの絵本「世界の童話」シリーズの中で、このカロリーヌものは人気のシリーズである。函ナシだが西那須野の高原のチャリティ古本市で100円で購入する。ヨーロッパ、カナダ、インド、北極旅行の四編を収録。口元が思わず緩む動物たちの可愛さは、天下一品である。

田河水泡『のらくろ放浪記』『のらくろ捕物帖』『のらくろ喫茶店』（講談社）

猛犬連隊が解散し、職を失ったのらくろが天職を探し求めて犬の巷をさまよう、いわゆる「幸せ三部作」である。放浪記は〈紅谷書店〉で2000円、捕物帖は〈火星の庭〉で3000円と、ちょっとの安値で買い求め、喫茶店は西部古書会館の〈丸三文庫〉の棚から、驚きの500円。集め始めてからおよそ1年での、スピードコンプリートであった。

佐藤暁『だれも知らない小さな国』（講談社）

長年探書していた、佐藤さとるの漢字名時代のメジャーデビュー作。茅ヶ崎の100円古本屋〈ちがりん書店〉の棚上に飾られているのを見た時は、息と時間がピタッと止まった。しかもちゃんと函が健在。こうなったら次のターゲットは続巻の『豆つぶほどの小さな犬』。ぜひともどこかで掘り出さねば。

井伏鱒二『随筆』（椎の木社）

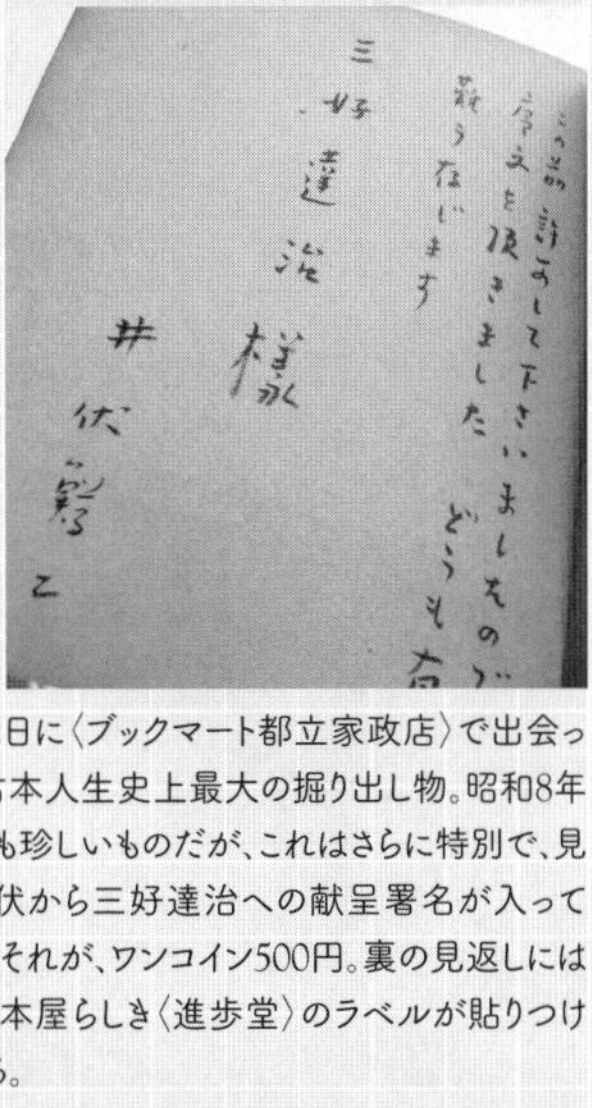

2015年元日に〈ブックマート都立家政店〉で出会った、私の古本人生史上最大の掘り出し物。昭和8年の本自体も珍しいものだが、これはさらに特別で、見返しに井伏から三好達治への献呈署名が入っているのだ。それが、ワンコイン500円。裏の見返しには大阪の古本屋らしき〈進歩堂〉のラベルが貼りつけられている。

九鬼紫郎『犯罪街の狼』（川津書店）

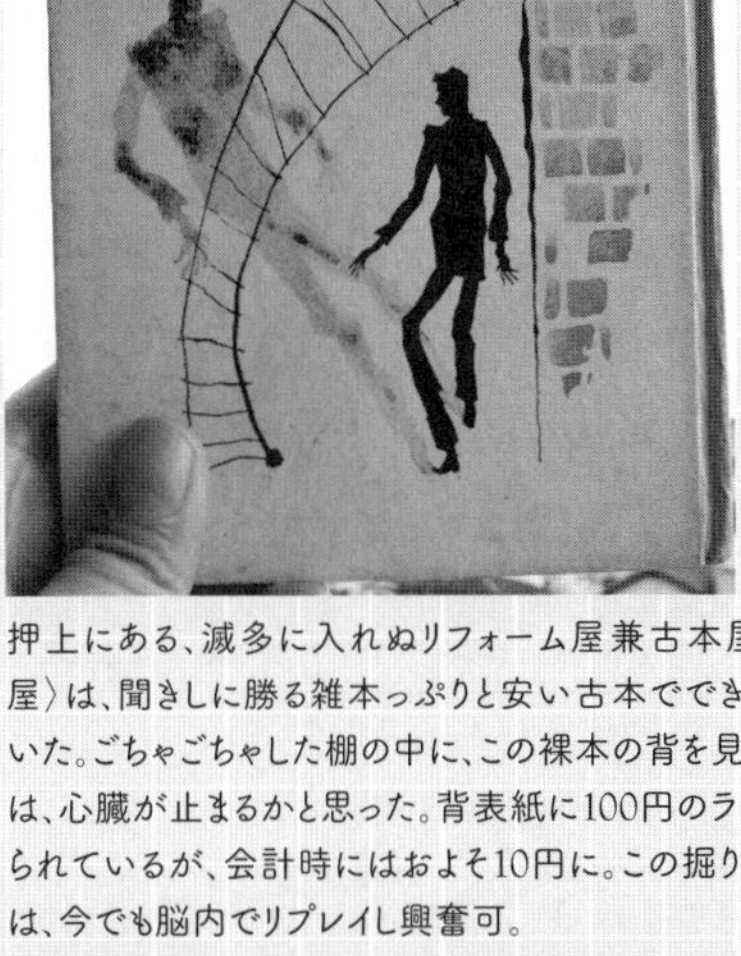

押上にある、滅多に入れぬリフォーム屋兼古本屋の〈イセ屋〉は、聞きしに勝る雑本っぷりと安い古本ででき上がっていた。ごちゃごちゃした棚の中に、この裸本の背を見つけた時は、心臓が止まるかと思った。背表紙に100円のラベルが貼られているが、会計時にはおよそ10円に。この掘り出し体験は、今でも脳内でリプレイし興奮可。

谷口治郎『学習漫画　シートン動物記　裏町の野良ネコ』（集英社）

牛久の〈高島書店〉の荒れた店内で、何も買うものが見つからず困っていたところ、見たことのない学習漫画が目に留まり、崩れそうな本の山から引っ張り出すと、これが世界の漫画家谷口ジローの超初期作品。100円で購入し、広告ページに目を光らせると、他にも『狼王ロボ』『白いトナカイの伝説』『少年とオオヤマネコ』を描いていることが判明する。

ベリヤーエフ空想科学小説選集『世界のおわり』『ドウエル博士の首』（岩崎書店）

〈イセ屋〉にて『犯罪街の狼』と共に、たしか1冊50円で購入。買った当時は『犯罪街の狼』にひたすら心を奪われていたが、実はこちらの方が非常に貴重だということを、あとに聞かされ大いに驚く。同シリーズには装幀が具象絵のバージョンも存在するが、こちらのシンプルで硬い装幀は、ベリヤーエフにピッタリな気がしてならない。

浜田庄司＋芹沢銈介＋外村吉之介『世界の民芸』（朝日新聞社）

いぶし銀の一流クリエイター3人が選ぶ、世界から集めた手持ちの民芸品をオールカラーで紹介したぜいたくな一冊。蒲田〈南天堂書店〉にて432円で。選び抜かれた民芸品は、一見しただけでは用途のわからぬものも多く、丁寧な解説はミステリーの謎解きのように刺激的である。

太宰治『皮膚と心』（竹村書房）

足利の町外れにある〈秀文堂書店〉の奥の放置されたような廃れた文学棚から500円で。昭和15年の第6作品集で背は焼けてしまっているが、棚から取り出すと、函と表紙の紫色は、鮮やかにその色を保ち、薄暗がりの中で目を鋭く射った。そのとき魂は物質に囚われ、戦前にぐいっと引きずり込まれてしまった。

小沼丹『光る丘』（集団形星）

反町のアウトサイダー古本屋〈ひだ文庫〉で3000円。ふつうの本とすれば高いかなという値段であるが、この小沼丹のキキメ本ならば、充分過ぎる破格値である。中身はユーモアあふれる青春明朗小説で、キテレツなキャラが続出。中でも、腰を振りながらヒッチハイクをするフラメンコ娘が、いつまでも心の中に居座り、少し困っている。

龍膽寺雄『虹と兜蟲』（改造社）

東村山のチャリティ古本市で200円で購入。ただし函と本の背が、見るに耐えないほどボロボロだったので、〈盛林堂書房〉に修繕していただいた。それにしても、この本文が銀の上に刷られた表紙は、昭和7年の本とは思えない斬新さである。これぞまさに新興芸術派の面目躍如。しかしこの文だけ読むと、まるで探偵小説の一節であるような…。

横溝正史『怪獣男爵』（偕成社）

今や大人気のジュニアミステリは、古書価が高騰している。収集する人が次第に増えてきて、垂涎の的となっているのだ。そんな厳しい状況の中、行徳の〈古書肆スクラム〉で棚から抜いた1冊である。知り合いの店主の情により、300円で譲っていただき、ただただ歓喜。

藤澤桓夫『辻馬車時代』（改造社新鋭文學叢書）

〈古書モール竜ヶ崎〉の片隅から100円で掘り出す。最初はボロボロなのかと思ったが、よく見ると貸本仕様で、表紙全体に和紙がかけられており、下には印刷インクも鮮やかな古賀春江の装幀図案が美しく残っていた。貸本屋〈犀香荘文庫〉のハンコが目次ページに捺されている。

橘瑞超『新疆探險記』（民友社）

〈万歩書店　本店〉で二日間悩んだ末に4000円で購入。大谷光瑞探検隊の別働隊、橘瑞超の中央亜細亜探検帰朝講演の記録である。大正元年発行のこの貴重な本が、4000円で済むわけがないという勇ましい気持ちで購入。しかし調べても調べてもこの本の価値はわからずじまい。いや、超人・橘瑞超の著作が手に入っただけでも、どひゃっほうに充分値するのだ。

楠田匡介『四枚の壁』（雄山閣書店）

憧れの昭和30年代探偵小説である。ジュニアミステリと同じく、稀少本が高値で取引されているので、入手はできないものと、心中には常にあきらめムードが漂っている。しかし新潟の〈ブックスバザール〉で」奇跡の3150円。壊れやすい函も（実際壊れていたので修理）、儚い帯もちゃんとついている。本当に奇跡だ。

「ピンポ〜ン」を背に、階段をギシギシ上がる

不思議（はてな）——東京・千駄木◉二〇一〇年三月一九日

不忍通り、団子坂下交差点から東へ向かう柳通りに入る。次の信号から南へウネウネと続く「へび道」に入った途端、右にお店への入口が出現する。白壁の瀟洒な小住宅風の建物で、一階に喫茶店が入り、「へび道」に面して開かれた木製の扉が二階へと続いている。その横に文庫が詰まった小さな箱が並んでいる。

薄暗い玄関に入り、靴を脱いで店内へ。その瞬間、赤外線センサーが反応し、上階に来客を知らせる「ピンポ〜ン」が響き渡る。このピンポンがなかなかクセ者で、上がり口にある三〇〇〜五〇〇円棚やコミック棚を眺めていると、永遠に反応して鳴り続けてしまうのだ。というわけで棚を素早く眺め、急角度の階段をそそくさと上がる。壁には映画ポスターや古い広告などが飾られている。階段途中には『谷根千』の並ぶ棚があり、上がりきった正面にも晶文社本、ポケット判雑誌、ビジュアル本の棚がある。右に展開する店内はほぼ正方形。古道具や古雑貨が咲き乱れており、キラキラする間の所々に本棚が姿を見せている。

右にある帳場では、麿赤児風なオヤジさんと若者が熱心に話し込んでいる。まずは手前壁際に集まる本棚ゾーンへ。小さめの一〇〇円文庫棚、続いて美術・映画・セレクト日本文学、海外文学、荒俣宏、絵本、アングラ……おぉっ、『血と薔薇』、それに薔薇十字社の『大坪砂男全集』が。

続いて左壁に古道具を交えながら、文学選集、山口瞳、ハヤカワポケミス、ポケSF、種村季弘、池内紀、美術図録、幻想文学、稲垣足穂、音楽書などが置かれている。足元にはキレイに並んだ文庫ゾーンがあり一〇〇〜五〇〇円の本は「いろはにほ」で分けられている。向かいの古道具島下部には古雑誌を確認。正面奥の足元には中公文庫とちくま文庫。右側の帳場横奥には大きめの本棚があり、児童読み物、児童文学、落語、音楽が収まる。帳場の足元には岩波文庫がうずくまっている。途中入って来た外国人が、

「ワタシ記者デス。旅ニツイテ書キマス。写真撮ッテイイデスカ。コノ建物ハ大正デスカ？」

などと聞き、写真をバシバシ撮り始めた。麿店主はあ

くまでウェルカムな姿勢である。狭いながらも古道具と共に楽しめるお店。この土地であることが、お店に魔法をかけているようだ。本もちょっと独特なセレクト。値段は普通。帳場では店主が気さくに話しかけてくれるので、会話を楽しむのもよいだろう。青野聰『猫っ毛時代 鳥人伝説』（福武文庫）、『美術手帖1981・8月号 M・デュシャン 瀧口修造特集』（美術出版社）を購入。「ピンポ～ン」を背中に浴びながら、再び「へび道」へ。

不忍通りに戻り、せっかくなので〈古書ほうろう〉へ。今日はツアーではないので、ガッツリ棚に張りついてしまい、古本底無し沼へズブズブズブ……。がんばって這いずり出て、日夏耿之介『明治大正の小説家』（角川文庫）を購入。そしてここにも外国人のお客さんが。この辺りはすっかり観光地として、定着してきているのだろうか。

◉二〇一二年二月七日

「古本ナイアガラ」メンバー、〈やまがら文庫〉さんからのタレコミである。二月で谷中の古本と古道具のお店〈不思議〉が閉店とのこと。その最後の姿を見届けるために、千代田線ホームから、雨上がりの不忍通りへ出た。いつもは開け放しのお店の扉が、ガッチリ閉まっている。薄明かりの玄関の壁には、

「五年間千駄木で営業してきました〈不思議〉を二月一杯で閉店させていただきます」との、寂しい告知が貼り出されている。そして、浅ましき古本修羅にとっては嬉しい「閉店セール」も行われている。本の背に丸いシールが貼ってあるのが、バーゲン品らしい。ちなみに、赤→一〇〇円・青→三〇〇円・黄→五〇〇円となっている。赤シールばかりの玄関棚を見てから、ギシギシと二階へ。この階段は、何度来ても上がる度にワクワクする。

お店には先客がおり、奥の小部屋に引っ込んだ店主と、様々な古道具の交渉を交わしている。邪魔をしないように、そっと古道具がひしめく空間に滑り込む。ちょっとすっきりしてるな。屋根裏への階段下にあった帳場が、丸ごとなくなってる。

古道具には目もくれず、足元に並ぶ文庫や、本棚に並ぶ単行本に目を走らせていく。やはり全部がバーゲン対象というわけではなく、棚に二本分くらいが値下げされているよう

だ。小部屋から出てきた店主が、

「うわっ、いらっしゃいませ」

と、驚きながら挨拶。私が店に入ってきたことに全く気づかず、先ほどから話しかけていた先客「先生」が違う人になっていたので、驚いてしまったらしい。そんなつもりは毛頭なかったのですが、すみません。

結局、バーゲン本一冊と二冊の通常価格本を手に、店舗の真ん中に移動した帳場で精算。加藤郁乎『詩篇』（思潮社）、湊谷夢吉『マルクウ兵器始末』（北冬書房）、福島正実『地球のほろびる時』（秋元文庫）を購入。

「お店閉めちゃうの、残念です」と伝えると、これからはフリーマーケットや骨董市に出店すること、五年もやって少し飽きたこと、お店自体が様々な足枷になってしまったこと、自由になってちょっと違う形で進みたいこと、最近の新規古本屋の開店数には驚くばかりだが、がんばって欲しいこと、などをにこやかに語ってくれた。閉店は惜しいが、店主にとってはあくまでも発展的閉店のようである。あぁ、なんだか懐かしいこの階段を、ギシギシ軋ませて上り下りするために、もう一度お店には来てみようか……。［▼店舗閉店］

美術・写真・デザイン、貴重なアンティーク紙もの

古書 日月堂——東京・南青山◉二〇一〇年六月一〇日

昨日のことである。ちょっと遅めにツアーへ出発した。一八時三〇分、ダイヤの乱れまくったスシ詰め中央線に乗り込み西へ。高尾に着き、さらに先への中央本線に乗り換えると、車窓はもはやトンネルなのか闇なのか判別のつかない状態……。著しく不安を覚える。

午後八時過ぎに山梨県の某駅に到着。目指すお店は夜にしか開店していないという。駅を出ると気温が低く、目の前は、ほぼ山。この山に張りつく道路をたどってトボトボ歩く。外灯はあまりなく、時折通過する車が勇気と恐怖を同時に与えてくれる。それほど寂しい。こわい。ほとんど『頭文字D』（しげの秀一）の峠道なのである。足元の見えなさに泣きそうになりながらも、何とか上の街へ。そして裏路地を歩き回り、ほとんど家にしか見えないお店をようやく発見……が、営業していない。ふぅ〜、やっぱりか、とため息をつきながら、闇の中で郵便受けの店名を確認し、右に下がった札を見る。そこには、

「しばらくの間、営業は日曜の一〇時〜一二時とさせていただきます」

なにぃーっ!? なんてこったぁ! よし、ではまた日曜に来ようじゃないか。開いてることを心の底から願いながら、また来てみせるっ! と暗闇の小道で誓いを立てて、すぐさま駅へと引き返す。こんな夜に、完全に自分のテリトリー外の山梨にいるのは、とてつもなく寂しい。心細さ、ここに極まれりっ、とダッシュと早足を繰り返しながら、またも山道をヒタヒタヒタヒタヒタ。というわけで、日曜に再チャレンジしてきます。

そして日付が変わって今日。ここは二〇〇九年八月一日にツアーしたお店。しかし同じマンションの別室に移転したので、またもや訪れることとなった。道のりは以前と変わらず、何の問題もなく目指すマンションにたどりつく。通りに面した、表と裏の意匠がまったく異なるマンションを見上げると、二階のベランダからお店の旗が突き出している。よし、やってるぞ、とマンションの扉を潜って二階へ進む。すると、廊下左手すぐの部屋の入口周辺が赤い。ほぼ橙な赤である。

ひょいと覗き込むと、そこはやっぱり目指すお店で、華奢なガラスの扉があり、店名が浮き上がっている。「カチャリ」と中に入ると、開け放しのベランダから入った風が「ブワッ」と吹き抜けていく。本の整理をしていた女性店主がペコリと頭を下げる。こちらも礼を失せぬようガクリと頭を下げる。

ちょっとした廊下のような通路があり、左側に絵葉書や栞など紙物が並び、みな古い物ばかりである。そこを過ぎると店内は右に広がり、狭い通路を抜けた後のちょっとした開放感がある。左壁は本棚、その前のベランダ近くに帳場兼事務机、通路終わり右側に目隠しのような背中合わせの棚、窓際には低いボックス状の棚、手前の壁際はボックス状のディスプレイ棚、フロアの真ん中には棚と同色の赤橙な大きなマップケースが二台置かれている。以前と比べると、棚が増えたというよりは、余裕を持って観賞できるお店へと変化したようである。

左壁棚には、写真集、幻想文学、シュルレアリスム、中公文庫、ちくま文庫、セレクト文庫、写真、美術、デザイン、広告、建築、映画、演劇、ファッション、哲学、文化、社会、書物、海外文学などが、きめ細やかに収まっている。通路終わりの棚には、洋書、ポケット本、一九二〇〜四〇年代都市・風俗、ダダなどが並ぶ。

店の奥に入り込み棚の裏を見ると、すべてが古い戦前本。芸術、文学、ロシア、建築、図案。板垣鷹穂、今和次郎、柳瀬正夢などの名が、パラフィンをかけた背に浮き出している。手前壁棚は一九の箱に分かれ、半分以上がディスプレイ棚。ここも古い本がメインで、コルビュジエ、堀口捨巳、未来派など、刺激的な宝のような本のオンパレード。貴重なアンティークのようで、手を伸ばすのをちょっとためらう。

壁は切り抜きやポストカードなどがペタペタ。マップケースの上には、古い大判の図案集や紙物が飾られている。窓際には美術図録や洋書の作品集が並び、棚の上のジョン・ケージのサイン入り写真や、オリベッティのタイプライターが印象に残る。

緊張を強いられる非日常な空間だが、棚の本はよくセレクトされ、ずぶずぶと深く心地よい。過去への跳躍が素敵なのである。値段は普通〜高め。古いよい物には宝のような値段が。窓際で精算を済ませ、マップケースの最下段から取り出した、鮮やかなオレンジの袋にて梱包。ドアをゆっくりと閉めていると、ガラスの向こうでお辞儀をする店主の姿。おじゃましました。飯島耕一『シュルレアリスムという伝説』（みすず書房）を購入。

ありゃ？同じ名前のお店が東側にあるぞ

浅川書店——東京・早稲田◉二〇一〇年七月二四日

新大久保にて仕事に従事。スキを見て自転車に飛び乗り、ちょっとだけ北へ。目指すは割とご近所の早稲田古本街。ここならパッと見てパッと戻れるはず。さて、どこのお店をツアーしようかと、馬場口交差点から南側の歩道を東に下っていく。〈古書 現世〉を右に見てから戸塚第一小学校入口の信号を通過し、〈岸書店〉、〈さとし書房〉……むっ、その次に何やら新しいお店。よし、ここにしよう。

真新しいマンションの一階。エントランス右側に付属しているようなお店である。入口左上に金文字の店名看板、入口横にラックが一台置かれている。中に入ると、新しいがちょっと暑く狭い店内。箱入りの本や括られた本が多いな。両壁は本棚、真ん中に背中合わせの棚が一本、そして奥に帳場のシンプルコンパクトなカタチ。白髪の店主が、団扇をパタパタと動かしている。

左壁棚は、上部に横積みの文学全集、その下にも箱入り文学全集、井上ひさしなど紐で括られているほか、桃源社の伝奇・探偵小説、評論、古典文学が並ぶ。向かいは海外文学がズラリ。と、その時、本を持った若者を引き連れ「おじさん、値段つけてあげて」とおばさんが入店してきた。なんだろう、知り合いのお店だろうか。

　右側通路は、壁棚に文学全集・江戸関連・哲学全集・哲学・思想・宗教・セレクト文学本。左の通路棚はガラガラで、ちくまと講談社文芸、海外文学文庫が少量、横積み『國文學』、そして奥に映画、戯曲、演劇棚。帳場の両脇にはセレクト本棚があり、仙花紙文学本、太宰治、植草甚一、佐木隆三、稲垣足穂、詩歌、幻想文学などが収まっている。箱入りの文学書がドッサリのお店で、重量感もドッシリ。値段は普通〜ちょい高である。精算して表に出たあと、付近を見渡し場所確認、ありゃ？　同じ名前のお店が東側にある。これは姉妹店なのか？　だとしたら寄ってみなければ。こちらは木造モルタルの長屋式住宅兼店舗である。それなりに時を経ているようで、軒にはちょっとボロボロ気味の勘亭流文字看板。店頭には二冊一〇〇円文庫ワゴン・雑誌満載台車・箱入り文学本の山が、賑やかな並びを見せている。この賑やかさとバラエティーさから見て、こちらが本店なのだろうか。しかしこの浅はかな憶測は、後ほど簡単に覆されることに。

◀これは東側の旧店舗。現在は跡形もなくなっている。

　左から中に入ると薄暗く天井の高い店内で、壁を造りつけの古い棚が覆い、真ん中にも背中合わせの棚……それにしても奥はほとんど暗闇である。左壁は先ほどのお店と同様の構成で、文学全集、箱入り文学本、文学評論、古典文学がズラリと重厚な並び。

　向かいは海外文学・美術少々、映画、演劇となっている。いったんお店の外に出て右側通路へ。おっ、こちらの通路半ばには、先ほどのおばさんが横向きに座っている。軽く会釈して右壁棚を眺める。歴史や思想関連が奥の方まで続いていく。しかし奥は棚が空き気味で、天井も剥がれてしまっている。向かいは岩波文庫や新書が多く収まっている。段々とおばさんの方に近づいていくと、

「暗くてすいませんねぇ」

　と、話しかけられる。そして、

「電気が火事でダメになっちゃってねぇ」

　と、衝撃の発言。

「か、火事ですか」

「隣が火事になってねぇ。ウチも二階が延焼しちゃったのよ。で、容赦のない放水で本は全部水浸し」

「で、でもそんな燃えたようには……」と私は思わず表に飛び出し、建物を見上げてみる。あっ、隣は空地で建物二階部分にネットが掛けられている。

「本当だ。大変でしたね」

「アタシもどうやって一階に下りたのかわからなくて。気絶して運ばれてね」

「でも命に別状がなくて、ホントによかったですね」

「ホントに。今ここにある本は、木更津の倉庫にあったものなのよ。で、一軒向こうに同じ名前のお店があるんだけど、あそこが新しいお店なのよ」

「そうなんですか、今行ってきたばかりです」

「そうなの、ありがとう」

と、お話を聞きながら、見つけた本を差し出す。

「すいません、これおいくらでしょうか？　値段がないんですよ」

「あっ、そう。すいませんけどおじさんに聞いてきて。アタシじゃわからないのよ」

「そうですか、ではちょっと」と本を手に表へ出る。まだ精算していない古本を街路に持ち出すのは、なんとも不思議な落ち着かない感じである。なるほど、さっきの若者もこれと同シチュエーションだったのか。再び先ほどのお店に入り、事情を説明しながら値づけしてもらう。

「五〇〇円で」

「買います」

　と、交渉成立。精算を済ませて再びさっきのお店へ……忙しいなぁ。通路のおばさんに、

「ありがとうございました」と声をかける。

「いくらだったの？」

「五〇〇円でした」

「ありがとう」。

おぉ！　この古本の大敵である火と水に攻められたお店に、再びの隆盛を祈ります！　……さて、意外に長時間の中抜けとなってしまった。急いで新大久保に戻らねば。三島寛『辻潤』（金剛出版）、木村素衛『草刈籠』（弘文堂書房）を購入。

少数精鋭主義な、超セレクト棚造り

古本と占い JUNGLE BOOKS――東京・雑司が谷◉二〇一〇年八月二〇日

先日に引き続き、連続で八月に新規開店したお店をツアー。中野で一仕事を終え、新宿から副都心線に乗り込む。池袋方面改札・出口1より地上へ。目の前には都電荒川線のレールがあり、鬼子母神前駅もすぐ近く。ここに来る時はやはり都電でのアプローチが望ましい。まずは線路沿いに北東へ。大鳥神社の緑陰を見ながら、二つ目の踏切の通りを東へ。

ウネウネと進んで行くと、やがて雑司が谷弦巻通り商店会。おぉ! 〈旅猫雑貨店〉が元気に営業中。あとで寄ろう。さらに通りを奥へ向かってウネウネ進む。商店街の中心を通り、お肉屋さん(看板のフォントがカッコいい)の揚げ物の匂いを嗅ぎながら、先へ先へ。すると元のように寂しくなり始めた所で、右手に緑の立看板を発見。新しめなアパートのような建物の一階が店舗のようだが、入口を覗き込むと階段が下に向かっており、その先に緑の扉。お店は半地下なのか!? 階段途中に店名看板と、二〇〇~五〇〇円箱アリ。ちょっと気後れした私は、一旦路上へ戻る。すると建物の角にも店名看板を発見したので、そっちに吸い寄せられる。脇道を覗き込むと、そこには緑の日除けと白い壁に扉と「OPEN」の札が見えた。どちらかというとこちらが正面のようだ。

入口両脇には、一五〇~三〇〇円箱と一〇〇均箱。扉から中を覗くと、床はやっぱり低い位置……。不思議な構造だ。よし、こっちから入ろう、と扉をカチリ。白い壁に焦げ茶の棚と床の、モノトーンの小さめな店内。扉からすぐ始まる階段を下ると、「いらっしゃいませ」と左奥に隠れている帳場から声がかかる。階段を下り切るとその姿がようやく見え、お互いにぎこちなく会釈。狭い渡し板カウンターの向こうに、TVディレクターのような雰囲気の、ちょっと古本屋さんらしからぬ男性。ほぼ正方形な店内で、階段右側には占いスペースであろうソファが置かれている。横の右壁には、もう一つの出入口横に一本の棚、左壁階段横には大きな文庫棚、正面奥は大きな壁棚となっており、フロア真ん中には小さな平台棚がひとつ。

左壁棚は上から、講談社文芸文庫、ちくま文庫、カルチャー系文庫、民俗学系文庫、落語・芸能文庫、海外文学文庫と美しく並ぶ。すべてしっかりセレクトされた、小気味よい構成となっている。右端の細めの棚には、思想、映画文庫、海外ミステリ文庫、ハヤカワポケミスたちが少々。踵を返して右壁棚へ。

ここは占いソファに隣接しているためか、すべて占い系の本がズラリ。何で岩井志麻子の『岡山女』がここに……あっ、そうか。これ「潔斎」して占う話だったもんな。楽しい遊び心にニンマリする。そういえばその昔、新聞に載った岩井志麻子の写真が、猟銃を腰だめにして構えた姿だったのは衝撃的だった。真ん中の平台には上に雑貨類が飾られ、側面の表裏に生活・児童文学、映画・詩集など。

奥の壁棚は、エロ・性愛（充実）、美術、セレクト日本文学・幻想文学、古本関連、海外文学、役者本、ビジュアル本・音楽（細かく充実）が収まっている。少数精鋭主義な、超セレクト棚造りが美しく潔いお店である。棚を読み切る深い知識と緩い遊び心があれば、本の数は少なくとも、より一層楽しめること請け合いである。値段は普通〜ちょい高で、隙なしのイメージ。場所とお店の構成

を考えると、その勇気に大いなるエールを送りたくなります。何はともあれ開店おめでとうございます！　これからも棚の集中力をグッと保って、旅猫さんと共に弦巻通りに古本の風をお願いします！　精算を済ませると、

「またいらしてください」

と、優しくちょっとぎこちなく声をかけていただく。私は少し調子に乗って、

「こっちも出られるんですか？」

と、右壁の出入口を指差すと、

「ハイ、出られますよ」と笑顔。

「では帰りはこっちから」と頭を下げて外へ。フゥ〜、これで遣り残したことはないと、暗い短い階段を上がり、通りにて充足感を味わう。……ハッ！　お店のもうひとつのお仕事、占いは……してもらうことはないんだろうなぁ。山田輝子『ウルトラマンを創った男』（朝日文庫）、高橋徹『月の輪書林それから』（晶文社）を購入。

帰り道、久しぶりに〈旅猫雑貨店〉に立ち寄る。以前より壁に本棚が集中し、段違いな線になっている。相変わらず面白い本たちが手頃な値段でウフフ。尾崎一雄『芳兵衛物語』（角川文庫）を購入。

歩いて来た人は初めてですよ〜

古書ワルツ——東京・青梅◉二〇一〇年九月一八日

青梅に新しい古本屋が誕生した。しかも驚くべきことに、かなりの山奥にである。二の足を踏んでいたのだが、このお店の情報が耳に入るようになり、やはりそろそろ行かねば、というわけで土曜日の日中に、行楽客と共に中央線に揺られて西へ。駅に着くと、改札で逆立ちしたバカボンのパパ像がお出迎え。ロータリーではバス停の時刻表とにらめっこ。「上成木行」に乗りたいのだが、時間は四五分後。この「トンネル循環」ってコースは何なんだ。ええぃ、めんどくさい、歩こう。それでこそ古本屋ツアーだ。とムリヤリ不安をもみ消し、意気揚々のフリをしながら線路沿いに西へ。

四〇〇メートルほど進むと北に小木曽街道が延びる。予想はしていたが、いきなり山越え急坂の峠道。しかし歩道がしっかりとしているので、割合安心して歩いていける。頂上でトンネルを抜けると下り坂となり、山間の谷に続く集落を、縦に抜けていく。まだ蟬が鳴き喚いているが、栗がボロボロ落ちていたり、稲が頭を垂れていたり、トンボが目の前をよぎったりと、忍び寄る秋の気配。車は通るが、歩いている人は皆無に等しい。

三〇分ほど歩き、成木街道とぶつかる黒沢二丁目交差点。ここから西に向かい再び山の中へ。峠道をうねりながら進んでいくと、歩道が消えた高い杉並木の遥か遠くに、トンネルが暗い口を開けている。あれを潜ればお店はすぐそこだ！　大型トラックに気をつけながら、坂道をエッチラオッチラ。山腹に開いた新吹上トンネルは、全長六〇四メートル。歩道もある。車が通り過ぎると、巨大な構造体の中にただひとり……。つい「アッ！ハッ！」と奇声を上げ、反響を楽しんだりしてしまう。行けども行けども近づかない出口を、どうにか引き寄せて外に出ると、そこは山の中の成木八丁目交差点。その手前の右側に、割烹料理屋の看板などが出ており、ガードレールの脇に気になる小さな木製の立看板。近寄ると、目指すお店の物であった。よかった、営業してる！

看板の矢印に導かれ、脇道へと入り込む。左に広い駐車スペースが現れる。奥にはピンクの大きなロッジのような建物が建っている。礫を踏み締めて近づいていくと、一階の部分には建物から飛び出したサンルームのような作業場があり、お店の入口となっている。白い壁面には小さな店名。まず古本屋には見えない。

　短いスロープから中に入ると、自転車や様々な道具類が置かれ、アウトドアなアプローチ。すると奥の部屋で、本の山の前に座っていた人物がぴょこんと立ち上がり、満面の笑みで「いらっしゃいませ」。

　驚いたことに、若くチャーミングなお嬢さんであった。山奥＋古本屋＋首にタオルをかけたお嬢さん！　全く関連性のない三つが、今、青梅の山奥でひとつとなっている。彼女は手早く扇風機を回し、奥の部屋の電気を点ける。全体的に近代的な山小屋＋ガレージという、格好よい印象。今いる部屋には大きなテーブルが二つあり、ひとつには雑貨類が置かれ、もうひとつは古本作業スペースとなっている。左の壁際に三〇〇均の単行本棚が二本あり、児童文学と雑本が収まっている。奥壁には一〇〇均文庫棚が設置され、なかなか楽しい品揃え。

　さらに奥の部屋へ進むと、そこが古本屋としてのメインスペース。壁際には様々な形状の棚が余裕を持って並べられ、フロアには左に大きな平台が三つ、右に正方形のスチール棚が二列計八本置かれている。左壁際にはテーブル・ビジュアル本ラック、そしてロフトへの階段

下に洒落たレジが設けられている。ほっほ〜うと眺めていると、お嬢さんが冷たいお茶を持ってきてくれた。

「看板を見ていらしたんですか？」

「あっ、ホームページを見て」

「ここまでバスですか？」

「いえ、歩いて来ました」

「歩いて!?」

……コロコロと笑ってます。さて、まずは入口右横に趣味性の高いセレクト文庫棚があり、ちくまや絶版文庫が素敵な並び。続いて背の低いボックス棚には写真集がドッサリ。日本近代・現代写真のツボがバッチリ押さえられている。角に宗教の棚があり、右壁際には古本関連、食、洋書イラスト集、都市、歴史などが収まる。続くガラスケースにはプレミア本が並び、中原弓彦、夢野京太郎、植草甚一、森山大道などがピカリ。

　奥壁には日本文学、文学評論、海外文学、全集類など。フロアスチール棚は、手前右側にタレント、雑貨、骨董、古いカルチャー雑誌類、左に児童文学・絵本。二番目、右側に美術、デザイン、建築。左にコミック、アニメ、評論。三番目、右側に植草甚一、竹中労、寺山修司など旧世代名エッセイ・評論とサブカル新世代本、左には映

画がドッシリ。最奥はすべて音楽で、右側にクラシック、ジャズ、左側にロック、テクノ、現代音楽。平台には洋絵本、ビジュアル本、写真集、大橋歩、木島始などが面出しで。こんな山奥にこんなに良質な本が集まっているなんて。すべての手札をビシッとキレイに見せたい気持ちが伝わってくる。出し惜しみなしの全棚全力投球！値段は普通〜高めで、隙なしのしっかり値。

レジで精算しながら、一番気になることを聞いてみた。

「どうしてここでお店をやろうと思ったんですか？」

「物件を探していて、ここが気に入って……」

う〜ん、店舗としてはいいけど、立地としてはかなりスゴイ。どうその部分を飛び越えられたのかは謎のまま。

「おひとりでやられてるんですか？」

と、訊ねると

「いえ、兄妹で。兄と一緒に。私は主に店番です」

と、ニッコリ。兄妹で古本屋さん、なんかいいな。

「歩いて来たらどのくらいかかりました？」

「あ〜、四〇分くらいですかね」

「歩いて来た人は初めてですよ〜コロコロコロ……」

そうだ、帰りのことを考えねば。バス停の場所を聞くと、わざわざ時刻表を出して調べてくれた。するとバスが来るのはまたもや四五分後。今日の私はバスより四五分早く行動しているらしい。「また歩いて帰ります」とお礼を告げて帰り支度。すると「駅まで車で送りましょうか？」との優しい言葉。しかし、私は古本屋ツアー。甘えるわけにはいきません。自己で全てを完結するのです。グッと堪えてそれは固辞。すると「東青梅の方がたぶん近いですよ」と、別ルートを教えてくれた。

「こんな遠くまで来ていただいてすみません」

と、外まで見送ってもらう。再び暗く長いトンネルを抜けて、山を下り黒沢二丁目交差点を直進する。するとまたもや山越え。先ほどまで古本屋さんにいたのが嘘のような山の中（何たって登攀路線があるのだ）。新しく産声を上げた、東京西部最奥古本屋にエールを送ります！　トンネルを抜ければ、そこには古本屋さんがあるのです。

ちなみに全徒歩行程はおよそ八キロメートルでした。

早川義夫『ラブ・ゼネレーション』（シンコー・ミュージック）、『ジャン・ジュネ詩集』（国文社）、唐沢俊一編著『なぜわれわれは怪獣に官能を感じるのか』（河出書房新社）、山田宏一『映画について私が知っている二、三の事柄』（三一書房）を購入。［▼オンライン販売へ移行］

おかしなジャンルの本が たくさん揃う

rhythm_and_books――東京・代々木八幡◉二〇一一年八月一〇日

本日もタレコミにもとづき、住宅街の中を自転車で疾駆。強い日射しと共に、もはや「サンタナ」のごとき熱風が身に降りかかり、体力をザクザクと持っていかれる。どうにか四〇分強の走行で現場着。代々木八幡駅からは、改札を出て、駅前通りを東南にスルスルと進む。道は途中でカクッと南寄りに折れ曲がり、そこをさらに進んでいくと、歩道橋の架かる大きな井の頭通り。

おぉ、交差点際左手の細いビルの奥の暗がりに、新しい古本屋さんの姿。昨日に引き続き、嬉しい新規開店ツアー二連続なのである。ビルに挟まれた薄い現代的ビルの一階奥。ビルエントランス部分には、開店祝いの立花と、立看板が置かれている。前を通る人々が、ここに何ができたんだろう、という感じで看板を覗き込んでいく。奥に進むと一階入口部分小スペースに、低く白い棚が二本置かれ、五〇円・一〇〇円本が詰まっている。

そこから延びる通路を奥にスタスタ進むと、ようやくお店の入口にたどり着く。中は縦長のお店で、壁際にぐるっと白い本棚が設置され、フロアには手前に白いディスプレイ台、奥に背中合わせの白い本棚が一本置かれている。右壁手前中ほどには店内用看板が壁にかかり、左壁中ほどにはカウンター帳場が設置されている。そこではオシャレな若夫婦らしき男女がお店を切り盛り中。今現在も外から本が大量に運び込まれたりしている。

入庫の邪魔にならぬよう気を配り、棚をジリジリと見ていく。左壁は女子・乙女系本からスタートし、暮らし、雑貨、アート、ファッション、食、コミックなどがまとまっている。帳場を挟んで奥には、社会主義、共産関連などが並び、突然の思想の牙がキラリ。奥壁にもその流れが少し続き、犯罪、学生運動、後は、デザイン、美術、写真、映画、『暮らしの手帖』、カルチャー雑誌が続いていく。フロア手前の台には、キノコ関連、チェコ・ハンガリー絵本、それに珍妙なレコード類が集合している。

奥の本棚には、左側にオカルト、新書サイズ入門書（HOWTO本）、猫、武術、体術、ダンス（ランバダが！）が並び、右側に児童入門書シリーズ、児童文学、絵本、ゲイ、性愛、昭和エロス、ロマン文庫などなど。入口右横には、水木しげる、『ガロ』、『COM』。

右壁はカルト・セレクトコミック、ガンダム関連、『マンガ少年』、音楽・七〇年代のアイドル的アプローチロックバンド本、渋谷系、音楽雑誌、サブカル全般、ナンシー関、みうらじゅん、ビートたけし、永六輔、タモリ、漫画家、タレント、アイドルなどが大量にズラリ。下部にはカルチャー系雑誌がドッサリ並んでいる。あぁぁ、おかしなジャンルの本をたくさん揃えた、正しく堂々と道を踏み外したお店である。

　充実のサブカル系は、微に入り細を穿ち配列された納得な棚造りだが、帳場前の入門書とフィジカル系本には、口あんぐり。いや、このままぜひとも、前も後ろも見ずに、ただ空を見上げながら突っ走っていただきたい。追っかけて行きます。開店バンザイ！　値段は普通〜ちょい高です。せきしろ・又吉直樹『カキフライが無いなら来なかった』（幻冬舎）を購入。

　それにしてもこのお店ができたことにより、代々木八幡は古本屋さんが二店になった。近辺散策ルートとして、〈リズムアンドブックス〉→〈SO BOOKS〉→〈みみをすます書店〉→〈ロスパペロテス〉というのが可能になった。そしてここまで来て余力があるならば、ぜひ坂上の異空間〈マコト書房〉にもお立ち寄りを。

あぁそうか、釣り堀みたいなんだな

エスケースタンプ——東京・目白◉二〇一二年四月一五日

今回はつい先日のUST番組「ぴっぽTV」に出演して知り合った、池袋〈古書　往来座〉店主からのタレコミである。しかしそれは古本屋さんではなく、切手・コインのお店。が、なにやら色々凄いことになっているようなので、とにかくワクワクしながら向かってみた。

　改札を抜けて北を見ると、眼下には山手線が走り、その向こうに池袋の街が迫っている。目白通り沿いの山手線東側土手上にある古いビル——すでに取り壊しの決まっている「ショッピングプラザ　コマース」。かつては駅前のデパート的存在として、隆盛を誇ったこともあるのだろう。しかし今はテナントのほとんどが立ち退き、廃ビル一歩手前の状態となっている。

　そんな過酷な状況の中、目指すお店だけがどっしりと営業を続けているのである。ぬぅ、逞しい。活気ゼロで、空きテナントの窓が並ぶ西側壁面には、「趣味の切手・コイン・テレホンカード」と大書された垂れ幕が下がっ

ている。一階に近づくとビルの案内板は真っ白状態で、かろうじて三階にあるお店と管理事務所、それに最上階のバレエスタジオの表示があるのみ。エントランスに入ると、三階のお店を指し示す貼紙があり、古いエスカレーターがゴウンゴウン動いている。お店はすべてシャッターを下ろしており、不気味なことこの上ない。

上階へと運ばれていくと、二階は通路もシャッターで閉ざされている。強制的にそのまま三階へ上がると、左側に「切手・コイン」店の枠を遥かに逸脱した光景が広がっていた！　お店本体は左前方の角地に、ショウウィンドウやガラスケースやワゴンで構成されたものがあるのだが、いったいどのような経緯でこうなったのか？　正面通路と左側に延びる通路に無数のダンボール箱が置かれ、人気のないフロアにアメーバの触手のように大進出している。

箱の中身のほとんどが切手と葉書で、見た目は切手の一箱古本市である。所々に小さな椅子が配置され、年配の切手紳士たちが腰を下ろし、切手の海と向かい合っている。これ、どこかで見たことあるな。あぁそうか、釣り堀みたいなんだな。門外漢の私はといえば、絵葉書の箱をゴソゴソしたり、映画パンフをパラパラしたりして、古本を求めてウロウロ。

『郵趣』なる雑誌や切手バインダーに心乱されながらたどり着いたのは、左に延びる通路の壁際。上部の残されたままの案内看板を見ると、元はスナックだった所である。ここに、映画パンフ・シナリオ・映画雑誌・ちらし・ロビーカードなどが集められていた。足下には干された昆布のように、大量の映画ポスターがベロンベロン投げ出されている。おっ、ピンク映画のロビーカードも大量にあるぞ。日活ロマンポルノを中心に、新東宝やマイナー系のものも……むむ、一枚よいのを発見！　さらに隣の箱で、場違いでおかしなスチールを一枚。

切手紳士たちの邪魔をせぬよう、静かにスススと奥へ。すると左の壁中に映画関連の古本や、社史、古本市目録、『SMスナイパー』など。意外に楽しんで回遊し、四点のブツを手に本来のお店へ。ガラスケースの向こうのおばさまに声をかけると、繊細な切手仕分け作業中だったらしく、

「あぁ、わからなくなっちゃった」

と、くやしそうに天を仰ぐ。す、すみません。『京浜急行全駅周辺ガイドマップ』(協和企画)、『東京丸の内ビルデング絵葉書』、『嗚呼！おんなたち猥歌』(神代辰巳監督！内田裕也主演！)ロビーカード。

そしてナゾのプロ野球選手のスポーツ大会らしきスチール。恐らく騎馬戦の最中を写したものなのだろう。野球場と思しき場所で、近鉄の選手(おそらく阿波野)がヤクルトの選手にアイアンクロー！　……ひどい、そしてあほらしい一枚なのである。［▼移転］

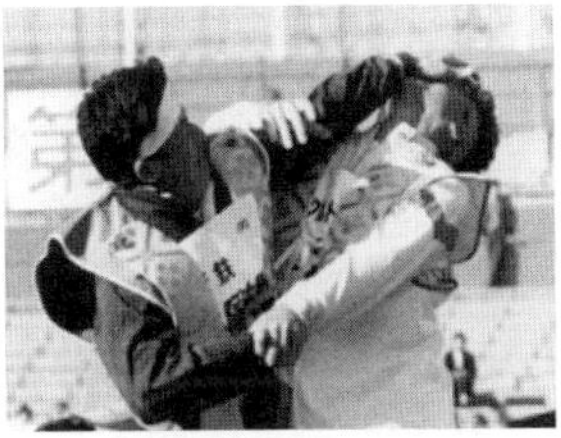

◀騎馬上でのけぞるほどのアイアンクロー！

滅多に入れない店

才谷屋書店――東京・国分寺◉二〇一二年五月七日

最初に訪れたのは拝島で、タレコミのお店を再訪したのだが、前回と同じく見事に空振り。よく見るとウィンドウには「月曜定休」の文字が。なんということだ。ここはどうやら水〜日の間に来るのがよさそうだな。駅に取って返し、青梅線、中央線と乗り継いで国分寺。目指すお店は三鷹から七か月ほど前に移転してきたのだが、もう一〇回近く訪れているのに、一度も開店してるところに出くわさない難敵である。だから心は、

「どうせ今日も開いてないのだろう。ウフフ……」

と、負け犬モード。北口を出て階段を下り、相変わらず開発の進行しない金網だらけの駅前からティッシュ配り地帯を抜けたら東へ。大学通りを東へ進んでいく。やがて通りは二股に分かれるので、東北に延びるちょっと狭くなった道の方を選択。そこを抜けると坂の途中で、五叉路がクモヒトデのような形状の国分寺本町一丁目交差点。東側に渡り国分寺街道を北進。坂を上がって信号

をひとつ過ぎ、二つ目の国分寺七小入口信号を過ぎると、五〇メートルほど先に白い日除けの張り出す元たい焼き屋さん。そこがお店なのだが、おぉ!? おおおおっ、開いてる、開いてるぞ! ついにお店に入れるんだ。どひゃっほう! 苦節七か月、喜ばしい日になったな。

白い日除けの下は、右半分が壁で左半分が出入口。右の壁には黄色い紙に書かれた店名や、大量の高価買取品目がズラズラ。書体がソリッドで素敵に独特。入口横には黄色の看板が置かれているのだが、斜め下を指し示す矢印があるので、どうやら三鷹のお店で使われていた物を再利用しているらしい。中は横長で前店同様雑然としており、半分倉庫のようである。壁際は本棚で、フロアには手前と奥に背中合わせの棚が一本ずつ。手前は右壁に接し、奥は左壁に接しているので、通路はすべて一本道になっている。右奥の帳場では店主のおやじさんが、本の山を「バスンバスン」と威勢よく捌き続けている。

入口左横は文庫棚で、SFと幻想文学が目につく並び。奥は美少女・官能文庫に変化する。入口右横は、岩波文庫から始まる教養系文庫、新書、美術、シュルレアリスム、落語など。向かいは横積みの雑誌類と本棚裏側が見えているのみ。中央の通路へ進むと、手前側には辞書・辞典、奥側に映画DVD、括られた全集が収まっている。帳場前を通って奥へ入ると、三分の二はアダルトだが、棚下に古い絵本や映画パンフ、そして奥壁に古い本が箱入り本を中心に集まっている。

海外文学、幻想文学、美術、風俗、映画、学術など。各棚はかなりカオス度・シャッフル度が高いが、値段が安く面白い本が紛れ込んでいるので、目が釘づけになってしまう。キネマ旬報社の伊藤大輔編・加藤泰『時代劇映画の詩と真実』(帯ナシだがこれが一五〇〇円とは)、唐沢俊一『星を喰った男』、フレドリック・ブラウン『発狂した宇宙』(以上、ハヤカワ文庫)、キム・ニューマン『ドラキュラ戦記』(創元推理文庫)を購入する。

そして、

「これ、古本屋の地図です」

と、冊子『東京の西側でお気に入りの古本屋をみつけよう!』をいただく。あっ、私はこの地図のおかげで〈才谷屋書店〉がここに移転したのを知ったのであった。うぅむ、なんだか因縁めいて、愉快愉快。

何万光年も離れた違う文明の星

宝塚アン　有楽町駅前店――東京・有楽町◉二〇一二年五月三一日

小岩で二キロほど歩いたあげく空振り。しかし行きも帰りも長い商店街を楽しんだので、徒労感に引きずられずに有楽町駅へ到着。高架ホームから東側を見ると、ビルの上に憧れの回転展望レストランを備えた「東京交通会館」。本日第二の目標が入居するビルである。改札から東に出ると、暗くうらぶれた感じだが、連続する鉄骨橋脚が雄々しく美しい高架下。そこから抜け出して、ビルに囲まれた円形広場を横断する。広場には「南町奉行所」の遺構がちょっとだけ保存されている。すぐにビル下に到着。角の螺旋階段でくるくると二階へ。

右側の通路のようなギャラリーから、大きな三省堂書店を抜けてビル内の通路へ。さらに這い込むように通路を右奥に進んで行くと、あった。こ、これか。予想はしていたが、キツいな……。

ここは、宝塚歌劇関連のグッズや映像、書籍、雑誌を扱うお店で、中古商品も置かれたお店なのである。それは古本！　ならば私は、ツアーしなければならぬ。そこは、汚れのない白を基調とした、濃いブルーと銀がアクセントのように煌めく世界で、両翼ウィンドウの上には「宝塚歌劇」「ミュージカル」とある。ウィンドウには、色紙、ブロマイド、絵皿、テディベア、人形などの宝塚グッズ、それに東京宝塚劇場竣工記念パネルなどが飾られている。

あぁ、もう、アウェイとか門外漢とか、そんなレベル

ではない。もうこれは、ステージが違い過ぎる。ここに踏み込んだ瞬間、私はこの場を汚す生き物と化してしまいそうだ。店内は、まるで何万光年も離れた違う文明を持つ星のよう……。

しかし、それでも挑戦しなければ。息を止めて万引き防犯ゲートを抜けて店内へ。両壁面にラック棚が展開し、フロアに背中合わせの棚が三本。白い。すべてが雪のように白い。そして宝塚ファンの女性たちが、各通路でさんざめく。奥にはカウンターレジがあり、店員さんも女性。彼女たちは、突然の闖入者に一瞥もくれず、宝塚ワールドにどっぷりと浸かっている。だからこそ、私は通路へ入り込めない。くやしいが、勇気が出ないのだ。

仕方なく、何かを探すふうを装いながら、通路の様子を右から窺っていく。すべてはあの宝塚の世界である。DVD、CD、楽譜、会報、ポスター、書籍、雑誌、公演パンフレット、そして新刊書籍のコーナーも第三通路に確認。私が唯一入り込めたのは、左端の不人気な通路で、棚にはキャラメルボックス、劇団☆新感線、劇団四季、蜷川幸雄などの、一般演劇やミュージカル物が集まっていた。演劇雑誌やミュージカル映画のDVD、サントラも置かれている。ふむ、歌劇の文庫なんかもあるんだ。ホッと隠れるようにして一息つくが、だが何も買える本がない。宝塚の『相棒』の公演パンフレットでも手に入れられれば上出来だったのだが。あぁ、私は何と大甘な人間だったのか……。

もはやこの空間に留まり続け、空気を汚すことにいたたまれなくなり、お店から敗走……。滞在時間およそ二分。な、何もできなかった。おそるべし宝塚！　世界に誇る宝塚！　勝てる気がまったくしねぇ。ブルブル。

胸にぽっかり、無力の大穴を穿ち、銀座の街をひた走る。涙目でたどりついた〈奥村書店〉でJ・ヒル『ホーンズ 角』（小学館文庫）を購入し、どうにか心の平衡を復活させる。

いか焼！ 古本！ バッグ！

いかやき軽食屋　あさ——東京・熊野前◉二〇一二年七月一五日

正午に早稲田から都電荒川線に乗り込む。「鬼子母神通りみちくさ市」での購入特典として「都電荒川線古本屋分布図」を作成し配布することに決めたからである。早稲田から三ノ輪橋までの、比較的駅近なお店を取り上げさせていただくつもりで、一日乗車券を入手し、細かく乗下車を繰り返し、次々とお店を確認。ほとんどお店には入らずに、外観をなでていくのみの行動。いや、こうしないととても終わらないのである。なので今日はその調査活動に従事し、ツアーは見送るつもりだったのだが、偶然見つけてしまった。車窓に流れる古本を。

駅を降りて熊野前交差点から南側の歩道を都電の軌道と通りに沿って西へ。東尾久八丁目交差点を過ぎると、歩道にバタバタとはためく色とりどりな大量の「いか焼」の幟。ここは「いか焼」屋さんなのだが、どうしてこうなったのか、店頭には大量のバッグと古本が陳列されている。いか焼＋古本＋バッグ！　エクセレント！

真っ赤な「いか焼」「やきとり」の小旗を下げたテーブルの上には、主に文庫を満載したプラケースが積み重ねられている。左に一七、右に一二ケースあり、全品一〇〇円。内容はカバーなしのノベルス、文庫、アクション・バイオレンス文庫、歴史系文庫、純文学文庫、ミステリ文庫、官能文庫、筒井康隆文庫、『ジョジョの奇妙な冒険』コミック文庫などである。左にはスヌーピー、右にはゴマフアザラシのぬいぐるみが文庫の上に陣取る。その下を見る時はぬいぐるみを抱え上げなければならない。真夏の路上、中年男がいか焼屋の前で白いぬいぐるみを抱き抱え、古本をじっと眺める。いったいこれは何の辱めなんだ……。光瀬龍『ロン先生の虫眼鏡』（徳間文庫）、尾辻克彦『肌ざわり』（中公文庫）、石川光陽『昭和の東京』、植木等『夢を喰いつづけた男』（以上、朝日文庫）を選び、カウンターのある真っ暗な店内に、「すいません！」と呼びかける。すると「ハイ」と顔を出したのは、隠居した夢枕獏のような店主。とても丁寧に精算していただき、首からぶら下げていたカメラまで褒めていただく。いか焼、頼まずにすいません！［▼店舗閉店］

洋書絵本から児童文学、よくぞここまで

古本　海ねこ——東京・調布◉二〇一二年一二月一七日

冷たい雨が止みかけてきた午後二時半に外出する。目指すのは、事務所にて期間限定店舗（ふだんは予約制）を開いている〈海ねこ〉さんである。過去に二度、出張店舗などを訪ねたことはあるが、本丸に突撃するのは初めて。顔を合わせる度に「伺います！」と言っているのだが、「いや〜、来ないで〜、コワい〜」と怯えられている。

調布駅北口から徒歩で二〇分ほど。白いタイルと打ちっ放しコンクリートビルの階段を上がったところに絵本や目録をラックに飾ったガラスウィンドウ。ここのようだ。ラックの上に水色の看板があり、「ふるい絵本」と大きく書かれている。

銀色のドアを開けると、事務所兼倉庫となっている。通り側のウィンドウに囲まれたスペースには、「岩波文庫」と文字が彫られた本棚や木製棚が三方を囲み、洋書絵本が多数飾られ、「ベルンさんちの絵本バザール」が開かれている。動物の絵本が多く、詳しいことはわからないのだが、古い印刷とその可愛さに身を震わせる。飛び出す絵本もあるのか。棚には二〇〇均岩波少年文庫（初版以外）や児童文学。足下では小さなクリスマス特集も開かれている。

奥を見ると、左右の木製棚と通路棚で作り出された狭い通路の向こうに海ねこさんが立っていた。おぉ、にっこりと笑顔で迎えてくれた。怯えられないでよかった。右側手前には古いブリキの回転ラックが一台あり、そこには絵本と共に、新書や文学書も安値で挿さっている。横に続く棚には、猫の絵本が大量に集まり、幻想文学、谷川俊太郎、少女小説、竹久夢二、児童文学研究などが続く。通路棚脇には古い児童文学の詰まった五〇〇均箱があり、棚右側にはドイツ絵本、北原白秋、古い日本児童文学、壺井栄、坪田譲治、少年少女児童文学。奥は古い本が多く茶色の壁をたっぷりと楽しめる。左側には翻訳絵本、児童文学、ロシア絵本、英語絵本、チェコ・東欧絵本。棚は二重になっており、奥にも本が並んでいるが、これは元々が倉庫のためである。左壁は棚の最下段も倉庫時そのままの状態らしく、古く値段

のついてない児童文学が並んでいる。児童科学本なども チラホラ。値段のついてないものは、聞くと調べて教えてもらえる。見たこともない、古い外国の絵本がたくさん並んでいる。戦前から戦後にかけての古い絵本や児童文学が、よくこれだけキレイに集まっているものだ。本を実際に穴が空くほど熱心に読み込み、乱暴に扱う子供たちの手を経て、よくぞこの時代まで生き延びてくれた、と称えたいような本ばかりが並んでいる。

もはやアンティークの域に入っている絵本も多く、値段はプレミアも含め、しっかりとつけられている。だが、手頃な値段の可愛い絵本や児童文学もちゃんとあるので、まずは背伸びせず、そのあたりから楽しむのが気楽であろう。もちろん買えなくとも、貴重で美しい印刷の絵本を見ているだけで充分に楽しめる。「やだ〜、目がコワい〜。緊張する〜」などとやはり軽く怯えられながらも、私は手頃な値の欲しい本をセレクトし、バックヤードとお店の境目にある帳場で精算していただく。あかね書房の中野好夫編『ポー名作集』(挿絵は松野一夫!)、小川未明著・堀内誠一画『赤いろうそくと人魚』(あかね書房)、宮沢賢治作・茂田井武画『セロひきのゴーシュ』(福音館書店)を購入する。

そしてこの『セロひきのゴーシュ』の元版といえる、貴重な『こどものとも2号』を見せてくれたところから、愉快な「茂田井武祭」がスタート。さらなる絵本や様々な挿絵の載った児童文学、児童雑誌、文芸誌、装幀本(小栗虫太郎の『地中海』がっ!)などを次々と楽しませていただき、とにかく動物の絵のプリティーさに、私は年甲斐もなく「カワイイ!」を連発。そして最後に乾信一郎作・茂田井武装の『人間芝居』(東成社)を手にしたのだが、これが元貸本で、本文ページ一九か所に「競輪場通り 井上書店」とお店のスタンプがペタペタと捺されまくっているのだ。貸本だとしても、非常に理解に苦しむ破壊的行動である。いったいなぜ。決して解けない疑問に頭を悩ませつつ、表紙の猫がとてつもなく可愛いのでその魅力にあえなく屈し、非常に安値で譲っていただくことに。ありがとうございます! ドーナツまでいただき、外の階段下まで丁寧に見送られる。ガラスウィンドウが夜に輝く海ねこの棲家を、楽しさをたっぷりと心に蓄えて、後にする。

ハロー・グッドバイ

浅草古書のまち――東京・浅草◉二〇一二年一二月二九日

〈やまがら文庫〉さんからのタレコミである。隅田川の向こうに、アサヒビールの金色に輝くビルが見え、こちら側では昭和初期の姿を取り戻した〈松屋浅草店〉が建つ、観光客の集う吾妻橋交差点。そこから大通りを南東にほんの二〇メートルほど下れば、右手ビル一階にラーメン店のような黄色に赤文字の看板が出現する。本日、国際的観光都市・浅草に、新たな常設古本市が誕生したのである。時期や場所、そして〈古書のまち〉を名乗ることから察するに、九月に惜しまれながら閉店した〈上野古書のまち〉のスライド店舗であろう。喧噪の歩道から抜け出し、薄暗く細長いエントランスに踏み込む。奥に自動ドアがあり、その手前左側に一〇〇均単行本・文庫・ノベルスの並ぶ二段ワゴンが二台置かれている。

中はカーペットが敷き詰められた奥に長い空間。広さは上野の四分の一くらいだろうか。左壁に一二本、右に手前壁も合わせて一三本の壁棚。真ん中には奥に背中合わせの棚が連続し、手前は銀フレームのワゴン棚となっ

ている。奥のどん詰まりに帳場があり、お店の人たちがワイワイ話し込んでいる。聞き耳を立てていると、やはり上野から浅草へ、ということらしいな。合同出店なので、ジャンルが重複する箇所もあるが、左壁は時代小説、ミステリ・エンタメ、日本文学、江戸、東京、浅草、風俗、永井荷風、美術、大衆芸能、小林信彦、戦争、宗教、映画、歴史が並ぶ。

向かいはワゴンに『銀花』、豪華美術本、額装紙物類……。ここでアクシデント発生！額棚下の本を覗こうとしたら、上に置かれた額のフックにまとめた髪をクッと引っかけ、からませてしまった。すべての行動が停止する。中腰のまま、しゃがみ込むことも顔を上げることもできなくなってしまったのだ。恥ずかしさと焦りが湧き上がるが、ここはひとまず冷静になろう。手を伸ばして引っかかっている部分を手探り、……やけに小ちゃいフックだが、頭を下げた時にこうなったんだから、これをこう……、取れない。イカン、オレはこのまま正月を迎えるのか、とさらに焦りながら苦闘していると、突然フッと外れてくれた。ハァ〜っ。

自由になった身体を移動させ、美術図録・ビジュアルムック・大判本・ビジネス・実用などを眺めていく。右側通路は、壁棚に西村京太郎ノベルス、新書、ミステリ・エンタメ・岩波・時代小説などの各文庫、詩歌句集、歴史、民俗学、東京などが陣取り、向かいには人文・官能文庫など。キレイめな本が中心だが、間にしっかりと古い本が顔を出す。上野が大幅にきれいにシェイプアップされ、再出発した感じか。浅草・風俗・歴史が特に多い。値段はお店によってまちまちである。

殿山泰司『三文役者のニッポンひとり旅』（白川書院）を〈白鳳書院〉で、上村松園『青眉抄』（講談社文庫）を〈金沢書店〉で購入。お店は新しくキレイでピカピカだが、あっという間に古本屋色に染まっていくのだろうな、と勝手に予想してニヤリ。開店おめでとうございます！

●二〇一四年四月八日

地下の銀座線と浅草地下街をつなぐ小さな通路にへばりつく、立食い蕎麦屋で身体を斜めに傾けて昼食。地下街の、一度も入れなかった〈古書サンエー〉がいつの間にか姿を消し、その脇の通路まで塗り込め塞がれてしまったことに驚きつつ、ちくわ天蕎麦をすすり込む。食べ終わったら身体を反転させ、地上への古い表現主義的階段を上がる。ここの小さな階段は、暗くジメジメした地下から突然地上の別世界に、ヌッと顔を出す感じになるのが、とても気に入っている。

目の前には吾妻橋交差点。その交差点の南東にある〈浅草古書のまち〉が今日閉店する。〈上野古書のまち〉が移転して来て一年四か月余り。なんと短い命であろうか。ビル一階の暗いエントランスに入ると、もはや打ち捨てられたような一〇〇均台が二台。自動ドアには閉店のお知らせが貼り出されている。中に入ると、うわっ、もう撤収が始まっている。棚の三分の二は空いており、フロア中央の平台群も消え去り、結束された本が積み上がり、なんとも寂しい状況となっている。残っている棚を見て回ると、閉店セールは行われていないのだが、お店によっては値を下げている本もある。

上野と浅草、そう変わらないような気もする。が、上野はやはり、山手線の駅であり、新幹線が発着する北への玄関口でもあり、サラリーマンのハブ駅であり、大学や美術館がある街だったのに対し、浅草はほぼ観光スポットであること。この場所は繁華街の反対側であること。上野よりお店が狭くなり、なおかつ適度な混沌がなくなってしまったこと。そんなことが、まずはわかりやすい閉店の原因でないだろうか。素人的にモヤモヤと無責任に考える。

明石孝『東京ゲタ電物語』(講談社)、『1年のかがく 1973年6月号』(学研)を六五〇円で購入し、この古本屋さんの集合体であるお店の、最後の買物とする。精算をしながら店番の方に、

「またどこかに引っ越したりしないんですか？」

と、聞いてみると、

「いやぁ、今のところは……」

と、何も決まっていない様子。う〜ん、またどこかで猥雑な空間を、作り出してもらえないものだろうか。伝統あるこの集合店が消えてしまうのは、残念なことである。一年余の夢の続きをありがとうございました。そしてひとまずは、おつかれさまでした。［▼店舗閉店］

開かずの店、ついに！

大村書店——東京・都立家政◉二〇一三年二月四日

▶閉店してしまった〈みのる書房〉。

今月半ばに椎名町の〈みのる書房〉が閉店するとのタレコミが入った。これはすぐに駆けつけなければと、自転車に颯爽と跨がり、天気雨の中を西武池袋線沿いにひた走る。ところがお店は開いておらず、虚しく「閉店により半額セール」の貼紙を眺めるばかり。おかしいな。定休日は木曜のはずなのだが……。

近々の再訪を誓いながらもがっかりし、仕方なく古本屋さんに寄り道をしながら、爆走して来た道を戻ることにする。江古田、桜台、都立家政と回り、さて、後は〈木屋〉を偵察して締めるとするか……。都立家政の駅前商店街を北へ向かって、「新青梅街道」とぶつかる「都立家政交差点」。ここから西に……あぁぁぁっ！　交差点のすぐ近くに、開かずの〈大村書店〉があるのだが、何と開いているじゃないかっ！　今まで何十回とこの前を通って来たが、本当に開いているところは一度も見ていないのだ！

どひゃっほう！　と脳内古本屋麻薬をドバドバ噴出させてしまうが、まぁひとまず落ち着こう。果たしてこれは店舗なのだろうか？　表に棚が一本向いているが、店内と思しき部分は本棚に囲まれた極狭スペースで、しかも木箱が積み上がっている。つまりかなりお店っぽくないのである。

倉庫がたまたまシャッターを開けているだけなのかも。訝しがりながらも、私の眼はガラス戸越しに見える本棚に釘づけとなる。歩道に立ち尽くし、貼られたポスターの隙間から中の様子を必死に探る姿は、相当に怪しい。

右端にしっかりと見えている本棚には、文庫・全集、児童文学、ミステリ・エンタメ。店内棚は左から、児童文学、コミック、児童書、ビジュアルムック、新書、文庫、ノベルスなど。並んでいるものは非常に一般的である。しかしいつまでも覗き込んでいるだけでは始まらない。咎められるのを覚悟して、その小さな空間に、スルッと身を滑り込ませる。人ひとり立つのがやっとで、下の本を見るにはかなり苦労をする。本を手に取ってみるが、どこにも値段が書いていない。やはり倉庫なのか？

店の奥は広大なバックヤードのようで、その入口に台車に載せたスチールラックが置かれ、「御用の方は声をかけてください」とある。よし、気になる本を一冊手にして「すいません」と言うと、「ハイ」と答えがあり、すぐに奥からマスクを掛けた河原さぶ風男性が姿を見せた。

「あの〜、ここの本は買えるんでしょうか？」

「買えますよ。ここと、ここと、ここと、そっちの棚は全部一〇〇円なの」

「ああ、そうなんですか。じゃあこれをください」

と、持っていた本を手渡す。

「ここ、いつも閉まってましたよね？」

「うん。ここはずっとあったんだけど、別の場所でやっていた店売りを辞めちゃってね。で、こっちをとりあえずこういうカタチにしたのは、去年の八月からかな」

と、快活にお答えいただく。見られる本は少しだが、店売り復活は大歓迎である。お帰りなさい、〈大村書店〉！上田敏『現代の藝術』（小山書店）を購入。

あっ！〈木屋〉は看板が取り外されている。どうやら閉店してしまったようだ。安らかに。

【古本の隙間に――06】

どくしょかんそう文

本日は畏れ多くもミステリ評論家の新保博久氏からの依頼で、日本推理作家協会の「土曜サロン」にて講演をすることになってしまった。あぁ、なんたることです。おそろしいことです。素晴らしいことです。まさか、江戸川乱歩大先生所縁の会合で、己が話せる日がくるなんて。

去年の一二月に講演を打診されてから、なかなかその内容が詰められないでいたのだが、半月ほど前に高円寺の即売会で偶然新保氏と出くわし、膝つき合わせて一気呵成に決めたテーマは、「古本屋ツアーと高額ミステリ本を安く見つける方法」であった。

たくさんの「どひゃっほう本」を抱え、都内某所にある、元・生島治郎・小泉喜美子宅の協会事務所に、感動しながら足を踏み入れる。本棚に囲まれた部屋で、大きなテーブルを前に二時間余りを、必死にペラペラと喋りまくる。そしていつの間にか場は雑談に移り、どうにか大役を果たし終えた時には、すっかり精も根も尽き果てていた。

それにしても今日の会合に参加されたお歴々の、まるで読み札と取り札のないミステリカルタを遊戯しているような攻防には、恐れ入るしかなかった。目の前をミステリに関する言葉が、果てしなく飛び交う光景は、呆れるほどに深遠で魅力的。講演の後半、そんな彼らの心を捉え、色めき立てたどひゃっほう本は、コナン・ドイル『ホウムズ探偵 署名事件』(銀河文庫)、村島一郎『ぼくらは少年探偵団』(ひばり書房)、早川書房のエラリイ・クイーンのジュニアミステリシリーズと意外なラインナップであった。

講演中盤に、実家で掘り出してきた、小学校三年の時に書いた江戸川乱歩『青銅の魔人』の読書感想文を朗読したのは、恥ずかしくも光栄であった。四〇年前の俺、やったぞ！ やっちまったぞ！ 以下、乱歩先生に届けとばかり読み上げた全文である。

『青銅の魔人』

◉あらすじ――

二十面相は、つかまったのに、またとくいのろうやぶりでにげてしまった。もう二、三回も悪いことをしているのにまだこりないのです。そしてにげたりつかまったりしているのです。

◉しょうかいした理由――

いろいろなおもしろいトリックをつかったりするからしょうかいしたのです。

八歳の俺、バカ丸出しだけど、よく書いてくれていた。ありがとう！　古本屋ツアーをやっていてよかったと思える夢のような時間であった。

［二〇一五年四月一八日］

◉　◉　◉

GW前なのでいろいろと立て込み、とても古本屋さんには行けそうもない。くやしい……。ブログも更新できない。

そんな鬱憤を晴らすため、先日実家で掘り出してきた己の読書感想文には、まだ面白いものが残されているのを思い出し、古本屋さんとはまったく関係ないのだが、それを発表することに決める。字の感じからして、先日朗読した『青銅の魔人』より以前の、小学二年生以前のものと思われる。すべては原文ママ。おかしなところは誤植ではない。ちなみに先生の評価は両方共「C」である。

「子どものころのファーブル」自分とくらべて

ファーブルが、ぼくだったらそのまま家に帰っていました。けれどファーブルは家に帰らないで草原のほうへ行ってしまいました。ぼくだったらそのまま家に入って何かをしていたでしょう。それにつかれてるから帰ったほうがいいと思います。

◉先生の感想――

それほど虫がすきではないということかな。

『ピノッキオ』を読んで

ぼくは国語の本のピノッキオと言うのを読みました。おもしろいところは、ゼペットをしたでからかったり、両手でゼペットのかみの毛をぴっぱったりするとこがおもしろい。

◉先生の感想――

ほかに考えたことはないのかな。

これはヒドい……。われながらヒドい。先生もなんだかヒドいぞ！

［二〇一五年四月二二日］

しまの中に しまがある

しまぶっく――東京・清澄白河◉二〇一〇年一〇月二二日

半蔵門線で東へ。地下から細いエスカレーターを駆け上がり、B2から地上へ。目の前の清洲橋通りを西に向かうと、左手にすぐに〈仲通り〉なる侘しい商店街が現れる。か細いネオン管のゲートを潜って南へ進む。スクエアに道路が区画され、低層ビルと住宅しかない完全なる下町エリアである。色鮮やかなプラ製紅葉に見送られ、南端のネオンゲートを潜ると、深川資料館通りという不粋な名のついた、いい感じの商店街に出る。おぉ、もう左手南側に水色の「本」の文字が見えている。

　ビルとビルに挟まれた平屋の商店で、外壁は白く塗られ、その下には薄いカーキ色の日除けが横長に張り出している。懐かしい木枠の引戸は全開にされ、中々開放的な雰囲気。歩道には縁台がいくつか出され、その上に二〇〇均が四箱、三〇〇均と一〇〇均が二箱ずつ置かれている。この箱たちは店内にもあるのだが、それぞれ箱ではなく「しま」と名づけられている。『¥100のしま』

▼これは現在の三代目店舗である。

「¥300のしま」といった具合なのだ。「しま」には文庫や単行本のキレイなものが詰まっている。

店頭には洋絵本や玩具の入った「しま」もあり。焦げ茶の板が敷かれた店内に入り込む。横長で壁際は白い本棚。左奥に帳場があり、活動的スタイルのご婦人が読書しながら店番中。フロアには、右に低めの背中合わせの棚が一本、帳場前には柱状の四面棚が屹立している。ちなみに左壁棚は、すべて洋絵本や洋ビジュアル本の新刊が収まっているようだ。店内に流れるシャンソンに身をまかせ、数人の女性客に紛れ込みながらツアースタート。

入口右下には、まず「岩波新書のしま」がプカリ。右壁は少し低めな棚から始まり、島、熱帯、世界文明。……むむむ、なんだかただ事ではない感じ。海外文学・民俗学・海外民俗学、科学、思想、美術、日本、相撲、オカルト、幻想文学、澁澤龍彦、中国、陰陽道、古典文学。

角棚には鳥獣戯画雑貨と職人関連本。奥壁には歴史・時代小説、『バガボンド』、江戸、東京、俳句、夏目漱石、日本近代文学、文学評論・評伝、最近刊セレクト文学本、山田稔、堀江敏幸、フランス文学、海外文学、古本関連、エッセイ・随筆。

大胆で思い切ったセレクトの棚造り。一歩踏み出している感じがたまりません。こりゃ一瞬たりとも気が抜けない。おっと、足元に「サッカーのしま」がプカリ。背中合わせの棚右側には、主に思想、心理学関連。内田樹、甲野善紀、橋本治、中井久夫、神谷美恵子、河合隼雄、吉本隆明、鷲田清一、中島義道などなど。

左側には、食、女性実用、テレビ、タレント、サブカル。続いて柱状の棚の前へ。右棚は足元に「猫のしま」を携えながら、犬、絵本、児童文学。手前棚は沖縄本・雑貨が集まり、足元にも「しま」あり。左棚は写真集、美術図録が収まり、足元には建築本の詰まった箱。名札がないが、勝手に「建築のしま」と記憶する。

奥棚には詩歌、映画、音楽。棚造りが非常にユニークで、各ジャンルはお店が選んだ中心的な人物の本が複数冊並び、それを核にして周辺の本が並ぶカタチとなっているのだ。潔いセレクトというか、心地良い偏りがたまらないっ！　値段は普通〜ちょい高。いつの間に下町にこんなお店が……。清澄庭園、深川江戸資料館と訪ね歩いた後、「しま」にブラリと立ち寄るのが、この街の新しい散歩コースに決定しました。大原富枝『彼もまた神の愛でし子か』（ウェッジ文庫）、中井久夫『記憶の肖像』（みすず書房）を購入。

◉二〇一三年五月九日

東京の東を目指す。四〇分ほどでたどりついたのは、店舗がついに三代目となった〈しまぶっく〉である。初代と同じ場所に三代目が誕生、つまり二代目はこの建物ができるまでの仮店舗だったわけである。広めの間口に横長な青い日除けが張り出し、路上には五〇〇円単行本・ビジュアルブック島、絵本・児童文学島、二〇〇円全集島、二〇〇円や一〇〇円の文庫島・二〇〇円単行本島が分布している。

店内は従来通り白い本棚で構成されている。三代目が一番狭い店舗ではないだろうか。入口両脇には、美術書やバーゲンブックのワゴンが置かれ、左横には棚に囲まれた空間と、奥にちょっと隠れたような帳場が造られている。フロアには横長な四面棚が置かれ、入口右横・右壁・奥壁を本棚が覆う。左の空間には、洋書絵本類、外国、児童文学、自然、食、ファッション、『暮しの手帖』関連など。ここには新刊もあり。入口右横は美術でまとまり、右壁は哲学、心理学、宗教、歴史、民俗学、SF、オカルト、性愛。奥壁に詩集、海外文学、日本近代文学、日本現代文学、映画、音楽、役者、テレビ、漫画、風俗、東京が流れていく。

真ん中の四面棚は、入口側になんと〈古書ドリス〉出張棚が。思いっきり幻想文学とマニアック系美術を醗酵させている。右面には時代劇文庫、裏面には江戸文化、俳句などが並び、左面は新刊、日本伝統美、沖縄となっている。

単行本・文庫・新書をクロスさせる棚は、相変わらず独特な知的さを発揮している。フワフワと楽しみながら沼田元氣『ぼくの伯父さんの東京案内』（求龍堂）を八〇〇円で購入。ちなみに帳場脇の壁には、初代と二代目店舗の写真がしっかりと飾られていた。

そのまま森下方面にテクテク向かって〈古書ドリス〉へ。おっ、店頭に安売り箱が出現しているのか。店内入口左横にも新たな棚ができているじゃないか。そしてさらに粘度と深さを増した本の並びを眺めていくと、時の流れがドロ〜っとスローモーに。岩佐東一郎『書痴半代記』（ウェッジ文庫）、『六十周年記念 上野恩師公園動物園』（東京市役所）を計一一〇〇円で購入。昭和一七年の動物園パンフの方は、八〇〇円ならかなりの拾い物である。嬉しや！

正体がつかめない

ドエル書房——東京・永福町◉二〇一三年八月二〇日

訪れる度に、その姿を荒れさせていくドエル書房。久しぶりに訪れてみると、お店はさらなる驚きの変貌を遂げ、目にする者の常識に揺さぶりをかけてきた。「ドエル書房営業中」の黒板が表に出ており、お店はまだ続いているらしい。しかし新たに「ドエル堂（小料理）」の立看板や料理メニュー、ビールの幟、赤提灯などが置かれ、もはや古本屋さんから大きく逸脱していることを、店頭からして如実に証明してしまっている。とにかく真相を確かめなければと、引き戸を開けて中へ。以前は休憩スペースだったエントランスが、生活感溢れるテーブル席になっている。なんだかおそろしい……。

素早く突破して店内へ進むと、中は小料理屋ではなく、本棚は以前のままだが、通路と棚前に古本、古道具、額装された様々な物が堆く積み上がり、非常に荒れた状況となっていた。……これもまたおそろしい。しかし帳場にはマダムと女性が何事もないかのように座っている。

「……あの、本を見たいのですが」

「あら、そうですか。こんな状態ですが、それでもよかったらどうぞ」

許可された。とはいっても見られる所はほとんどない。棚がどうにか露出している所も、以前の訪問時からほとんど動いていない様子である。左奥通路を往復して、帳場前を通って右側へ。中央部には色々な物が積み上がり集まり、棚にはとても近づけない。……げえっ！　奥にこぢんまりとした、L字型のカウンターがあるぞ。こ、ここが小料理屋の本体というわけか。

それにしても、カウンター回りでは物品が激しくせめぎ合う、クレイジーな状況が展開。席自体は周囲とは裏腹に、いつでもお客を迎えられるほどキレイにセッティングされているのだが、果たしてここに飲みに来る人はいるのだろうか。と、余計な心配をしながら、松本昭『日本のミイラ仏』（臨川書店）を七〇〇円で購入。このお店は、今後も予想外の変貌を見せそうなので、引き続き要注意である。

駄菓子屋さんで児童入門書を見つける

きりん館——東京・東村山◉二〇一三年二月一七日

細かく地味な作業の連続に息が詰まったので、コメントタレコミをもとにして、息抜きツアーへと飛び出す。自転車と西武新宿線を乗り継いで、大好きな、なごやか文庫のある東村山で下車。西口に出て線路沿いに北へ進む。渡り難い大踏切前をどうにか通って、化成小学校前。このまま直進すれば、いつものように文庫に飛び込めるのだが、今回は和菓子屋前を東に曲がる。

幅広の踏切を警笛に急かされながら渡り切ると、初めて足を踏み入れた東側の世界。そのまま東に少し歩き、住宅の塀に挟まれた北への細道を覗き込むと、あぁ行く手には、街に溶け込んだ小さな駄菓子屋さんの姿が……。このお店では、駄菓子と共に細々と古本も売られているらしい。ゆっくりゆっくり近づいていくと、平屋店舗の、キリンの絵が描かれた緑の日除けの上には、色褪せたプラ看板が空に向かって飛び出している。目をやると「本・たばこ」とある。

ほほぅ、本当に本を売っているんだ。正式な取扱品目に入ってるんだ、とその一字に、子供のユートピアにオッサンが闖入する暴挙にも踏ん切りがつき、ガチャガチャとたばこ自販機のある店頭で深呼吸し、子供たちと共に店内になだれ込む。小さく簡素な空間は、入口左横に縦長ドリンク冷蔵庫、奥に平台と棚、そして左奥に小さな帳場があり、ショートカットの小柄な老婦人が座っている。入口右横は小さなゲーム機とストックスペース、真ん中には低い大きめの平台、右壁は棚になっている。

台と棚の低い位置すべてに、色とりどりの吹けば飛んでしまうような、駄菓子や玩具が並んでいる。とてもいい感じだ。子供たちは小銭を握り締め、何を買おうか迷っていたり、コインゲーム機に食らいついたりしている。しかし！　そんな懐かしい風景は、奥の壁を目にしたら、一瞬に彼方に遠ざかってしまった。そこには二本の古本棚が、窓から差し込む光を浴びて、教会の聖画のように、神々しく浮かび上がっていた。あぁ、フラフラと棚に近寄る。

七段×二本の組み合わせで、少年青年漫画、少女漫画、劇画、ティーンズ文庫、コミック文庫、カバー無しコミック、児童入門書などが、汚れ色褪せ並んでいる。七〇～九〇年代のものが中心で、非常に雑本的である。右横にも少女漫画の一列あり。ちなみに子供は誰ひとりとして、この棚には見向きもしない。

　値段は激安。児童入門書に狙いを定め、五冊の大人買いを決行するべく帳場へ。すると老婦人が相好を崩して、

「まぁまぁ、買っていただけるんですか。嬉しいわぁ」

と、いたく感激されてしまう。

「もう本が売れなくてねぇ。これでも古本屋の鑑札をちゃんと持ってるんだけど、もう仕入れてないのよ。今はお菓子ばっかりなの」

　するとここは、正式な古本屋さんでもあったわけか。その事実に、こちらもいたく感動し、小学館入門百科シリーズ『新巨人軍なんでも入門』、『きみは強打者』、『きみはホームラン王』、『きみは名内野手』、学研ジュニアチャンピオンコース『長島・王の野球教室』を購入。全部読めば名選手になれそうな気が、ちょっとだけする……。

団地＋写真屋＋古本のときめき三点セット

写真屋さんホックス――東京・東陽町◉二〇一四年二月六日

　中央線から東西線に乗り換え、等間隔の蛍光灯が暗闇に浮かぶ東京の地下を走り抜けて東陽町。近くにある団地内に古本を売る写真屋さんがあるとのコメントタレコミをいただいたのである。「団地」、「写真屋」、「古本」――非常にときめいてしまう言葉の組み合わせである。

　東改札を出て4番出口から地上へ。確信はないのだが、駅近くにある南砂住宅を目指すことに決める。車と通行人で賑わう永代通りを二〇〇メートルほど東へ。すると歩道橋の左手に、巨大な高層住宅群が現れる。高層で奇麗に化粧されているが、隠し切れない古臭さが魅力的である。信号を渡り、団地の敷地に沿って北へ進む。足下は、正方形のコンクリブロックが埋め込まれた、懐かしいペーブメント。途中「南砂住宅　商店街　スーパー　飲食店」のメタリックな案内標が目に入るので、矢印に従い先に進むと、右手に敷地外に向かって開かれた高層住宅の足元の商店街が、奥の中庭へと通路を延ばしていた。

赤く色づけされた地面を踏み、内部に進入していく。養生中のスーパー、飲食店、リサイクルショップ、総菜屋、シャッターの閉まったお店——団地コミュニティ内の商店街である。頭上の横に長い団地は、ゆるやかに開いた屏風のように折れ曲がり、商店街はその下を貫通している。ピロティ状のゾーンに進むと、あっ！　本当に古本が店先に並んでいる。しかもダンボール一箱くらいかと思っていたら、棚がしっかりとあるではないか。

摺り足でムダなく近づき、観察を始める。奥の店舗は確かにDPEをメインとする写真屋さんで、店頭には子供の駄玩具がひしめき売られている。それらと共に、棚二段分の文庫と単行本、文庫箱がひとつ、単行本箱がふたつ、それに文庫とコミックが表裏に並ぶ棚が一本。店頭前の平台には、一〇〇均児童書箱が一箱、それに本来は台の上に置かれるはずの単行本箱、ペーパーバック箱、ラノベ箱、コミック箱が、台車に載せられたまま放置されている。

単行本は雑本的であるが、文庫には妙に筋のよいところが見受けられる。古いパラフィンつきの岩波文庫、角川文庫に特に目を惹かれる。うほっ！　児童書箱で、古田足日のウェスタンジュブナイル発見。あぁ、無闇にワクワクゾワゾワしてしまう。超老舗店や古本神の書斎に感動して来たばかりだが、やはりこういうお店が私にはふさわしいようだ。街の片隅の名もなきお店は、今日も実は輝いていた。そして値段は二〇〜一〇〇円。五冊を手にして店内に入り、現像液の酸っぱい匂いを嗅ぎながら、奥様に精算していただく。

古田足日『ウェスタン・ノベルズ13 荒野の三兄弟』（カバーなし、金の星社）、庄司浅水『世界ミステリー全集2 世界の魔の海』（秋田書店）、はざま武司『どっきり大変装術——金田一耕助・明智小五郎推薦』、萩原朔太郎『月に吠える』、シャルル・ペロー『眠れる森の美女』（以上、角川文庫）を購入。

古本市で行列騒動からの"THE CASK"

小平市立中央図書館——東京・青梅街道◉二〇一四年三月二九日

今日は楽しみにしていた小平市立中央図書館の「第16回チャリティ古本市」。複雑な西武線を乗り継ぎ乗り継ぎ、およそ三〇分前に会場に到着し列を作っていると、自称常連さんの一人が巻き起こした行列ルール騒動に、不本意ながら巻き込まれてしまう。スタッフとオッチャンのやり取りがヒートアップしそうなのを見兼ねて、折衷案を提示してどうにかその場を収める。しかしオッチャンだけは収まらず、私を相手にグダグダと話し続ける。

うぅ、気分が落ち込み、この場にいるのが苦痛になってきてしまった。

それでも午前一〇時の開場と共に、ホール内に古本を求めてなだれ込む。最初に取りついたのは大きな文庫平台。前の人たちのほとんどが奥の単行本や全集・古書コーナーに殺到してしまったので、最初の数分間はスムーズに見ることができ、早速何冊かの文庫も手にする。しかし、先ほどの騒動が微妙に尾を引き、どうも気分が乗ってこない。心のギアが完全にダウナーモードに入っているようだ。「あぁ今日はダメかもしれない」と、気分がさらに落ち込んでいく。

必死に文庫の背を追いかけてみるものの、なんだかやっぱり上の空なのである。気がつくと、隣にあのオッチャンがきており、文庫に食らいつき始めた。なのでそれを避けるように身体を反転させ、海外文学文庫に視線

を泳がせていく。「う〜む、う〜む」と心の中で唸りながら、真ん中あたりの列を見ていると、背と共に表紙がチラリと見えた厚い文庫で視線が止まる。背文字の細い明朝体と、表紙に連続するあのイラストは！　とすでに頭に血を昇らせながら、そいつを引き出す。うわぁーっ！　創元推理文庫Ｆ・Ｗ・クロフツ『樽』の可愛い樽絵カバーバージョンだっ！　私は今、夢を見ているのではないだろうか？　あの、いつもの欲しい本を手に入れる、ぬか喜びのあの甘美な夢を。

　しかし現実に、貴重な一冊は、形も色も重さも変えずに、手の中に収まっている。やった、やったのだ、勝ったのだ。すべての憂さがこれで吹き飛んだ。ドバッと脳内古本麻薬が大量投与されたのを大いに実感し、酩酊する。う……もう、もう、今日はこれで、ここに来た目的は達せられたのだ。そこから一気に、ギスギスした気持ちは霧散し、余裕のある心持ちで、本の背に優しい視線を投げかけていくこととなる。気づけばいつの間にか会場は大混雑しており、人が人の間に身体をグリグリギュルギュル割り込ませて移動するような状況。

　結局その後も四〇分ほど、優しい気持ちで人の間を回遊し、計一五冊を手にする。それらを激安の計四九〇円

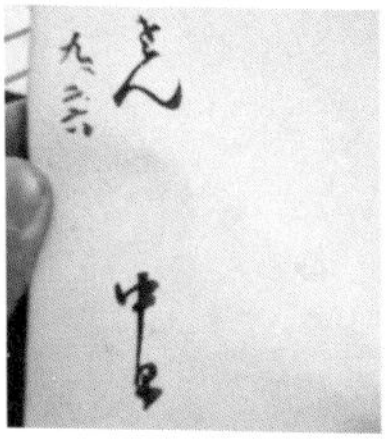

◀達筆の署名。ただ「中里」とある。中里介山の署名はわりと珍しいそうである。

で購入。特に嬉しかったのは先述の『樽』に加え、マイカル・ハウエル＋ピーター・フォード『エレファントマン』（角川文庫）、立原えりか『でかでか人とちびちび人』（昭和三六年初版、講談社）、中里介山『百姓弥之助の話 第二冊 塾教育の巻』（なんと毛筆の献呈署名入り、隣人之友社）である。

　無事に会場を脱出し、参戦していた岡崎武志氏と昼食を共にする。その際、上京中の大阪のネット古書店〈固有の鼻歌〉さんを紹介していただき、戦果を見せ合ったりしながら、お二人の大阪古本屋情報に耳を傾け楽しむ。

　帰りに西荻窪・盛林堂書房に立ち寄り、本日最大の収穫『樽』を店主に見ていただくと、このカバーは一四版・一五版が確認されているらしいのだが、この一三版は珍しい本であることが判明する。なので今高らかに宣言しよう、どひゃっほうと。

　それにしても、ジェットコースターのような午前中であった。あのすべての出来事が、古本に起因していると考えると、ちょっとおそろしくなってしまう。どれだけ古本に振り回されているんだ……。

住宅街のログハウス、わが城へようこそ！

石狩書房――東京・蒲田◉二〇一四年五月一七日

一件のメールタレコミから行動を開始した。寄せられた情報では、店名と大まかな地名しかわからぬ、ひっそりアナーキーなお店らしい。果たして探し出すことができるのか、とまずはネットで検索してみると、みごとに住所がヒット。よし、これならばと、初夏の街に自信を持って飛び出していく。

JR蒲田駅の南口改札を出て、ビル内から階段を下りて東急線の駅舎南側に脱出。ホーム屋根を見上げると、スケールは格段に落ちるが、どことなく旧東急渋谷駅のホーム大屋根に似た雰囲気がある。そんな東急線沿いに、西へまっすぐ歩き始める。中学校を過ぎ公園を過ぎ、五〇〇メートルほど行った三つ目の踏切で南へ。行く手の環八通りには、青い歩道橋の架かる新蒲田一丁目交差点。そこを越え、古い商店街の道塚本通りを南下していく。

五〇〇メートル進み、左手の京浜東北線の電車が整列するJR蒲田電車区の端に道が触れたら、信号のある小

さな交差点を西へ折れる。さらに五〇メートルほどで、右手住宅街の中の一軒の住宅敷地内に、ログハウス風古本屋さんの建つ奇妙な光景……。自宅そのものが古本屋さんの〈あきら書房〉や、同じく自宅敷地内にプレハブ店舗を持つ〈グリーンブックス〉と同族の匂いがする。

ログハウス外壁際に二本の小さな一〇〇均棚、奥の古びた住宅玄関横にも一〇〇均棚が一本。玄関は開け放たれ、廊下に積み上がった本の山が見えているが人の気配はない。まずは蒼ざめた均一本にしっかりと視線を走らせる。一冊手にして、さらに玄関横に向かったところで、住宅内から養老孟司似の店主が、サンダルを突っかけながら姿を現し「いらっしゃいませ」。思わず、

「あのう、古本屋さんは」

と、言うとログハウスの扉をガバッと開けて、

「はい、こちらです」

と、ニヤリ。「わが城へようこそ！」といった感じが最高です。玄関横も確認してから、靴を脱ぎスリッパを履いて店内に上がり込む。そこは六畳ほどの空間で、右奥と奥壁に高い壁棚が張り付き、入口左横からは背の低い本棚が壁沿いに並ぶ。フロアには椅子が二脚置かれ、左奥に本棚と横積み本に囲まれた帳場がある。そのアナー

キーなロケーションと外観とは裏腹に、しっかり整頓が行き届き、現役感満点の真っ当な古本屋さんである。

　右壁は宮澤賢治から始まり、日本文学、映画(硬軟充実)、特撮、音楽。奥壁はカルトコミック、文化、江戸、海外文学、幻想文学、美術、写真、歴史、民俗学、哲学、思想、戦争がきっちりと収まり、最後に北海道、アイヌが店名にふさわしく多く集まる。帳場回りには文庫やビジュアルムックが置いてある。

　入口左横には、新書、探偵小説文庫、ちくま・岩波・講談社学術の各文庫、奥に古書、プレミア幻想文学・映画関連の棚がある。蔵書量は多くはないが、最新刊から重要な本までしっかり押さえた、良質な棚が展開する。

　おそらく店主の読書遍歴が、色濃く反映しているものと思われる。とにかく、住宅街の中の前庭のお店という意外性が痛快。そしてこの人間サイズな空間の手頃さにも乾杯！　値段は安め〜普通。フィルムアート社の成田亨『特撮と怪獣』(どひゃっほう！)、後藤明生『めぐり逢い』(集英社文庫)、海野十三『赤外線男』(春陽文庫)を購入。おぉ！　東京の片隅に、まだこんなお店が、ポツリと力強く存在していたとは。とてつもなく幸せだ！

ウキウキジャンク

リサイクルブック　イセ屋——東京・押上◉二〇一四年七月一三日

出遅れて、湿気を含む風が吹き始めた午後二時過ぎに家を出る。スカイツリーのお膝元にある、地下の押上駅。以前タレコミのあった、何度行っても入れなかったお店に、期待せずにとりあえず足を向けてみる。A1出口に向かうと、賑わいから徐々に離れ、通路の漏水が目立ち、少し殺伐とし始める。ねじれた階段を上がって地上に出て、そのまま東側の大通りへ。そして、辺りになんとなく再開発の気配が立ちこめる押上駅前交番東交差点から、北東へ歩き出す。ズンズン歩いていくと、すぐに下町度が深まって行き、押上三丁目交差点から道幅が狭まり二車線となる。構わずに一〇〇メートルも進めば、信号の手前にくたびれたアパート風建物があり、通りに面した一階にコーヒー屋さんとリフォーム屋さんが並んで入っている。

　そのリフォーム屋さんが、実は古本屋さんでもあるという、大変面妖な状況らしいのだが……うわぁ！　見える、ラックや棚が見えるぞっ！　血流をグンと速めながら近づくと、リフォーム屋日除けの下の、リフォーム屋のサッシが開け放たれ、五〇均単行本と文庫を並べた、三本の本棚があらわになっていた。下にも単行本が三列ほど流れ出し、雑誌ラックと中古大工道具類も放り出されている。本は七〇年代〜現代が主体。右側の入口に回り込むと、雑誌ラックと古道具が交ざり合う、雑然のプロローグ。

中に入ると、そこは古本屋さん割合の高い空間で、入ってすぐ左に廉価コミックや時代小説、歴史小説、歴史と古道具の棚があり、その奥に帳場が隠されている。右側には壁棚に挟まれたような細めな空間が続き、真ん中に背中合わせの棚が一本。奥にまだまだ延びていく空間を、大工道具や古道具類がふさぎとめてしまっている。店内にはすでにお客さんが二人も……。地元ではお馴染みのお店なのだろうか。とにかく初めて入れたことに感激しながら、ジャンク屋的で実に好ましい空間であることを喜び、ウキウキと棚に目を凝らしていく。入口右横の壁棚は、時代小説文庫とミステリ・エンタメ文庫が多く並び、下や奥にもミステリ・エンタメ、新

書、古書雑本が続く。向かいは日本文学、全集類、古書雑本、五〇均ビデオ。古書の並びから、何かありそうな予感をビチビチ受け取ってしまう。

おぉう！　裸本だが、九鬼紫郎を発見。裏の値段ラベルを見ると、背骨に電気が走る一〇〇円であった。ますます好きなタイプのお店だ。奥の通路は壁棚にコミック（絶版あり）を揃え、向かいに実用書と大量の五〇均ビデオ。棚上には柱時計やラジオなどの古道具が結構並び、奥には一応な感じのガラスケースもあり。値段は安く、もはや五〇〇円以上は珍しい。雑本の中に古書が交ざり込むので、手に汗握るハンティングを楽しめる。

他にも収穫を手にして、棚の陰に隠れたオヤジさんに精算をお願いする。すると、

「一五〇円です」

との耳を疑う声。二冊がタダになってやしませんか？　九鬼紫郎『犯罪街の狼』（裸本、川津書店）、『ベリヤーエフ少年空想科学小説選集1　世界のおわり』、『同小説選集3　ドウエル博士の首』（以上、岩崎書店）、加納儉二『海底トンネル』（少年文化社）を受け取る。決してあきらめずにフラリと立ち寄ったおかげで、スカイツリーの下でどひゃっほう！

「あなたの識語で古本屋になりました」

書肆　逆光――東京・八丁堀◉二〇一四年七月二二日

先日のますく堂訪問で、八丁堀にいつの間にやら古本屋さんができていたことを知り、大急ぎで駆けつける。京葉線B1出口から地上に顔を出し、新大橋通り西側歩道を北上する。行く手に東京メトロ八丁堀駅A5出口が見えたら、その手前の立食いそば屋と写真屋の間を西へ入る。雑居ビルと飲食店の続く、直線の二八通りをソロソロと進む。大きな十字路―小さな十字路―大きな十字路と通り過ぎると、左手に白い側壁にパックマンのゲーム画面のように、細いパイプが剥き出しで配管された四階建ての雑居ビルが見える。一階酒場食堂の脇にある、小さなビルの入口に踏み込むと、古い階段下にお店の小さな看板が置かれ、そこを上がり切ると目の前の床に一〇〇均本が並んだ嬉しい光景が出現する。

　古いお店へのドアを押し開くと、廊下から緑の床がそのまま続いた、ギャラリーのような、雑居ビルの小さなワンフロア。抑制と神経の行き届いた空間である。左壁に古本棚がしっかりと静かに展開し、真ん中には大きなテーブルが置かれ、左壁奥と窓際には、小さな棚やラックや机が連続する。そしてビル内階段上に張り出したスペースが右奥にあり、そこに帳場が収まっていた。入口からは死角になっていたので、歩を進めて覗き込むと、テニス部キャプテン的雰囲気の長身の男性が、

「いらっしゃいませ」

と、本の整理を進めながら声をかける。こちらも慌てて挨拶をし、左側本棚の前へ。倉庫扉の横に、美術・工藝・民芸・映画があり、古書も多く昭和初期の商業美術

に大いにときめく。壁棚は安心の文庫ゾーンから始まり、岩波文庫、ちくま学芸文庫、福武文庫、講談社文芸・学術文庫、海外文学文庫、それに新書を並べる。さらに日本近代文学（横光利一『機械』オリジナルが！）・藤枝静男、第三の新人、七〇年代文学、日本現代文学、現代思想、海外文学、ユイスマン、児童文学、文化、紀行、自然、詩集、詩誌、文芸誌が続く。窓際のラックでは北園克衛主宰の機関誌『VOU』が冷徹に微笑んでいる。

　テーブルや窓際には、器、絵葉書、古雑誌、瓦片、鏃、ライター、香水瓶、スプーン、土器などの小さな物が美しく飾られ、本来の役目を果たし終えて、家に持って帰りたいようなオブジェとしての魅力を発している。古本はしっかりとセレクトされ、古書を程よく含み、値段は普通。しかしここに古本屋さんが誕生したということは、ゴジラ堂なき今、森岡書店と酒井古書店を合わせて、新たな「古本屋トライアングル」が完成したことになる。これからも、窓から射し込む逆光の中に、古本と古物をコントラスト強く、美しく浮かび上がらせてください！　そう心の中で祝いつつも、お店にそぐわぬ愛育社の野村胡堂『傀儡城』（ちょっとくたびれたボール紙表紙の仙花紙本だが四〇〇円。題名から伝奇時代小説を想像したが、バリバリの少年冒険SFでびっくり）を見つけてしまい、牧野信一『バラルダ物語』（福武文庫）と共に購入する。

　そしてここで驚くべき事実が判明。私の正体は脆くもすでに見破られており、さらに昨年末のトークショーで販売した「古本屋になってください！」識語入りの拙著を見せられ、

「だから古本屋になりました」

　と、告白される。うげぇっ！　鎌倉「ウサギノフクシュウ」に続く、おそろしいことだが喜ぶべき事態。……いや、とっても幸せです。感動しています。責任を持って、これからも応援させていただきます！　だが最後に、せめてものお礼にと本に識語を追加するが、「八丁堀」を「八丁掘」と間違えてしまう。……あぁ、締まらないこと甚だしい。それにしても、

「本当は考古学と詩集のお店にしたいんです」

　との発言にはびっくり。ぜひともツアーしてみたいけれど、そんな素晴らしくマイナーなお店は、もうMASTERキートンしか来ないのでは……。

料理書を門構えが懐かしい昭和な住宅で

料理書専門古本屋 onakasuita——東京・中井◉二〇一四年九月一二日

中井駅ホームから、改札を抜け、踏切を渡って駅前通りを北に抜ける。そこから山手通りに上がろうとするも東側の階段は工事中なので、西側まで回り込み、ようやく通りの上に顔を出す。今や巨人の道路のように広く整備された道を、北東へテクテク歩いていく。行程は坂道。途中で東側の歩道に渡る。新目白通りを越えて、歩道橋脇の細道を東へ入る。つきあたって北に曲がり、次の細道を再び東へ。辺りは完全な住宅街で、本当に住宅しかないのであるが、左手にその住宅を古本屋としている素敵なお店が、ようやく見えた。阿佐ヶ谷と高円寺の中間の住宅街で、ひっそりと、しかし誇り高く営業していた料理書専門の古本屋さんが、移転開店していたのである。

目の前にあるのは、門構えが懐かしい昭和な住宅である。店名看板とOPEN札を確認して敷居を跨ぐ。人の家に入り込んだようでちょっと戸惑うが、奥の玄関までの誘導が丁寧になされているので、きれいに掃き清められたアプローチを伝い、小さな池が脇にある玄関に無事にたどり着く。またもや敷居を跨いで中に進み、靴脱ぎ石の上に立ったところで、店主の小川嬢が顔を出したので挨拶を交わす。高い廊下に上がり、左側の二間の和室に進むと、畳敷きの一部を板敷きにして、揃いの木製本棚を壁際に八本（左の部屋に二本、右の部屋に六本）並べていた。

料理古書・よみもの、おかず、製菓、フランス料理、イタリア料理、レストラン、エスニック料理、各国料理、和食、料理関連雑誌多種。それに窓際の机上に寿司と魚関連が集まり、さらに横の戸棚には料理関連文庫と新書が集められている。料理の本だけを揃え、他ジャンルは見事なほどに皆無。以前のお店は実用的料理ムックが目立っていたが、こちらでは立派な専門書が幅を利かせ、少し博物学室（料理本にはビジュアルを重視したものが多い）のように重厚な雰囲気。値段は普通〜ちょい高だが、専門書以外は安めなものも多い。

おいしい麦茶をいただきながら、お店についてあれこれお話しする。そこで、右側の部屋の角にある謎のデッドスペースが、元は床の間であることを知る。「何かよい使い道はあるでしょうか？」と聞かれるが、不甲斐なく何も思い浮かばず。今度来る時までに考えておきます！　林春隆『新撰豆腐百珍』（中公文庫）、イヴォンヌ・ヴェルディエ『料理民俗学入門』（新刊、くくのち学舎）を購入。

帰りは都立家政で途中下車し、ブックマート都立家政店の古書コーナーでガサゴソ。背がテープで補修されているが、ヂォルヂュミシェル『もんぱるの』（第三書院）を五〇〇円で見つけ喜ぶ。序文は石井柏亭で、表紙画はカフェでモテモテの藤田嗣治自画像である。

クリーニング屋兼古本屋さん

かんぱら書房——東京・西荻窪◉二〇一四年九月二六日

午後に金木犀の匂いに頭を痺れさせながらスタスタと西荻窪駅北口に向かい、女子大通りを北西に進んでいく。西荻窪の外れにある、開かずのクリーニング屋兼古本屋さん（クリーニング屋は開いている）が、最近お店を開けているとの噂を嗅ぎつけたからである。これは、真相を確かめねばならない、と、焦る気持ちが妙な早足を生み出し、ナナメの通りをスピードをあげて進んでいく。道が北に大きくカーブすると、アンティークショップが建ち並ぶようになり、やがて地蔵坂交差点に到着する。女子大通りをまだまだなぞって西へ。すると左手の平屋の古い民家兼店舗の前に、おぉぅ！　初めて古本ダンボールが並んでいるのを目撃する。

建物の姿は、沼津の長島書店に似ているが、店舗部分は左がクリーニング屋さん、右が古本屋さんに分かれている。クリーニング屋の前ではご婦人が、これも店頭に並ぶプランターの手入れに熱中している。こちらはそそ

くさとダンボールに近づき、古本漁りに熱中する。全部で七箱のダンボールには主に単行本が並び、文学、歴史、風俗資料、実用書などを雑本的に揃えている。上にはペラペラと浮世絵を入れた箱も置かれている。

本は一〇〇均で、古書が紛れ込んでいる構成に思わず血が騒ぐ。吉沢章『折り紙読本』(緑地社)、白井喬二『盤嶽全集上巻』(一聡社)、『三島由紀夫十代作品集』(新潮社)、『ちくま日本文学全集　江戸川乱歩』(筑摩書房)を選び、まだ

まだ土いじり中のご婦人に声をかける。すると「いらっしゃいませ」と立ち上がって、ゴム手袋をパチッと外して、開け放たれた右側の店内先端へ。一緒にそこに近づくと、中は本の詰まったダンボールの山となっているが、それなりに会館展ごとなどに分類されているようだ。うぅん、箱を開けて見てみたい。ご婦人は値札をすばやく外し、

「これはちょっと破れてるからサービスするわ。三〇〇円」

ということになった。ありがとうございます。なんだかこれからも、中途半端に古い本が出てきそうなので、西荻窪に来た時は、なるべく覗いてみるよう心がけることにする。

この後は天気も良いのでテクテク歩き続けて、西荻窪〜荻窪の古本屋さんを伝いながらの帰り道。そして荻窪〈ささま書店〉均一店頭棚で、本日のどひゃっほう本を発見してしまう。大正一三年発行の短歌雑誌、『日光(創刊號)』(日光社)である。つい一週間前なら、まったく気づかずにスルーしたであろう。しかし数日前の茨城行きの時にお会いした〈つちうら古書倶楽部〉佐々木氏との四方山話の中に、この雑誌が出てきていたのである。それは、

栃木での市のために、栃木県の日光の名がついた雑誌『日光』の揃いを安値で見つけて仕入れておいたら、日光市とはまったく関係ないことが判明したが、結局歌壇のビッグネームがたくさん書いている雑誌だとわかり、最終的に高値で売れたのだという話であった。たまたま一瞬の話題が頭のどこかに残っており、それが棚の最下段で表紙をこちらに見せた状態で、目に留まったわけである。背文字は判読不可能なので、キチッと挿さっていたら、気づかなかったはずだ……。様々な偶然が重なったことに身震いしながら、ページを繰る。表紙絵や扉繪は津田青楓で、北原白秋、土岐善麿、釋超空／折口信夫、大手拓次、島崎藤村、河井酔茗、前田夕暮、里見弴、岸田劉生、志賀直哉らが歌や文章を寄せており、詩も多く載せられている。しばらく枕頭の書にしようと、頬を緩ませ精算する。

文芸、大衆、カストリ、児童、戦前〜昭和の雑誌がスゴイ

史録書房――東京・大泉学園◉二〇一四年九月二八日

古本神・森英俊氏に誘われて、嬉しい事務所店探訪。駅北口で待ち合わせをし、お店に連絡を取ると、すぐに店主が車で迎えに来てくれた。小柄な山村聡といった感じの、柔和でとても親切な方である。一〇分ほど北に向かってドライブし、車中はもちろん古本と古本屋話で情報交換。やがてたどり着いた住宅街の大きな二階建て民家は、広大な畑に隣接している……。途端に、「ここに来たことがある！」とフラッシュバック。……そうか。その昔、お店があるんじゃないかと思って、自転車をカッ飛ばして偵察に来たことがあったっけ。

玄関に招き入れられると、日常の住宅への廊下と、非日常の事務所への扉に分かれている。当然非日常に土足のまま進むと、いきなり密度の高い古本一色空間となる。床には簀子が敷き詰められ、壁際には木製の小学校の下駄箱のような造りつけの本棚が巡らされている。左には三本の傾いた銀フレーム本棚が並んでいる。それらには

大量の古本が、横積みで満載されている。なので書名を簡単に見ることはできないが、茶色い紙の堆積を見ただけで、心臓がボンゴのように轟いてしまう。左側にはサッシ扉の向こうに、暗闇の未整理本倉庫がわさわさと集合している。それを左奥から回り込むようにして、壁棚に挟まれた通路を進むと、靴を脱いで上がり込む事務所となる。ここにも同様な壁棚と同様な銀フレーム本棚三本が、事務所スペースの向こうに広がっていた。まさに嬉しくなってしまう古本だらけ。茶色の紙層に魅せられ、早速各々に挑みかかる。

棚は一段ごとに番号が振られ、一〜四二〇まで続いている。しかし店主に聞いてみると、一〇〇番過ぎまでは実際に連続しているが、以降は番号を多く飛ばしている

とのことである。横から書名を覗き込んだり、本を引き出し引き出しチェックしていく。埃にまみれ、微速前進な地味過ぎる作業だが、ものすごく楽しい。

時を忘れて、棚の虜となり続ける。古書が多めで、風俗関連が充実している。しかも資料的なものから、実用的な小説類までを網羅。しかしそれ以上にスゴいのが、各種読物雑誌のオールスターラインナップ。昭和初期〜四〇年代の文芸・大衆・カストリ・児童の雑誌をコワいくらいに集めているのだ。森氏はその雑誌を狙い撃ち、目的の号を次々と見つけ出して山を成していく……。相変わらず戦慄に値する買い方だ。こちらはセコセコと、新書や古い単行本をチェックしていく。

結果、二時間強の自由な探索を笑顔で許していただき、藤田嗣治『巴里の横顔』(函なし、實業之日本社)、『江戸川乱歩全集10』(函なしだが、城昌幸・大坪砂男・岡田鯱彦寄稿の附録「探偵通信五」付、春陽堂)、眉村卓『還らざる城』(旺文社ノベルス)を購入。値段はちょい安〜普通。事務所店なのに、ちゃんとすべて値段がついているのが、わかりやすくて素晴らしい。唯一の心残りは、未整理本倉庫で、あそこにはきっともっと昭和三〇年代の小説が……と森氏と共に邪推する。

最後に大物を買いに行ってみる

中野書店——東京・神保町◉二〇一五年一月二一日

　白砂糖のような雪が傘にパラパラサラサラ降りかかる中、まだ昼前の神保町へ向かう。地下ホームから、計一四九段の階段をのぼり、A5出口から地上に顔を出す。凍りついたように寒い神保町交差点を、南西へと渡る。するとすぐ先には、スケルトンのエレベーターシャフトを内蔵した神田古書センターがある。ここの二階にある、神保町で三七年の歴史を築いてきた中野書店が一月三一日に閉店（今後は西荻窪で事務所営業とのこと）を迎えてしまうのである。

　はるか昔、神保町での冒険をこのお店から始めた私にとっては、衝撃的に悲しい出来事である。揺るがぬはずの神保町が、またひとつ大きく揺らぐのか……。しかし私もいつしかいっぱしの古本修羅になっていたのだ。悲しむより先に、古本をと、閉店はまだ一〇日後と先の話なのだが、お店との最後の思い出作りに古本を買いに来たのである。しかも、ちょっと大物を……。別に何を買おうと決めているわけではないのだが、あの二五年前の、一生懸命貯めたお金を懐に隠し、谷譲次・牧逸馬・林不忘を追いかけていた時のように、純粋にここで、また古本を買ってみたかったのである。だから他のお店には目もくれずに、一階ワゴンの秋波も振り切り、黄土色の階段をカクカク上がって、ちょっと緊張しながらお店のガラス自動ドア前。中に入れば、ゴチャゴチャ配置された安売りプラ箱の向こうに、二つの空間が広がっている。

右が「漫画部」で左がお目当ての「古書部」である。一応箱の中にも真剣に目を落としていくと、漫画部方の箱内に一〇八円の探偵推理小説の『中学生名作文庫』『中学生ワールド文庫』を見つけてしまったので、鷲づかんで引きずり出す。漫画部の帳場で計八冊をまとめ買いすると、「中野書店 ご愛顧感謝 一割引セール（一部対象外あり）」が開催されていたので、計七七八円で購入。包装は全冊をのり巻き包みにした上で、丁寧に袋に入れていただく……なんだか満足。

しかしこれでは思い出が作れたとはいえないので、奥の欧風カレー店ボンディのざわめきを感じながら漫画部を一周し、古書部に進入する。相変わらずいつ来ても緊張してしまう。これは初期の訪問を引きずる、トラウマの一種なのだろうか。珍しい昭和初期の本や、乱歩の激高草稿を眺めたりするが、やはり昔も今も変わらず、一番の興味は昭和初期の探偵小説棚なのである。左奥の壁棚に当然のごとく引き寄せられ、隣のジュブナイル棚と共に、穴の開くほど見つめてしまう。……う〜む、欲しい本、読みたい本……う〜ん……。買ってもよい本は確かにあるのだが、どうも心が動かない。仙花紙本の海野十三『海底大陸』（偕成社）三九八〇円にしてしまおうか。

▶のり巻き包装された付録冊子と古賀春江装丁の改造社新鋭文學叢書。

いやいや、やはりちょっと違う。何かがしっくりこない。

そう感じて、探偵小説棚から身を引き剝がし、隣に広がる日本近代文学棚に目を凝らす。そこで見つけ、即座に購入を決心したのは、龍膽寺雄『十九の夏』（改造社新鋭文學叢書）であった。探していたが、見たことはなかった。値段は八四〇〇円で、決心して買いに来た今日のこの日にふさわしい本！優しく掌中に包み込む。すぐに奥の帳場に向かい、一割引の七五六〇円で購入する。レジの男性は聴き取れぬほどの小さな声で、釣り銭を、古本を、まるで瞑目するようにして手渡してくる。包装を断り、漫画部購入時の袋に入れた本を抱え、お店を出て階段を下る。

今度来る時は、ここは隣の漫画部が独立し、一フロアを占めているはずである。二五年間楽しませてくれたお店に感謝を捧げ、サラサラ雪の神保町から、白山通りを北上して離れて行く。途端に手はかじかみ始め、ポリ袋を引っかけ古本の重さを支える指が、徐々に感覚を失っていく。［▼移転］

アート関連とジュブナイルが棚が大幅増強

まんだらけ海馬――東京・中野◉二〇一五年二月六日

平日の正午直前に、中野ブロードウェイの長いエスカレーターを上がっている。三階で裏にぐるっと回り込んで階段を上がり、西寄りのレッドカーペット風模様の廊下を北に向かって進んで行くと、そこに拡張リニューアルした〈まんだらけ海馬〉の姿があった。まだオープンはしておらず、各通路にはプラスチックの黄色い鎖が渡され、すでに一〇人ほどの列が静かに礼儀正しく開店を待ち構えている。店員さんが慌ただしく行き来する中、正午となりリニューアルオープン。細い通路に全員がたちまち吸い込まれて行く。

以前と大きく変わった部分はやはり増床部分で、今までの海馬に接続するように、以前は通路に面してガラスケースの並んでいた東側南部分が、赤と鉄で出来

た大きな売場となっていた。壁際はほぼガラスケースで囲まれ、ジュニアミステリ・SF、詩集（田村隆一『四千の日と夜』が！　欲しい！）、武道、オカルト、タレント、アングラ、写真集、日本文学のプレミア本が、ギラギラと底なしの物欲を刺激して飾られている。フロアには、左側に縦向きに可動棚が三本、右にも可動棚が横向きに二本置かれている。そしてその周囲には古本が挿されたカゴが無数に置かれている。右側手前には児童文学と絵本。

第二通路には『こどものとも』、古絵本、少年少女古雑誌、雑誌附録、地図や紙物、日本文学が集まる。最奥には芥川・直木賞、文芸古書、本関連、詩集が並び、壁棚には寺山修司、唐十郎、暗黒舞踏、海外文学、海外幻想文学。左側には真ん中から順番に、写真集、写真関連、デザイン、アート、建築、ファッション、少女と続いていく。他に大幅に変わったのは北奥のフロアで、壁際がジュブナイルで新たに埋め尽くされ、講談、伝記、名作、少女、SF・探偵などをびっしりと揃えている。端っこにはオカルト棚も出現している。また中央通路が探偵、ミステリ、SF通路となり、ガラスケース前はオカルト通路に姿を変えている。写真集、アート関連とジュブナイルが棚を大いに増やし、充実した展開を見せている。

質ももちろんよいのだが、やはりおいそれと手は出せない値段が多いので、安めの本ばかりを手中に収めてしまう。

『うつくしいこころ　おはなしのくに』(表紙絵が茂田井武、学習研究社)、大木惇夫『羊かいの少女』(同和春秋社)、A・ドーデー『少年スパイ』を計一八〇〇円で購入する。それにしても、次々とガラスケースが開くさまは、なかなか壮観である。皆、買う気満々で来ているのだな。素晴らしい！　などと感心した後、別室で日曜のトークについて打ち合わせをする。その際に恥ずかしながら、古本神の森英俊氏と野村宏平氏に『偕成社ジュニア探偵小説資料集』へのサインをお願いする。それも、あえて小学生風な平仮名記名サインを！　そしたら気づかぬうちにサインが掠れ、さらにそれっぽくなってしまった……あぁ！

懐かしい昭和のオブジェ

ハイカラ横丁まるや——東京・西小山◉二〇一五年二月一八日

用事をつなぎ合わせて、午後遅くに冷たい雨の中へ。地下を走る目蒲線でたどり着いた駅前も、凍りそうな雨に降られっ放しである。

目指すは駅至近の、古本神・森英俊氏よりタレコミのあった紙物天国である。ロータリーを囲む屋根の下をたどるように、雨に濡れずに南に進んで東に回り込んで行けば、屋根がそのままアーケードとなる、短い「西小山商店街」に突入することになる。するとすぐ左手二軒目に、昭和感漲る店舗が現れた。

古いディズニー物とスヌーピー関連おもちゃとブリキ玩具の並ぶショーケースや特殊古着、古銭の盛られたお皿三枚、綿菓子製造機が並ぶ光景に少し戸惑う。店内の様子をそっとうかがうと、壁に昭和スターのサイン色紙、映画スピードポスター、ホーロー看板が飾られた、コンクリ土間の古めかしい空間である。

両の壁際には縦型ガラスケースが連続し、中央には木製の陳列棚が置かれている。お店は奥の狭い通路から、さらに奥の小部屋に続き、陳列棚とガラスケースが置かれた帳場となっている。そこからヌッと出てきたのは、法被を着込んだムーミンのヘムレンさん似の長身店主。アーケードに流れる映画音楽をフンフンハミングしながら、柔らかな声で「いらっしゃいませ」。

それにしても視界に入る物はすべて、かつては時の流れと共に捨てられ忘れ去られた、懐かしい昭和のオブジェばかりである。右側のガラスケースには特撮・アニメのソノシートや絵本やソフビ、ダイキャスト玩具、カルタ、付録漫画（藤子不二雄の『怪人二十面相』が！）、お菓子パッケージ類、ビン類、観光地図、鉄道切符が飾られ、左側のガラスケースにはおまけ類、スポーツ（主に野球と相撲）グッズ、文房具が飾られている。

中央の陳列棚には、キャラ物弁当箱、絵葉書、歌本、漫画・スポーツ雑誌、アニメムック、スタンプブック、アニメ映画パンフ、古雑誌、企業宣伝雑誌、メンコ、マッチ、シール、消しゴム、カード、ブロマイド、団扇、講談雑誌、大衆雑誌、カストリ雑誌、駄玩具、紙物……あああああああ、スゴい!!

昭和世界観のクオリティー高し！　奥の壁際にはレコードと昭和時代和洋映画パンフが集まる。ケースに入った明治時代の新聞を覗き込み、壁にダランと下がった日活映画スターのサインが染め抜かれた「日活浴衣」をニヤニヤ眺めて奥に進むと、古人形、映画スターブロマイド、チラシ、ロビーカード、貸本漫画、雑誌附録、陶磁器が待ってくれていた。

昭和三〇〜四〇年代を玩具、文房具、雑貨などで甦らせた、素敵なお店である。値段も財布に優しめなのが、またよい！　時代の狭間と記憶の奥底に散々引きずり込まれながら、封印東宝映画『ノストラダムスの大予言』パンフと一〇八円の古マッチを三つ購入する。

そのマッチのうちのひとつは、かなり嬉しい日本最古の仏蘭西料理屋と言われる「龍土軒」のマッチであった。国木田独歩、島崎藤村、柳田國男、岩野泡鳴、田山花袋、小山内薫らが「龍土会」なる会合を開いたり、二・二六事件の反乱軍将校たちが頻繁に会合を開いていたお店として有名である。現在は別の場所で営業中だが、このマッチ裏の簡素な地図は旧店舗のものである。近くの「歩兵第三連隊」（現在跡地は国立新美術館に）に「元」がつけられているので、戦後すぐの仮設店舗時代のものではないだろうか。

古本屋ツアー・イン・ジャパン（二〇一〇-二〇一四）

「日本の古本屋」メールマガジンより転載させていただきました

未知の遠いお店を求めて

◉古本屋ツアー・イン・ジャパン二〇一〇

今年もあと少しで終わりとなってしまったが、一年を改めて振り返ってみると、やはり古本屋に始まり古本屋に終わる一年であった。

†

ブログ更新のために訪ねたお店（基本的に新規である）は、一二月一五日現在で三〇七店、各お店で買った本は五九八冊。そして調査のために文庫サイズのノートを七冊使い切った。このように己の行動を数値化して見てみると、常識の範囲を大きく逸脱していることが、身に染みてよく理解できる。

また、仕事による出張が少なくなったため、あまり遠くまで足を延ばせなくなってしまった。一番の遠隔地は北海道・札幌で、南は山口・岩国が限界（これは両方とも、その数少ない遠征仕事での移動である）。その上、四国・山陰・九州には一歩も踏み込めない体たらくであった。

そういうわけで春先頃から、自身の力で動くツアーへとシフトしたのだが、やはり中々遠くには行けず、ブログ名にある「イン・ジャパン」が「イン・関東」になりつつあったことを、自虐的に自覚しながら、脱却への道を模索する日々を送っていた。

†

ツアーは今年三年目。正確な数は把握していないが、今までおよそ一〇

○○店は訪ねていようか。当然めぐればめぐるほど、訪ねるべきお店の数は少なくなっていく。東京在住の私にとっては、首都圏周辺のお店が一番訪ねやすく、経済的にも負担が少ない。だが、神保町・早稲田・本郷三丁目の古本街を残し、あらかたツアーしてしまった。そこで自然と足を遠くへ向けることが多くなってきた。

東京のまだ行っていないお店を訪ねつつ、関東六県に触手を広げる毎日がしばらく続いたのだが、お店の数は有限なので、先が段々と見えてくる。

そんな八月の暑いある日、安上がりな普通列車ばかりでの移動に業を煮やし、ただ古本屋に行くためだけに新幹線に飛び乗り、豊橋へと向かってしまった。おぉ、やはり何と速く遠くへ行ける乗り物なのだ！　と感心しつつも、滞在一時間のとんぼ返り。しかしこの衝動的な行為が予想以上のカタルシスを私にもたらし、未知の遠い土地とお店は、特別な極甘で危険な果実と化してしまった。

以降さまざまな方面を切り詰めつつ、長岡、岐阜、一ノ関、長野、山形、富山へと向かい、今後の古本屋ツアーの可能性を、経済状況とともに試行錯誤する秋冬を過ごすこととなった。二〇一一年は、長距離バスや夜行列車も利用し、さらにはツアーのための宿泊も視野に入れ、行動フィールドをさらに拡大させていきたいものである。

†

そして肝心の調査対象の古本屋さんたちであるが、そこがどのようなタイプのお店であろうと、私にとっては変わらぬまぶしい光を放っていた。いまだに店売り最前線でがんばるご高齢の方から、店を始めたばかりの二〇代の人まで。それぞれの歴史や物語が棚に現れ、本への気持ちまでがむき出しになってしまう店舗群の、なんと興味深く面白いことか。

これだけめぐっても一向に飽きずに、あまつさえお店を見つけたら、乙女のように駆け出してしまうのは、ひとつとして同じ店がない、その多様性にあるのだろう。客商売という前提を、時には逸脱してしまうほどの、このアナーキーなお店たちを、私は愛して止まない。

†

さらに今年の特徴と言えば、新しいお店が次々に誕生したことである。リスクの少ないネット店舗が花盛りのこの時代に、まだ若い男女が自分自身の表現方法として古本屋という仕事を選

択し、実店舗を開いてしまう勇気に、惜しみない賞賛の拍手を送りたい。

時々フッと心に浮かび上がるツアーの危機を、新しいお店たちに何度も救っていただいた。また、この古本を自分たちの表現方法として利用する傾向は、カフェ・雑貨屋などにも多く見られ、古本の流通形態が若い人たちの中で、変化していることも実感した。果たしてそういうお店で、どのくらいの人が古本を手にするのかは不明だが、各地・各所にさりげなく潜む古本棚は、かなり多いものと思われる。新旧で受け継がれていく古本の本流と伏流は、深く確かに流れ続けている。

†

二〇一〇年はこのように過ぎていった。二〇一一年も同様に、未知なる喜びを求めて、古本屋探訪にガシッと腰を入れていきたい。しかしツアーのいきつく先は、いまだ想像もつかず、もしかしたら永遠にこの作業は続くのかもしれない、と時たま考えてしまう。

永遠に続く広大なフィールドでのモグラ叩き……もしくはサグラダ・ファミリア建設のような、終わりのない作業……。これはまた、自分の心との闘いであることも認識しながら、新しい年も古本屋への道のりを、勇ましく、そして迷いなく歩んでいきたい。

（二〇一〇年一二月二四日・第九七号）

今行かないと絶対に後悔する

◉古本屋ツアー・イン・ジャパン二〇一一

神戸に始まり、日立、飯倉、角田、福島、焼津、つくば、蒲郡、草津、高崎、静岡、高岡、信濃追分、川名、北三条、栃木、須賀川、北軽井沢、鹿島神宮、秩父、鶴岡、塩釜、水沢、横手、前橋、月江寺、仙台、盛岡、益子、中之条、磐田、飯田、大津、小名浜、京橋、大阪、別府、小倉、小山……。

二〇一一年一二か月分のブログを遡り確かめた、古本屋さんを訪ねた地方の街を列挙すると以上のようになる。

今年は都心近くの、訪ねるべき未踏の古本屋さんが少なくなっているため、より地方に足を延ばすことを心がけたのである。がんばったな、という気もするが、まだまだなという感じも否めない。

いや、本心をいえば「感じ」の話などではないのだ。単純にもっと行きたいのだ。地方に！　遠くに！　行ったことのない古本屋さんに！　こうまで意気込んでしまうのは、やはり三月の大震災の影響があるのかもしれない。

「今見に行かないと、絶対に後悔する。本当にいつなくなってしまうかわからないから」という漠然とした不安からの行動である。しかしこれが逆に自分のエネルギーとなっている。とにかくお店を記録に留めるのだ、と、時間と財布の許す限りの、リミッター外しかけの、綱渡りな九か月を過ごしてしまう（もちろん現在も継続中である）。

特に復興に向かう東北には、何度も訪れることとなった。すっかり元通りに立ち直ったお店、再興中のお店、残念なことに閉じてしまったお店もあった。しかし、実際のお店を目にしたことにより、自分の中では何かが形作られていく。

店主本人からも、

「ウチの本は一冊も落ちなかった！」

「もう店の中はテンヤワンヤ」

「すぐ外に飛び出しちゃった」

「友達が行方不明なんじゃ」

などと聞いたりしながら、とにかくお店を闇雲に訪ね、古本を買い、自身の脳内古本屋地図を作成更新していく。おかげで地震前より、蔵書が増えてしまい、「本を買うのは、なるべく控えよう」などと思っていたのはどこへやら。以前は部屋の中でタワーとして存在感を放っていた本が、家内のそこかしこで低い台地として、生活圏をジワリジワリと侵食し続けている。

†

この年は、予想以上に新規開店のお店が多かった。都内を中心になんと三四軒。最近はやりのカフェ・雑貨屋兼業のスタイルだけではなく、古本一本のお店も次々とオープンし、新世代のうねりをダイナミックに感じさせてくれた。

この勇気あるお店たちに、何度ツアーの危機を救われたことか。それと同時に、店頭販売をやめるお店も、多く目の当たりにすることとなった。業界の新陳代謝と受け取れば明るく思考できるのだが、やはりお店を閉じられるのは非常に寂しいとしかいいようがない。

†

そしてこれだけ「古本屋ツーリスト」と勝手に称して、古本屋さんをめぐっていると、時に身に余る依頼が舞い込

んだりする。まずは三月一九日に、「西荻ブックマーク」というイベントで、岡崎武志氏とのトークショーを行うことになった。

　東日本大震災後の非常に落ち着かない状況ではあったが、ガチンガチンに緊張しながらおよそ五〇名の観客を前に二時間。精も根も尽き果てるが、なんとか古本屋さんをめぐり続ける思いの丈を話しまくれたようで、自分にとっての心のターニングポイントとなった。その場に居た、すべての方に感謝したい。

　これがきっかけとなり、一〇月二九日には、なんと「神奈川県古書籍商業協同組合」からトークの依頼があり、古書の日の「古本屋開業講座」の一環として、またもや、ド緊張しながら人前で話しをすることになってしまった。

　古本屋さんになりたい方々と、プロフェッショナルの古本屋さんに周囲を固められながらも、ほとんどブログの勢いそのままに、古本屋さんについて語らせていただいた。これはもう本当に懐の深い、神奈川県古書組合のみなさまに感謝である。

†

　さらに一二月一〇日からは、ようやく念願の古本販売を開始することになった。買う一方だった私が、ついに供給側へと足を踏み入れてしまったのだ。西荻窪〈盛林堂書房〉さんの常設棚貸しイベント〈古本ナイアガラ〉の最下段で、〈フォニャルフ〉と称し、常時三〇冊ほどの本を並べさせていただいている。

　始めてみると、これが非常に面白く、テーマに頭を悩ませたり、補充をしたり、売れたり売れなかったり、お店が気になってしょうがなくなったり、棚に合う本を探したり買ってみたりと、新鮮な体験の連続なのである。

　もちろん私などは、児戯の域を出ない棚造り・販売なのだが、新しい一歩を踏み出せたようで、これからも真剣に頭を悩ませて、よい古本を並べていきたいと思っている。

†

　最後に、私にとって今年は、たくさんの探している本と、安い値段で出会えた幸せな年でもあった。状態の善し悪しはあるにはあるが、ネット販売ではなく、お店に直接出向いたからこその成果である。これだから古本屋ツアーはやめられない。

†

　二〇一二年も、探し求めている素晴らしい本たちや、まだ見ぬ古本屋さんとの出会いを切実に求め、全国を駆けずり回っていくつもりである。さて、いったいどんな一年になりますことやら……。

（二〇一二年一月二五日・第一一一号）

岐阜・倉敷・犬山で約束を果たす

◉古本屋ツアー・イン・ジャパン二〇一三

古本屋自主的調査活動五年目に突入した今年は、正月早々古本屋で地震に遭い、また「古本福袋」を買い古本で幸せを呼び込むことから、その古本屋まみれの一年をスタートさせた。古本的幸せをしっかりと呼び込めたせいなのか、何事もなく怒濤のように各地のお店に顔を出し、古本を買い続けることができた。

一月は京都〈善行堂〉で精算時に店主に正体を見破られ、二月は雪の気仙沼を訪れて不死鳥古本屋〈唯書館〉の再スタートを祝うことができた。

三月は店舗を持たぬ憧れの〈月の輪書林〉に突撃し強引にツアー。四月は塩尻でお休み中の倉庫のような〈対山堂書店〉に優しく招き入れてもらえ、五月は火力発電所の特需で湧く福島・植田〈瑞林堂書店〉で古本と共にコインを買った。

六月は、昭和三〇年代が冷凍保存された街、山梨の月江寺で〈不二御堂〉の登場に驚く。七月は琵琶湖畔に出向き、彦根〈半月舎〉・長浜〈さざなみ古書店〉の両女性店主店でやに下がる。

八月は関内に若者がオープンさせた詩に傾倒する〈中島古書店〉に感激し、九月は山形の〈紙月書房〉でミステリ・探偵小説文庫本を買いまくる。

一〇月は奈良に仕事で出張して仕事の合間に郊外の二店をめぐりつつ、神保町に勇気ある出店をした〈マニタ書房〉に拍手を送る。一一月は千葉・太東の崖際で古本を売る〈GAKE〉に「なんでこんな所で古本を売るんだ!」と思いつつ、秋田・羽後本荘の〈文弘堂書店〉で寒さに震えて棚を見る。

一二月は徳島から森下に移転した〈古書ドリス〉に感謝し、大阪の〈天牛堺書店 船場店〉で均一本を買う。

もちろんここに挙げた以外にも、印象的なお店は十指では足りないほどたくさん控えている。

†

それに私は一月の終りに、ある三店の古本屋さんと、お店を必ず今年中に訪ねることを約束していた……。岐阜〈徒然舎〉、倉敷〈蟲文庫〉、犬山〈五っ葉文庫〉である。

前回のメルマガ(二〇一二年七月二五日号・第一一七号)で、「話す相手が古本屋さんなら、私は『伺います』という言葉を、社交辞令には決してしない覚悟で生きていくつもりである」、などとほざいてしまったのだ。それが、必ず訪ねなければならぬ重い十字架として、ずっと背中にのしかかっていた。

しかしどうにか、五月に〈徒然舎〉、一一月に〈蟲文庫〉、一二月に〈五っ葉文庫〉を強引な滑り込みで訪ね、しっかりと約束を果たすことができた。それにしても古本屋さんを訪ねるのは、こんなにも難事業だったのか。

なぜそこまでして？　と自分でも時たま立ち止まって考えてしまうのだが、そこに未踏の古本屋さんがある限り仕方のないことと、もはや諦めてしまっている。それに十字架であった三店がどれもよいお店であったことが、結果としてとても爽やかな達成感をもたらし、さらなる古本屋さんへの旅を促し続けているのである！

†

このように、何かに呪われたかのような古本屋狂いと古本狂いの毎日、とここで結べば例年通りなのだが、しかし今年はちょっとひと味違い、全国から集めてきた古本を、さまざまな所で販売する機会に恵まれた一年でもあった。

西荻窪〈盛林堂書房〉の常設棚貸しイベント『古本ナイアガラ』(一月ごとにテーマを変えて三〇冊ほどを並べている)、わめぞ主催の〈みちくさ市〉と〈外市〉、そして一般古本界とはあまりクロスしないライターやクリエイターが主催したアナーキーな〈古本ゲリラ〉、六角橋商店街で夜に開かれる〈一箱古本市〉。これらへの参加に加え、自主的に古本屋に関するフリーペーパーを毎回創ることがまた楽しかった。「ナイアガラ」テーマ別の目録擬き、『中野通り古本屋ベルト』(中野通りを中心とした縦三×横一キロメートルに含まれる古本屋さんを紹介)・『古本屋テンプテーション・スパイラル』(自分がどれだけ古本屋が好きでしょうがなくて訪ねているかを、とことん言葉にして表現してみた試み)、『都電荒川線古本屋分布図』、『東海道古本屋さん六次』(神奈川古書組合での古本屋入門講座に備え、神奈川県内にある東海道の宿場町にある古本屋さんを訪ね、古本を買いまくるレポート)、『十九画の呪い』(どうして古本屋を訪ねるのかを、詩で表現した試み)、『古本屋レクイエム』(今年閉店した大好きかつ印

象的だった九店を取り上げ追悼)、『選挙に行って、一日赤いドリルで管を巻く!』(〈古書赤いドリル〉での一日店長的受動イベントに合わせて作成した、店主と私がお互いのことを書き連ねたもの) などなど。書き出してみると、明らかに作り過ぎであることがわかる。

†

元々は、古本屋を開きたくて始めた「古本屋ツアー」なのであるが、いまだ開業に乗り出す勇気も甲斐性もなく、もたもたしている間に、新しいお店や新世代のお店が次々と開店し羽ばたき飛び立っていく。勇者たちの行動にエールを送りつつ、私はその周囲をウロウロウロウロ様子を窺っているだけである。この調子だと、来年も古本屋にはなれずに、ますます古本屋調査にのめり込んでいく毎日を送るに違いない。

しかし、たとえそうだとしても、私はこの先の見えない「こちらが倒れるのが先か、お店を調査し尽くすのが先か」というチキンレースから降りるつもりは毛頭ない。来年は、北海道・青森・山陰・四国・九州・沖縄に足跡をつけてきたいものだと、すでに考えてしまっているのだから。

日本全国の古本屋さん、よいお年を! 来年もどうかよい古本を、よろしくお願いいたします!

(二〇一二年一二月二五日・第一二四号)

私は変わり者だった

◉古本屋ツアー・イン・ジャパン二〇一三

どうにかこうにか乗り切った。二〇一三年は、そう思える節目の年となった。古本屋調査のキモとなる、訪ねるべき未踏店の欠乏が、いよいよ深刻な障害となり、大きく目の前に立ちはだかってきたのである。いや、正直にいえば、未踏のお店はまだまだ悔しいくらいに残っている。要するにそれらが、住んでいる東京から遠く隔たっているために、おいそれと調査はできぬ状況となってきたのだ。

しかしそれでも、嵩む交通費をどうにか苦しくやりくりしつつ、一店一店を、まるで深海に素潜りで潜水して、海底の宝石を拾ってくるように、各地を訪ねては調査してくるのを、根気よく阿呆のように繰り返した。

つまり、毎年「未踏店の欠乏」を感じても、調査をまだ続けられているということは、どうにかそれをクリアしてきたことになる。クリアしたからには、さらに訪ねるべきお店は、より遠くになってゆくことになる。つまりは己の神経と交通費感覚を麻痺させ、航続距離をだましだまし延ばし続けているのである。

†

新発田、日光、米沢、宮古、鶴岡、柏崎、船引、大垣、益子、福井、東岡崎、電鉄石田、名取、石巻、保原、大形、伊豆高原、和歌山、三つ峠、円山公園、滝川、百合が原、神戸、白河、二川、相馬、尾張一宮、那覇、新下関、黒崎、鹿児島、富士、西那須野、新安城、武庫川、蔵王、田沼……。

もはや、字面ではどこの地方かわからぬ見知らぬ街を、古本屋を求めて多く訪ね歩いてきた。古本屋を目標にしていなかったら、一生縁のない場所だったかもしれない。そんな初めての土地で、見たことのない景色を眺め、空気を吸い、聞いたことのないイントネーションの言葉に接し、古本屋で本を買うことは、やはり至高の体験なのである。

段々と、その麻薬的快楽に溺れ、地方に行くことが己の使命であるように思い、非日常であるはずの旅が日常となり、次はどこに行こうかと常に考えている。

もはや「どこに行けるか」ではなく、「どこに行こうか」となってしまっているのである！　タガの外れた我慢比べほどおそろしいものはない。まるでギャンブルにのめり込むように、神経と正気を麻痺させ、賭け金を際限なく積み上げるがごとく、地方の古本屋に向かってしまう自分がいる。あぁ、この先私は、いったいどうなってしまうのだろうか。

しかしそのような我慢比べを継続した結果、今まで未踏だった、福井、和歌山、鹿児島、沖縄に足跡を残せたのは大きな収穫である。

†

その上、ここまで活動が派手になったのは、年末に刊行された初の著書『古本屋ツアー・イン・ジャパン　全国古書店めぐり　珍奇で愉快な一五〇のお店』（原書房）の存在が大きい。己の孤独な調査活動がある程度認められ、本という形になったのは、大変に喜ばしいことであった。その余勢を駆り、ますます古本屋ツアーに狂奔しているのである。

単行本を出した時に、よく「ブログはもうやめちゃうんですか？」と聞かれることが多かった。しかし私の心は、本を出したことで、より一層火が激しくなり、ゴウゴウと燃え上がったのだ。

今現在二〇一四年の始まりは、とてもおそろしいことになってしまっている。そのままのペースで一年進めば、単行本の発売などでは補塡できないほどの、確実になんらかの破滅を迎えそうな勢いなのである。さすがにちょっとペースダウンを……いや、そんな日和っていたら、間に合わないお店も出てくるはずだ。早く見に行かなければ！　もっと遠くへ！　などと日々葛藤し、眠れぬ夜を過ごしている。

そんなふうに無闇に駆り立てられるのは、もちろん未知の古本屋の魅力が

大きいのだが、近年は閉店への恐れも大きかったりする。二〇一三年は、今までそこにあるのが当然だったお店たちが、大衆店・名店・老舗店を問わず、店舗を畳んでしまう事例が、数多く起こった年でもあったのだ。また、チェーン店・個人店問わず、大型・中型のリサイクル系のお店が、次々と閉店しているのも、そんな危機感に拍車をかけているのであろう。

勇気ある新店も多数オープンしているのだが、やはりある時代をがっちりと支えてきたお店たちが、表舞台から去ってしまうのは、とても寂しいことである。

だが先述した新店と共に、新たな販売形式も登場しており、古本の世界は粘り強く、タフに広がり始めている。プロ・アマ・リアル・ネット古本屋問わず、カフェや雑貨店や洋服屋それに公共施設などで棚を借り、て古本を販売することが、目立ってきているのだ。以前からその萌芽はあったが、この年はそれがより顕著になった。常設ではないケースも多く、また切り替わりが激しく、なかなか調査しづらい対象ではあるが、古本が並んでいる限り、そこは私にとって訪ねるべき新たな形式のお店である。

また、東日本大震災以降の、関東・東北太平洋沿岸一帯の古本屋消息調査も、常にツアーの重要なテーマとして存在している。長い時間をかけて、銚子、いわき、宮古、石巻、塩釜、相馬などを訪れ、力強くたくましく古本を売り続ける姿を目にしてきた。二〇一四年一月には、早々と釜石に行くこと

ができたので、次は青森県初ツアーで八戸のお店を訪ねようと、固く心に誓っている。

†

最後に本を出したことにより、気づいたことをひとつ。それは、私が実は「変わり者」だったということである。今まで「古本屋ツーリスト」としての顔は、いわゆる古本好きの方しか知らなかったので、その行動や蔵書量についてなど、特に、「おかしいですよ」などと指摘されることはなかった。

しかし、本を出したことにより、周囲のあまり古本と関わらぬ一般の人々にも知れるところとなったため、単行本を手にして、目次を眺め、掲載の部屋の写真を見て、驚かれ、笑われ、

「おかしいよ」

「普通じゃない」

「変わってるね」

「前からおかしいと思っていた」

「毎日？　毎日古本屋に行くの？」

といった言葉をいただくことになってしまった。……あぁ、そうか。私は変わり者だったのである。

今年も全国の古本屋さんを調査して回り、変わり者の度合いをより一層深めて参ります。

それと贅沢にもうひとつ望みを上げるとしたら、古本屋さんで自分の本を、古本として買ってみたい。本ができたことにより新たに生まれた、古本屋ツーリストとしての真剣な思いである。

（二〇一四年一月二四日・第一五〇号）

いつか完全版をつくりたい

◉古本屋ツアー・イン・ジャパン二〇一四

毎年この時期に、どうにか切り抜けた古本屋さんと古本まみれの一年を回顧して、この場を借りて書き記しているのだが、全体的に各年を並列して俯瞰してみれば、それはほぼ同じことの繰り返しであるような一年一年であるはずなのに、それでも一度として同じ一年はないのである。

†

昨年を一言でいえば、神保町に身も心も捧げた一年ということになるだろう。拙著『古本屋ツアー・イン・神保町』をまとめるために、神保町とその周辺で古本を売っている場所を、余すところなく調べ続けていたら、自然と神保町に入り浸ることとなってしまった。

†

街の中に散在するおよそ一五〇店を、年の初めには半分ほどすでにツアーし終えていたとはいえ、それでも残りの七〇店を六か月余で調べ尽くさねばならぬ状態であった。

　また、過去のツアー時より様相の変わっているお店や、意外に出現する新店もフォローしていかなければいけない。なおかつ店仕舞いをするお店も出てきたりするので、神保町に足を踏み入れたら一店のツアーだけでは済まずに、古書街全体の動きを敏感に察知し、本作りのための情報を更新していかなければならなかったのである。

　そんなふうに苦心して街を徹底的に歩き回り、一冊の本を上梓したのだが、

これはあくまでも街の一面を捉えただけであって、これで神保町の全貌が、などと愚かな主張をするほど鉄面皮ではない。これからも街は変わり続けるだろうし、お店の入れ替わりもあるだろう。何より雲の上の事務所店がワンサカ残っているのだ。いつの日かそれらもツアーさせていただき、『古本屋ツアー・イン・神保町　完全版』を作りたいと、早くも夢見ていたりする。

†

　神保町に心血を注いでいる間は、それほど地方に足を延ばすことはできなかったが、それでも釜石と八戸に足跡を残し、これでひとまず大震災以降の太平洋沿岸古本屋消息を、一通り調査し終えたことになった。

　久々の京都では二泊三日で腰を据え四店をツアー。札幌ではアイヌ文献に強い〈サッポロ堂書店〉を早い雪の中に訪れ、すっかり閉店していたと思って

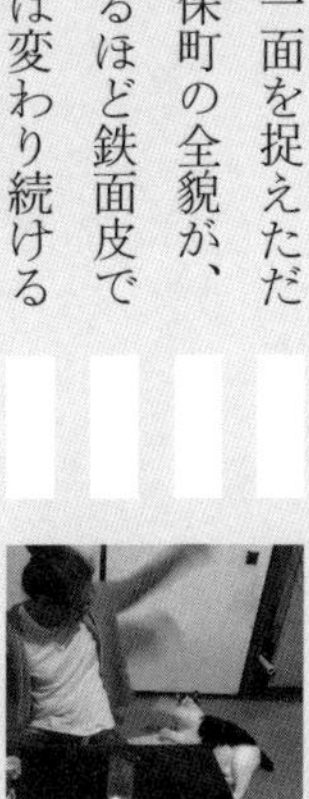

いた長野北部の信州中野〈ブックス柳沢〉に入れたのも僥倖であった。一時期古本屋不毛の地になりかけた新潟では、年末ギリギリだったためにお店に入ることは叶わなかったが、新店やブックカフェの影を捉えることに成功した。

　続いて一年を通しての、首都圏での新開店と閉店のせめぎ合いを見てみよう。

　開店したのは〈水中書店〉、〈藍書店〉〈午後の時間割〉、〈星雲堂秋葉PX〉、〈古書ウサギノフクシュウ〉、〈BOOK CAFE 二十世紀〉、〈ちがりん書店〉、〈書肆逆光〉、〈東京ベンチ〉、〈古本なべや〉、〈古本 雲波〉、〈狐白堂〉、〈青

と夜ノ空〉、〈えほんのがっこう〉、〈澤口書店　東京古書店〉、〈Tweed Books〉などが代表的なところであろうか。

閉店したのは〈國島書店〉、〈谷川書店〉〈寅書房〉、〈ほんだらけ本店〉、〈浅草古書のまち〉、〈赤い鰊〉、〈新生堂奥村書店〉、〈猫額堂〉、〈木犀堂〉、〈トップ書房〉、〈なずな屋〉、〈ひばり書店〉、〈小林書店〉、〈古書いとう〉、〈山の手文庫〉、〈ブックパワー　ＲＢＳ〉、〈サンダル文庫〉、〈中神書林〉、〈喜楽書房〉、〈星雲堂秋葉ＰＸ〉。

両方に〈星雲堂秋葉ＰＸ〉が入っているのは、開店から閉店までの時間が極端に短かかったからである。その理由は、店内にシリアと新疆ウイグル自治区での求人募集を貼り出していたため、それが問題となり閉店に追い込まれた。結果として去年一番マスコミを騒がせた古本屋さんとなったわけだが、ただお客として通っていた私にとっては、安値の掘り出し物が多い、電気街の静かで薄暗いお店でしかなかった。

かようにさまざまな理由で名店や地元店たちが、蠟燭が尽きるように消えていっている。またその一方、希望に燃えた新店もさまざまな営業形態で日々船出しているのが現状である。

心の中に墓標のように建つ、思い出の古本屋さんは増える一方だが、現実のお店の数は減少傾向にあるとはいえ、日々勇気ある開拓店が姿を現すので、まだまだそう簡単に、古本屋事情は変わらないのではないだろうか。いや、実際に粘って粘って粘り抜いていただきたい！

†

また毎日血眼で古本屋さんを探していると、街の片隅でひっそりと息を殺し、忘れ去られたように営業を続けているお店に、出会ったりすることもあった。大山〈大正堂〉、蒲田〈石狩書房〉、清瀬〈臨河堂〉、押上〈イセ屋〉、北赤羽〈桐北書店〉、松戸新店〈つなん書房〉、などは、特に天然記念物的で貴重な発見と自負する。

粘り過ぎたために、もはや植物の域に達したお店たちであるが、今日もひっそりと古本の花を、街に咲かせているのである。

ツアーを重ねる度に、段々と訪ねるべき未調査のお店はその数を減らしていくのだが、日々のブログは再訪問やテーマを決めてルート設定したりと、工夫しながら更新を続けている。その場合、お店の調査ではなく行動の記録が主となるため、それほどの集中力は必要としない。そのため自然その比重はブックハントに移ることとなる。
そうなると再訪問するお店の見方もちょっと変わり、以前はわからなかったジャンルのよさや棚の流れを発見したりすることもあるのだ。古本屋さんは、こちらの行動や心構えによって、かようにも姿を変えるものなのか、と改めて気づいた二〇一四年でもあった。

†

そしてすでに走り出した二〇一五年。その元日に、東京の三大古本屋街である神保町、本郷、早稲田の休養する姿を堪能した後、あるお店の店頭で古い一冊の本をつかみ出す。これは、私が今までつかみ取って来た古本の中でも、一等貴重なものであろう。それが五〇〇円。古本屋さんの店先には、まだまだこんな夢が転がっている。恐るべきロケットスタート（本書「どひゃっほう録」参照）。しかしこれで早々に、一年分の古本運を使い果たしてしまったのかもしれない。それでもめげずにこれからもさまざまなお店をツアーして、古本を買いまくることを、ここに誓います！

（二〇一五年一月二六日・第一七四号）

【「日本の古本屋」メールマガジン】
◉二〇一〇年一二月二四日・第九七号……古本屋ツアー・イン・ジャパン2010を振り返って
◉二〇一二年一月二五日・第一二一号……2011年の古本屋ツアー・イン・ジャパン活動報告
◉二〇一二年一二月二五日・第一二四号……古本屋ツアー・イン・ジャパン2012年を振り返って
◉二〇一四年一月二四日・第一五〇号……古本屋ツアー・イン・ジャパンの2013年を振り返って
◉二〇一五年一月二六日・第一七四号……古本屋ツアー・イン・ジャパンの2014年を振り返って
より転載

あとがき

私は元来、空っぽな男である。先のことなど考えずにいいかげんで、なんのために暮らし、なんのために生きているのか、これからどうしてゆくのかなど、真剣に考えたこともなく、漫然と流されるように毎日を過ごしてきた。それほどの思想も信条もなく、何者でもないひとりの男として、大河の隅に浮かんだ泡粒のように、ただ時間の流れと何かの勢いに押し動かされ、ちょっとだけ焦りながらも、今までをダラダラ過ごしてきた。こう書くと、とても陰鬱で無気力で怠惰な人生を送ってきたかのようだが、己の内心以外はそうでもなく、とりあえず世間的には色々がんばってはいた。

二〇代後半から主にフリーランスのグラフィックデザイナーとして活動を続け、どうにかこうにかこの歳まで、生き延びてこられた。それはそれで充実し、今でも「良く生きる」ためのひとつの要素であると理解している。しかし、そこには圧倒的に、常に何かが不足していたのである。

装幀した本が上がってきたとき、ライブのステージ撮影に挑み決定的瞬間をファインダーに捉えたとき、その瞬間に大きな喜びは確かにあった。だがしかし、それらはすべて明確な輝ける対象があってこそ得られる喜びで、そこにあるのは圧倒的な創造者たちが発現する、己が決して持ちえぬ、まぶしいまぶしい光であった。その光を目にしてしまうと「俺はいったいここで何をしているんだ。俺には何が創り出せるというのか」という嫉妬や悔しさや苦しみが渾然一体となって胸の内に込み上げ、存在しない苦い汁が口中に、いつでもジワリと広がるのである。いったいどうしたら、代わりのきかぬ何者かになれるのだろうか……それは決して名誉欲や功名心ではなく（しかしこれらが多少は関係していることは否めない）、純粋に何かを表現したいという、火のように激しい欲望の表れであった。空っぽで虚ろな心を、何かで埋めたいという、切実な願いであった。心の底から打ち込める何かが欲しいという、切望であった。

そして四一歳のとき、ついに出会ったのが「古本屋」である。この、愉快で自由で、深く楽しく、時に理解の範疇を越えた職業を調査報告することが、私の心の飢えをついに癒す存在となってくれたのである。もちろん最初はただの趣味と実益を兼ねようとして始めた、古本屋調査のブログだったのだが、それがやがて恋心のように大きくなり、毎日通い詰めるようになり、毎日古本に血眼になることが、いつしか人生のすべてになってしまったのである。

空っぽな心は、たちまち古本屋の情報で埋め尽くされていき、命を懸けて表現していくべき事柄になってしまったのである。いや、この言い方は卑怯だ。これは私自身が選択したことなのだ。命と人生を懸けて、全国の古本屋を調査し続けることを決意したのである！　いや、決して笑わないでいただきたい。何をこの男は古本屋などにとち狂い血迷っているのかなどと。このついに見つけた「古本屋を調査して文字に記録していく」というテーマは、私にとっては初めて人に認められ、なおかつ何者かになれる足掛かりのような気がしているのである。それは、スポーツで頂点を目指すことや、小説を書き上げることや、歌を唄えることや、詩を作れることや、平和な社会を作ることや、子供を育てることや、新たな元素や天体を発見することなどに、私にとっては充分匹敵する事柄なのである。これが存在理由であり、生きている証なのだと！

そしてそこには、別に古本屋業界を盛り上げようとか、手助けをしたいなどという殊勝な気持ちはなく、ただ、ひとつとして同じお店がない個性的過ぎる古本屋たちを、ひたすら己が楽しみ紹介していきたいという、利己的で単純な気持ちがあるばかりである。

前作もそうであるが、新たな単行本として己の魂やその決意が、物質としてこのように結晶するのは、とても喜ばしく光栄なことである。これからも進み続ける暗くか細い道の足元を、ぼんやりと照らし出してくれる武器として、この二冊揃えばもはや凶器に成りうる分厚い本たちで身を守り、長く果てしない旅路の友とするつもりである。

その魂の結晶である本が形になるのには、多くの人の協力が必要であった。冒頭でプライベート空間でもある書庫を惜しみなく公開していただいた四人の古本神、岡崎武志氏、池谷伊佐夫氏、南陀楼綾繁氏、日下三蔵氏（掲載順）には畏怖を抱きながらも感謝を。ご多忙のなか、帯文を書いてくださった喜国雅彦氏には、憧れの本棚探偵のライバルと認めていただき、滂沱の嬉し涙を流しながらも、いつの日か勝負を、と不遜にも企み始める。旧江戸川乱歩邸の取材では、新保博久氏に何度も相談にのっていただき、おかげで大きな夢をひとつ実現することができた。前作に引き続き、またもや私のヒド過ぎるラフ画から素晴らしい表紙絵を描いてくださった草間さかえ氏には、いくら感謝してもしきれません。そして前作同様、デザインを担当していただいた小沼宏之氏と編集担当の百町研一氏には、信用と力ある仲間として、ともに最後まで走っていただけたことに頭を垂れる。

最後に日本全国の古本屋の皆様、そしてブログを読んでくださるとともに本を手にとってくださった皆様に、心よりの感謝を捧げます。本当にありがとうございます！　私はまだ何者にも成り得ていないので、これからも古本屋を調査し続けてみます。その先に何が待っているかはわかりませんが、とにかくこの道のさらに奥深くに分け入り、最後まで歩き通していくつもりです。

もはや初秋の九月終りに、仕事場のさらに高くなった古本の山に、厳重に囲まれて。

小山力也

東京・東小金井	20091001	竹林書院	▶店舗閉店
東京・東小金井	20120217	ブックセンターいとう 小金井店	▶店舗閉店
東京・東小金井	20090213	BOOK・ノーム	小金井市東町4-37-23
東京・東中神	20090227	○ 古書 中神書林	▶店舗閉店
東京・東伏見	20150507	リサイクルショップそれいゆ	西東京市東伏見2.2
東京・東福生	20120324	Good King's	福生市福生2172
東京・東村山	20131117	302 きりん館［駄菓子屋］	東村山市久米川町4-46-64
東京・東村山	20120110	なごやか文庫	東村山市諏訪町1-3-10
東京・東大和市	20130109	ブックセンターいとう 東大和店	▶店舗閉店
東京・一橋学園	20090817	ブックステーションumu	▶店舗閉店
東京・ひばりヶ丘	20140922	近藤書店	▶移転 西東京市ひばりが丘北3-2
東京・ひばりケ丘	20090526	古本 ひばり書店	西東京市谷戸町2-16-10
東京・ひばりヶ丘	20110811	ブックスアトランダム	▶店舗閉店
東京・府中	20140310	木内書店（仮店舗）	府中市寿町2-1-28
東京・府中	20091126	recycle book st@r*books	▶店舗閉店
東京・府中	20100314	古書 夢の絵本堂	府中市府中町2-20-13
東京・府中本町	20090320	251 落兵衛図書園	府中市本町2-13-30
東京・府中本町	20120124	ブックスーパーいとう 府中店	▶店舗閉店
東京・福生	20091206	ブックスタマ&ブックセンターいとう 福生店	福生市福生1076
東京・分倍河原	20090528	本の越後屋	▶店舗閉店
東京・保谷	20081217	アカシヤ書店	練馬区南大泉3-27-18-102
東京・保谷	20090526	とんぼ堂	▶剣道具の店に
東京・町田	20090502	成美堂書店	▶店舗閉店
東京・町田	20090502	高原書店	町田市森野1-31-17
東京・町田	20090916	ツヅキ堂書店 鶴川店	▶店舗閉店
東京・町田	20140728	町田市役所 古本リユースコーナー	町田市森野2-2-22
東京・三鷹	20090721	アゲイン	▶店舗閉店
東京・三鷹	20120402	風待文庫	▶店舗閉店
東京・三鷹	20110818	時代屋 三鷹店	▶店舗閉店
東京・三鷹	20080717	古書上々堂	三鷹市下連雀4-17-5
東京・三鷹	20140118	水中書店	武蔵野市中町1-23-14
東京・三鷹	20130327	古本 ギャラリー 喫茶 点滴堂	武蔵野市中町1-10-3
東京・三鷹	20080801	book & café phosphorescence	三鷹市上連雀8-4-1
東京・三鷹	20100117	BOOKS三鷹	三鷹市下連雀3-20-14
東京・三鷹	20120828	ブックセンターいとう 東八野崎店	▶店舗閉店
東京・三鷹	20090923	ブックステーション武蔵野	▶移転
東京・三鷹	20130417	無人古本屋	武蔵野市西久保2-14-6
東京・三鷹	20100117	REGINA	▶店舗閉店
東京・三鷹台	20080827	242 絵本専門古本屋B-RABBITS	▶閉店 〈ばくの店〉に
東京・南大沢	20120817	アバンティブックセンター 南大沢店	▶店舗閉店
東京・武蔵小金井	20090104	伊東書房	▶店舗閉店
東京・武蔵小金井	20141118	イナズマ娘。	▶店舗閉店
東京・武蔵小金井	20140131	シャトー2F［カフェギャラリー］	小金井市本町6-5-3
東京・武蔵小金井	20090311	中央書房	小金井市本町2-20-2
東京・武蔵小金井	20081223	古本ジャンゴ	小金井市中町4-14-14
東京・武蔵小金井	20131218	古本はてな倶楽部	小金井市貫井北町3-31-20
東京・武蔵境	20090211	境南堂書店	▶休業中
東京・武蔵境	20110215	SELECTED BOOKS 浩仁堂	武蔵野市境1-17-6
東京・武蔵境	20110118	BOOKSバリオ	武蔵野市境2-3-4
東京・武蔵境	20150103	プリシアター・ポストシアター	武蔵野市境南町3-25-18
東京・八坂	20100630	古書 ゲームドラゴン2	▶店舗閉店
東京・矢野口	20101025	ブックランド稲城店	稲城市東長沼823-5
東京・矢野口	20120420	ブックスーパーいとう 矢野口本店	▶店舗閉店
東京・山田	20091017	池畑書店	八王子市緑町377-5
東京・谷保	20130811	gallery & books circle［雑貨屋］	国立市谷保5119 やぼろじ内

古《ふる》本《ほん》屋《や》ツアー・イン・ジャパン　それから

全《ぜん》国《こく》古《こ》書《しょ》店《てん》めぐり　珍《ちん》奇《き》で愉《ゆ》快《かい》な一五五《ひゃくごじゅうご》のお店《みせ》

二〇一五年一〇月三〇日　初版第一刷発行

著者……小山力也《こやまりきや》
装画……草間さかえ
ブックデザイン……小沼宏之
発行者……成瀬雅人
発行所……株式会社原書房
〒一六〇－〇〇二二　東京都新宿区新宿一－二五－一三
電話…代表〇三（三三五四）〇六八五
http://www.harashobo.co.jp
振替　〇〇一五〇－六－一五一五九四

印刷……新灯印刷株式会社
製本……東京美術紙工協業組合

ISBN978-4-562-05253-0 Printed in Japan

小山力也［こやま・りきや］

一九六七年、神奈川県生まれ。古本屋ツーリスト。グラフィック・デザイナー。日本全国の古本屋と古本を売っている場所の全調査踏破を目指す無謀なブログ「古本屋ツアー・イン・ジャパン」を二〇〇八年五月から開始。これまでアップされた古書店の記録は二〇〇〇件に及ぶ。著書に、ブログ記事から選り抜いてまとめた『古本屋ツアー・イン・ジャパン――全国古書店めぐり　珍奇で愉快な一五〇のお店』（原書房・二〇一三年）、世界一の本の街、神保町のお店をまとめた『古本屋ツアー・イン・神保町』（二〇一四年）、『古本屋ツアー・イン・首都圏沿線』（以上、本の雑誌社・二〇一五年）がある。また二〇一五年には、岡崎武志との共編により『野呂邦暢古本屋写真集』（盛林堂書房）を刊行した。

特別付録

古本屋全国ツアー・リスト

2008▼2015

●——古本屋ツアーで訪れた古書店を地方ブロック／エリアごとに掲載しました。

●——記録が開始された2008年5月10日から2015年5月31日までブログにアップされたおよそ2000件の記事から、再訪分などを除いた1830軒あまりを採録しています。

●——地方ブロックは、「北海道・東北」「関東」「中部」「近畿」「中国・四国」「九州・沖縄」「東京」とし、特にツアー件数が多い「東京」は独立させ、「東京」内で、23区とその他の順になっています。

●——各ブロック内では、都道府県ごと、さらに最寄り駅・停留所名や地区名などの50音順、店名50音順に配列してあります。

●——店名の前の3桁の数字は本書掲載ページ、○印は前巻『古本屋ツアー・イン・ジャパン』(2013年刊)掲載店を示しています。

●——リストに掲載した古書店の中には、移転、閉店、オンライン書店や目録販売へなど営業形態の移行、名称変更をしている場合がありますので、訪問の際は必ずご確認をお願いします。

●——著者が未訪問の古書店も多数ありますので、本ツアー・リストにない古書店の検索は、『古本屋名簿』(日本古書通信社発行)やWEBサイト『日本の古本屋』、各種古書店案内の利用をお勧めします。

エリア	ツアー日	店名	住所
北海道・東北			
北海道・琴似	20100217	027 古本と喫茶 ソクラテスのカフェ	札幌市西区琴似二条7-2-5 メシアニカビルB1F
北海道・札幌	20080531	ケルン書房	札幌市西区琴似1条1-7-18
北海道・札幌	20141114	サッポロ堂書店	札幌市北区北9条西4-1-2
北海道・札幌	20081012	023 さっぽろ萌黄書店	▶店舗閉店
北海道・札幌	20090329	024 大学堂書房	札幌市中央区南3条西7狸小路
北海道・札幌	20081012	022 古本 なづな書館	▶店舗閉店
北海道・札幌	20090329	025 八光書房	札幌市中央区南3条西8丁目12
北海道・札幌	20081011	○ 趣味の古書 北海堂	札幌市中央区南6条西3丁目
北海道・滝川	20130831	ブックランド バイ	滝川市本町3-1-31
北海道・円山公園	20130831	古本専門店 らくだや	札幌市中央区大通西23-1-1
北海道・百合が原	20130901	028 ARS書店	札幌市北区太平8条4-10-12
青森・長苗代	20140322	030 古書 坐来	八戸市下長2-3-22
秋田・秋田	20090131	033 古ほんや 板澤書房	秋田市大町5-3-27
秋田・羽後本荘	20121114	○ 文弘堂書店	由利本荘市花畑町1-56
秋田・能代	20140111	036 市民プラザ	能代市元町3-11
秋田・横手	20110617	横手書店	横手市安田字八王寺108-1
岩手・一ノ関	20101128	○ 虔十書店	一関市大町5-23
岩手・釜石	20140112	042 古本小屋	釜石市中妻町1-5-3

岩手・釜石	20140112		松坂屋 とればに店	釜石市大渡町2-6-1
岩手・水沢	20110613	038	白神堂書店	奥州市水沢区袋町2-36
岩手・宮古	20130209	○	春夏冬書房	宮古市西町3-3-9
岩手・盛岡	20090202	○	浅沼古書店	盛岡市本町通3-15-23
岩手・盛岡	20080622		キリン書房	盛岡市内丸6-11
岩手・盛岡	20110717		ブックショップさとう	盛岡市愛宕町2-3
岩手・盛岡	20110717		TUMI	盛岡市本町通1-11-33
岩手・盛岡	20090202		東光書店	盛岡市上ノ橋町1-56
山形・蔵王	20131211	046	舘岡商店	山形市蔵王成沢1583 ▶店舗閉店予定
山形・鶴岡	20110612	○	阿部久書店	鶴岡市山王町8-21
山形・鶴岡	20130317	044	なんだ屋	鶴岡市錦町11-12
山形・山形	20101106	○	香澄堂書店	山形市旅籠町1-1-2
山形・山形	20120902	○	紙月書房	山形市六日町7-53
山形・米沢	20130112	○	羽陽書房	米沢市丸の内2-3-25
宮城・角田	20140106	054	買取屋本舗 角田店	角田市角田字13-9
宮城・北山	20110715	○	古書 ビブロニア書店	仙台市青葉区三条町12-10
宮城・気仙沼	20120225	○	唯書館 気仙沼店	気仙沼市東新城1-6-6
宮城・塩釜	20110613		明日香書店	塩竈市東玉川町9-18 ▶事務所店に
宮城・仙台	20091003		古本とビデオ あずみの書房	仙台市宮城野区小田原1-4-36
宮城・仙台	20080526		火星の庭	仙台市青葉区本町1-14-30
宮城・仙台	20080930		熊谷書店	仙台市青葉区一番町1-5-10
宮城・仙台	20091003		サトウ書店	仙台市青葉区川平3-37-13
宮城・仙台	20101113	050	尚古堂書店	仙台市青葉区大手町7-21
宮城・仙台	20080930		昭文堂書店	仙台市青葉区一番町1-5-8
宮城・仙台	20120622	○	鉄塔文庫	仙台市青葉区一番町2-3-30 中央市場内
宮城・仙台	20110715	052	ぼおぶら屋古書店	▶店舗閉店 通販・ネット販売へ
宮城・仙台	20080930		本にゃら堂	▶店舗閉店 ネット書店に
宮城・仙台	20081206	048	書本 & café magellan	仙台市青葉区春日町7-34
宮城・仙台	20081027		萬葉堂書店 泉店	▶店舗閉店
宮城・名取	20110715	○	有隣堂書店	名取市増田1-2-4
福島・会津若松	20120617	○	勉強堂書店	会津若松市一箕町大字鶴賀上居合175-7
福島・安積永盛	20120330	○	Small Town Talk	郡山市安積町荒井字荒井12
福島・いわき	20140819		植田コイン 平店	いわき市平鍛冶町21
福島・いわき	20100909		共立前書店	いわき市内郷御厩町1-107
福島・いわき	20100909	○	平読書クラブ	いわき市平家尼子町3-4
福島・磐城棚倉	20121221		BOOKランド 棚倉店	東白川郡棚倉町棚倉新町24
福島・植田	20120520	○	瑞雲堂書林［古銭・骨董］	▶〈瑞芳堂〉 いわき市東田町1-27-13 古本は〈植田コイン 平店〉へ移動
福島・小名浜	20110827		ときわ書店 いわき小名浜店	いわき市小名浜岡小名広畑27-6
福島・郡山	20100530		古書てんとうふ アネックス	▶店舗閉店
福島・郡山	20100530		古書てんとうふ 池ノ台本店	▶移転
福島・郡山	20100530		徳本堂	郡山市中町8-2 吉川ビル2F
福島・郡山	20130322		古書ふみくら 郡山店	郡山市静町42-5 ▶店舗閉店 ネット書店に
福島・白河	20130818		白河戊辰見聞館 古書コーナー［歴史博物館］	白河市中町65
福島・須賀川	20110521		BOOKランド 橋本書店	▶店舗閉店
福島・須賀川	20110521	○058	古書ふみくら 須賀川店	須賀川市馬町1-3
福島・相馬	20130921	056	書林堂	相馬市中村字新町237
福島・福島	20110122		大槻本店	▶移転
福島・福島	20120808		政文堂書店	▶店舗閉店
福島・船引	20130429		BOOK・JOY	田村市船引町船引原田83-1
福島・保原	20130512		ぶっくらんど	伊達市保原町5-4
関東				
茨城・赤塚	20111105		木葉書店	水戸市見川5-126-26
茨城・荒川沖	20101208	061	古書ヒロ書房	土浦市西根南3-4-24
茨城・潮来	20121120		アイモア カスミ特設会場古本市	潮来市潮来6065

茨城・牛久	20110306	コミックビデオ流通センター	牛久市岡見町2241-1
茨城・牛久	20090423	○ 古本・尚文堂	牛久市栄町3-162-2
茨城・牛久	20090426	高島書店	牛久市南1-44-16
茨城・偕楽園	20100808	○ 古書どらびび	水戸市千波町483-1
茨城・鹿島神宮	20110603	BOOK ROAD かしま店	▶店舗閉店
茨城・佐貫	20131221	コスモ堂龍ヶ崎店	龍ケ崎市松葉5-10-9
茨城・下妻	20091114	リサイクル本屋さん ピノキオ	下妻市長塚41-1
茨城・つくば	20100526	学園都市古書センター	つくば市天久保1-1-6
茨城・つくば	20130614	PEOPLE	つくば市天久保3-21-3
茨城・つくば	20110211	文庫堂 天久保店	つくば市天久保3-18-1
茨城・土浦	20130331	つちうら古書倶楽部	土浦市大和町2-1-1F
茨城・土浦	20100710	れんが堂書店	▶事務所に
茨城・土浦	20121122	れんが堂書店 イトーヨーカドー店	▶店舗閉店
茨城・友部	20140921	筑波海軍航空隊記念館 古本市	笠間市旭町654
茨城・延方	20140608	ブックサイト潮来店	潮来市曲松2693-2
茨城・日立	20110119	佐藤書店	日立市弁天町1-22-1
茨城・古河	20110507	神田一書店	▶移転 古河市中央町1-4-19
茨城・古河	20100606	たわしや古本店	古川市本町2-4-28
茨城・古河	20111112	古河書店	古河市東4-1-30
茨城・水戸	20081124	チャオ	▶店舗閉店
茨城・水戸	20080802	とらや書店	水戸市三の丸1-4-8
茨城・竜ヶ崎	20091226	○ 古書モール 竜ヶ崎	龍ケ崎市馴馬町754-2F
栃木・足利	20090613	秀文堂書店	足利市永楽町6-13
栃木・足利	20090613	中西尚古堂	足利市昌平町2345
栃木・宇都宮	20131230	analog books	宇都宮市元今泉4-19-16(TSUTAYA宇都宮東口店内)
栃木・宇都宮	20090228	ハーマン御幸鑑定団	宇都宮市御幸町289-1
栃木・宇都宮	20091228	飛行船 鶴田店[リサイクルショップ]	宇都宮市鶴田2丁目11-4
栃木・宇都宮	20080510	山崎書店	宇都宮市材木町3-4
栃木・小山	20111209	進駸堂 中久喜本店	小山市中久喜(大字)1345-6
栃木・黒磯	20100719	○ 白線文庫	▶移転 鳥取県東伯郡湯梨浜町旭127-2
栃木・佐野	20150315	レトロ和家[古道具]	佐野市大祝町2272
栃木・下今市	20101024	analog books	▶休業中
栃木・新栃木	20110515	ガラクタ鑑定団	栃木市平柳町2-26-26
栃木・新栃木	20100822	貴船堂書店	栃木市平柳町1-7-2
栃木・新栃木	20110515	読み書き堂	栃木市嘉右衛門町9-12
栃木・雀宮	20100410	○ すずめ書房	宇都宮市若松原1-22-30
栃木・田沼	20131130	069 蓼沼文房具店	佐野市出流原町456
栃木・栃木	20110302	063 長谷川枕山堂	栃木市境町2-9
栃木・栃木	20101225	吉本書店	栃木市柳橋町6-25
栃木・西那須野	20131124	067 古本丸高	那須塩原市睦105
栃木・日光	20130113	○ 霧降文庫	日光市所野1541-2546
栃木・野木	20100606	古本のワニワニ堂	下都賀郡野木町丸林551-1
栃木・益子	20130524	Antique道具屋[アンティークショップ]	芳賀郡益子町益子3132-4
栃木・益子	20110724	064 内町工場[古道具・雑貨屋]	芳賀郡益子町益子897
栃木・益子	20110724	065 starnet[カフェ]	芳賀郡益子町益子3278-1
栃木・益子	20120414	古書 高舘書林	芳賀郡益子町益子1688 添谷書店内
栃木・益子	20140426	071 ハナメガネ商会	芳賀郡益子町益子1665
栃木・益子	20130524	○ 古陶磁 李朝[古陶器屋]	芳賀郡益子町益子3271
群馬・北軽井沢	20110514	○ 古本 & 紙雑貨 kiji books	吾妻郡長野原町北軽井沢1990-3407
群馬・桐生	20101009	書肆画廊奈良書店	桐生市本町4-334
群馬・桐生	20101009	雄文堂書店	桐生市本町3-5-5
群馬・新町	20100731	ブックス カラスガワ[新刊書店]	高崎市新町2829
群馬・高崎	20091004	073 赤坂堂書店	▶店舗閉店
群馬・高崎	20110330	古本 一寸堂	高崎市江木町333-1-3F
群馬・高崎	20110129	うさぎの本棚	高崎市高砂町33-1
群馬・高崎	20150523	珈琲と古本 ギンガム	高崎市並榎町402-4

群馬·高崎	20140525	suiran	▶移転閉店
群馬·高崎	20090208	文京堂	高崎市檜物町49
群馬·高崎	20090208	みやま書店	高崎市あら町7-10
群馬·沼田	20120311	夢書房 沼田店	沼田市薄根町3356-1
群馬·沼田	20130210	レン太くん	沼田市高橋場町4787-1
群馬·前橋	20100403	かっぱ文庫	前橋市南町3-63-11
群馬·前橋	20111008	077 煥乎堂 ふるほん書店	前橋市本町1-2-13-3F
群馬·前橋	20120424	大閑堂書店	前橋市岩神町3-3-22
群馬·前橋	20100403	大成堂書店	前橋市本町2-16-14
群馬·前橋	20111008	075 道根房	前橋市本町2-3-10
群馬·前橋	20130403	古本屋 満月文庫	前橋市千代田町5-4-2-3F
群馬·前橋	20100403	山猫館書房 出張棚	▶露天 店舗=前橋市三俣町1-26-8
群馬·前橋大島	20110626	井田書店	前橋市朝倉町3-36-6
群馬·前橋大島	20121202	夢書房 前橋店	前橋市野中町319-1
群馬·三俣	20101212	山猫館書房	群馬市三俣町1-26-8
埼玉·朝霞	20081225	コミック広場	朝霞市本町2丁目19-2
埼玉·朝霞台	20090324	古本 さとう書店	▶店舗閉店
埼玉·入間市	20090821	古書 高倉堂	狭山市笹井3-17-19
埼玉·入間市	20090821	Books ワタナベ	狭山市笹井1-15-9
埼玉·浦和	20121112	askatasuna RECORDS & Co.	さいたま市浦和区東仲町9-11
埼玉·浦和	20100624	金木書店	さいたま市浦和区常盤1-3-19
埼玉·浦和	20100807	利根川古書専門店	さいたま市浦和区岸町4-20-13
埼玉·浦和	20120612	ブックサイクル浦和店	さいたま市浦和区仲町1-11-18
埼玉·浦和	20091031	武蔵野書店 ヨーカ堂前店	さいたま市浦和区仲町1-3-9
埼玉·浦和	20130116	んぐう堂	さいたま市浦和区本太2-9-7
埼玉·大宮	20081122	橋本書店	さいたま市大宮区桜木町2-476
埼玉·大宮	20150128	フタバ図書 GIGA大宮店	さいたま市大宮区上小町639
埼玉·大宮	20110425	林檎屋文庫	さいたま市大宮区三橋1-1178-2
埼玉·御花畑	20110607	ポエトリーカフェ武甲書店	秩父市東町21-1
埼玉·親鼻	20120917	PNB-1253［ギャラリーカフェ］	秩父郡皆野町大字下田野1253-1
埼玉·上福岡	20100416	かみふくおか作業所 トトロ	ふじみ野市福岡中央2-3-1
埼玉·上福岡	20100416	銀装堂書店［無店舗］	▶事務所 店舗は大山に
埼玉·上福岡	20141130	SUNDAY GARAGE ［大型アンティークショップ］	川越市渋井830-5
埼玉·上福岡	20140717	BOOK BOOK 大井店	ふじみ野市鶴ケ舞3-6-6
埼玉·蒲生	20101222	○ プラハ書房	越谷市蒲生寿町7
埼玉·蒲生	20130203	ほんだらけ 越谷蒲生店	▶店舗閉店
埼玉·川口	20091124	ひまわり書房	川口市幸町3-8-25
埼玉·川口元郷	20100119	ブックバザール ライオン	▶店舗閉店
埼玉·北浦和	20130224	古書あざぶ本舗 キタノリヨウバ	さいたま市浦和区北浦和3-1-4 野出書店内
埼玉·北浦和	20120121	078 古本屋 喫茶 酒場 狸穴	さいたま市浦和区常盤10-9-11
埼玉·北浦和	20091219	野出書店	さいたま市浦和区北浦和3-1-4
埼玉·北浦和	20101125	ブック & トイ號	さいたま市浦和区領家6-1-17
埼玉·北浦和	20120121	平和堂書店	さいたま市浦和区北浦和3-7-3
埼玉·北坂戸	20140821	080 古本 あしやま	坂戸市芦山町9
埼玉·北坂戸	20100317	Book NAVI	▶店舗閉店
埼玉·北坂戸	20100522	古本あしやま	坂戸市芦山町9
埼玉·北坂戸	20100317	ルパン 北坂戸西口駅前店	▶店舗閉店
埼玉·北本	20130819	富士書房 北本店	北本市北本1-96
埼玉·北本	20110714	ブックランド 北本駅前店	北本市中央1-63-1F
埼玉·北本	20100423	和幸堂	北本市中央4-86
埼玉·北与野	20081123	ブックハウス ハピネス	▶店舗閉店
埼玉·行田市	20110611	○ サービス堂書店	行田市天満3-5
埼玉·久喜	20131027	B·Cパル	久喜市野久喜454-4
埼玉·航空公園	20130602	○ 古書つくし	所沢市こぶし町11-22
埼玉·鴻巣	20100423	鴻巣文庫	鴻巣市加美1-3-43

埼玉・越谷	20120628	バックナンバー越谷店	越谷市越ヶ谷1-1-18
埼玉・今羽	20130408	夢屋書房 大宮店	さいたま市北区本郷町954-1F
埼玉・坂戸	20090719	はるか書房	坂戸市三光町43-5-1F
埼玉・坂戸	20100522	ひやま書店	坂戸市花影町6-9
埼玉・坂戸	20090719	BOOK ONN 坂戸店	▶店舗閉店
埼玉・坂戸	20090719	古書大和［カードショップ］	▶店舗閉店
埼玉・狭山ケ丘	20121009	古本ジャンク 夢屋	所沢市和ケ原1丁目189-8
埼玉・狭山ケ丘	20120922	ほんだらけ 所沢本店	▶店舗閉店
埼玉・狭山市	20090928	ふるほん・ビデオ 恵美須屋	▶店舗閉店
埼玉・狭山市	20090610	北村書店	狭山市富士見1-20-5
埼玉・狭山市	20090610	古書せいしん	▶通販・ネット販売に移行
埼玉・狭山市	20110520	BOOKS ACT-1	狭山市富士見1-27-25-1F
埼玉・志木	20090802	樋口書店	▶店舗閉店
埼玉・志木	20090324	ブックス友	新座市東北2-24-17-1F
埼玉・新狭山	20140123	狭山書店	狭山市大字下奥富502−3
埼玉・新狭山	20081118	ふるほんハウス 文珍文庫 新狭山北口店	▶店舗閉店
埼玉・新所沢	20140425	古本カフェ 午後の時間割	所沢市緑町4-44-7
埼玉・新所沢	20100915	祥文堂書店 西口店	▶店舗閉店
埼玉・新所沢	20100915	祥文堂書店 東口店	所沢市松葉町30-22
埼玉・新所沢	20100713	土筆書房	所沢市松葉町3-1-B1F
埼玉・新所沢	20091027	古書 やよい書房	▶店売りはやめた模様
埼玉・杉戸高野台	20130328	古本屋ぽんとん	高野台西1-5-8
埼玉・高坂	20100206	古本 陽炎堂	▶移転 長野県伊那市高遠町
埼玉・武里	20110711	街のふるほんや 読書人	春日部市大場1100-4
埼玉・秩父	20140802	月のうさぎ［カフェレストラン］	秩父市宮側町17-5
埼玉・秩父	20110607	ファミコンショップ ヒーロー	▶店舗閉店
埼玉・鶴ヶ島	20091113	渡辺書店	▶店舗閉店
埼玉・所沢	20090626	ATOM	▶店舗閉店
埼玉・所沢	20090626	古書肆 貴龍堂	▶店舗閉店
埼玉・所沢	20140423	BOOK BOOK 所沢店	所沢市東住吉18-9
埼玉・戸田公園	20101028	倉野書店	戸田市本町4-9-24
埼玉・戸田公園	20140609	黒船屋 戸田店	戸田市下前2-11-18
埼玉・戸田公園	20140609	パレットモールHOP100彩［屋内フリマ］	戸田市下戸田1-18-8-2F
埼玉・戸田公園	20090513	古本一兆	▶店舗閉店
埼玉・西浦和	20100728	武蔵野書房 西浦和店	さいたま市桜区田島5-24-15
埼玉・西川口	20090411	古本専門 葵書店 駅前店	川口市並木2-2-2
埼玉・西川口	20090411	古本専門 葵書店 上青木本店	川口市上青木1-8-3
埼玉・西川口	20090818	一力堂 宇佐美書店	川口市西川口1-3-5
埼玉・西川口	20090818	創文堂書店	川口市西川口2-2-3
埼玉・西川口	20110201	Bステーション	川口市中青木4-1-20
埼玉・日進	20100703	ブックファン 日進駅前店	▶店舗閉店
埼玉・蓮田	20150402	文具のやない［文房具］	蓮田市東5-9-13
埼玉・鳩ヶ谷	20100303	あゆみ堂	川口市里479-5
埼玉・飯能	20120919	古書BooK BooK 飯能店	飯能市仲町3-2
埼玉・飯能	20120919	ふれあいスポット すずき［リサイクルショップ］	飯能市柳町5
埼玉・飯能	20091228	文祥堂書店	飯能市東町6-16
埼玉・東岩槻	20100620	コスモ書店	さいたま市岩槻区上里1-1-41
埼玉・東浦和	20101001	古本 童里衣夢	川口市柳崎4-2-19-1F
埼玉・東川口	20121007	suiran	川口市石神715 2F
埼玉・東川口	20100412	古本・武蔵野書房	川口市戸塚2-25-1
埼玉・東松山	20140320	BOOKSあふたーゆ	東松山市材木町22-13
埼玉・東松山	20140317	BOOK BOOK 東松山店	東松山市箭弓町1-4-16
埼玉・姫宮	20100813	ブックス市川	南埼玉郡宮代町川端1-3-4
埼玉・深谷	20120317	円の庭	深谷市深谷町9-12（旧七ツ梅酒造内）
埼玉・武州長瀬	20100507	長瀬書房	入間郡毛呂山町前久保南4-13-2-1F
埼玉・本川越	20130414	古本カフェAgosto	川越市連雀町8-2-2

埼玉・的場	20100518	BOOK CENTER 川越	川越市的場(大字)825-1
埼玉・みずほ台	20091011	かすみ書房	▶店舗閉店
埼玉・みずほ台	20101008	古本とカフェ すずらん	▶店舗閉店
埼玉・南鳩ヶ谷	20100907	ブックセンター山遊堂	川口市南鳩ヶ谷1丁目1-1-15
埼玉・南鳩ヶ谷	20150528	山遊堂	川口市南鳩ヶ谷1-1-14
埼玉・南鳩ヶ谷	20101114	しん理書房	川口市上青木2-47-2
埼玉・南与野	20150224	アワーズ	さいたま市桜区栄和3-11-13
埼玉・南与野	20100129	大学書房	さいたま市桜区大字上大久保996-1F
埼玉・宮原	20100611	古本ブックロード	さいたま市北区日進町3-738-1
埼玉・明覚	20141016	刀剣 しのぎ[刀屋]	比企郡ときがわ町五明267
埼玉・武蔵藤沢	20090514	田中書店	▶店舗閉店
埼玉・武蔵藤沢	20090421	茶々文庫	入間市下藤沢1122-1
埼玉・武蔵藤沢	20101202	古本ほんこ屋	入間市東町1-11-18
埼玉・元加治	20091202	スクリーン & BOOK	飯能市岩沢225-3
埼玉・吉川	20110213	ブックスター	吉川市保(大字)575-1
埼玉・若葉	20140504	BOOK BOOK 鶴ヶ島インター店	鶴ヶ島市脚折町5-6-3
埼玉・蕨	20100330	古書 旭書房	蕨市中央3-3-3
埼玉・蕨	20110708	池宮書店	川口市芝4-5-26
埼玉・蕨	20100619	○ 春日書店	川口市芝2616
埼玉・蕨	20100212	○ 古書 なごみ堂	蕨市塚越1-7-17
埼玉・蕨	20140224	武蔵野書房 わらび店	川口市芝樋ノ爪1-7-55
埼玉・蕨	20100330	ふるほん 森のしずく	▶店舗閉店
千葉・姉ヶ崎	20100912	OMOBUN	市原市姉崎537
千葉・我孫子	20150124	本のさんぽ道	我孫子市つくし野1-1-6
千葉・安房鴨川	20140813	086 あんちっく具里夢[アンティーク古道具]	鴨川市広場799-5
千葉・飯倉	20110110	クルクル	匝瑳市飯倉401-1
千葉・市川	20080920	○ 春花堂	▶移転
千葉・市川	20080922	草古堂	▶店舗閉店
千葉・市川	20111123	古書 即興堂	市川市市川1-22-10
千葉・市川	20080922	智新堂書店	市川市市川1-20-19
千葉・市川真間	20101116	ATELIER ROSENHOLZ	市川市真間2-2-12
千葉・稲毛海岸	20090726	斉藤古本店	▶店舗閉店
千葉・浦安	20091023	浦安鑑定団	浦安市猫実2-14-28
千葉・江戸川台	20101014	ヤスイBOOK	柏市西原1-3-1
千葉・大久保	20091125	○ キー・ラーゴ	習志野市大久保1-16-13
千葉・柏	20100801	かわうそ堂	柏市旭町7-3-3
千葉・柏	20100603	太平書林	柏市あけぼの1-1-3
千葉・柏の葉キャンパス	20111002	古書絵本スズキブックス	柏市松葉町5-15-13
千葉・上総牛久	20100612	古本キングコング	市原市牛久861-1
千葉・川間	20140823	生活応援隊 野田店[リサイクルショップ]	野田市親野井74-1
千葉・川間	20110428	よんだら堂書店	野田市中里90
千葉・観音	20101002	アオイ古書 観音店	▶店舗閉店
千葉・木更津	20090816	河童洞古書店	▶店舗閉店
千葉・木更津	20090813	BOOK HOUSE	木更津市大和1-3-15
千葉・木更津	20120613	吉田書店[新刊書店]	木更津市朝日1-1-46
千葉・木更津金田IC	20100716	街の古本屋さん	▶店舗閉店
千葉・北松戸	20100427	万葉書房	松戸市上本郷910-3-101
千葉・京成八幡	20100629	山本書店	市川市八幡3-1-14
千葉・公津の杜	20130302	ほんだらけ 成田店	成田市飯田町145-1
千葉・小金城址	20101102	わくい古書店	▶店舗閉店
千葉・五香	20130707	BOOK BOY 六高台店	松戸市六高台8-41-1
千葉・湖北	20121008	リサイクルブック BOOK INN	我孫子市中峠1429
千葉・佐原	20120923	からくり堂	香取市北3-11-3
千葉・佐原	20100501	○ 古書 武雄書店	香取市佐原イ1719
千葉・志津	20140429	日置書店	佐倉市上志津1664-5
千葉・下総中山	20110125	Smoke Books	船橋市本中山1-7-8

千葉・白井	20110217	21世紀商人白井の館	白井市根152-1
千葉・新検見川	20110529	草古堂 検見川店	千葉市花見川区南花園2-1-6
千葉・新松戸	20100930	古本生活	松戸市新松戸6-1-2
千葉・太東	20121101	○ Select House GAKE	いすみ市岬町和泉2404-21
千葉・高根木戸	20100829	BOOKSアール	▶店舗閉店
千葉・高根木戸	20090516	武蔵屋古書	▶店舗閉店
千葉・高根公団	20090516	○ 古書 鷹山堂	船橋市高根台7-14-1
千葉・滝不動	20090516	みまつ書房	▶店舗閉店
千葉・館山	20120816	館山書店	館山市山本194
千葉・千葉	20081211	稲生書房	▶店舗閉店
千葉・千葉	20101123	TREASURE RIVER BOOK CAFE	千葉市中央区登戸1-11-18
千葉・千葉市周辺	20111108	自動車古書店 いい日旅立ち	移動販売
千葉・銚子	20130922	銚子書店	銚子市小浜町1988
千葉・都賀	20120219	トルバ堂書店	千葉市若葉区西都賀3-5-19
千葉・津田沼	20120320	てまひま本	移動販売
千葉・津田沼	20091215	放浪書房	▶放浪中
千葉・津田沼	20110705	ポポンデッタ 津田沼店	習志野市谷津1-16-1-7F
千葉・天王台	20110305	ヨムゾー 天王台店	我孫子市天王台2-10-7
千葉・西千葉	20090726	鈴木書房	千葉市稲毛区緑町1-21-3
千葉・西千葉	20110406	MOON LIGHT BOOK STORE	千葉市中央区松波2-19-11
千葉・初石	20120728	古本倶楽部 TOKIO 初石店	流山市西初石3-96-2
千葉・布佐	20150221	089 利根文庫	▶店舗閉店
千葉・船橋	20091110	三栄堂書店	船橋市宮本2-1-1
千葉・船橋	20090427	BOOK POWER	▶店舗閉店
千葉・船橋	20090427	わかば堂書店 船橋本店	船橋市本町4-19-6
千葉・幕張	20110130	草古堂 幕張店	千葉市花見川区幕張町5-150
千葉・馬込沢	20110601	081 福原書店	▶店舗閉店
千葉・増尾	20100307	ますお文庫	▶店舗閉店
千葉・松尾	20121219	サティスファクション[リサイクルショップ]	山武市松尾町田越73
千葉・松戸	20090628	阿部書店	松戸市松戸1395-102
千葉・松戸	20090413	Amusing Media Shop D:Va	▶店舗閉店
千葉・松戸	20090413	タイムワードG	▶店舗閉店
千葉・松戸新田	20141120	つなん書房	松戸市松戸新田
千葉・三門	20120811	ブックセンターあずま 大原店	いすみ市日在610-1
千葉・南柏	20100207	書斎	流山市松ケ丘1-462-135
千葉・南行徳	20090724	アルファ書店	▶店舗閉店
千葉・南流山	20090705	ブック ジャム	流山市南流山2-2-8
千葉・みのり台	20100511	永末書店	松戸市稔台1-13-2
千葉・本八幡	20100417	古書 川井書店	市川市南八幡5-2-18
千葉・本八幡	20100416	CoMo House	▶店舗閉店
千葉・本八幡	20120516	ロシナンテ	市川市南八幡4-9-1-4F
千葉・茂原	20100321	ブックセンターあずま 茂原店	茂原市茂原1570-2
千葉・八千代台	20091215	サンライズ	八千代市八千代台西2-4-4
千葉・八千代台	20090530	○ 古書 雄気堂	八千代市八千代台西1-3-9
千葉・八幡宿	20100321	文教堂書店 市原支店[新刊書店]	市原市東五所6-12
千葉・四街道	20121006	アリババ 四街道店[リサイクルショップ]	四街道市大日431-6
千葉・四街道	20140420	083 懐古館ろびん	▶店舗閉店
千葉・四街道	20121006	黒猫堂 四街道店[リサイクルショップ]	四街道市大日3210-1
千葉・四街道	20121006	わくわくブックランド	千葉市稲毛区山王町150
神奈川・青葉台	20090625	博蝶堂書店	横浜市青葉区桜台29-1
神奈川・足柄	20110703	かもしだ商店	▶店舗閉店
神奈川・石川町	20090207	黄麦堂	▶店舗閉店 目録ネット販売へ
神奈川・石川町	20111028	books & things green point	横浜市中区山元町1-7
神奈川・井土ヶ谷	20110828	駄菓子屋ばぁば	横浜市南区井土ケ谷下町27-2
神奈川・海老名	20140903	海老名市リサイクルプラザ[リサイクル施設]	海老名市大谷南5-7-35

神奈川・海老名	20100806		古書店 えびな平和書房	海老名市国分寺台2-11-24 ▶移転中
神奈川・大口	20090803		ナカトミ書房	▶店舗閉店
神奈川・大口	20110325		ブックピット大口	横浜市神奈川区神之木町11-14-1F
神奈川・大口	20090803		遊人[リサイクルショップ]	横浜市神奈川区大口通14-2
神奈川・大倉山	20131126		BOOK APART	▶移転閉店
神奈川・大倉山	20091119		ブックスオオクラ	▶店舗閉店
神奈川・大倉山	20130522		Libnos横浜大倉山店	横浜市港北区大倉山2-1-13-2A
神奈川・大船	20130226		ひまわり堂書店	▶店舗閉店
神奈川・小田急相模原	20101101		イーストウッド	▶店舗閉店
神奈川・小田急相模原	20110309		ツヅキ堂書店 相模原昭和ビデオ館	相模原市南区松が枝町23-3
神奈川・小田急相模原	20091130		古書 二の橋書店	▶移転 古本カフェに 相模原市南区相南4-1-31
神奈川・小田急相模原	20110509		りら書店	▶移転 相模原市南区南台6-19-19
神奈川・小田原	20121022		伊勢治書店[新刊書店]	小田原市栄町4-6-32
神奈川・小田原	20090503		お壕端古書店	小田原市栄町2-5-11
神奈川・小田原	20100313		高野書店	小田原市栄町2-14-29
神奈川・小田原	20141121		猫企画	小田原市栄町1-1-7-B1F
神奈川・香川	20110522		gallery & shop okeba	茅ヶ崎市香川7-10-7
神奈川・梶が谷	20141002		川崎市橘リサイクルコミュニティセンター[リサイクル施設]	川崎市高津区新作1-20-3
神奈川・梶ヶ谷	20100205		古本 グリーンブック	川崎市高津区下作延2-35
神奈川・鹿島田	20090830		南天堂	川崎市幸区下平間199
神奈川・金沢文庫	20110605		INFINITYぶっくす	横浜市金沢区泥亀1-25-B館-2F
神奈川・鎌倉	20140620	097	古書ウサギノフクシュウ	鎌倉市御成町13-38-2F
神奈川・鎌倉	20110911		鎌倉キネマ堂	鎌倉市小町2-11-11
神奈川・鎌倉	20110606		藝林荘	鎌倉市雪ノ下1-5-38
神奈川・鎌倉	20100328		公文堂書店	鎌倉市由比ガ浜1-1-14
神奈川・鎌倉	20110814		四季書林	▶店舗閉店
神奈川・鎌倉	20110911		ヒグラシ文庫[立ち飲み]	鎌倉市小町2-11-11-2F
神奈川・鎌倉	20111010		books moblo	鎌倉市大町1-1-12-2F-D
神奈川・鎌倉	20121201	○	木犀堂	▶店舗閉店
神奈川・鎌倉	20120128		游古洞	鎌倉市御成町13-30
神奈川・上大岡	20100816		読書館 上大岡店	横浜市港南区最戸1-6-5
神奈川・上大岡	20101228		ホンキッズ上大岡	横浜市港南区上大岡西2-4-2
神奈川・上星川	20100322		麒麟堂	▶店舗閉店 目録ネット販売へ
神奈川・上溝	20090702		古書いきしちに	▶店舗閉店
神奈川・上溝	20140213		博蝶堂書店 相模原3号店	相模原市中央区横山4-23-20
神奈川・上溝	20140418		ブックセンターいとう 星ヶ丘店	相模原市星が丘4-17-17
神奈川・鴨宮	20150110	102	古書店 楽々堂	小田原市矢作122-4
神奈川・川崎	20110202		大島書店	川崎市川崎区追分6-8
神奈川・川崎	20080907	○	近代書房	川崎市川崎区砂子2-8-17
神奈川・川崎	20080907		ブックス マッキー	川崎市川崎区砂子2-11-20-A
神奈川・川崎	20130205		フリマボックス[常設フリーマーケット]	川崎市川崎区駅前本町7川崎モアーズ1F
神奈川・川崎	20080907		古本 朋翔堂	川崎市川崎区東田町11-1
神奈川・関内	20091012	○	伊勢佐木書林	▶店舗閉店 目録ネット販売へ
神奈川・関内	20091012		カッコク堂	横浜市中区伊勢佐木町1-4-8
神奈川・関内	20120117		古書 川崎書店	横浜市中区伊勢佐木町6-132
神奈川・関内	20110114		田辺書店	▶店舗閉店
神奈川・関内	20100421	○	なぎさ書房	横浜市中区伊勢佐木町5-127-13
神奈川・関内	20110525		リサイクル&ディスカウント ミナト	▶移転 旧店舗から伊勢佐木モール西寄り50mほど
神奈川・衣笠	20100227		ブックプラスワン	横須賀市衣笠栄町1-20
神奈川・希望ヶ丘	20100605	○	古書&COFFEE BAR しましまブックス	▶事務所店に 神奈川県横浜市旭区本宿町122-1
神奈川・希望ヶ丘	20100605		辰光堂書店	▶店舗閉店
神奈川・鵠沼海岸	20110512	091	耕書堂	▶店舗閉店
神奈川・鵠沼海岸	20090922		太虚堂書店	藤沢市鵠沼海岸2-1-11
神奈川・鵠沼海岸	20090922		余白や[古本カフェ]	▶店舗閉店 ネット販売へ
神奈川・弘明寺	20110828		濱姫館 弘明寺店	横浜市南区六ツ川1-331-12

神奈川・弘明寺	20121010	パンドラブックス	横浜市南区六ツ川1-284
神奈川・京王稲田堤	20091022	古書 青春堂	▶店舗閉店
神奈川・京急久里浜	20101223	ハートブック 久里浜店	横須賀市久里浜5-4-1-A
神奈川・県立大学	20100508	○ 港文堂書店	横須賀市安浦町1-21
神奈川・港南台	20091107	古本三丁目	▶店舗閉店
神奈川・港南台	20131122	ぽんぽん船 港南台店	横浜市港南区港南台5-8-17
神奈川・黄金町	20110726	エビスII	▶店舗閉店
神奈川・黄金町	20100926	紅葉堂 長倉屋書店	横浜市中区曙町4-56
神奈川・黄金町	20120226	試聴室［ライブカフェ］	横浜市中区黄金町2-7
神奈川・黄金町	20100926	誠和堂書店	横浜市中区曙町4-50
神奈川・黄金町	20121215	095 たけうま書房	横浜市中区末吉町4-74-2F
神奈川・黄金町	20101126	ギャラリー&ショップ ちりめんや	▶移転 「チエン堂」に改称 横浜市中区黄金町1-1
神奈川・黄金町	20110414	童草学舎	▶店舗閉店 移転して店名変更し事務所店に移行
神奈川・黄金町	20111005	バイアップ	横浜市中区伊勢佐木町6-141
神奈川・黄金町	20110219	博文堂書店	横浜市中区伊勢佐木町7-154
神奈川・黄金町	20091115	○ MASSAGE & BOOK RENTAL 猫企画	▶移転 横浜市神奈川区六角橋1-7-22
神奈川・桜木町	20100722	古本ちかいち	▶縮小し1階に移転 横浜市中区野毛町3-160-4-1F
神奈川・桜木町	20090720	天保堂苅部書店	横浜市中区野毛町3-134
神奈川・桜木町	20101010	ブックカフェ風信	横浜市中区野毛町3-142 移転予定
神奈川・座間	20120621	古本おもちゃ箱	▶店舗閉店
神奈川・尻手	20110412	福書房	横浜市鶴見区矢向3-1-17-1F
神奈川・渋沢	20110321	ブックキングダム	秦野市堀西26-9-1F
神奈川・新杉田	20110712	神保書店	横浜市磯子区杉田4-2-25
神奈川・新松田	20100313	しおり堂古書店	▶店舗閉店
神奈川・新丸子	20090312	甘露書房	川崎市中原区新丸子1-833
神奈川・杉田	20110409	ふるほん村 杉田店	横浜市磯子区杉田1-17-1プララ杉田2F
神奈川・逗子	20120502	093 古本イサド ととら堂	逗子市逗子5-3-39
神奈川・逗子	20100227	古本よみま専科	▶店舗閉店
神奈川・相武台前	20091212	青木書店	相模原市南区相武台1-19-8
神奈川・高津	20090815	小松屋書店	川崎市高津区二子5-2-8
神奈川・高津	20130121	ブックセンターいとう 高津店	川崎市高津区二子6-1-1
神奈川・反町	20110919	神奈川県古書会館	神奈川区反町2-16-10
神奈川・反町	20150209	孫悟空	神奈川区松本町3-21-7
神奈川・反町	20090419	ひだ文庫	▶店舗閉店予定
神奈川・茅ヶ崎	20110417	書肆 楠の木	茅ヶ崎市幸町13-5
神奈川・茅ヶ崎	20110108	古書 吉祥	茅ヶ崎市茅ヶ崎1-4-2
神奈川・茅ヶ崎	20140601	098 ちがりん書店	▶休業中
神奈川・茅ヶ崎	20130420	古本大學 茅ヶ崎店	茅ヶ崎市幸町23
神奈川・茅ヶ崎	20110108	ほづみ書店	▶店舗閉店
神奈川・茅ヶ崎	20110522	MOKICHI［レストラン］	茅ヶ崎市元町13-1
神奈川・中央林間	20090823	ブックス ロシナンテ	▶店舗閉店
神奈川・津久井浜	20130625	うみべのえほんや ツバメ号	横須賀市津久井1-24-21
神奈川・辻堂	20140817	tiny zoo［絵本カフェ］	藤沢市辻堂元町3-15-29
神奈川・辻堂	20130909	つじ堂	藤沢市辻堂1698
神奈川・辻堂	20101003	洋行堂	茅ヶ崎市浜竹2-8-6
神奈川・辻堂	20101003	古本リリード	茅ヶ崎市浜竹2-1-10
神奈川・綱島	20110327	○ FEEVER BUG	横浜市港北区綱島西2-7-3
神奈川・綱島	20091009	BESTa! 綱島店	横浜市港北区綱島西2-5-13
神奈川・鶴ヶ峰	20120309	文教堂書店 鶴ヶ峰店［新刊書店］	横浜市旭区鶴ヶ峰2-30
神奈川 鶴ヶ峰	20110623	松屋本舗	▶店舗閉店
神奈川・鶴見	20090405	閑古堂	横浜市鶴見区鶴見中央4-15-3
神奈川・鶴見	20150203	道具屋C,1［リサイクルショップ］	▶店舗閉店
神奈川・鶴見	20100107	西田書店	横浜市鶴見区豊岡町30-25
神奈川・鶴見	20131125	西田書店鶴見大学店［新刊書店］	横浜市鶴見区鶴見2-1-3
神奈川・鶴見市場	20110404	普賢堂書店	横浜市鶴見区市場上町7-12

神奈川・天王町	20120720	洪福寺書房	横浜市西区浅間町5-381-11
神奈川・東海大学前	20120521	ZONE	秦野市南矢名2086
神奈川・東海大学前	20121012	BOOK-ECO	▶移転 秦野市南矢名2-6-27
神奈川・戸塚	20100920	ブックサーカス湘南堂 戸塚モディ店	横浜市戸塚区戸塚町10ラピス1ビル2F
神奈川・戸塚	20121002	ブックサーカストツカーナ店	横浜市戸塚区戸塚町16-1トツカーナモール4F
神奈川・戸塚	20101027	ブックショップすずらん	横浜市戸塚区吉田町885松岡ビル
神奈川・戸部	20090531	一心堂書店	▶店舗閉店
神奈川・戸部	20100114	古書 翰林書房	横浜市西区戸部本町10-12
神奈川・長津田	20120314	ヨコヤマ書店	▶店舗閉店
神奈川・中野島	20131212	ブックセンターいとう中野島店	川崎市多摩区生田1-11-9
神奈川・成瀬	20100509	リサイクルBOOKS 古書ひふみや	▶店舗閉店後ネット販売に移行
神奈川・西谷	20120309	ブックアイランド 西谷駅前店	▶店舗閉店
神奈川・西横浜	20100322	リサイクルブック セコハン	▶店舗閉店
神奈川・根岸	20101108	たちばな書房	横浜市磯子区西町10-2
神奈川・根岸	20090712	古本 光	▶店舗閉店
神奈川・登戸	20100405	ツヅキ堂書店 登戸店	川崎市多摩区登戸2519-7
神奈川・登戸	20080910	綿屋書房	▶店舗閉店
神奈川・白楽	20100408	相原書店	横浜市神奈川区斉藤分町2-10
神奈川・白楽	20091223	小山書店	横浜市神奈川区六角橋2-1-14
神奈川・白楽	20100906	高石書店	横浜市神奈川区西神奈川3-5-1-102
神奈川・白楽	20141211	Tweed Books	▶移転 横浜市港北区篠原台町4-6
神奈川・白楽	20080815	○ 鐵塔書院[先生堂書店]	横浜市神奈川区六角橋1-4-5
神奈川・橋本	20101216	○ 白山書店	相模原市緑区久保沢3-6-7
神奈川・馬車道	20100228	誠文堂書店	横浜市中区南仲通5-57
神奈川・浜川崎	20090429	若木屋	川崎市川崎区田島町23-12
神奈川・阪東橋	20120416	ブックス ガレージ	▶移転
神奈川・阪東橋	20120416	MEDIA GARAGE	▶店舗閉店
神奈川・東神奈川	20130205	フリマボックス[常設フリーマーケット]	横浜市神奈川区富家町1イオン内2F
神奈川・東神奈川	20101206	リサイクルBOOKミッキー	▶店舗閉店
神奈川・東逗子	20100925	○ 海風舎	逗子市沼間1-2-20
神奈川・東戸塚	20111012	qqBOOKS	横浜市港南区芹が谷4-1-4
神奈川・東門前	20090429	大師書房	▶店舗閉店
神奈川・日ノ出町	20150308	昭和堂[アンティークおもちゃ]	中区宮川町3-87
神奈川・日ノ出町	20120226	文昇堂	▶店舗閉店
神奈川・日ノ出町	20100527	文昇堂本店	▶店舗閉店
神奈川・日吉	20100729	古書エルダーズ	▶店舗閉店
神奈川・日吉	20090518	茂野書店	▶店舗閉店
神奈川・日吉	20090518	ダダ書房	横浜市日吉本町1-23-16
神奈川・日吉	20120513	BOOK JOY 日吉店	横浜市港北区日吉本町1-16-17
神奈川・平塚	20110220	弘明寺書店	▶店舗閉店
神奈川・平塚	20100615	萬葉堂書店	平塚市八重咲町12-29
神奈川・平沼橋	20090531	尚古堂	▶店舗閉店
神奈川・平間	20120703	ブックセンターいとう 平間店	川崎市中原区田尻町2067
神奈川・藤沢	20130316	BOOKSHOP kasper[セレクトブック]	藤沢市藤沢536-2
神奈川・藤沢	20110206	○ 聖智文庫	▶事務所に 神奈川県藤沢市藤沢89-1メイキビル201号
神奈川・藤沢	20111103	湘南堂ブックサーカス 藤沢店	藤沢市藤沢539
神奈川・藤沢	20110722	太虚堂書店 藤沢駅北口支店	藤沢市藤沢460-8
神奈川・藤沢	20110206	葉山古本店	藤沢市藤沢93
神奈川・藤沢	20120422	光書房	藤沢市藤沢1015
神奈川・藤沢	20130809	古本小屋本店	藤沢市川名1-7-5
神奈川・藤沢	20140413	ぽんぽん船 藤沢店	藤沢市南藤沢2-1-1
神奈川・藤沢	20110206	Re BOOKS 藤沢店	藤沢市南藤沢2-1-1 フジサワ名店ビル5F
神奈川・二俣川	20100709	古本 友書房	横浜市旭区二俣川1-45
神奈川・淵野辺	20131114	晶美堂 りら書店	相模原市中央区淵野辺5-8-11
神奈川・保土ヶ谷	20100426	古本ミノリ堂 水野書店	▶店舗閉店

神奈川・本鵠沼	20110427	古南文庫	藤沢市鵠沼桜が岡3-2-2
神奈川・本郷台	20110214	美泉書房	▶店舗閉店
神奈川・溝の口	20090424	明誠書房 溝の口店	川崎市高津区溝口2-7-13
神奈川・南太田	20100625	久保田書店	横浜市南区庚台26-11
神奈川・宮前平	20131008	ブックセンターいとう 宮前平店	▶店舗閉店
神奈川・妙蓮寺	20141108	MAMEBOOKS	▶店舗閉店
神奈川・武蔵新城	20100701	明誠書房 新城店	▶店舗閉店
神奈川・武蔵溝ノ口	20090627	綿屋明誠堂	神奈川県川崎市高津区溝口2-7-13
神奈川・元住吉	20140806	凸っと凹っと	川崎市中原区木月2-10-3-201
神奈川・元住吉	20090715	ブックサーカスMotto店	川崎市中原区木月1-35-47
神奈川・元住吉	20090715	ブックサーカス元住吉店	▶店舗閉店
神奈川・元町・中華街	20120517	更生堂薬局 フリーライブラリー［閲覧のみ］	横浜市中区山下町150
神奈川・元町・中華街	20110916	ブックカフェ関帝堂書店	横浜市中区山下町166 横濱バザール3F
神奈川・山手	20090509	古本 池田屋	横浜市中区大和町2-37
神奈川・山手	20111029	○ 一寒堂書店	横浜市中区上野町1-5
神奈川・山手	20090509	古書 自然林	横浜市中区大和町1-15
神奈川・山手	20120704	BOOK STAR	横浜市中区本郷町1-2
神奈川・大和	20130105	古本市場	大和市中央4-1-2
神奈川・湯河原	20110528	ブックワンガレージ	▶〈ぶんらく商店〉と名称変更 湯河原町土肥5-18-26
神奈川・百合ヶ丘	20090523	古書店 アニマ書房	▶店舗閉店
神奈川・百合ケ丘	20090523	ざりがに堂	川崎市麻生区百合丘1-3-5
神奈川・洋光台	20091107	公文堂書店横浜日野店	横浜市港南区日野1-17-1
神奈川・横須賀中央	20090808	市川書店	横須賀市安浦町2-15
神奈川・横須賀中央	20090602	沙羅書店	横須賀市上町1-45
神奈川・横須賀中央	20140126	Books2106	横須賀市上町1-1-2
神奈川・横須賀中央	20090808	Books GARAGE	▶店舗閉店
神奈川・横須賀中央	20090808	○ 堀川書店	▶店舗閉店
神奈川・横須賀中央	20140604	もの屋	横須賀市日の出町1-8-33
神奈川・横浜	20141025	喫茶へそまがり	横浜市西区岡野1-15-12
神奈川・横浜	20111201	松弥フルーツ［酒と食料品店］	横浜市西区南幸1-5-24-1F
神奈川・読売ランド前	20090412	をーりー古本夢幸堂	▶店舗閉店
中部			
新潟・大形	20130421	ブックス・バザール	新潟市東区大形本町5-18-11
新潟・柏崎	20130307	○ 加納書店	柏崎市東本町1-1
新潟・北三条	20110501	104 古書 真昼造船	三条市神明町8-36
新潟・新発田	20130126	古本いと本	▶店舗閉店 イベント出店
新潟・高田	20120616	○ 耕文堂書店	上越市仲町3-4-6
新潟・長岡	20120511	○ 雑本堂古書店	長岡市東坂之上2-3-3
新潟・長岡	20120511	○ 成匠堂書店	長岡市台町1-3-14
新潟・長岡	20101029	有楽堂	長岡市殿町1-2-4
新潟・新潟	20090214	学生書房	▶店舗閉店
新潟・新潟	20150504	FISH ON	▶移転 新潟市中央区沼垂東3-5-18
新潟・新潟	20131123	古本小屋	▶店舗閉店
新潟・新津	20141229	106 英進堂ふるほん座	新潟市秋葉区程島1876
富山・高岡	20110430	○ 文明堂書店	高岡市御旅屋町1205
富山・電鉄石田	20130703	110 典誠堂書店	黒部市岡263
富山・富山	20101211	○ 今井古書堂	▶ネット販売へ 富山県富山市堀端町 2-14
石川・金沢	20090309	115 近八書房	金沢市安江町1-11
石川・金沢	20090309	114 広坂書房	金沢市広坂1-2-20
石川・金沢	20080615	112 文学堂書店	金沢市池田町2-20
石川・金沢	20080615	113 明治堂書店	金沢市長町2-3-13
福井・福井	20130501	116 古書 好文堂	福井市中央1-3-3
福井・福井	20130501	117 中央書林	福井市勝見2-7-9
山梨・上野原	20100613	○ 夜行書房	上野原市上野原1370
山梨・月江寺	20120602	122 不二御堂	富士吉田市下吉田3-6-44

山梨・月江寺	20110629	120	PONI	▶移転 富士吉田市下吉田3-6-44-2F
山梨・甲府	20130303		東天堂書店［新刊書店］	甲府市若松町6-28
山梨・甲府	20090503	119	古書 風雪堂	甲府市丸の内2-36-11
山梨・甲府	20130303		フリグリ［リサイクルセンター］	中巨摩郡昭和町西条5047
山梨・甲府	20090504	118	古書肆 明文堂	甲府市中央1-12-18
山梨・都留文科大学駅前	20101112		村内書店	▶店舗閉店
山梨・三つ峠	20130711		ハンディ館 富士吉田店	南都留郡西桂町小沼2734-1
長野・飯田	20110807		古書 裏町文庫	飯田市知久町3-50
長野・上田	20120430		ブックカフェ ことば屋	上田市中央3-2-21
長野・上田	20100424		○ 斉藤書店	上田市中央3-2-19
長野・上諏訪	20120410		○ 茶房 石の花［喫茶店］	諏訪市諏訪1-6-9
長野・駒ヶ根	20140330		トレジャーマウンテン	駒ヶ根市上穂北25-4
長野・権藤	20101120		古本 田中	▶現在は〈光風舎〉 長野市東町177
長野・権藤	20101120		古本 団地堂	▶店舗閉店
長野・権藤	20130507		古本 団地堂アーケード店	長野市権堂町アーケード内
長野・塩尻	20120410		○ 対山堂書店 古書センター	▶休業中
長野・信濃追分	20110403		古書 追分コロニー	北佐久郡軽井沢町追分612
長野・下諏訪	20150112	126	正午の庭	下諏訪町御田町3158-2F
長野・信州中野	20141222		ブックス柳沢	中野市三好町1-3-23
長野・須坂	20130605		再起堂書店	須坂市大字須坂1230-50
長野・善光寺下	20131108		北島書店	長野市新町304
長野・善光寺下	20121223		絵本・古本・雑貨 はなちょうちん	長野市東之門町382
長野・善光寺下	20121223		○ 遊歴書房	長野市東町207-1
長野・長野	20080517		小宮山書店	長野市南長野南石堂町1261-1
長野・長野	20080517		善光洞山崎書店	長野市鶴賀緑町1398
長野・茅野	20100725		古本屋ピープル	茅野市本町東6-35
長野・長野	20081214		平安堂 古書センター	長野市末広町1355-5
長野・長野	20080517		松書房	長野市鶴賀問御所町1303
長野・松本	20120825		アガタ書房	松本市中央2-6-8
長野・松本	20120825		慶林堂書店	松本市中央2-2-6
長野・松本	20130623		三洋堂書店	松本市深志3-1-2
長野・松本	20101011		書肆 秋櫻舎	松本市中央3-4-12
長野・松本	20101011		○ 古書 松信堂書店	松本市中央3-7-24
長野・松本	20101011		青翰堂書店	松本市大手3-5-13
長野・松本	20130804		古本喫茶 想雲堂	松本市大手4-10-15
長野・松本	20140321	124	日米書院	松本市大手2-8-22
岐阜・大垣	20130409		○ 笠浪書店	▶店舗閉店
岐阜・岐阜	20101016		○ 岐阜古書センター	▶店舗閉店
岐阜・岐阜	20120524		○ 古本 徒然舎	▶移転 岐阜市美殿町40
岐阜・岐阜	20120524		bicabooks	岐阜市弥生町10やながせ倉庫1号館廊下
静岡・伊豆高原	20130727		ORANGE BOX 伊豆高原店	伊東市八幡野1143−13
静岡・磐田	20110731		武蔵野書店	磐田市国府台20-18
静岡・磐田	20110731		山田書房	磐田市中泉513
静岡・遠州病院	20140406	147	八月の鯨	浜松市中区元目町110-2
静岡・大岡	20110402	134	weekend books	沼津市大岡509-1
静岡・大場	20130927		ブックハウス	田方郡函南町柏谷1336-13
静岡・上島	20130202		丸書房	浜松市中区泉2-4-32
静岡・狐ケ崎	20120701		○ ふしぎな古本屋 はてなや	静岡市清水区北脇新田615-19
静岡・草薙	20110423		ピッポ古書クラブ	静岡市清水区草薙1-6-3
静岡・草薙	20130107		ブックマーケットa-Too 南瀬名店	静岡市葵区南瀬名町2-5
静岡・県総合運動場	20110423		古書 悠遊堂書店	▶店舗閉店
静岡・小松	20130202		古書籍 寿堂	浜松市浜北区小松4397-4
静岡・桜橋	20130319	142	清水書店	▶移転 静岡市清水区中矢部町13-8
静岡・静岡	20121227	138	あべの古書店	静岡市葵区馬場町92
静岡・静岡	20130302		○ 一冊 萬字亭	静岡市駿河区八幡2-11-5
静岡・静岡	20140615	151	太田書店 七間町店	静岡市葵区七間町13-20

静岡・静岡	20140615	149 太田書店 倉庫	静岡市葵区南沼上75-7
静岡・静岡	20150201	152 古書 壁と卵	静岡市葵区駒形通3-1-15
静岡・静岡	20130107	○ コバヤシ古本	静岡市駿河区中田1-16-19
静岡・静岡	20130124	○ 水曜文庫	静岡市葵区鷹匠2-1-7
静岡・静岡	20130214	ブックスランド 安西店	静岡市葵区安西1-10-6
静岡・静岡	20110820	古本ブックスランド馬場町店	静岡市葵区馬場町95
静岡・静岡	20110820	文高堂書店	静岡市葵区東草深町19-12
静岡・静岡	20100504	安川書店	静岡市両替町1-1-5
静岡・清水	20100504	エンゼル書店	▶店舗閉店
静岡・城ヶ崎海岸	20121118	壺中天の本と珈琲	伊東市八幡野1033-7
静岡・新静岡	20100504	栄豊堂書店 古書部	静岡市葵区駿府町1-47
静岡・新富士	20140109	太陽書店 富士店	富士市川成島616-1
静岡・西焼津	20110123	133 焼津書店 焼津店	焼津市小屋敷240-9
静岡・沼津	20101121	十字堂書店	沼津市大門町43
静岡・沼津	20091018	130 平松書店	沼津市大手町4-6-8
静岡・沼津	20130706	マンガや	沼津市三枚橋町1-5
静岡・沼津	20091018	○ 長島書店	▶店舗閉店
静岡・八幡	20130825	145 古書 百寿堂	浜松市中区中沢町17-18
静岡・浜松	20120818	開陽堂書店	浜松市中区高町205-11
静岡・浜松	20090117	三軒堂	浜松市大柳町868-1
静岡・浜松	20080511	○ 時代舎	浜松市中区松城町106-13
静岡・浜松	20090117	典昭堂 本店	浜松市中区池町225-6
静岡・袋井	20120221	Book's TAKE	袋井市久能1957-1
静岡・袋井	20120221	ブックスハタ	袋井市永楽町217
静岡・富士	20131006	中村書店	富士市中島507-4
静岡・藤枝	20130608	焼津書店 藤枝駅南店	藤枝市前島2-11-23
静岡・藤枝	20130721	焼津書店 藤枝店	藤枝市高柳3-1-3
静岡・本吉原	20101218	131 渡井書店	富士市今泉1-5-21
静岡・三島	20090606	128 北山書店	▶店舗閉店
静岡・南伊東	20101017	岩本書店	伊東市広野3-4-8
静岡・焼津	20111226	136 港書店	焼津市本町5-9-3
愛知・熱田	20140103	168 伏見屋書店	名古屋市熱田区森後町9-21
愛知・犬山	20121209	○ 古書 五っ葉文庫	▶移転 愛知県犬山市西古券68
愛知・犬山	20121209	159 椙山書店	犬山市大字犬山字東古券42
愛知・井原	20130223	第一ブックセンター	豊橋市平川本町1-2-1
愛知・大須観音	20081213	○ 古本や 猫飛横町	名古屋市中区大須2-28-12
愛知・大須観音	20090920	古本 ノムラ書店	▶店舗閉店
愛知・岡崎	20120927	157 古本販売専門 読書人	岡崎市羽根町東ノ郷38
愛知・尾張一宮	20130915	165 大誠堂書店	一宮市大江3-13-6
愛知・尾張一宮	20130915	164 福田書店	一宮市本町3-10-15
愛知・蒲郡	20110212	花木堂書店	蒲郡市元町14-21
愛知・蒲郡	20110212	みその書房	▶店舗閉店
愛知・上前津	20130414	海星堂書店 北店	名古屋市中区大須4-11-44
愛知・上前津	20130414	海星堂書店 南店	名古屋市中区上前津2-1-29
愛知・刈谷	20120726	○ あじさい堂書店	刈谷市桜町5-29
愛知・川名	20110416	○ 古書 百萬文庫	名古屋市昭和区山花町110-2
愛知・神戸	20140316	リサイクル・ブック・オフィス	田原市田原町汐見5
愛知・三ヶ根	20120927	156 いこい古本店	額田郡幸田町大字深溝字東舟山10
愛知・新安城	20131112	閑古堂	安城市住吉町3-10-30
愛知・神宮前	20141226	170 名文堂	名古屋市熱田区神宮3-7-24
愛知・豊橋	20140222	172 Shinnosuke.O［ダイニングバー］	豊橋市駅前大通り3-118 大豊ビル4棟
愛知・豊橋	20100826	○ 東光堂	豊橋市花田一番町63
愛知・名古屋	20080614	亜希書房	▶店舗閉店
愛知・名古屋	20081024	○ 古書 神無月書店	名古屋市千種区内山3-31-27
愛知・名古屋	20080614	三松堂書店	名古屋市中区上前津1-4-7
愛知・名古屋	20080614	三進堂書店	名古屋市中区千代田3-7-6

愛知・名古屋	20090307	154	空の鳥文庫	名古屋市昭和区塩付通2-12
愛知・名古屋	20080614		大学堂書店	名古屋市中区千代田3-11-6
愛知・名古屋	20080614		つたや書店古書部	名古屋市中区上前津2-3-26
愛知・名古屋	20081024		古書 林書店	名古屋市東区筒井3-19-5
愛知・名古屋	20080614		古本NET WORK	名古屋市中区千代田3-8-9
愛知・名古屋	20080614		山星書店	名古屋市中区千代田3-11-7
愛知・東岡崎	20130630	161	都築書店	岡崎市康生通南2-29
愛知・藤が丘	20130315	○	千代の介書店	名古屋市名東区照が丘8
愛知・伏見	20140308	174	古書店BiblioMania	名古屋市中区錦2-13-24先伏見地下街
愛知・二川	20130803	163	ヤマザワヤ書店	▶店舗閉店
愛知・星ヶ丘	20140216		物々交換コレコーレ［リサイクルショップ］	名古屋市名東区名東本通5-40
愛知・三河田原	20110914		天満堂 田原	田原市田原町築出1
愛知・三河田原	20110914		ゆうゆう書房 田原店	田原市田原町東大浜85
愛知・矢場町	20090920		東文堂書店	名古屋市中区栄3-28-16
近畿				
三重・宇治山田	20100125	176	古本屋ぽらん	伊勢市河崎2-13-8
三重・近鉄富田	20130414		万代書店 四日市店	四日市市東茂福町8-12
滋賀・大津	20110924	178	古今書房	大津市中央1-5-5
滋賀・大津	20110924		100円の本屋さん	▶店舗閉店
滋賀・大津	20110924		ふる本や	大津市春日町5-18
滋賀・草津	20110320	○	古書籍 松本書房	▶店舗閉店
滋賀・長浜	20120706	181	さざなみ古書店	長浜市元浜町14-23
滋賀・彦根	20120706	180	半月舎	▶移転 彦根市中央町2-29
京都・一乗寺	20090112		恵文社一乗寺店	京都市左京区一乗寺払殿町10
京都・烏丸	20140202	185	ありの文庫	▶ネット販売へ
京都・京都駅前	20090905		ふたば書房 京都タワー店	京都市下京区烏丸通七条下ル東塩小路町721
京都・京都市役所前	20090112	○	アスタルテ書房	▶店舗閉店 閉店セール中
京都・京都市役所前	20090905	183	古書 尚学堂書店	京都市中京区寺町通二条下ル榎木町99
京都・京都市役所前	20140203	186	竹苞書楼	京都市中京区寺町通姉小路上ル本能寺前町511
京都・鞍馬口	20140201		町家古本はんのき	▶移転
京都・京阪三条	20150322	189	水明洞	京都市左京区二条通川端東入新車屋町163
京都・京阪三条	20150322	188	中井書店	京都市左京区二条通川端東入新車屋町163
京都・出町柳	20120115		ガケ書房	京都市左京区北白川下別当町33
京都・出町柳	20120115	○	古書 善行堂	京都市左京区浄土寺西田町82-2
京都・長岡天神	20100911	○	ヨドニカ文庫	長岡京市開田4-8-1
京都・二条	20140202		あっぷる書店	京都市上京区千本通中立通中立売下ル亀屋町56
京都・二条	20090110		Cafe Bibliotic Hello!［ブックカフェ］	京都市中京区二条柳馬場東入ル晴明町650
京都・東山	20090112	○	山崎書店	京都市左京区岡崎円勝寺町91-18
大阪・梅田	20081231		萬字屋書店	大阪市北区梅田3丁目大阪駅前地下街5
大阪・梅田	20081231		古書ゆうぶん	▶店舗閉店
大阪・大阪	20120505	○	末広書店	▶店舗閉店
大阪・大阪	20130717	197	古書ゆうぶん	▶店舗閉店
大阪・京橋	20111021	○	古書 山内書店	大阪市都島区東野田町3-1-13
大阪・京橋	20111021		立志堂書店	大阪市都島区東野田町4-4-1
大阪・堺筋本町	20121208	194	天牛堺書店 船場店	大阪市中央区船場中央1-4-3-108
大阪・桜ノ宮	20111021	192	古書 三鈴書林	大阪市都島区中野町4-5-63
大阪・十三	20090113		一天書房	大阪市淀川区十三本町1-21-10
大阪・心斎橋	20100124		colombo cornershop	大阪市中央区南久宝寺町4-3-9
大阪・心斎橋	20090219		中尾書店	大阪市中央区心斎橋筋1-2-14
大阪・心斎橋	20090219	191	Berlin Books	▶店舗閉店
大阪・天神橋筋	20081231		古書 中田書店	▶店舗閉店
大阪・天神橋筋六丁目	20081231	○	青空書房	▶店舗閉店 自宅でブックカフェを
大阪・なんば	20080608		イサオ書店	大阪市中央区千日前1-7-2
大阪・なんば	20080608		天地書房なんば店	大阪市中央区難波3-3-1
大阪・なんば	20080608		南海なんば古書センター	大阪市浪速区日本橋西1-3-19

大阪・なんば	20080608		なんば書籍	▶店舗閉店 オンライン販売に移行
大阪・なんば	20080608		宮本書店	大阪市中央区日本橋1-20-2
大阪・なんば	20080608		望月書店	大阪市浪速区日本橋西1-2-16
兵庫・三宮	20130823	199	ロードス書房	▶店舗閉店
兵庫・新開地	20110101		泉堂書店	神戸市兵庫区西多聞通2丁目 神戸1-1
兵庫・武庫川	20131226	202	街の草書店	尼崎市武庫川町2-29
兵庫・元町	20101231		岡書店	神戸市中央区元町高架通3-299
兵庫・元町	20101231		ちんき堂	神戸市中央区元町通1-11-8 千成堂ビル2F
兵庫・元町	20130823	200	元町・古書波止場	▶店舗閉店
奈良・田原本	20121014		エイワ書店	磯城郡田原本町大字新町36
奈良・奈良	20090904	205	朝倉文庫	奈良市光明院町13
奈良・奈良	20090904	206	古書肆 十月書林	奈良市下御門町38
奈良・奈良	20090904	204	智林堂書店	奈良市餅飯殿町39
奈良・奈良	20090904	207	やすらぎ書店	奈良県奈良市西木辻町
奈良・大和西大寺	20121014		古本屋蝶野	奈良市西大寺本町1-42
和歌山・神前	20130717	196	さかえ堂 神前店	和歌山市津144-2
中国・四国				
岡山・岡山	20090119		映画の冒険	岡山市奉還町3-1-30
岡山・岡山	20090119	208	南天荘書店	岡山市北区表町3-6-8
岡山・岡山	20150108	213	万歩書店 本店	岡山市北区久米415-1
岡山・倉敷	20121124	○	長山書店	倉敷市昭和2-4-2
岡山・倉敷	20150108	212	万歩書店 倉敷店	倉敷市四十瀬231-8
岡山・倉敷	20121124	○	蟲文庫	倉敷市本町11-20
岡山・総社	20150108	213	万歩書店 総社店	総社市井手924-5
岡山・津山	20150108	211	万歩書店 津山店	津山市小田中1857-1
岡山・林野	20150108	211	万歩書店 美作店	美作市豊国原175-9
岡山・東津山	20150108	210	万歩書店 津山中之町店	津山市中之町35
広島・広島	20080628	215	アカデミイ書店 紙屋町支店	広島市中区紙屋町1-5-11
広島・広島	20080628	215	アカデミイ書店 金座街本店	広島市中区本通1-7
広島・広島	20090314		景雲堂書店	広島市中区本川町1-1-28
広島・広島	20080628	○	ぶんろ書店	▶店舗閉店
広島・横川	20090314		神戸堂書店	広島市西区横川町1-6-2
広島・横川	20090314		ムーンブック	広島市西区横川町1-6-20
山口・岩国	20100704	○	(有)文化教材社 古書部	岩国市麻里布6-9-29
山口・新下関	20131015		ブックセンターくまの店	下関市熊野西町6-12
香川・高松	20081220		ぷくぷく書店	高松市田町5
香川・高松	20081220		不二書店	高松市藤塚町6-7
香川・高松	20081220	○	リバー書店	高松市寿町23-9
愛媛・松山	20080609		坊ちゃん書房	▶店舗閉店
愛媛・松山	20080609		古書 & CD らいぶ 銀天街店	▶店舗閉店
九州・沖縄				
福岡・赤坂	20090316		バンドワゴン	▶事務所店に
福岡・黒崎	20131014	216	古本センター 珍竹林 黒崎店	北九州市八幡西区黒埼3-8-22
福岡・小倉	20111127	○	古書城田	北九州市小倉北区浅野2-12-30
福岡・福岡	20080629		入江書店	福岡市中央区大名1-14-24
福岡・福岡	20080629		古書痛快洞	▶店舗閉店
福岡・福岡	20080629		徘徊堂	▶移転 福岡市城南区別府1-4-15／中央区六本松4-1-16
福岡・薬院	20090316		書肆 幻邑堂	福岡市南区大池1-10-5
熊本・熊本	20081212	○	古書籍 天野屋書店	熊本市上林町3-40
熊本・熊本	20081212	○	舒文堂河島書店	熊本市中央区上通町11-2
大分・別府	20111126	○	大野書店	別府市弓ケ浜町4-28
大分・別府	20111126		SPICA［雑貨&アンティーク］	別府市立田町1-34
大分・別府	20111126		TOM	別府市秋葉町2-12
沖縄・安里	20131021		宮里小書店	那覇市安里388
沖縄・那覇	20131021	○	アリス	那覇市大道129

沖縄・那覇	20131021	○ 国書房(安里古本センター)	那覇市三原1-23-25
沖縄・那覇	20131021	○ 成美堂[古道具店]	那覇市牧志3-5-7
沖縄・那覇	20131021	○ ツボヤ書房	那覇市壷屋2-1-9
沖縄・那覇	20131021	○ てるや商店	那覇市泊1-6-2
沖縄・那覇	20131021	○ 古書籍 ぽんぽれな書庵	那覇市牧志3-5-5
沖縄・那覇	20131021	○ 宮里小書店	那覇市字安里388
沖縄・那覇	20131021	○ 古本ゆいま〜る	那覇市辻2-3-11
沖縄・那覇	20131021	○ ロマン書房 牧志店	那覇市牧志2-20-25
沖縄・美栄橋	20131021	○218 市場の古本屋 ウララ	那覇市牧志3-3-1 牧志公設市場前
沖縄・美栄橋	20131022	220 ちはや書房	那覇市若狭3-2-29
東京			
東京・青砥	20090825	竹内書店	葛飾区青戸6-2-7
東京・青物横丁	20090707	古本うさぎ書林	品川区東品川3-24-5-401
東京・青山一丁目	20110907	BOOK CLUB KAI	港区青山2-7-30 B1F
東京・青山一丁目	20081129	Book246	▶店舗閉店
東京・赤羽	20140306	赤羽ネオ書房[貸本屋]	北区志茂2-40-5
東京・赤羽	20090511	山遊堂赤羽店	▶店舗閉店
東京・赤羽	20090511	平岩書店	北区赤羽西1-7-1
東京・赤羽	20090129	紅谷書店	▶店舗閉店
東京・秋葉原	20131009	AKIBAカルチャーズZONE	千代田区外神田1-7-6
東京・秋葉原	20120626	買取商店	千代田区外神田1-3-6
東京・秋葉原	20121104	ジャングル秋葉原古書部	千代田区外神田3-9-2
東京・秋葉原	20140414	星雲堂 秋葉PX	▶店舗閉店
東京・秋葉原	20110609	レトロゲームのお店 フレンズ	千代田区外神田6-14-13 信越神田ビル2階3階
東京・秋葉原	20090804	ポポンデッタ	千代田区外神田3-3-3
東京・秋葉原	20120109	まんだらけ コンプレックス	千代田区外神田3-11-12
東京・曙橋	20120228	雄松堂書店	新宿区坂町27
東京・阿佐ケ谷	20080529	阿佐谷南口のふるほんや	▶店舗閉店
東京・阿佐ケ谷	20100101	石田書店	▶移転 千代田区神田神保町1-19 藤本ビル2F
東京・阿佐ケ谷	20090831	今井書店	▶店舗閉店
東京・阿佐ケ谷	20110109	料理書専門古本屋 onakasuita	▶移転 新宿区中落合2-25-6
東京・阿佐ケ谷	20081029	○ 古書 銀星舎	杉並区阿佐谷北1-45-4
東京・阿佐ケ谷	20080809	元我堂	▶店舗閉店 器屋に
東京・阿佐ケ谷	20110620	○ 古書 コンコ堂	杉並区阿佐谷北2-38-22
東京・阿佐ケ谷	20091229	千章堂書店	杉並区阿佐谷北2-13-19
東京・阿佐ヶ谷	20141103	TIP[古着・雑貨]	杉並区阿佐谷北3-27-11
東京・阿佐ケ谷	20100209	ネオ書房	杉並区阿佐谷北1-27-5
東京・阿佐ケ谷	20090812	ブックレンタルネギシ[貸本屋]	▶店舗閉店
東京・阿佐ケ谷	20090812	ネギシ読書会中杉通り店[貸本屋]	杉並区阿佐谷北1-43-5
東京・阿佐ケ谷	20100418	Re:Books NOAH	▶店舗閉店
東京・阿佐ケ谷	20080809	古本 ブック流通センター	杉並区本天沼1-26
東京・阿佐ケ谷	20090215	穂高書房	杉並区阿佐谷北1-3-16
東京・阿佐ケ谷	20081019	ゆたか。書房	杉並区阿佐谷北4-6-2
東京・阿佐ケ谷	20120829	よるのひるね[ブックカフェ]	杉並区阿佐谷北2-13-4-1F
東京・浅草	20121229	292 浅草古書のまち	▶店舗閉店
東京・浅草	20100404	おもしろ文庫	台東区浅草3-10-5
東京・浅草	20140805	チェドックザッカストア浅草店[チェコ雑貨]	台東区駒形1-7-12
東京・浅草	20091017	地球堂書店	台東区浅草1-39-9
東京・浅草	20120212	チケット・ビートル[チケット屋]	台東区花川戸1-10-13
東京・浅草	20091017	生活雑貨 東京蛍堂[古道具&雑貨屋]	台東区浅草1-41-8
東京・浅草	20131016	TOTOとLULU 浅草店	▶店舗閉店
東京・浅草	20140629	BOOK & CAFE FUGAKU	台東区東浅草1-16-6
東京・穴守稲荷	20150305	BOOK & BAR羽月[ブックバー]	大田区羽田4-5-1
東京・綾瀬	20090901	古書肆 デカダン文庫	▶店舗閉店

東京・新井薬師前	20080804	淡海書房	▶店舗閉店
東京・新井薬師前	20080804	文林堂書店	中野区上高田3-41-6
東京・淡路町	20140527	手と花［カフェギャラリー］	千代田区神田司町2-16
東京・飯田橋	20090124	ARTBOOK Arteria	新宿区新小川町4-18
東京・池上	20090716	街の古本屋 大黒	▶移転〈書林 大黒〉大田区西蒲田7-66-7-3F
東京・池尻大橋	20081117	古書 いとう	▶店舗閉店
東京・池尻大橋	20140409	e-Books	世田谷区池尻2-6-12
東京・池尻大橋	20100329	O 雑本雑書 江口書店	世田谷区池尻2-8-5
東京・池尻大橋	20081117	O 山陽書店	世田谷区池尻3-28-7
東京・池尻大橋	20111026	ゆたか書房［貸本］	▶店舗閉店
東京・池ノ上	20101130	東京古書月光堂	世田谷区代沢1-27-4
東京・池ノ上	20090522	山の手文庫	▶店舗閉店
東京・池ノ上	20080902	由縁堂	世田谷区代沢2-36-27
東京・池袋	20100407	池袋古書館	▶店舗閉店
東京・池袋	20090109	古書 往来座	豊島区南池袋3-8-1
東京・池袋	20090828	K-1 BOOKS	▶店舗閉店
東京・池袋	20081201	光芒書店池袋支店	豊島区東池袋1-30-12 ▶現在は〈池袋東口支店〉
東京・池袋	20120618	素うどん 四國屋［うどん屋］	豊島区池袋2-9-6
東京・池袋	20100814	新栄堂書店 サンシャインアルパ店	豊島区東池袋3-1-2 サンシャイン・アルパ2階
東京・池袋	20140630	たにぐち書店［東洋医学］	豊島区池袋2-69-10
東京・池袋	20130709	ToBIRA Cafe［ブックカフェ］	▶店舗閉店
東京・池袋	20080705	夏目書房	豊島区西池袋3-31-7
東京・池袋	20080705	八勝堂書店	豊島区西池袋5-2-10
東京・池袋	20140908	Budoshop［武道具］	豊島区池袋2-61-7
東京・池袋	20081030	平和堂書店	豊島区池袋2-76-1
東京・池袋	20111015	O 古書ますく堂	▶移転 豊島区西池袋4-8-20-105
東京・池袋	20121025	まんだらけ 池袋店	豊島区東池袋3-15-2 ライオンズマンション池袋B1F
東京・石川台	20091116	古本屋 鹿島書店	▶移転
東京・板橋	20090718	板橋書店	板橋区板橋1-49-11
東京・板橋	20090615	木本書店	▶店舗閉店
東京・板橋	20100510	木本書店 支店	北区滝野川6-71-5
東京・板橋	20120523	MUSIC & TOY Sound Surround	北区滝野川6-75-5
東京・板橋	20121026	坂本書店	北区滝野川6-62-1
東京・板橋	20090615	ふたご堂	▶店舗閉店
東京・板橋	20101021	ブックス橘屋 板橋店	北区滝野川7-6-10
東京・板橋区役所前	20100109	いのいち	板橋区板橋2-62-8
東京・板橋区役所前	20100109	坪井書店	板橋区板橋3-12-4
東京・板橋本町	20090807	さくらBOOKS	▶店舗閉店
東京・市ヶ谷	20080916	245 麗文堂書店	▶移転 新潟県三条市島田2丁目13-25(事務所店)
東京・市ヶ谷	20110527	O 昆虫文献 六本脚	千代田区三番町24-3 三番町MYビル3階
東京・一之江	20110618	LOOK RECYCLE 大杉店	江戸川区大杉3-18-13
東京・入谷	20140529	サンカンオー	台東区千束2-25-4
東京・入谷	20110113	大和書店	台東区竜泉1-25-8
東京・入谷	20101111	地球堂書店	▶店舗閉店
東京・上野	20081209	上野古書のまち	▶店舗閉店
東京・上野	20140626	U-BOOK 上野店	台東区上野7-8-17
東京・上野	20111006	ANGERS bureau ecute UENO	台東区上野7-1-1 上野駅構内3階ecute
東京・上野広小路	20101227	文行堂	台東区上野3-16-4
東京・鶯谷	20090404	D.BOOK	▶店舗閉店
東京・鶯谷	20100515	bangobooks	台東区谷中2-5-10
東京・牛込柳町	20150213	十二月書店	新宿区市谷柳町8
東京・鵜の木	20090909	ブックマート村上店	大田区鵜の木2-13-12
東京・梅が丘	20081008	ツヅキ堂書店 梅ヶ丘支店	▶店舗閉店
東京・梅屋敷	20110228	ブックアニマル 梅屋敷店	大田区大森中2-2-10
東京・永福町	20110121	エーワンブック永福町店	杉並区永福3-49-13
東京・永福町	20091225	時代屋 永福町店	▶店舗閉店

東京・永福町	20101023	301	ドエル書房	杉並区和泉3-53-21
東京・江古田	20081007		銀のさじ書店	▶店舗閉店
東京・江古田	20120515		COCONUTS DISK 江古田店	練馬区豊玉上1-9-10
東京・江古田	20081007	248	根元書房 日芸前店	練馬区小竹町1-54-5
東京・江古田	20090414		根元書房 本店	練馬区栄町12-1
東京・江古田	20091011		古書 趣味の本［店名不明］	▶店舗閉店
東京・江古田	20110516		ソフビクルーザー コスモナイトα	練馬区栄町25-17
東京・江古田	20120515		ブックオフ 江古田店	練馬区栄町2-12
東京・恵比寿	20080820		GOOD DAY BOOKS	▶移転 品川区西五反田2-4-2
東京・恵比寿	20120928		selecao［美容院］	渋谷区広尾1-1-29
東京・恵比寿	20150427		トップ書房	▶移転 渋谷区恵比寿南1-18
東京・恵比寿	20120417		NADiff×10	目黒区三田1-13-3 東京都写真美術館1F
東京・恵比寿	20080820		limArt	▶名称を〈POST〉に 営業内容変更 渋谷区恵比寿南2-10-3
東京・王子	20120118		eco BOOK 王子店	北区岸町1-2-13
東京・王子	20080831	244	梶原書店	北区堀船3-31-11
東京・王子	20110930		古書カフェ くしゃまんべ	北区豊島1-7-6
東京・王子	20080831		山遊堂王子店	北区王子1-28-11
東京・王子	20110831		リバティ鑑定倶楽部	北区王子1-14-4
東京・王子	20080831		古本 ろここ書店	北区上中里3-6-18
東京・大泉学園	20091030		サンフレンズ	▶店舗閉店
東京・大泉学園	20140928	315	史録書房［事務所店］	練馬区西大泉4-6-38
東京・大泉学園	20090508		古書籍 ポラン書房	練馬区東大泉1-35-12
東京・大泉学園	20120227		古本喫茶店マルゼン46	練馬区石神井台3-24-39
東京・大井町	20080826		海老原書店	品川区東大井5-5-8
東京・大井町	20080826		松林堂書店	品川区東大井5-1-9
東京・大井町	20090330		明理書店	▶店舗閉店
東京・大岡山	20110210	●	金華堂書店	目黒区大岡山2-2-2
東京・大岡山	20090517		タヒラ堂書店	大田区北千束3-26-13
東京・大岡山	20090517		ふるほん現代屋	大田区北千束3-33-7
東京・大岡山	20120131		古本カフェ ロジの木	大田区北千束1-53-7
東京・大久保	20100608		修文書房	新宿区北新宿1-7-18
東京・大久保	20110301		BOOK SALON OMEGA	▶店舗閉店
東京・大塚	20100604		BOOK・8	▶店舗閉店
東京・大塚	20131206		ペンギン堂雑貨店［雑貨］	豊島区北大塚2-26-2
東京・大鳥居	20120111		マンガハウス	大田区萩中3-19-11
東京・大森	20090330		アンデス書房	▶店舗閉店
東京・大森	20091028		東京くりから堂	▶事務所店に 目黒区緑が丘2-18-25
東京・大山	20100407		大山ブックバンク	▶店舗閉店
東京・大山	20110410		銀装堂	板橋区大山東町45-3
東京・大山	20140301		大正堂	▶店舗閉店
東京・奥沢	20100707		Pinnance Books	世田谷区奥沢4-26-7
東京・奥沢	20110221		古書 ふづき書店	世田谷区奥沢3-32-1
東京・大山	20090805		古本・ぶっくめいと	板橋区大山金井町41-3
東京・御徒町	20110405		一芳堂書店	台東区上野6-6-2
東京・小川町	20150325		手文庫	千代田区神田小川町1-7
東京・荻窪	20080826		岩森書店	杉並区荻窪5-30-12
東京・荻窪	20100326		かっぱや［雑貨店］	杉並区上荻1-10-3
東京・荻窪	20080826	●	ささま書店	杉並区荻窪4-31-11
東京・荻窪	20080903		象のあし	杉並区上荻1-24-19
東京・荻窪	20090123		竹中書店	杉並区荻窪5-21-12
東京・荻窪	20130726		田中商店［古道具］	杉並区荻窪4丁目7−20 ベルヴ荻窪 1F
東京・荻窪	20080823		竹陽書房	杉並区荻窪5-16-7
東京・荻窪	20100326		ギャラリー+古本+カフェ 6次元	杉並区上荻1-10-3-2F
東京・押上	20141102		甘夏書店［カフェ2階］	墨田区向島3-6-5-2F
東京・押上	20140713	308	リサイクルブック イセ屋	墨田区押上3-3

東京・御茶ノ水	20090407	三進堂書店	千代田区神田駿河台2-6
東京・御茶ノ水	20140219	Jazz TOKYO BOOKS［CD・レコード店］	千代田区神田駿河台2-1-45-2F
東京・御茶ノ水	20140622	disk union クラシック館	千代田区神田駿河台2-1-18
東京・御茶ノ水	20140622	disk union HARD & HEAVY館	千代田区神田小川町2-6
東京・御茶ノ水	20140623	オーガニックカフェ 晴れ屋［自然食品］	千代田区神田駿河台3-3-2F
東京・お茶ノ水	20091217	風光書房	千代田区神田駿河台3-7
東京・御茶ノ水	20110627	book unionお茶の水駅前店	千代田区神田駿河台4-3 新お茶の水ビル2F
東京・お花茶屋	20100817	青木書店	葛飾区お花茶屋1-25-13
東京・お花茶屋	20100817	ブックステーション お花茶屋店	葛飾区お花茶屋1-14-10
東京・お花茶屋	20111206	BOOKS-U お花茶屋店	葛飾区お花茶屋1-19-19-1F
東京・お花茶屋	20100202	松島書店	▶店舗閉店
東京・小村井	20090519	BOOK-R小村井	墨田区文花3-23-7
東京・表参道	20091025	COW BOOKS 南青山	▶店舗閉店
東京・表参道	20141029	HADEN BOOKS［ブックカフェバー］	港区南青山4-25-10
東京・表参道	20110517	UTRECHT Charity Bookpot	港区南青山5-3-8 パレスミユキ2F
東京・表参道	20130607	Rags McGREGOR［洋服店］	渋谷区神宮前4-13-4
東京・表参道	20110909	Rainy Day Bookstore & Café	港区西麻布2-21-28 B1F
東京・表参道	20081216	自動車趣味の店 ロンバルディ	港区南青山3-15-2
東京・尾山台	20090902	尾山台文庫	▶店舗閉店
東京・学芸大学	20090410	古書 飯島書店	目黒区鷹番2-15-11
東京・学芸大学	20110223	ecoBOOK学芸大学店	目黒区碑文谷6-7-1
東京・学芸大学	20100831	CLASKA Gallery & Shop "DO"	目黒区中央町1-3-18
東京・学芸大学	20130603	SUNNY BOY BOOKS	目黒区鷹番2-14-15
東京・学芸大学	20150416	BOOK AND SONS	目黒区鷹番2-13-3
東京・学芸大学	20090116	本とうです	▶店舗閉店
東京・学芸大学	20090410	Recycle Market e-Books	▶移転 世田谷区池尻2-6-12
東京・学芸大学	20090116	古本遊戯 流浪堂	目黒区鷹番3-6-9
東京・学芸大学	20091101	古本GALLERY673ひらいし	▶店舗閉店
東京・神楽坂	20120710	神楽坂サイクル［自転車屋］	新宿区矢来町107
東京・神楽坂	20110317	古本と雑貨 クラシコ書店	新宿区神楽坂6-26-6
東京・神楽坂	20150226	ここん［雑貨］	新宿区神楽坂3-2-2F
東京・春日	20090124	大亞堂書店	文京区小石川2-23-12
東京・春日	20130427	双子のライオン堂	文京区白山1-3-6 ▶赤坂に移転予定
東京・金町	20130412	○ 古書とレコード 金町一草洞	葛飾区東金町3-18
東京・金町	20091204	書肆久遠	葛飾区金町3-20-6
東京・金町	20100406	五一書房	葛飾区東金町1-44-15
東京・金町	20100406	BOOK a-TOO	葛飾区東金町1-45-10
東京・金町	20110209	文福	葛飾区東金町1-40-3
東京・金町	20100406	三宅書店	▶店舗閉店
東京・蒲田	20140517	307 石狩書房	大田区新蒲田3-13-3
東京・蒲田	20090813	一方堂書林	大田区西蒲田7-28-5
東京・蒲田	20090813	古書 南天堂書店 蒲田店	大田区西蒲田7-62-3
東京・上板橋	20110329	コミックひろば	▶店舗閉店
東京・上板橋	20100203	林屋書店	板橋区上板橋2-31-11
東京・上板橋	20130918	Book Style	板橋区上板橋2-34-14
東京・上板橋	20110328	ブックセンターサカイ	練馬区北町1-46-3
東京・上石神井	20110927	エーワンブック 上石神井店	▶店舗閉店
東京・上石神井	20100524	碩文堂書店	▶店舗閉店
東京・上石神井	20080817	古書 ノア書房	▶店舗閉店
東京・上町	20120127	Oooo.［カバン屋］	世田谷区世田谷2-22-2
東京・上町	20081204	林書店	世田谷区世田谷2-30-5
東京・亀有	20090609	古書 アーバンブックス	▶店舗閉店
東京・亀有	20121210	栄眞堂書店［新刊書店］	葛飾区亀有5-32-11
東京・亀有	20090609	ブックセンター亀有	▶店舗閉店
東京・亀有	20090609	ブックセンター亀兎	▶店舗閉店

東京・亀有	20110208	BOOK Tommy	葛飾区亀有5-48-6
東京・亀戸	20140506	時代屋ぶんめい［骨董］	江東区亀戸2-44-4
東京・亀戸	20110826	Book Pirates 亀戸	▶店舗閉店
東京・亀戸	20090218	古書ミヤハシ	江東区亀戸4-18-2
東京・亀戸水神	20140512	古本屋JON	江東区亀戸5-13
東京・茅場町	20110926	ゴジラ堂	▶店舗閉店
東京・茅場町	20081226	酒井古書店	中央区新川1-10-11
東京・茅場町	20081226	(株)周禮 新川店	▶店舗閉店
東京・茅場町	20081212	森岡書店	▶店舗閉店・銀座店へ 中央区銀座1−28−15
東京・神田	20080814	古書 澤口書店 小川町店	千代田区神田小川町1-6-21
東京・神田	20080814	書肆ひやね	千代田区内神田2-10-2
東京・鬼子母神前	20100131	ひぐらし文庫	▶オンラインショップに
東京・北赤羽	20140916	桐北書店	北区赤羽北3-25
東京・北赤羽	20090513	Bパレット	▶店舗閉店
東京・北品川	20111220	○ 街道文庫	▶移転 品川区北品川2-3-7
東京・北千住	20110112	おたけちゃん書店(健文堂書店)	足立区千住桜木2-7-2
東京・北千住	20090125	なざわ書店	足立区千住旭町13-8
東京・喜多見	20090806	林書店	世田谷区世田谷2-30-5
東京・北綾瀬	20110526	コミックハウストワイライト	足立区六木1-4-6
東京・北綾瀬	20100517	Book Garage	足立区綾瀬7-16-6
東京・経堂	20090717	うっきぃ	世田谷区桜丘3-1-2
東京・経堂	20081017	遠藤書店	世田谷区経堂2-5-16
東京・経堂	20110630	○ 小野田書房	世田谷区経堂5-38-29
東京・経堂	20090325	大河堂書店	世田谷区経堂1-24-16
東京・清澄白河	20110505	eastend TOKYO BOOKS	江東区三好3-9-6
東京・清澄白河	20121204	EXLIBRIS	江東区三好3-10-5
東京・清澄白河	20121123	Elephantastic	▶店舗閉店
東京・清澄白河	20101022	298 しまぶっく	▶移転 江東区三好2-13-2
東京・清瀬	20111116	a-TOO 中村橋店	練馬区中村北4-9-3
東京・錦糸町	20150304	梅本書店［新刊書店］	墨田区太平1-11-3
東京・錦糸町	20140104	救世軍バザー 江東出張所	墨田区太平4-11-3
東京・錦糸町	20081210	綺羅カーンSHOP	▶店舗閉店
東京・錦糸町	20081210	スミダ書店	▶店舗閉店
東京・錦糸町	20081210	爆安古本屋 ほんジャマー家	墨田区太平4-6-14
東京・九段下	20091208	artbookshop & café	▶店舗閉店
東京・九品仏	20130722	D & DEPARTMENT［家具雑貨］	世田谷区奥沢8-3-2
東京・九品仏	20091207	木鶏堂書店	世田谷区奥沢7-20-17
東京・熊野前	20120715	289 いかやき軽食屋 あさ	▶店舗閉店
東京・京急蒲田	20091221	明石堂書店	▶店舗閉店
東京・京急蒲田	20091221	松島書店	▶店舗閉店
東京・京成小岩	20130612	鬼灯堂	▶店舗閉店
東京・京成高砂	20110622	○ 小野本書店	葛飾区高砂8-26-3
東京・京成高砂	20110530	ブックGIGA	葛飾区高砂3-8-18
東京・京成立石	20100202	岡島書店	葛飾区立石1-6-19
東京・京成立石	20111206	BOOKS-U 立石店	葛飾区立石4-26-11
東京・小岩	20131010	さあどあんくる［アンティーク玩具屋］	江戸川区西小岩3-34-8
東京・小岩	20140825	生活応援隊 江戸川店［リサイクルショップ］	江戸川区南小岩5-2-6
東京・小岩	20090519	高橋書店	江戸川区西小岩1-26-5
東京・小岩	20110117	どですか書店	江戸川区南小岩7-27-13
東京・小岩	20120920	まんが宿［フィギュア工房］	江戸川区西小岩1-10-4
東京・高円寺	20140114	藍書店	杉並区高円寺南3-69-1
東京・高円寺	20081005	青木書店	▶店舗閉店
東京・高円寺	20090711	飛鳥書房	▶店舗閉店
東京・高円寺	20081005	○ アニマル洋子	杉並区高円寺南2-22-9
東京・高円寺	20081014	Ab'acchio	杉並区高円寺北2-38-15

東京・高円寺	20130610	Amleteron	杉並区高円寺北2-18-10
東京・高円寺	20090516	越後屋書店	杉並区高円寺北2-25-6
東京・高円寺	20130411	えほんやるすばんばんするかいしゃ	杉並区高円寺南3-44-18 2F
東京・高円寺	20130523	円盤［喫茶店／CDショップ］	杉並区高円寺南3-59-11 五麟館ビル201
東京・高円寺	20100308	大石書店	杉並区高円寺南3-45-18
東京・高円寺	20080613	Auviss［レンタルビデオ店］	▶店舗閉店
東京・高円寺	20090812	大竹文庫［貸本屋］	▶店舗閉店
東京・高円寺	20121226	大塚商店［リサイクルショップ］	杉並区高円寺北2-41-12
東京・高円寺	20140115	ガレージSale	▶店舗閉店
東京・高円寺	20100519	球陽書房 支店	▶店舗閉店
東京・高円寺	20100521	球陽書房 本店	▶店舗閉店
東京・高円寺	20100708	茶房 高円寺書林	▶店舗閉店
東京・高円寺	20100809	高円寺文庫センター	▶店舗閉店
東京・高円寺	20080808	○コクテイル書房	杉並区高円寺北3-8-13
東京・高円寺	20130104	五十歩百歩［中古レコード店］	高円寺北2-21-6 松田ビル3階
東京・高円寺	20090917	ゴジラや［レトロ玩具店］	杉並区高円寺南3-67-1
東京・高円寺	20101118	コネクシオン［カフェ&バー］	杉並区高円寺南4-23-4 中銀高円寺マンシオンB1
東京・高円寺	20130930	コミックスコレクターズ［アメコミ専門店］	杉並区高円寺南 4-21-6
東京・高円寺	20081224	古本イベントSHOP 古楽房	▶店舗閉店
東京・高円寺	20131208	書肆サイコロ［ギャラリー・雑貨］	杉並区高円寺北4-31-16
東京・高円寺	20150202	古書サンカクヤマ	杉並区高円寺北3-44-24
東京・高円寺	20100818	サンダル文庫	▶店舗閉店
東京・高円寺	20081224	USED CD BOOK ZQ	▶CD店となり中野ブロードウェイに移転
東京・高円寺	20080808	○古書 十五時の犬	杉並区高円寺北2-24-14
東京・高円寺	20100118	勝文堂書店	▶店舗閉店
東京・高円寺	20080727	西部古書会館	杉並区高円寺北2-19-9
東京・高円寺	20090601	中央書籍販売高円寺店	▶移転 杉並区高円寺北2-12-5
東京・高円寺	20100921	○都丸書店 支店	▶店舗閉店 藍書店に
東京・高円寺	20100921	都丸書店 本店	杉並区高円寺北3-1-16
東京・高円寺	20100411	西村屋書店	▶店舗閉店
東京・高円寺	20091220	PART TIME BOOKSELLERS	▶店舗閉店
東京・高円寺	20090612	ハチマクラ	▶移転 杉並区高円寺南3-59-4
東京・高円寺	20110709	BLIND BOOKS	杉並区高円寺北2-7-13高円寺銀座ビル2F
東京・麹町	20130405	珈琲専門店 紀尾井茶房	千代田区平河町1-4-11
東京・糀谷	20091201	Secondhands Shop faro	▶店舗閉店
東京・庚申塚	20081130	かすみ書店	豊島区西巣鴨2-34-13
東京・豪徳寺	20081009	玄華書房	世田谷区豪徳寺1-22-14
東京・豪徳寺	20081009	○靖文堂書店	世田谷区豪徳寺1-18-9
東京・後楽園	20110120	白木書店	文京区本郷1-33-7
東京・護国寺	20111017	青聲社	文京区目白台1-24-8
東京・護国寺	20080821	沼田書店	文京区目白台3-12-8
東京・五反田	20130806	GOOD DAY BOOKS	品川区西五反田 2-4-2
東京・五反田	20130109	南部古書会館	品川区東五反田1-4-4
東京・五反野	20090730	四季書房	足立区弘道1-13-1
東京・五反野	20100220	古書売買 秀画堂	足立区足立4-22-1
東京・駒込	20120912	停車場［リサイクルショップ］	北区西ケ原1-20-12
東京・駒込	20110730	パックレコードとしょしつ	北区田端4-3-3
東京・駒込	20100113	ブックステーション駒込	▶店舗閉店
東京・駒込	20090225	平和堂書店 駒込店	▶店舗閉店
東京・駒込	20090225	古書 ミヤハシ駒込店	北区中里1-2-10
東京・駒沢大学	20121021	SNOW SHOVELLING	世田谷区深沢4-35-7 深沢ビル2F-C
東京・駒場東大前	20130428	明日香美術 駒場店［古美術商］	渋谷区富ヶ谷2-22-5
東京・駒場東大前	20080908	河野書店	目黒区駒場1-31-6
東京・駒場東大前	20130719	coffe & beer BUNDAN［ブックカフェ］	目黒区駒場4-3-55(日本近代文学館内)
東京・鷺ノ宮	20080806	うつぎ書房	中野区白鷺2-49-27
東京・鷺ノ宮	20110413	木屋［ガラクタ屋］	▶店舗閉店

東京・桜上水	20080923	浜田山書房	▶店舗閉店
東京・桜台	20090630	島書店	練馬区桜台1-44-2
東京・笹塚	20080624	一新堂書店	▶店舗閉店
東京・笹塚	20090728	ソフトコンビニエンスBAKU	▶移転・統合 渋谷区笹塚1-58-8
東京・笹塚	20120316	DORAMA 笹塚十号通り店	渋谷区笹塚2-41-22
東京・笹塚	20090728	VIDEO-YA	▶移転・統合 〈ソフトコンビニエンスBAKU〉に
東京・三軒茶屋	20140708	TROPE［洋服店］	世田谷区太子堂4-28-9
東京・三軒茶屋	20081202	Books & Music SOMETIME	世田谷区太子堂5-15-14
東京・三軒茶屋	20100916	三茶文庫	▶店舗閉店
東京・三軒茶屋	20090317	時代や書店	世田谷区上馬1-16-6
東京・三軒茶屋	20081202	○ 店名不明の無人隙間店	▶店舗閉店
東京・三軒茶屋	20111009	MOON FACTORY［カフェ］	世田谷区三軒茶屋2-15-3 寺尾ビル2F
東京・椎名町	20120908	新宿広場［リサイクルショップ］	豊島区南長崎1-9-14
東京・椎名町	20090224	春近書店	豊島区長崎1-5-2
東京・椎名町	20091019	フタバ図書GIGA椎名町店	豊島区南長崎1-25-4
東京・椎名町	20140720	古書 ますく堂	豊島区西池袋4-8-20-105
東京・椎名町	20090224	みのる書房	▶店舗閉店
東京・篠崎	20111118	リサイクル メッセ Rainarse	▶店舗閉店
東京・渋谷	20110415	國學院大學生協 渋谷キャンパス店	渋谷区東4-10-28
東京・渋谷	20121126	古書アップリンク	渋谷区宇田川町37-18 トツネビル
東京・渋谷	20080724	古書サンエー（渋谷古書センター）	渋谷区道玄坂1-6-3
東京・渋谷	20101205	SUNDAY ISSUE	渋谷区渋谷1-17-1 美竹野村ビル2F
東京・渋谷	20120918	渋谷サブカル書店	▶店舗閉店
東京・渋谷	20081113	SHIBUYA BOOKSELLERS	渋谷区神山町17-3
東京・渋谷	20141219	JACK SPADE［高級文具店］	渋谷区神南1-17-9
東京・渋谷	20080724	巽堂書店	渋谷区渋谷1-1-6
東京・渋谷	20090618	東塔堂	渋谷区鶯谷町5-7
東京・渋谷	20080724	中村書店	渋谷区渋谷1-1-10
東京・渋谷	20080911	café: book bar Non［居酒屋］	渋谷区渋谷1-25-10
東京・渋谷	20080724	Flying Books	渋谷区道玄坂1-6-3-2F
東京・渋谷	20110408	まんだらけ 渋谷店	渋谷区宇田川町31-2 渋谷BEAM B2F
東京・志村坂上	20090924	古本ウシトラ板橋店	▶店舗閉店
東京・下赤塚	20090607	司書房	練馬区北町8-30-13
東京・下井草	20080919	大村書店	▶店舗閉店
東京・下北沢	20100623	○ 古書 赤いドリル	▶事務所店に
東京・下北沢	20081003	本・あごら	▶店舗閉店
東京・下北沢	20091122	珈琲音楽いーはとーぼ［喫茶店］	世田谷区北沢2-34-9 第一トキワビル2F
東京・下北沢	20110625	yellow pop［中古CD・レコード店］	▶店舗閉店
東京・下北沢	20110625	オトノマド［レコード店］	世田谷区北沢3-26-4
東京・下北沢	20130919	オムライス［アンティーク玩具］	世田谷区代沢5-29-9
東京・下北沢	20131201	CLARIS BOOKS	世田谷区北沢3-26-2-2F
東京・下北沢	20081003	幻游社	▶店舗閉店
東京・下北沢	20111128	July Books/七月書房	世田谷区北沢2-39-14
東京・下北沢	20080601	白樺書院	世田谷区北沢3-21-1
東京・下北沢	20101214	LIBERAL ARTS LAB DARWIN ROOM	世田谷区代沢5-31-8
東京・下北沢	20120619	disk UNION 下北沢店［CD・レコード店］	世田谷区北沢1-40-7
東京・下北沢	20110204	ばら商店［古道具屋］	世田谷区代沢4-16-19
東京・下北沢	20080601	○ 古書ビビビ	▶移転 世田谷区北沢1-40-8
東京・下北沢	20111224	Brown's Books & Cafe	世田谷区代沢5-32-13
東京・下北沢	20080601	ほん吉	世田谷区北沢2-7-10
東京・下北沢	20150228	メンヨウブックス	世田谷区北沢2-19-5-1F-Room3
東京・下北沢	20120105	木曜館［雑貨店］	▶店舗閉店
東京・下神明	20090611	星野書店	品川区二葉1-12-11
東京・下高井戸	20090929	篠原書店	▶店舗閉店

東京·下高井戸	20080909	豊川堂書店	杉並区下高井戸1-1-5
東京·下高井戸	20110619	TRASMUNDO［音楽·映画ソフト］	世田谷区赤堤4-46-6
東京·下高井戸	20111122	リサイクルショップ ポポ	世田谷区赤堤4-37-5
東京·石神井	20080728	草思堂書店	練馬区石神井町3-18-12
東京·石神井公園	20130129	エコキーパーズ	練馬区石神井町7-4-3
東京·石神井公園	20090121	きさらぎ文庫	練馬区石神井町3-20-1
東京·石神井公園	20090508	久保書店	練馬区石神井町8-9-6
東京·石神井公園	20100901	BOOK CENTER mic	▶店舗閉店
東京·自由が丘	20090323	東京書房	目黒区自由が丘1-9-6
東京·自由が丘	20090323	西村文生堂	目黒区自由が丘2-11-8
東京·自由が丘	20090323	まりら書房	▶店舗閉店
東京·十条	20090408	鴨書店	北区上十条4-8-1
東京·松陰神社	20130810	nostos books	世田谷区世田谷4-2-12
東京·白金高輪	20100208	白金ブックセンター	▶店舗閉店
東京·新小岩	20090410	栄和堂	▶店舗閉店
東京·新小岩	20100215	Old Book Zeus	葛飾区新小岩2-9-13
東京·新小岩	20150117	誓和堂	葛飾区東新小岩3-1-5-101
東京·新小岩	20090218	文久堂書店	▶店舗閉店
東京·新高円寺	20100104	芥川彫金クラフト工房	杉並区梅里1-13
東京·新高円寺	20110121	エーワンブック	▶店舗閉店
東京·新柴又	20090704	健文堂書店	▶店舗閉店
東京·新宿	20081223	新宿disc union 新宿本館	新宿区新宿3-31-4
東京·新宿	20150217	disk union シネマ館	新宿区新宿3-28-4-3F
東京·新宿	20111110	BIBLIOPHILIC & bookunion SHINJYUKU	新宿区新宿3-17-5 カワセビル3F
東京·新宿	20100224	Brooklyn Parlor	新宿区新宿3-1-26-B1F
東京·新宿御苑前	20080710	國島書店 新宿御苑前店	▶店舗閉店
東京·新宿御苑前	20080710	昭友社書店	新宿区新宿2-8-3
東京·新宿御苑前	20090930	ギャラリー·書肆 蒼穹舎	新宿区新宿1-3-5 新進ビル3F
東京·新宿三丁目	20150119	珈琲貴族エジンバラ［喫茶店］	新宿区新宿3-2-4-2F
東京·新富町	20100316	閑々堂	中央区銀座1-22-12
東京·新中野	20140803	古本なべや	▶店舗閉店
東京·新中野	20120214	プリシラ古書店	杉並区和田1-66-21
東京·新中野	20110830	丸吉書店	▶店舗閉店
東京·新橋	20100110	○ 交通書房	港区新橋5-19-1 三陽ビル2階
東京·新馬場	20130111	古書わらべ	品川区北品川2-3-7
東京·神保町	20140731	ARTイワタ	千代田区神田神保町2-4-2F
東京·神保町	20141003	アートスペース澤［ギャラリー］	千代田区神田神保町1-7-5F
東京·神保町	20121031	愛書館·中川書房 神田神保町店	千代田区神田神保町2-3-11 南海堂ビル1F
東京·神保町	20111013	アカシヤ書店	千代田区神田神保町1-8
東京·神保町	20120302	蒐堂	千代田区神田神保町1-8 山田ビル3F
東京·神保町	20111202	梓書房	千代田区神田神保町2-3 神田古書センター4F
東京·神保町	20090120	@ワンダー	千代田区神田神保町2-5-4 開拓社ビル1·2F
東京·神保町	20110812	アムールショップ	千代田区神田神保町2-1
東京·神保町	20110331	荒魂書店	千代田区神田神保町1-11-2 天下一第二ビル2F
東京·神保町	20140328	ARATAMA & ポスターコレクション	千代田区神田神保町1-3
東京·神保町	20140424	飯島書店	千代田区神田神保町2-3-2F
東京·神保町	20140828	いざわ書林	▶移転 千代田区神田小川町3-5-7
東京·神保町	20100115	石田書房	千代田区神田神保町1-19 藤本ビル2F
東京·神保町	20140307	イタリア書房	千代田区神田神保町2-23
東京·神保町	20130925	一心堂書店	千代田区神田神保町1-3
東京·神保町	20100327	一誠堂書店	千代田区神田神保町1-7
東京·神保町	20111214	いにしえ文庫	千代田区神田神保町1-18
東京·神保町	20121222	古書いろどり［無店舗］	千代田区神田神保町1-8 第1野口ビル202
東京·神保町	20140318	古書専門店Vintage	千代田区神田神保町2-5
東京·神保町	20110218	うたたね文庫	▶移転 千代田区猿楽町1-5-20

東京・神保町	20140509	内山書店	千代田区神田神保町1-15-3F
東京・神保町	20100810	映吉書店	▶店舗閉店
東京・神保町	20091204	大久保書店	千代田区神田神保町1-7
東京・神保町	20121108	大島書店	千代田区神田神保町1-1
東京・神保町	20110310	○ 大屋書房	千代田区神田神保町1-1
東京・神保町	20140402	小川図書	千代田区神田神保町2-7
東京・神保町	20090820	かげろう文庫	千代田区小川町3-26-3
東京・神保町	20090619	カスミ書房	千代田区神田神保町1-34-302
東京・神保町	20140520	臥遊堂	千代田区神田神保町1-10-2F
東京・神保町	20110224	古書がらんどう 錦華通り店	千代田区神田神保町1-34
東京・神保町	20131219	かわほり堂	千代田区猿楽町1-4-4
東京・神保町	20131030	かんけ書房	千代田区神田神保町1-32
東京・神保町	20101109	巌松堂図書	▶店舗閉店
東京・神保町	20130118	神田古書センター 出入口古本販売	千代田区神田神保町2-3 神田古書センター入口
東京・神保町	20120216	神田書房	千代田区神田神保町2-14
東京・神保町	20110720	古書かんたんむ	千代田区神田神保町1-1-13 第2アネックスビル5F
東京・神保町	20140526	北沢書店	千代田区神田神保町2-5-2F
東京・神保町	20101031	玉英堂書店	千代田区神田神保町1-1
東京・神保町	20080904	魚山堂書店	千代田区神田神保町2-14-6 谷地ビル2F
東京・神保町	20091127	キントト文庫	千代田区神田神保町1-19-1
東京・神保町	20090619	くだん書房	千代田区神田神保町1-34-301
東京・神保町	20140407	軍学堂	千代田区神田神保町1-1-2F
東京・神保町	20130904	KEIZO BOOKS	千代田区神田小川町3-16
東京・神保町	20120114	慶文堂書店	千代田区神田神保町1-1
東京・神保町	20120709	藝林荘 神保町店	▶事務所に 千代田区神田小川町3-22 タイメイビル3-B号
東京・神保町	20130207	古書 けやき書店	千代田区神田神保町1-9 ハヤオビル6F
東京・神保町	20090811	源喜堂書店	千代田区神田小川町3-1-9
東京・神保町	20140808	源喜堂書店 古書部	千代田区神田小川町3-1-9 9F
東京・神保町	20100127	虎十書林	千代田区神田小川町3-20
東京・神保町	20130507	古賀書店	千代田区神田神保町2-5
東京・神保町	20110124	五萬堂書店	千代田区神田神保町1-28
東京・神保町	20100506	小宮山書店	千代田区神田神保町1-7
東京・神保町	20130712	小宮山書店ガレージセール	千代田区神田神保町1-7
東京・神保町	20130402	沙羅書房	千代田区神田神保町1-32
東京・神保町	20140412	澤口書店 巌松堂ビル店	千代田区神田神保町1-7
東京・神保町	20110805	澤口書店 神保町店	千代田区神田神保町2-5
東京・神保町	20141217	澤口書店 東京古書店	千代田区神田神保町1-7
東京・神保町	20121121	三省堂古書館	千代田神田神保町1-1 三省堂書店神保町本店4F
東京・神保町	20101026	三茶書房	千代田区神田神保町1-1
東京・神保町	20140530	三中堂	▶移転閉店
東京・神保町	20130903	山陽堂書店	千代田区神田神保町2-5-2
東京・神保町	20130613	篠村書店	千代田区神田神保町2-5-2
東京・神保町	20111101	秦川堂書店	千代田区神田神保町2-3 岩波書店アネックス2F
東京・神保町	20140210	崇文荘書店	千代田区神田小川町3-3
東京・神保町	20120925	菅村書店	千代田区神田神保町1-7
東京・神保町	20110921	叢文閣書店	千代田区神田神保町1-9 大雲堂ビル2F
東京・神保町	20120518	ターンテーブル［中古レコード店］	▶店舗閉店
東京・神保町	20091006	大雲堂書店	千代田区神田神保町1-9
東京・神保町	20140127	書肆 高山本店	千代田区神田神保町2-3-1F
東京・神保町	20111111	タクト［CD・DVDショップ］	千代田区神田神保町2-14
東京・神保町	20101124	古書たなごころ	千代田区神田神保町1-20
東京・神保町	20101221	田村書店	千代田区神田神保町1-7
東京・神保町	20140404	通志堂書店	千代田区神田神保町2-2
東京・神保町	20110812	鶴谷洋服店	千代田区神田神保町1-3
東京・神保町	20140807	DIOカルチャービレッジ	千代田区神田神保町1-7-9F

東京・神保町	20140704	disk union 神保町店	千代田区神田神保町1-4-2F
東京・神保町	20140618	BOOK CAFE 二十世紀	▶移転閉店
東京・神保町	20120823	手塚書房	千代田区神田神保町1-27
東京・神保町	20120203	東京古書会館	千代田区神田小川町3-22
東京・神保町	20140110	東西堂書店	千代田区神田神保町2-14-1
東京・神保町	20120614	東陽堂書店	千代田区神田神保町1-1
東京・神保町	20100420	古本 とかち書房	千代田区神田神保町1-22-9
東京・神保町	20131120	鳥海書房	千代田区神田神保町2-3神田古書センター3F
東京・神保町	20131120	鳥海書房 姉妹店	千代田区神田神保町2-11-4
東京・神保町	20120606	長島書店 神保町店	千代田区神田神保町2-5-1
東京・神保町	20110901	長島書店 駿河台下店	▶店舗閉店 事務所に
東京・神保町	20131225	○317 中野書店 古書部	▶移転 杉並区西荻北5-9-12
東京・神保町	20121128	永森書店	千代田区一ツ橋2-6-12
東京・神保町	20120508	南海堂書店	千代田区神田神保町2-3-4
東京・神保町	20090303	南洋堂書店	千代田区神田神保町1-21
東京・神保町	20131107	日本特価書籍	千代田区神田神保町2-5
東京・神保町	20110602	波多野書店	千代田区神田神保町2-7
東京・神保町	20140515	原書房	千代田区神田神保町2-3
東京・神保町	20100712	書肆ひぐらし	千代田区神田神保町1-20 小川ビル1F
東京・神保町	20110510	美術倶楽部ひぐらし	千代田区神田神保町1-26
東京・神保町	20131002	BIBLIO	千代田区神田神保町1-25
東京・神保町	20140108	ファンタジー	▶店舗閉店
東京・神保町	20130325	風月洞書店	千代田区神田神保町1-15
東京・神保町	20090911	古書 富士鷹屋	千代田区神田神保町1-54
東京・神保町	20100301	ブック・ダイバー（探求者）	千代田区神田神保町2-12
東京・神保町	20121005	BOOK DASH	千代田区神田神保町1-25
東京・神保町	20140110	文化堂	千代田区神田神保町2-24
東京・神保町	20130805	文華堂書店	神田神保町2-3-12
東京・神保町	20130423	文献書院	▶移転 千代田区神田神保町2-3
東京・神保町	20120901	ブンケン・ロック・サイド	千代田区神田神保町2-3
東京・神保町	20081120	文庫川村	千代田区神田小川町3-10
東京・神保町	20100917	文省堂書店	▶店舗閉店
東京・神保町	20130225	Bohemian's Guild	千代田区神田小川町3-26
東京・神保町	20120724	magnif zinebocho	千代田区神田神保町1-17
東京・神保町	20121027	○ マニタ書房	千代田区神田神保町1-14 小川図書ビル4F
東京・神保町	20100803	みわ書房	千代田区神田神保町2-3 神田古書センター5F
東京・神保町	20120708	村山書店	千代田区神田神保町1-3
東京・神保町	20120313	明文堂書店	▶店舗閉店
東京・神保町	20120404	明倫館書店	千代田区神田神保町1-9
東京・神保町	20130724	八木書店	千代田区神田神保町1-1
東京・神保町	20110420	矢口書店	千代田区神田神保町2-5-1
東京・神保町	20131204	山田書店仕入部	千代田区神田神保町1-8-2F
東京・神保町	20100310	山田書店 美術部	千代田区神田神保町1-8 山田ビル2F
東京・神保町	20140312	古書 山猫屋	千代田区猿楽町2-5-2-3F
東京・神保町	20120425	山本書店	千代田区神田神保町2-7
東京・神保町	20130917	友愛書房	千代田区神田神保町1-44
東京・神保町	20130106	悠久堂書店	千代田区神田神保町1-3
東京・神保町	20101209	遊星堂	▶移転 台東区浅草橋2-6-2
東京・神保町	20150313	夢野書店	千代田区神田神保町2-3-2F
東京・神保町	20081205	○ 古書 羊頭書房	千代田区神田神保町-25
東京・神保町	20100618	喇嘛舎	千代田区神田小川町3-16 池久ビル2F
東京・神保町	20131205	蘭花堂	千代田区神田神保町1-46
東京・神保町	20090916	古書 りぶる・りべろ	千代田区神田神保町1-42-12
東京・神保町	20140422	燎原書店	千代田区神田神保町3-2-2F
東京・神保町	20140227	六一書房	千代田区神田神保町2-2-22
東京・神保町	20110615	呂古書房	千代田区神田神保町1-1 倉田ビル4F

東京・神保町	20140225	ロック オン キング	千代田区神田神保町1-19-1-3F
東京・新三河島	20120822	○ 丹青通商 荒川事業所	荒川区荒川5-1-13
東京・水道橋	20091231	英山堂書店	千代田区西神田2-8-11
東京・水道橋	20140508	奥野かるた店[かるた店]	千代田区神田神保町2-26
東京・水道橋	20100529	かんけ書房	▶移転 千代田区神田神保町1-32-2F
東京・水道橋	20140508	CLLASICUS	千代田区神田神保町1-64
東京・水道橋	20140523	水平書館	千代田区神田神保町1-54-2F
東京・水道橋	20080725	誠心堂書店	千代田区神田神保町2-24
東京・水道橋	20140121	闘道館	千代田区三崎町2-22-18-4F
東京・水道橋	20111130	南陽堂書房	文京区本郷1-14-4
東京・水道橋	20101015	西秋書店	千代田区西神田2-3-3
東京・水道橋	20110824	日本書房	千代田区西神田2-8-12
東京・水道橋	20091231	松本書店	▶店舗閉店
東京・水道橋	20091217	丸沼書店	千代田区三崎町2-8-12
東京・水道橋	20140417	みはる書房	千代田区神田神保町1-54
東京・水道橋	20120203	山口書店	千代田区神田神保町2-48
東京・水道橋	20100903	有文堂書店	千代田区三崎町2-8-12
東京・巣鴨	20081130	青木書店	▶店舗閉店
東京・巣鴨	20090927	林書店	▶店舗閉店
東京・住吉	20120213	山北書店	江東区住吉2-10-5
東京・成城学園前	20091024	キヌタ文庫	世田谷区成城5-14-6
東京・成城学園前	20150212	成城堂書店[新刊書店]	世田谷区成城6-20-21
東京・世田谷	20120119	三光[リサイクルショップ]	世田谷区世田谷1-16-14
東京・世田谷代田	20090415	PAPER JAM	▶店舗閉店
東京・洗足	20110701	大鵬堂書店	目黒区南1-24-7
東京・千駄木	20090913	喜多の園	▶移転 文京区千駄木2-48-8
東京・千駄木	20080811	結構人ミルクホール[カフェ]	文京区千駄木2-48-16
東京・千駄木	20130828	今風庵[居酒屋]	文京区千駄木3-36-12
東京・千駄木	20120222	なかよし文庫[倉庫]	▶店舗閉店
東京・千駄木	20100319	270 不思議(はてな)	▶店舗閉店
東京・千駄木	20110728	古書bangobooks	台東区谷中2-5-10
東京・千駄木	20080811	book & café BOUSINGOT	文京区千駄木2-33-2
東京・千駄木	20090510	古書ほうろう	文京区千駄木3-25-5
東京・雑司が谷	20100820	277 古本と占い JUNGLE BOOKS	豊島区雑司が谷2-19-13-B1F
東京・雑司ヶ谷	20080719	旅猫雑貨店	豊島区雑司が谷2-22-17
東京・祖師ケ谷大蔵	20090305	祖師谷書房	世田谷区祖師谷5-1-28
東京・祖師ケ谷大蔵	20100715	ツヅキ堂書店 祖師ヶ谷大蔵店	▶店舗閉店
東京・祖師ケ谷大蔵	20081029	文成堂書店	世田谷区砧8-7-17
東京・代官山	20110115	STRANGE STORE [セレクトショップ]	渋谷区鶯谷町12-3
東京・代官山	20120305	蔦屋書店[新刊書店]	渋谷区猿楽町17-5
東京・大師前	20100401	漫画人Books	足立区西新井本町1-17-1
東京・高島平	20120601	ブックバンク	板橋区高島平7-23-21
東京・高島平	20131227	リブックス	板橋区高島平8-12-1
東京・高田馬場	20081016	キノコノクニヤ書店	▶店舗閉店
東京・高田馬場	20081016	ばーばー書店	▶店舗閉店
東京・高田馬場	20121115	ブックオフ 高田馬場北店	豊島区高田3-14-29
東京・高田馬場	20090701	Book Taste	新宿区高田馬場4-8
東京・高田馬場	20100414	ふるほん横丁(芳林堂内)	新宿区高田馬場1-26-5 FIビル4F
東京・高田馬場	20091120	MILESTONE[ジャズ喫茶]	新宿区高田馬場1-23-9
東京・高輪	20090114	石黒書店	港区高輪3-8-12
東京・高輪	20090623	書肆 啓祐堂	▶店舗閉店
東京・滝野川一丁目	20090708	○ 龍文堂書店	北区西ケ原4-21-12
東京・竹ノ塚	20100401	ふるほんや 永瀬書店	足立区西竹の塚2-1-28
東京・田端	20081111	石川書店	▶店舗閉店
東京・田端	20100419	古本 石英書房	▶移転 市川市真間2-2-12 ローゼンホルツ内

東京・田端	20081111	○ 忠敬堂［古地図］	▶店舗閉店
東京・田端	20100226	古本屋の中村	北区東田端1-8-7
東京・田端	20111203	古書 宮橋	▶店舗閉店
東京・千歳烏山	20080923	○ イカシェ天国 古本屋	世田谷区南烏山6-7-17
東京・千歳烏山	20091005	Recycle Gallery NEWS烏山店［リサイクルショップ］	世田谷区南烏山6-18-14
東京・千歳船橋	20090319	あすか	▶店舗閉店
東京・千歳船橋	20090319	一光堂書店	▶店舗閉店
東京・月島	20080714	文雅堂書店	▶移転
東京・田園調布	20100331	古書肆田園りぶらりあ	大田区田園調布2-39-11
東京・東京	20121119	R.S.Books	▶店舗閉店
東京・東京	20100730	松丸本舗	▶店舗閉店
東京・東京	20120727	八重洲古書館	▶店舗閉店
東京・東京	20141009	八重洲ブックセンター アウトレットブックコーナー	中央区八重洲2-5-1-8F
東京・とうきょうスカイツリー	20140727	シネマッドカフェ［映画カフェ］	墨田区押上2-1-1-104
東京・東大前	20100122	Gallery and books ヴァリエテ本六	文京区本郷6-25-14
東京・東大前	20120713	伸松堂書店	文京区本郷6-24-9
東京・東大前	20110816	第一書房	文京区本郷6-26-1
東京・東大前	20110127	柏林社書店	文京区本郷6-25-13
東京・東陽町	20090401	あづま書店	▶店舗閉店
東京・東陽町	20140206	303 写真屋さんホックス	江東区南砂2-3-1-107
東京・ときわ台	20090527	高田書房・常盤台店	板橋区常盤台2-1-14-1F
東京・戸越銀座	20081124	いづみ書店	▶店舗閉店
東京・戸越銀座	2010031	○ 小川書店 平塚店	品川区平塚3-2-17-104
東京・戸越銀座	20081124	竹田書店	▶店舗閉店
東京・豊島園	20090107	○ 水野書店	▶店舗閉店
東京・都立家政	20111018	エーワンブック中野店	▶店舗閉店
東京・都立家政	20130203	294 大村書店	中野区鷺宮3-9-4
東京・都立家政	20111213	ブックマート 都立家政店	中野区若宮3-19-11-1F
東京・都立大学	20121116	博文堂書店	目黒区八雲1-7-20
東京・都立大学	20100325	ROOTS BOOKS	目黒区中根1-2-10-1F
東京・中井	20140912	312 料理専門古本屋 onakasuita	新宿区中落合2-25-6
東京・中野	20140605	ヴィンテージモール［アンティーク］	中野区中野5-52-15-2F
東京・中野	20080618	古書うつつ	中野区中野5-52-15-2F
東京・中野	20130824	古いおもちゃと紙物 ガオッチ	中野区中野5-52-15-3F
東京・中野	20111129	観覧舎C・S2	中野区中野5-52-15-4F
東京・中野	20100626	Antique スピカ［アンティークショップ］	▶1階に移転 中野区新井1-5-3-2F
東京・中野	20080618	タコシェ	中野区中野5-52-15-3F
東京・中野	20110624	東京図鑑	▶店舗閉店 週末営業再開
東京・中野	20080618	TRIO観覧舎	中野区中野5-52-15-3F
東京・中野	20121115	ブックオフ 中野早稲田通店	中野区中野5-24-20
東京・中野	20101201	BOOK GARAGE	中野区新井1-36-3
東京・中野	20090617	BOOK'S To-Be	▶店舗閉店
東京・中野	20080828	ブックス・ロンド社	中野区中野5-52-15-2F
東京・中野	20110718	FLOWER RECORD［中古レコード店］	中野区中野5-59-1-305
東京・中野	20090209	ぽちたま文庫	▶店舗閉店
東京・中野	20140215	319 まんだらけ海馬	中野区中野5-52-15-4F
東京・中野	20110105	まんだらけ活動写真館	中野区中野5-52-15-2F
東京・中野	20080618	MANDARAKE記憶	中野区中野5-52-15-4F
東京・中野	20110609	MANDARAKE GALAXY	中野区中野5-52-15-2F
東京・中野	20080828	MANDARAKE大予言×記憶	中野区中野5-52-15-4F
東京・中野	20120229	まんだらけ本店2	中野区中野5-52-15-3F
東京・中野	20140605	まんだらけ流線型事件［鉄道グッズ］	中野区中野5-52-15-4F
東京・中野	20080828	古書 ワタナベ	中野区中野5-52-15-4F

東京・中野新橋	20080711		伊呂波文庫	中野区本町3-12-15
東京・中野新橋	20100422		とんがらし	▶店舗閉店
東京・中野新橋	20081020	○	古書 猫額洞	▶店舗閉店
東京・中野富士見町	20130907		救世軍バザー［バザー］	杉並区和田2-21-2
東京・中野富士見町	20130907		元禄堂	杉並区和田2-2
東京・中延	20090416		源氏書房	品川区中延6-3-17
東京・中延	20110922		BOOK MARK	▶店舗閉店
東京・中村橋	20140617		ドラゴンブック	練馬区中村北3-20-6
東京・中村橋	20110713		ドラゴンブック 中村橋店	練馬区中村北3-21-8-1F
東京・中目黒	20080824		COW BOOKS	目黒区青葉台1-14-11
東京・中目黒	20101105		Graphio/buro-stil［ビンテージ雑貨］	▶移転 渋谷区上原2-32-1F
東京・中目黒	20090425		combine books & foods［ブックカフェ］	▶店舗閉店
東京・中目黒	20090624	255	杉野書店	目黒区上目黒2-24-14
東京・中目黒	20101013		たらの芽書店	▶店舗閉店
東京・中目黒	20111003		dessin	目黒区東山1-9-7-1F
東京・中目黒	20081119		文成堂書店	▶店舗閉店
東京・業平橋	20090420		業平駅前書店	墨田区押上2-1-16
東京・成増	20130716		コミックジャングル	板橋区赤塚6-37-11-102
東京・西新井	20091112		書麓 高田書店	足立区栗原1-7-24
東京・西新井大師西	20101005		古本のりぼん	足立区西新井7-21-13
東京・西荻窪	20110918		庵亭空［古道具店］	杉並区西荻南2-19-7
東京・西荻窪	20141204		en=gawa	杉並区西荻窪2-24-15
東京・西荻窪	20090603	○	古書音羽館	杉並区西荻北3-13-7
東京・西荻窪	20120629		omnivague	▶移転
東京・西荻窪	20090428		古書花鳥風月	杉並区西荻北4-3-2
東京・西荻窪	20140926	313	かんばら書房	杉並区西荻北4-34-8
東京・西荻窪	20080912		興居島屋	▶店舗閉店
東京・西荻窪	20100409		信愛書店	▶店舗閉店 信愛書店 en=gawaに
東京・西荻窪	20120629		SUTEKI［玩具文具］	杉並区西荻北2-27-10
東京・西荻窪	20100106	○	盛林堂書房	杉並区西荻南2-23-12
東京・西荻窪	20111124		Book cafe SORAMIMI	▶店舗閉店準備中
東京・西荻窪	20091128		待晨堂	杉並区西荻南3-16-1
東京・西荻窪	20110809		USED BOOK STORE TIMELESS	杉並区西荻北3-21-5
東京・西荻窪	20150410		古本バル 月よみ堂	杉並区西荻南2-6-4
東京・西荻窪	20150314		中野書店（古本倶楽部）	杉並区西荻北5-9-12
東京・西荻窪	20100825		紙モノ 古本 なずな屋	▶店舗閉店
東京・西荻窪	20111218		nano［雑貨&クラフト］	杉並区西荻南3-16-3
東京・西荻窪	20140212		西荻イトチ［カフェ］	杉並区西荻北2-1-7
東京・西荻窪	20120915	○	古書西荻モンガ堂	杉並区桃井4-5-3-102
東京・西荻窪	20090725	258	にわとり文庫	杉並区西荻南3-17-5
東京・西荻窪	20100727		ねこの手書店	杉並区西荻南3-7-7
東京・西荻窪	20090629		旅の本屋のまど	杉並区西荻北3-12-10
東京・西荻窪	20080912		古書 比良木屋	杉並区西荻北2-5-1
東京・西荻窪	20120321		FALL［ギャラリーショップ］	杉並区西荻北3-18-10
東京・西荻窪	20120211		beco cafe［ブックカフェ］	杉並区西荻北3-18-6
東京・西荻窪	20090127		夢幻書房	▶店舗閉店 事務所店に
東京・西荻窪	20110318		模型センター	▶店舗閉店
東京・西荻窪	20100523		mondobooks	▶店舗閉店
東京・西小山	20150218	320	ハイカラ横丁まるや［懐かしもの屋］	品川区小山6-4-9
東京・西新宿五丁目	20110928		トイランド［おもちゃ屋］	▶店舗閉店
東京・日暮里	20100627		古書 信天翁	荒川区西日暮里3-14-13-202
東京・日暮里	20120716		BOOK BOY 日暮里店	荒川区東日暮里5-52-6
東京・日暮里	20090529		峯尾文泉堂	荒川区東日暮里5-1-4
東京・日本橋	20100324		地図の宝島 ぶよお堂	中央区日本橋3-8-16-1F
東京・日本橋	20111228		ワールド・アンティーク・ブック・プラザ	中央区日本橋2-3-10-3F
東京・沼袋	20081114		天野書店	中野区沼袋2-30-7

東京・沼袋	20120223	BOOK LIFE	中野区沼袋4-26-13-1F
東京・根津	20130213	EXPO［古雑貨屋］	台東区池之端4-26-30
東京・根津	20080811	オヨヨ書林	▶青山を経て金沢へ移転 石川県金沢市竪町14-1
東京・根津	20141023	古書カフェ 狐白堂	文京区弥生2-17-12
東京・根津	20120529	タナカホンヤ	台東区池之端2-7-7
東京・根津	20111106	ツバメブックス	文京区根津1-21-6
東京・根津	20100111	貸本屋 なかよし文庫	▶店舗閉店
東京・根津	20130828	根津珈琲店	文京区根津1-27-6
東京・練馬	20080708	一信堂書店	練馬区豊玉北5-3-10
東京・練馬	20090812	ブックレンタルネギシ 練馬店	練馬区練馬2-2-20
東京・野方	20100218	260 こたか商店	▶店舗閉店
東京・野方	20120926	DORAMA 野方店	中野区野方5-19-13-1F
東京・白山	20100723	誠文堂書店	文京区白山5-1-17
東京・白山	20110819	誠文堂書店 本店	文京区白山5-1-3
東京・馬喰町	20130928	イズマイ	千代田区東神田1-14-2
東京・馬喰横山	20130120	CEDOK zakka store［チェコ雑貨］	▶田原町に移転 台東区駒形1-7-12
東京・蓮沼	20120329	○ 月の輪書林［無店舗］	大田区東矢口1-16-21-102
東京・蓮根	20110308	ブックセンターサカイ	板橋区蓮根3-5-23
東京・蓮根	20110308	ブックセンターハスネ	板橋区蓮根1-29-11-1F
東京・幡ヶ谷	20080709	小林書店	▶店舗閉店
東京・幡ヶ谷	20080729	BOOK HOUSE なつかし屋	▶店舗閉店
東京・幡ヶ谷	20100422	ひまわり［駄菓子屋］	渋谷区幡ヶ谷2-8
東京・旗の台	20131003	尚雅堂［古道具］	品川区旗の台4-2-7
東京・旗の台	20090417	みやこ書房	品川区旗の台4-7-29
東京・旗の台	20090417	リサイクルショップ 宇宙船	▶店舗閉店
東京・八幡山	20090810	カルチャーステーション	世田谷区八幡山3-32-23
東京・初台	20130320	#108	渋谷区代々木4-28-8-1F
東京・初台	20110707	MOTOYA［ブックカフェ］	渋谷区初台2-24-7
東京・八丁堀	20140722	310 書肆 逆光	中央区八丁堀2丁目3−3-2F
東京・原宿	20110823	かぐれ表参道店［ファッションビル］	渋谷区神宮前4-25-12
東京・原宿	20120417	SEE MORE GLASS［喫茶店］	渋谷区神宮前6-27-8
東京・原宿	20091029	TOKYO HIPSTRES CLUB	▶店舗閉店
東京・原宿	20121107	BOOKS BUNNY［洋書ブックカフェ］	渋谷区神宮前2-31-8
東京・原宿	20140220	BOOKMARC 原宿［特殊新刊書店］	渋谷区神宮前4-26-14
東京・原宿	20090926	YOUTH RECORDS	▶店舗閉店
東京・東尾久三丁目	20121003	サンマリンブック	荒川区東尾久6-9-5
東京・東銀座	20091108	木挽堂書店	中央区銀座4-13-14-2F
東京・東銀座	20100316	新生堂奥村書店	▶店舗閉店
東京・東高円寺	20091210	BOOKS etc. イココチ	杉並区和田3-57-5
東京・東十条	20131005	古書 あざぶ本舗	北区東十条3-12-3
東京・東十条	20130814	木下晴書堂［新刊書店］	北区中十条3-3-19
東京・東十条	20090408	古書 彩林堂	▶店舗閉店
東京・東長崎	20080926	ブックランドYAMAZi 東長崎駅前店	▶店舗閉店
東京・東中野	20140724	ブックオフ東中野店	中野区東中野3-9−21
東京・東日本橋	20100413	U-BOOKS 東日本橋店	▶店舗閉店
東京・東松原	20140501	古書 瀧堂	世田谷区松原5-27-11
東京・東松原	20080731	愛書 中川書房	世田谷区松原5-27-11 ▶移転 千代田区神保町2-3-11
東京・曳舟	20120123	甘夏書店	▶移転 墨田区向島3-6-5
東京・曳舟	20090704	アート&カフェ こぐま［カフェ］	墨田区東向島1-23-14
東京・曳舟	20090525	○ 白石	▶店舗閉店
東京・曳舟	20101104	TOTOとLULU	墨田区東向島1-35-10
東京・日野	20090729	自由書房	▶店舗閉店
東京・日比谷	20121211	酒井好古堂	千代田区有楽町1-2-14
東京・平井	20120308	漫画人Books 本店	江戸川区平井6-14-7

東京・広尾	20130308		古書一路[無店舗]	渋谷区広尾3-8-13
東京・富士見台	20100830		新井書店	練馬区貫井3-32-5
東京・二子玉川	20131025		陽明堂 日原書店[新刊書店]	世田谷区玉川4-12-15
東京・不動前	20100621		ナビトレンド	目黒区下目黒3-16-5
東京・堀切菖蒲園	20080719		青木書店	葛飾区堀切3-8-7
東京・堀切菖蒲園	20111024		安値ブックセンター	▶店舗閉店
東京・本郷三丁目	20100616		井上書店	文京区本郷6-2-8
東京・本郷三丁目	20091222		大山堂書店	文京区本郷5-26-6
東京・本郷三丁目	20110518		木村書店	文京区本郷5-30-14
東京・本郷三丁目	20120904		山喜房 佛書林	文京区本郷5-28-5
東京・本郷三丁目	20120319		泰雲堂書店	文京区本郷6-17-8
東京・本郷三丁目	20090106	249	大学堂書店	文京区本郷2-40-13-109
東京・本郷三丁目	20091008	O	棚澤書店	文京区本郷6-18-12
東京・本郷三丁目	20100402		萬葉堂書店	▶店舗閉店
東京・本郷三丁目	20130618		Mitte[欧州雑貨店]	文京区本郷5-25-13-3F
東京・本郷三丁目	20111212		琳琅閣書店	文京区本郷7-2-4
東京・本駒込	20110702		相馬古道具 古書部[古道具店]	文京区本駒込1-7-16
東京・本駒込	20120306		辺慈花+日月	▶店舗閉店
東京・町屋	20130527		古本応援団 町屋店	荒川区荒川6-4-11
東京・町屋	20100528	O	町屋の森の古本屋	▶店舗閉店
東京・松ノ木	20090612		AMANAYA A12[雑貨屋]	杉並区松ノ木2-16-15
東京・三河島	20091026	O	稲垣書店	荒川区荒川3-65-2
東京・三河島	20100721		TOKIOブックチェーン 日暮里店	荒川区東日暮里3-44
東京・瑞江	20140702		東京ベンチ	▶古書肆スクラムへ 千葉県市川市宝1-5-17
東京・三田	20080928		小川書店	港区三田5-16-15
東京・南青山	20090801	272	古書 日月堂	港区南青山6-1-6-205
東京・南阿佐ケ谷	20100306	O	あきら書房	杉並区阿佐谷南1-8
東京・南阿佐ケ谷	20091109		エーワンブックス	▶店舗閉店
東京・南阿佐ヶ谷	20140716		中央線物産館	杉並区阿佐谷南1-14-2-2F
東京・南砂町	20091224		たなべ書店 駅前店	江東区南砂3-13-4
東京・南砂町	20110224		たなべ書店 本店	江東区南砂4-8-10
東京・南砂町	20130906		フタバ図書TERA南砂町店	江東区新砂3-4-31
東京・南千住	20090318		古書 大島書房	荒川区南千住2-32-4
東京・三ノ輪	20100312		Book Garage三ノ輪店	▶店舗閉店
東京・三ノ輪	20130529		リサイクルショップ あうん	荒川区東日暮里1-36-10
東京・三ノ輪橋	20090809		古書ミヤハシ 三ノ輪店	荒川区南千住1-16-6
東京・武蔵小山	20110126		オークラ書房[新刊書店]	▶店舗閉店
東京・武蔵小山	20090326	O	九曜書房	品川区小山3-2-3
東京・武蔵小山	20110322		シグマ書房[新刊書店]	▶店舗閉店
東京・武蔵小山	20101129		トップ書房	▶店舗閉店
東京・武蔵小山	20110429		HEIMAT CAFE[ブックカフェ]	目黒区目黒本町3丁目5-6
東京・武蔵小山	20120129		ペパーミント T.I.C	品川区小山5-5-7
東京・武蔵新田	20090706		つぼ書店	▶店舗閉店
東京・武蔵関	20081018		古本工房SiREN	練馬区関町北1-3-11
東京・武蔵関	20141123		えほんのがっこう	練馬区関町北4-2-15-2F
東京・明大前	20080731		古本大学	▶店舗閉店
東京・目黒	20110513		金柑画廊	目黒区目黒4-26-7
東京・目黒	20081228		古書・CD・LP 月光堂目黒店	目黒区下目黒6-1-28-1F
東京・目黒	20080917		弘南堂書店	目黒区目黒1-6-13
東京・目白	20120415	283	エスケースタンプ	▶移転 豊島区目白2-38-1
東京・目白	20090614		貝の小鳥	新宿区下落合3-18-10
東京・目白	20080927	246	夏目書店	▶店舗閉店
東京・目白	20090918		ブックギャラリー ポポタム	豊島区西池袋2-15-17
東京・本蓮沼	20110323		ゆうけい堂	▶店舗閉店
東京・森下	20121203		古書ドリス	江東区森下2-10-2
東京・森下	20120624		文雅堂書店	江東区新大橋2-6-3

東京・森下	20130525	古書 ほんの木	江東区高橋8-4-1F
東京・門前仲町	20081208	古書 朝日書店	江東区富岡1-5-5
東京・矢口渡	20100130	ドリーム書店	▶店舗閉店
東京・矢口渡	20091020	ひと葉書房	大田区新蒲田2-20-3
東京・祐天寺	20081228	古本 赤い鰊	▶店舗閉店
東京・祐天寺	20090221	北上書房	目黒区祐天寺1-21-16
東京・祐天寺	20110316	Libnos祐天寺店	▶店舗閉店
東京・有楽町	20120531	287 宝塚アン 有楽町駅前店	千代田区有楽町2-10-1-2F
東京・湯島	20130418	STORE FRONT［アートスペース］	台東区池之端2-1-45-103
東京・用賀	20100323	からさわ書店	世田谷区中町5-20-9
東京・用賀	20131024	古書 月世界	世田谷区瀬田3-1-8
東京・四谷三丁目	20130424	だあしゑんか［チェコ料理］	新宿区舟町7-2F
東京・代々木	20120607	COCONUTS DISK 代々木店［中古レコード店］	渋谷区代々木1-36-6
東京・代々木上原	20080908	マコト書房	▶店舗閉店
東京・代々木上原	20100811	みみをすます書店	▶店舗閉店
東京・代々木上原	20080713	Los Papelotes	渋谷区西原3-4-2
東京・代々木八幡	20101006	SO BOOKS	渋谷区上原1-47-5
東京・代々木八幡	20091028	NEWPORT［カフェ］	渋谷区富ヶ谷1-6-8-1F
東京・代々木八幡	20110810	282 RHYTHM_AND_BOOKS	渋谷区富ヶ谷1-9-15-1F
東京・両国	20110419	へそまがりほんや［古道具店］	▶店頭古本販売撤退
東京・芦花公園	20140130	古書一角獣	世田谷文学館クラフトエヴィング商會展示
東京・芦花公園	20150508	三歩屋	世田谷文学館植草甚一展展示
東京・六本木	20081215	かじ川 誠志堂	▶店舗閉店
東京・六本木	20100614	BIBLIOPHILE	港区六本木5-17-1-B1F
東京・若林	20141112	十二月文庫	世田谷区若林5-4
東京・早稲田	20100724	274 浅川書店	新宿区西早稲田2-10
東京・早稲田	20150424	渥美書房	▶移転 新宿区西早稲田2-9-16
東京・早稲田	20110815	安藤書店	新宿区西早稲田3-14-1
東京・早稲田	20140331	あんとれボックス	新宿区戸塚町1-101-2-2F-202
東京・早稲田	20100414	飯島書店	新宿区西早稲田2-9-16
東京・早稲田	20090713	五十嵐書店	新宿区西早稲田3-20-1
東京・早稲田	20120202	いこい書房	▶店舗閉店
東京・早稲田	20100211	古本 茶屋 岩狸／Book café Das	新宿区西早稲田2-16-17
東京・早稲田	20110222	江原書店	新宿区西早稲田2-4-25
東京・早稲田	20120304	Opera Buff	新宿区西早稲田1-2-3-1F
東京・早稲田	20110524	岸書店	新宿区西早稲田2-10-15
東京・早稲田	20120914	古書 畸人堂	新宿区西早稲田1-4-20
東京・早稲田	20121017	古書 畸人堂 ガレージ店	新宿区西早稲田3-1-3
東京・早稲田	20110913	喜楽書房	▶店舗閉店
東京・早稲田	20101019	金峯堂書店	▶店舗閉店
東京・早稲田	20120615	古書 英二	新宿区西早稲田3-15-25
東京・早稲田	20090404	○ 古書現世	新宿区西早稲田2-16-17
東京・早稲田	20111230	さとし書房	新宿区西早稲田2-10-16
東京・早稲田	20120905	三幸書房	新宿区西早稲田2-10-18
東京・早稲田	20120719	三楽書房	新宿区西早稲田3-21-2
東京・早稲田	20110131	照文堂書店	新宿区西早稲田3-12-1
東京・早稲田	20110315	○ 古書 二朗書房	新宿区西早稲田2-9-13
東京・早稲田	20111205	TIGER BOOKS	新宿区早稲田鶴巻町538 Cat's Cradle内
東京・早稲田	20091211	立石書店	新宿区西早稲田2-1-2-1F
東京・早稲田	20110704	谷書房	新宿区西早稲田2-9-16
東京・早稲田	20100514	稲光堂書店	▶店舗閉店
東京・早稲田	20100824	虹書店	新宿区西早稲田3-1-7
東京・早稲田	20150430	ひとえブックストア	新宿区西早稲田1-9-36
東京・早稲田	20100112	平野書店	新宿区西早稲田3-21-3
東京・早稲田	20101117	ブックス・アルト	新宿区西早稲田2-4-26

東京・早稲田	20120820		文英堂書店	新宿区西早稲田3-13-14
東京・早稲田	20090907		文省堂書店	▶店舗閉店
東京・早稲田	20100531		丸三文庫	新宿区西早稲田3-2-2-2F
東京・早稲田	20101220		ヤマノヰ本店	新宿区馬場下町61
東京・早稲田	20120406		リサイクルブックス ルネッサンス	新宿区西早稲田1-1-9
東京・昭島	20090829		さわやか文庫	▶店舗閉店
東京・昭島	20120512		さわやか文庫 昭島駅前店	▶店舗閉店
東京・秋津	20101018		古本らんだむ	東村山市津町5-38-3
東京・井の頭公園	20111215		20世紀ハイツ[古雑貨屋]	三鷹市井の頭3-12-8
東京・青梅	20100918	279	古書ワルツ	▶店舗閉店 ネット書店に
東京・青梅街道	20140329	305	小平市立中央図書館	小平市小川町2-1325
東京・大塚・帝京大学	20120101		ブックセンターいとう 東中野本店	八王子市東中野533
東京・小田急永山	20130528	○	古本・手づくり雑貨 あしたやみどり	多摩市諏訪5-6-3
東京・小田急永山	20140311		はらっぱ[自然食品と雑貨]	多摩市永山1-5 ベルブ永山3階
東京・上北台	20141129		BOOK BOOK 東大和店	東大和市立野1-985
東京・河辺	20120721		ブックセンターいとう 青梅店	青梅市野上町3-22
東京・吉祥寺	20141013		青と夜ノ空	武蔵野市吉祥寺南町5-6-25
東京・吉祥寺	20140228		クワランカ・カフェ[カフェ]	武蔵野市吉祥寺南町1-8-11
東京・吉祥寺	20100714		COCONUTS DISK KICHIJOJI	武蔵野市吉祥寺本町2-22-4
東京・吉祥寺	20100222	262	さかえ書房	▶店舗閉店
東京・吉祥寺	20090512		さんかく	▶店舗閉店
東京・吉祥寺	20090910		古本×古着 リサイクルの午睡舎	▶店舗閉店
東京・吉祥寺	20090502		すうさい堂	武蔵野市吉祥寺本町1-28-3-103
東京・吉祥寺	20100222	262	外口書店	武蔵野市吉祥寺本町1-14-1
東京・吉祥寺	20080612		BASARA BOOKS	武蔵野市吉祥寺南町1-5-13
東京・吉祥寺	20140228		Balanca[バー]	武蔵野市御殿山1-2-3-3F
東京・吉祥寺	20080925		OLD/NEW SELECT BOOKSHOP 百年	武蔵野市吉祥寺本町2-2-10-2F
東京・吉祥寺	20120120		古書 風鈴堂	▶一帯再開発のためビルから撤退
東京・吉祥寺	20090723	256	藤井書店	武蔵野市吉祥寺本町1-11-20
東京・吉祥寺	20130218		bookunion 吉祥寺店	武蔵野市吉祥寺本町1-8-22-2F
東京・吉祥寺	20090422	253	古本センター	武蔵野市吉祥寺南町1-1-2
東京・吉祥寺	20150326		Main Tent	武蔵野市吉祥寺本町2-7-3
東京・吉祥寺	20080612		よみた屋	武蔵野市吉祥寺南町2-6-10
東京・清瀬	20111116		a-TOO 清瀬店	清瀬市元町1-9-16
東京・清瀬	20140612		臨河堂	清瀬市中清戸 3-213-7
東京・国立	20111114		銀杏書房	国立市中1-16-37
東京・国立	20100804		国立本店	国立市中1-7-62 ブックスペース
東京・国立	20120112		西書店	▶店舗閉店
東京・国立	20130802		ひろばサラ[デイサービス]	立川市若葉町1-10-1
東京・国立	20091218		ブックステーション MON	国立市西2-21-41
東京・国立	20120527		古本泡山[無店舗]	▶オンライン書店
東京・国立	20090506		(有)みちくさ書店	国立市東1-4-11
東京・国立	20090622		谷川書店	▶店舗閉店
東京・国立	20100214		ふるほん ゆず虎嘯	▶実店舗は閉店
東京・国立	20090622		ユマニテ書店	国立市東2-6-33
東京・久米川	20110727		下井草書房	東村山市本町4-3-3
東京・久米川	20090908		ブックステーション	東村山市栄町2-41-10-B1F
東京・京王永山	20090620	○	佐伯書店	多摩市永山1-8-3
東京・京王永山	20140917		多摩市役所 小さな本屋さん	多摩市関戸6-12-1
東京・恋ケ窪	20120325		ブックセンターいとう 恋ケ窪店	小平市上水本町6-4-1
東京・国分寺	20140905		古本 雲波	国分寺市本多1-1-17
東京・国分寺	20130510		お酒とごはん くうふく[飲食店]	国分寺市本町2-22-2-1F
東京・国分寺	20111014		国障連リサイクル店	▶店舗閉店
東京・国分寺	20100827		古書こしょこしょ	▶現在は〈中央書房支店〉 国分寺市南町2-17-11
東京・国分寺	20120507	285	才谷屋書店	小金井市貫井北町5-12-5

東京・国分寺	20091106	超山田堂	国分寺市本多1-5-4-2F
東京・国分寺	20100309	ブックセンターいとう 国分寺店	国分寺市南町2-14-3-1F
東京・国分寺	20130513	古書 まどそら堂	国分寺市南町2-10-10
東京・国分寺	20080717	ら・ぶかにすと	国分寺市本町3-11-16-1F
東京・狛江	20110304	houti［古道具屋］	狛江市猪方3-40-19
東京・狛江	20110304	BOOK ZONE 狛江店	狛江市東和泉1-30-2
東京・狛江	20101228	ふる本屋 狛江店	狛江市和泉本町3-39
東京・聖蹟桜ヶ丘	20101007	古書玉椿	▶移転 香川県高松市春日町890-3
東京・聖蹟桜ヶ丘	20090824	博蝶堂書店 聖蹟桜ヶ丘店	多摩市関戸4-6-3-1F
東京・聖蹟桜ヶ丘	20121206	ブックセンターいとう 桜ヶ丘店	多摩市関戸2-39-12
東京・西武柳沢	20110303	エーワンブック 保谷店	西東京市保谷町6-13-12
東京・西武柳沢	20091117	ブックステーション武蔵野	▶店舗閉店
東京・仙川	20150331	文紀堂書店	調布市仙川町1-30-1
東京・仙川	20101119	川口書房	▶店舗閉店
東京・仙川	20090819	ツヅキ堂書店仙川店	調布市仙川町1-15-5
東京・高尾	20091118	高尾文雅堂書店	八王子市初沢町1227-4
東京・鷹の台	20140415	KIKI RECORD［レコードカフェ］	小平市たかの台44-1
東京・鷹の台	20140410	サトウ商会［ディスカウントショップ］	小平市たかの台39-4
東京・鷹の台	20090627	古書・洋書 みどり文庫	小平市たかの台34-1
東京・鷹の台	20090626	古本ゆめや	小平市たかの台36-4
東京・立川	20080830	地球堂書店	立川市高松町3-13-22
東京・立川	20080830	明誠書房	▶店舗閉店
東京・多摩	20090402	にしがはら書店	▶店舗閉店
東京・玉川学園前	20100902	Books三十郎	町田市玉川学園2-21-4
東京・玉川上水	20090604	古書・清水書店	立川市幸町6-2-1
東京・調布	20121217	290 古本 海ねこ［無店舗］	調布市小島町1-5-3
東京・調布	20081022	タイムマシーン［中古レコード屋］	調布市布田1-1-3
東京・調布	20090302	古書 円居	調布市布田1-43-3-102
東京・つつじヶ丘	20091213	古本と雑貨 手紙舎	調布市西つつじケ丘4-23-35
東京・つつじヶ丘	20081112	ふる本屋	▶店舗閉店
東京・豊田	20081125	BOOKS羅曼茶	▶店舗閉店
東京・豊田	20130521	ブックセンターいとう 豊田店	▶店舗閉店
東京・中神	20111120	ブックマーケット 昭島店	昭島市中神町3-5-32
東京・中神	20111120	ブックセンターいとう 昭島店	昭島市宮沢町2-39-23
東京・成瀬	20120413	ROYAL BOOKS	▶店舗閉店
東京・西国立	20120604	ブックセンターいとう 立川羽衣店	立川市羽衣町2-49-9
東京・西調布	20121213	Book Cafe DEN［ブックカフェ］	調布市上石原2-22-3
東京・西調布	20120412	ブックスタジアム西調布店	調布市下石原2-6-14
東京・西八王子	20100223	古本 一歩堂	八王子市元本郷町3-7-4
東京・西八王子	20091123	書肆桐壺屋	▶店舗閉店
東京・西八王子	20101210	さわやか記念文庫	八王子市横川町740
東京・西八王子	20121214	散田書房	八王子市散田町4-15-7
東京・拝島	20130130	エコランド 拝島店［リサイクルショップ］	昭島市松原町2-12-11
東京・拝島	20120501	ブックセンターいとう 立川西砂店	立川市西砂町3-24-3
東京・八王子	20090826	○ 佐藤書房	八王子市東町12-16
東京・八王子	20100525	田中書房	八王子市楢原町472
東京・八王子	20100105	まつおか書房1号店・2号店	八王子市東町10-12
東京・八王子	20101115	まつおか書房 3号店	▶店舗閉店
東京・八王子	20140325	有隣堂セレオ八王子店アウトレット本	八王子市旭町1-1-8F
東京・花小金井	20131203	ねこじたゴリラ堂	小金井市花小金井5-29-10
東京・花小金井	20090709	○ 藤本チェーン	▶店舗閉店
東京・東青梅	20130216	○ 青梅多摩書房［無店舗］	青梅市千ヶ瀬町3-407
東京・東久留米	20110421	スミダ商事	駅構内キャラバン店
東京・東久留米	20110107	ブックアニマル東久留米店	▶店舗閉店
東京・東久留米	20110421	山本書店やまもと店［店頭古本棚］	東久留米市東本町1-8
東京・東小金井	20110407	インド富士［インド料理］	小金井市東町4-37-15